农业软科学研究丛书（2013—2017）

农业支持保护与农村金融保险

NONGYE ZHICHI BAOHU YU NONGCUN JINRONG BAOXIAN

张天佐　主编

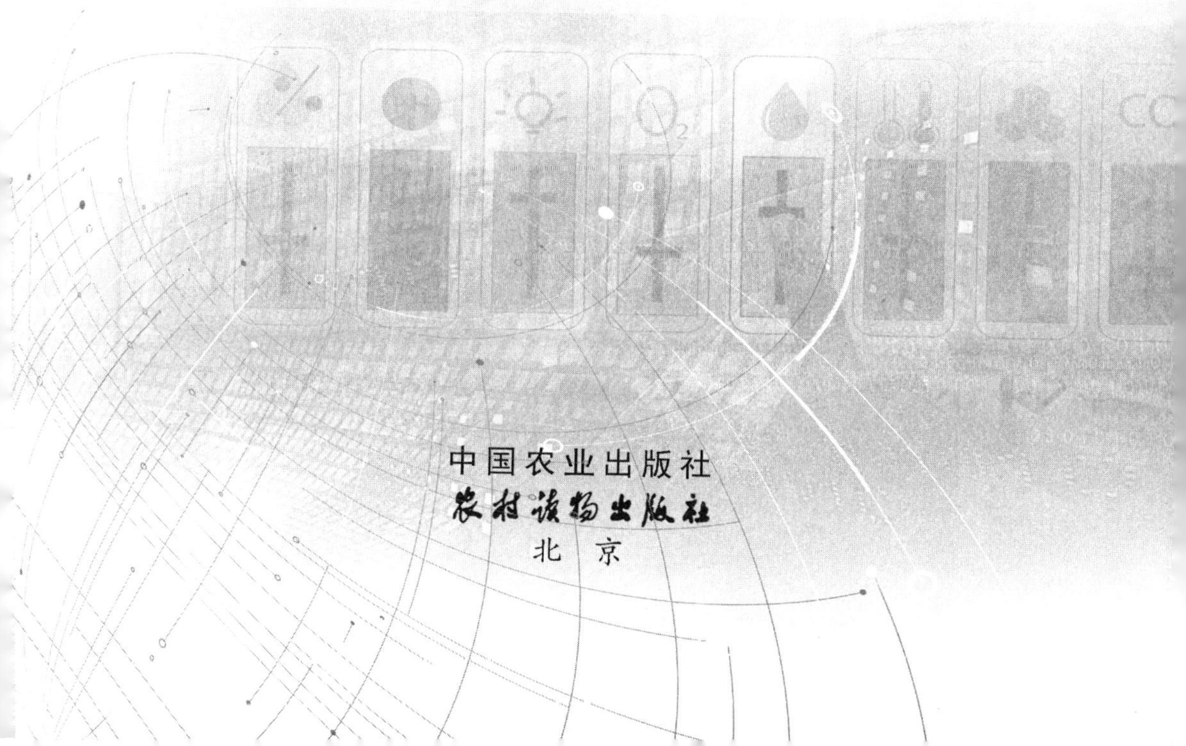

中国农业出版社
农村设物出版社
北　京

农业软科学研究丛书（2013—2017）
编 辑 委 员 会

CONTENTS

目录

综　述

根据世界贸易组织（WTO）规则对本国的农业进行支持和保护是国际通行的做法。2002年以来，尤其是党的十八大以来，国家把农业农村发展置于重中之重的地位，出台了一系列支持和保护政策，综合运用投资、金融、保险等多方面措施，使农业呈现良好的发展势头，农村面貌焕然一新，农民收入持续稳定增长。本书将从农业政策的宏观评价、完善补贴政策、改善价格支持政策、建立财政支农体系、建立现代农村金融制度、完善农业保险制度、引导工商资本进入农业、国外农业支持保护政策经验与借鉴8个方面对农业支持保护和农村金融保险进行分析。

一、农业政策的宏观评价

党的十六大以来，中央对“三农”问题高度重视，连续下发多个指导“三农”工作的中央1号文件。《新世纪新阶段强农惠农富农政策绩效评估研究》基于19个省（直辖市、自治区）的县级政府、村、农户三级开展了问卷调查，基于数据分析了2002—2012年的“三农”政策执行情况。从农业生产经营补贴看，对种粮农民直接补贴金额稳中有升，2013年对种粮农民粮食直接补贴额平均比上一年增长了7.6%；农机具补贴比例控制在销售价格的30%以内，2013年获得农机具补贴的农户，获得的补贴占购机成本的比例平均为22%；2013年农资综合补贴额平均比上一年增长了5%，与价格增长基本保持同步。从农业农村资金投入看，县级农林水事务预算支出占财政预算总支出比例整体有所下降，2013年样本县农林水事务预算支出占全县财政预算总支出的比例平均为20.3%，比上年实际支出所占比例下降了14个百分点；县级土地出让收益、耕地占用税收入用于农业投入的比例有所提高，在77个有效样本县中，2013年有45个样本县土地出让收入用于农业的投入比例上升。从农村社会保障看，农村最低生活保障制度全覆盖，低保标准和补助水平均有提高，2013年调查县每人每年低保补助平均水平为1 655.57元，比上年上涨了12.6%；新型农村养老保险试点工作稳步推进，政府对个人缴费补贴较高。从农村基础设施看，县级调查数据显示，2013 年农村饮用水安全户数占全县农村户数的 68.85%；调查县乡镇、建制村通公路率平均为 97.52%，44 个有效样本县共有生物质集中供气工程 507 处，县均 11.5 处。研究还提出了要优化“三农”政策设计，推动政策逐步向普惠性过渡；加强政策执行监督检查，加强相关政策舆论监督；加强政策评估和反馈，优化政策反馈机制。

《中国特色社会主义农业的十年（2002—2012）实践、政策体系及经验》指出，2002 年 11 月召开的党的十六大提出解决好“三农”问题是全党工作的重中之重，标志着我国进入 21 世纪后的新重农时代，中国农业农村经济迎来了 10 年黄金发展期。这一时期，国家的强农惠农政策措施频出。2004—2013 年，党中央连续 10 年发出以“三农”为主题的 1 号文件。2002—2012 年，中央支农投入由 1 905 亿元增加到 12 287 亿元，年均增长 20%以上。2004—2006 年，我国用 3 年时间全面取消了农业税，使得这个在中国延续了 2 600 多年的“皇粮国税”彻底终结，让中国农民种地真正进入零税负时代。与之同时，我国改革农业补贴政策，适应 WTO 规则要求，建起直接补贴农业农民的新政策，主要包括种粮补贴、良种补贴、农资综合补贴和农机补贴，这 4 项补贴总额由 2004 年的 145.2 亿元增加到 2012 年的 2 000 多亿元。在一系列惠农政策措施的作用下，我国农业农村经济实现了跨越式发展。其主要体现：粮食生产稳步提升，区域优势农产品的生产布局初步形成，农民收入持续增长，农村社会保障事业迅速发展。这段时期农村改革的主要经验：需要高度重视解决好“三农”问题，必须坚持和完善我国的农村基本经营制度，必须走中国特色的农业现代化发展道路，要坚持市场经济发展取向，要始终如一地保护农户的利益，调动和发挥农户的积极性，发挥地区特色和资源优势与实现区域和产业均衡协调发展统筹兼顾。

《城乡新“剪刀差”问题研究》指出，在城乡二元体制下，农业、农村、农民为工业化和城镇化做出了巨大贡献，主要表现在土地、劳动力和资金 3 个方面。研究结果显示，以当年价格计算，改革开放以来农民在劳动力、土地和工农产品价格“剪刀差”方面做出的隐性贡献累计高达 18.9 万亿～23.9 万亿元。此外，农村资金净外流量累计高达约 12.5 万亿元，为城镇建设和工业发展提供了巨额资金支持。外出农民工的隐性贡献约为 13 万亿元，其中“工资剪刀差”为经济发展做出了 49 674 亿元的“贡献”，未参加社会保障为城镇经济发展做出了 66 637 亿元的“贡献”，非市民化为公共财政节约社保成本至少

14 303 亿元。只有进一步打破户籍壁垒、让农民工享有与城镇居民平等的公共福利待遇，才能提高农民工外出务工的积极性，健康有序地推进新型城镇化。地价“剪刀差”为 5 万亿～10 万亿元，解决地价“剪刀差”问题，要重构合理的征地程序和征地补偿机制，建立以市场价值为补偿基础的土地发展权补偿制度，让被征地农民按土地要素贡献分享土地发展权增值带来的收益，并改变当前不可持续的地方“以地谋发展”的城镇发展和经济增长模式。研究指出，今后除了要不断增加财政投入外，还要继续深化体制机制改革，采取大幅增加财政支农资金投入、建立普惠型现代农村金融制度、综合运用财税杠杆和货币政策工具等措施，有效增加农村的资金供给，增强农村的自我积累和自我发展能力。

二、完善补贴政策

《适应土地规模经营趋势的新增农业补贴方式研究》指出，经过 10 多年的发展，我国农业补贴发挥了较好的强农惠农政策效果，但也暴露出一些问题：一是农业补贴标准偏低，致使防范风险、保障收益效果不明显；二是农业补贴效率不高，部分补贴资金兑现时间较长；三是农业补贴方向不准，刺激农业生产作用不明显。一些新型主体从事土地规模经营既存在强烈需求，也面临诸多制约：一是长期投资需求强烈，面临投资力不足的制约；二是土地流转需求强烈，面临经营权不稳的制约；三是集中连片需求强烈，面临细碎化严重的制约；四是社会化服务需求强烈，面临供给力欠缺的制约。研究还提出了充分发挥农业补贴的政策效果，破解我国新型主体从事土地规模经营的诸多制约因素，需要把握以下五点：一是明确补贴目标，刺激农业生产，保障种粮收入；二是调整补贴对象，扶持适度规模，确保产出效率；三是优化补贴方式，控制直接补贴，加强隐性补贴；四是丰富补贴手段，发挥市场作用，加强金融保险；五是盘活补贴存量，整合补贴资金，发挥倾斜优势。

《东北玉米、大豆、稻谷政策联动机制研究》指出，稻谷最低收购价政策对市场也产生了负面影响：第一，政策的实施对稻谷市场扭曲严重，2004—2015 年我国稻谷最低收购价政策的执行价格一路上涨，致使市场上流通的稻谷减少，影响了稻谷市场的正常运行；第二，托市收购存在“敞开收购”倾向；第三，销售机制与市场机制不配套，影响销售与资金回笼；第四，收购库点不足，农民利益难以得到有效保护，中国储备粮管理集团有限公司虽然在粮食收购市场占有较大的比重，但要承担起农民卖粮便捷的任务，还有很多路要走。由于最低收购价政策的收购网点较少，农民卖粮不方便，这引起了种植水稻的农民对收购企业的不满情绪，也减弱了最低收购价政策的实施效果。玉米临时收储政策表现出明显的“政策市”特征，负面效果也日益凸显：国家库存压力大、财政负担重，总体供给宽松与市场有效供给偏紧并存，国内外价格倒挂严重，进口替代品大幅增长。大豆目标价格的负面效应表现：政策的增产效应不明显，间接引起成本增加，目标价格水平低，补贴对象难落实，补贴面积难统计，补贴发放时间晚。研究还分析了建议联动机制的重大意义，即有利于调节种植结构、保护生态环境，有利于缓解国内粮食供需结构性矛盾，有利于农业提质增效，有利于促进农民增收。

《新疆棉花生产扶持政策研究结题报告》指出，棉花产业是新疆的优势产业，对于“稳疆兴疆、固边富民”具有重要支撑作用。随着纺织业的发展，棉花需求不断增加，国内棉花资源产不足需格局形成，加之黄河流域和长江流域棉区生产萎缩，新疆棉花生产的战略地位显得尤为重要。特别是新疆发展棉花具有独特优势，符合当地自然资源禀赋，替代作物少，扶持新疆棉花生产发展具有重要的经济和社会意义。报告提出，要提高棉花生产性补贴力度，建立收入补偿机制，增加新疆生态保护补贴，加强棉花生产能力建设及保障机制。

《农业补贴制度改革创新研究》提出要按照 WTO 规则的要求，建议从近期和长远两个阶段考虑并加以完善农业补贴政策。近期以改进补贴方法为主，重点包括两个方面：一方面允许地方试点试验多种补贴方式，可以按二轮承包面积（计税面积）计发补贴，也可以按实际种粮面积和粮食产量计发补贴，也可以按农民交售的粮食商品量计发补贴，也可以按农民购买的农资计发补贴，还可以先用补贴款垫支农民合作社的生产费用再以分红返利形式计发补贴，甚至可以把补贴集中起来搞农田基本建设和提高粮食生产能力，或者加强农村的各项保障；另一方面坚持新增补贴向新型经营主体倾斜。从长远看，应统筹设计国内农业支持保护政策框架。要坚持增加补贴总量，建立农业补贴稳定增长机制；明确补贴政策“靶向”目标，不断增强农业补贴政策精确性和指向性；扩大“绿箱”措施，调整“黄箱”措施。

三、改善价格支持政策

《完善我国粮食价格形成机制及调控政策研究》指出，自 2011 年以来，全球粮食市场进入供大于求、国内价格高于国际市场的新阶段，国内粮食出现产量、库存量与进口量“三量齐增”的现象，使得以最低收购价政策为代表的粮食价格调控政策面临重大考验。这项政策之所以会暴露出一系列的矛盾和问题，主要是因为国内外农业发展形势在十年内已经发生了剧烈变化，主要表现为粮食市场问题由总量矛盾向结构性矛盾转变，粮食进口由供求驱动型向价差驱动型转变，国内外价差扩大导致关税“防火墙”作用存在失效风险，国际贸易环境对粮食价格调控政策的制约加大。而粮食价格调控政策的调整未能跟上新形势的变化，当前亟须重新明确我国粮食价格调控政策的目标和思路，加快改革步伐。研究指出，未来我国粮食价格调控政策改革的思路：一是发挥市场机制在价格形成中的决定性作用，二是重视“一揽子”政策设计对最低收购价政策的支撑，三是财政补贴要向粮食主产区和适度规模经营者倾斜。同时，进一步提出未来我国粮食市场调控政策改革的建议，即加强粮食储备体系建设，改革最低收购价政策，强化粮食生产支持政策等。

《完善粮食等重要农产品价格调控政策研究》提出了完善我国农产品目标价格补贴政策建议，一是调整目标价格水平计算公式，即目标价格水平＝生产成本（物质成本＋雇工费用）＋基本收益［保障系数（K）×（净利润＋自己的人工成本）］，可以更好地实现通过 K 值的滑动来达到保生产或调结构的政策目标；二是提前公布目标价格水平，最迟也应在播种前公布；三是采集的市场价格应扣除流通成本，较大限度地保证农民利益；四是尽快兑付棉农、豆农补贴款；五是完善市场应急托底预案，制定应急托底预案，中国储备棉管理总公司（中储棉）、中国储备粮管理集团有限公司（中储粮）在棉花、大豆上市之初和集中上市时入市，以市场价格进行收购。

《玉米临储价格调整效应和玉米目标价格改革问题研究》提出，解决东北三省和内蒙古的玉米问题，要统筹国家粮食安全、种粮农户收入、中央财政负担、加工企业运行和市场流通等各个环节，寻找政策的平衡点。既要迅速化解当前的矛盾，避免风险累积，又要兼顾长远，综合施策，注重发挥市场机制在资源配置中的决定性作用，逐步建立“种植、收购、存储、加工”合理衔接的运行机制。玉米产业的调整要协调好三方面关系，即总量和结构的关系，上游产业和下游产业的关系，国内市场和国际市场的关系。具体提出以下几方面的政策建议：创新农民增收思路，在失去价格空间后，可行的路径应是为农民提供间接服务支持和公共产品服务；完善玉米市场化改革方案，将目前的按种植面积补贴的方式，尽快过渡到以农民实际玉米销量为依据的补贴方式；优化玉米收购市场结构，国有粮食企业作为政府调控市场的工具，要担当最终化解农民卖粮难风险的责任，需要具备较强的仓储吞吐能力；建立畜产品市场预警机制，及时发出供给预警，防止因畜产品市场的供求波动影响玉米市场的波动；推进玉米加工产业转型升级，推动玉米产业链的深度拉伸，从而提高企业承受市场风险的能力。

《东北大豆生产扶持政策研究》提出，东北地区大豆产业发展总体思路应采取“积极防御”战略，不应消极应对。对外大力实施大豆“走出去”战略，建立稳定可靠的贸易渠道，稳步取得一定程度的定价权。对内充分发挥我国大豆产业自身优势，理顺产业协调联动机制，稳定面积，依靠科技，统筹高蛋白、高油脂、高氨基酸大豆生产，做到结构协调品质优化，发挥我国大豆非转基因绿色高蛋白优势，实施区域化布局，专业化种植，产业化经营，集约化管理，全面振兴和提升我国大豆产业。研究建议，加强东北地区大豆产业发展基础设施和基础服务建设；测算并建议中央财政对大豆种植及加工业补贴的合理额度；提出了扶持以九三粮油工业集团为核心的油脂加工企业，以大庆日月星公司为核心的大豆蛋白加工企业，以哈高科大豆食品有限责任公司为核心的大豆蛋白、油脂加工企业，促进大豆产业升级、兼并重组的大豆加工业扶持政策；建议争取大豆定价权的具体方式和渠道，包括开展大豆产业损害调查、适时采取补贴诉讼、必要时适度控制大豆进口，市场引导非转基因大豆及制品价格等；发展和完善大豆期货市场；建立绿色高蛋白大豆生产区；打造非转基因大豆品牌；调整对大豆产业的贷款、税收政策；设立全国大豆产业基金；大力实施大豆产业“走出去”战略等。

《大豆目标价格补贴政策研究》建议从以下方面完善目标价格政策的设计和执行：第一，提高目标价格水平，并尽量提前公布；第二，完善市场价格监测制度；第三，精确核查大豆种植面积，适当考虑册外耕地；第四，探索创新资金发放方式，及时足额兑付补贴资金；第五，保障改革试点工作经费；第六，强化财政、金融、保险等配套政策，打好政策“组合拳”。长期来看，按照 WTO 规则，建议我国应逐步取消玉米等作物的临时收储补贴、大豆的目标价格补贴等“黄箱”补贴政策，改为按照承包地面积给予农产品种植补贴或提升耕地质量补贴。

四、建立财政支农体系

《创新财政支农机制研究》根据财政和税制发展情况，把财政支农政策的演变历程分为四个阶段，在此基础上分析了财政支农政策创新的必要性，研究认为，当前财政支农投入规模不足，结构不良，效率低下；财政支农资金市场化运作不足，主体参与度不高；公共服务购买体系尚未健全；资金整合机制缺乏有效落实和机制保障。提出创新财政支农机制，正是中国为了缩小城乡二元差距，提升农民生活水平，促进农业加快转型升级步伐以适应中国市场化、协调化、现代化、国际化现实需要的必然决策。

《开放条件下我国新型农业支持保护体系研究》认为，虽然我国农业支持保护政策不断调整和改进，但与发达的农业强国相比，我国农业支持政策仍然存在以下六个方面的问题：补贴政策框架缺乏系统安排；现有政策体系仍缺乏促进农业可持续发展的相关政策设计或具体措施；农业补贴政策之间以及与其他农业政策缺乏协调配合；部分政策操作方式不够完善，使得政策效果与政策目标不一致；农业支持水平仍然较低；农业支持资金的确定具有主观性，缺乏客观计算标准和稳定增长机制。

《整合财政农业农村投入问题研究》指出，目前我国的涉农投资管理部门众多，资金使用效率不高，我国财政涉农资金整合起步晚，但是多地进行了有效的资金整合实践，取得了明显的成果，为此，提出了整合财政投入农业农村的路径：加快农业投资立法，建立健全农业农村投入法律体系；改革涉农管理体制，从源头上解决体制问题；扩大农业投资规模，创新农业农村投入方式；加快转变政府职能，改善政府农业农村投资管理方式；统筹协调发展规划，因地制宜打造平台进行资金整合。

《财政资金整合促进产业发展研究——以两江平原为典型》具体分析了黑龙江省“两大平原”财政资金整合的执行状况，黑龙江省“两大平原”财政涉农资金整合工作总体进展顺利。在积极实践财政涉农资金“大类间打通”“跨类别使用”的基础上，完善各类配套改革措施，年均整合近20个部门主管的300亿元左右资金，从以往“各唱各的调，各炒各的菜”转变为“同炒一盘菜、同坐一桌席”，有效改变过去涉农资金管理“散、小、乱、杂”等问题，充分发挥涉农资金整合的集聚效应、放大效应、导向效应、撬动效应，既极大提高财政资金使用效益，又保障改革试验各项任务顺利完成，加快现代农业发展步伐，为全国范围内改革工作提供宝贵的实践经验。

五、建立现代农村金融制度

《土地制度创新与农村金融产品创新问题研究》认为，强化土地制度创新与农村金融产品创新之间的紧密联系，特别是加快探索农村土地金融产品创新，对建立城乡一体化发展机制，具有十分重要的理论和现实意义。研究分析得出我国农村金融发展面临的障碍和问题：缺乏有效降低农村金融交易成本的借贷机制，农村信贷抵押制度不适应当前形势的发展，农村金融市场的监管体制存在缺陷，农村金融市场的竞争与合作机制缺位，农村社会保障体系发育程度低，农村金融生态环境建设滞后。研究提出了我国农村土地金融产品创新的制度设计，成立土地信用合作社，开展土地融资租赁，实行土地证券化等。还提出了一些农村土地金融产品创新的配套政策，例如，赋予农户土地承包权完整的物权性质，创设土地承包经营权抵押立法制度，建立健全农村土地产权保护机制，加大政府和金融部门的参与及支持力度，深度激发农民干事创业的金融需求。

《新型农村金融机构发展情况调查》认为，当前新型农村金融机构发展不平衡，村镇银行“一枝独秀”；新型农村金融机构区域发展不平衡，中西部地区发展滞后于东部地区；新型农村金融机构偏离政策目标，有“脱农”倾向。提升农村金融政策绩效，促进新型农村金融机构更好地服务于农村经济，保障农业产业发展，需要政府部门和金融机构两方面的共同努力。研究从金融机构和政府部门的角度给出具体的对策建议，一是加强金融机构内部管理，开展差异化经营，提升其可持续发展能力；二是加大政府扶持力度，完善服务环境，保障农村金融机构可持续发展。

《种粮大户与种粮家庭农场贷款需求与融资模式研究》通过对江苏泰州市姜堰区、湖北监利县、广西田东县、宁夏贺兰县、黑龙江富锦市 5 个县（市、区）的种粮大户、家庭农场的农业信贷需求情况的调查，得到如下调查结果：一是生产资金需求缺口大，对金融机构信贷资金需求旺盛。二是生产经营资金绝大部分来自非正规借贷，金融机构银行贷款覆盖率低。三是银行贷款融资难、融资额度小的现象依然存在，融资成本高低差异较大。四是低收入人群获银行小额贷款顺畅，而大规模种粮大户获取银行贷款受阻。根据上述研究结果，提出如下政策建议：重视农业信贷对现代农业发展的显著影响作用，加大农业信贷力度和诚信体系建设；强化政府在信贷服务体系中的作用，建立从中央到地方的全方位农业产业信贷服务模式；调整农业产业信贷支持方向，更多地向农业基础设施发展方面倾斜；更新信贷模式与手段，加快农地融资、财政撬动信贷资金、价值链融资、移动金融等多种模式进入农业；充分认识农业产业非正规借贷的重要性，应对其采取引导与完善相结合的政策。

《完善农村金融法律制度研究》指出，法律价值是法律制度的核心与灵魂。在完善农村金融法律制度的创新发展细则与体系化提升对策之前，理应对农村金融法律制度运行与保障的价值取向进行探究，有效检视农村金融法律制度传统的二元价值取向——金融安全和金融效率，并在此基础上结合我国农村金融市场迫切的“供给侧”实情，确立超越传统的全新价值取向，即金融公平。要遵循农村金融市场的客观规律，使农村主体与其他主体共同享有发展的利益，保护农户等弱势群体是农村金融法律制度运行与发展的前提，发挥农村金融市场的决定性作用，把握农村金融市场开放发展是制度运行与发展的关键，创新农村金融产品体系与服务模式是核心。

六、完善农业保险制度

《政策性农业保险机制创新研究》基于江苏省试点情况的调查，分析江苏省政策性农业保险机制创新的发展成效，针对现阶段存在的亟待解决的问题，提出可供推广优化该省政策性农业保险模式的相关政策建议，即：建立新型农业保险实施基础，包括加强宣传，完善农业与气象数据收集等；加强农村信用体系构建，包括提高农户道德水平，建立激励机制，构建农户投保信用体系等；应适当弱化政府“主导”职能，由“主导”转向“引导”，加强监督管理，并对具体执行有明确指导方案；适度引入商业化模式。

《我国小规模农户农业保险排斥状况研究》课题组赴山东、山西、河南、河北、陕西、江西、重庆、黑龙江 8 个省份的 23 个县（市、区）进行调研，调研结果显示，当前，我国小规模农户存在着较为突出的农业保险排斥问题，最主要的原因有三个方面：农业保险经营网点少，农户投保和理赔经常受到不公平服务待遇，农户获取农业保险信息不充分。研究提出，要创新农业保险制度，规避逆向选择和道德风险；要根据经济发展情况适时调整和完善农业保险相关规章制度，辅以投保及理赔程序等配套政策，优化农业保险流程，为农业保险顺利实施提供制度保障；创新农业保险模式，提高风险保障水平；整合农村资源，重视农民生产和保险知识等的基础教育，重点培养高素质农民，发挥其在农业保险领域的带动作用。

《蔬菜价格保险对菜价波动影响及制度创新策略的实证研究》在对部分地区蔬菜价格保险研究的基础上，认为蔬菜价格保险实现了从传统农业保险到以价格为标的的产品创新，简化了理赔程序，较大程度地稳定了蔬菜种植规模，稳定蔬菜市场供给，发挥了“以小博大”的杠杆作用，在做好“托底”农户蔬菜收入、保障再生产能力的同时，也兼顾了市民利益。同时，仍面临着推进保险制度建设所需财政资金缺口大、区域联动难度大、保险制度科学性和农户参保积极性有待提高等问题，需要进一步加快推动制度创新，不断增强蔬菜价格保险稳生产、保收入、促发展的作用。建议进一步从国家层面做好顶层设计，健全完善价格保险长效投入机制，探索建立区域联动的价格保险体系，研究扩大蔬菜价格保险覆盖范围，因地制宜探索周年性价格保险政策，健全完善蔬菜价格信息监测机制，加快推进蔬菜保险产品开发创新，持续提升农户参保投保积极性，同时完善并强化工作保障和监督机制。

《农业巨灾风险分散机制建设研究》深入分析了国内农业保险风险分散的现状，对北京、江苏、浙江等地的实践模式做出了总结，对完善我国农业巨灾风险分散机制提出相关政策建议，指出我国应当建立以政府为主导，商业化运作为基础，完善的法律法规体系为保障的农业巨灾风险分散体系，即通过自有资本、外来资金、再保险和农业巨灾基金等建立“四位一体”的农业巨灾风险分散管理体系。

七、引导工商资本进入农业

《农业 PPP 投资问题研究》指出，积极运用 PPP（公私合作）模式引导社会资本投入农业和农村，是现阶段“反哺农业、支持农村发展”的重要手段之一。研究认为，要根据国家有关文件要求，以增强农业领域公共产品（服务）供给能力、提高供给效率为目标，加强顶层设计和规范引导，深化农业投资管理体制改革，通过特许经营、委托经营、投资补助、政府购买服务、股权合作等多种方式，鼓励和引导社会资本投入农业重点基础性、公益性领域，与社会资本建立利益共享、风险共担的长期合作伙伴关系，建立健全制度化、规范化、程序化的监控机制，为农业现代化和工业化、信息化、城镇化同步发展打下坚实基础。研究提出，农业 PPP 投资的基本原则：一是坚持顶层设计。出台更加明晰、可操作的 PPP 投资农业项目政策体系。按照全国主体功能区划和农业优势产业布局，把社会资本投入农业同农业产业发展规划和各类现代农业园区建设结合起来，以便社会资本在进入农业领域时找准产业定位，避免投资的盲目性和趋同性。二是坚持试点示范。要首先选择一些条件成熟、基础较好且有过探索实践的地区，作为社会资本投资农业试验区（示范区），探索总结具体做法和经验后再推广，有序推进。三是坚持严格准入。建立社会资本投资农业准入制度，对社会资本从事农业生产要求具备的生产经营能力和履约能力进行审核，把好“准入关”；建立健全制度化、规范化、程序化的监控机制，避免弄虚作假或在中途变更经营范围。四是坚持多方共赢。在确保政府的资金起到杠杆作用的同时，要让社会资本有利可图。建立企业与农民之间紧密的利益联结机制，使农民能够分享企业发展壮大的“红利”，增加农民收入。

《工商资本进入农业问题研究》指出，“资本下乡”不等于“资本种地”，政策层面要引导和鼓励的是前者，防范和限制的是后者。工商资本转入土地直接经营可能面临的难题包括农业劳动力监督难、土地入股的法律障碍、农业生产非粮化、土地利用非农化、农民权益边缘化，研究建议，可以鼓励和支持工商资本进入农业，但应当主要是鼓励和支持它们进入农业的产前、产后领域，为农民提供社会化服务。对于工商资本大规模、长时期流转农民耕地、直接从事农业生产经营活动的，不仅不能鼓励和支持，而且应当出台相关政策加以必要的限制。

《社会资本进入农业领域行为规范机制研究》通过深入剖析浙江等省社会资本进入农业领域的典型模式，分析其在公益助农、资源利用、土地增值、农业生产、产品供给、技术创新、土地利用、资金筹措、品牌建设、市场开拓、社群关系、农民增收等方面取得的创新性成就以及存在的典型冲突和关键问题，从而取得了建立社会资本进入农业领域的企业、政府和农民行为规范的典型经验和主要思路，为建立科学合理的社会资本进入农业领域行为规范制度，促进社会资本有序、规范进入农业领域，实现资本增效、生态增绿、农民增利、农村增美，实现社会资本壮大与美丽乡村建设共赢的目标，具有实践指导意义。

八、国外农业支持保护政策经验与借鉴

《美国农业政策法律演变规律及启示研究》回顾了美国农业政策法律的演进，发现美国农业政策法律有如下特点：一是以农民收入为核心；二是以市场调节为主要手段；三是决策过程基本实现了民主化；四是政策展示科学化；五是执行过程程序化。美国农业法律政策制定和调整具有如下规律：第一，市场化是农业政策的基本演变方向；第二，农民诉求起到了主要作用；第三，政策制定的结果是各方博弈、妥协的结果；第四，对农业的支持保护水平很大程度上受到财政平衡制约；第五，国际农业谈判涉及国内政策时综合考虑经济实力和农产品国际竞争力。研究得出如下启示：必须建立科学的农业政策法律制定和执行机制，农业政策法律的调整必须充分尊重农民的意愿，必须根据形势变化调整农业政策法律，必须坚持市场化方向，建立数字化的政策列示方式，以及政策评估科学化。

《美国农业保险政策新动向跟踪研究》分析了美国农业保险政策的动向，体现在保险品种与标准不断丰富，重视对可持续性农业引导；收入保险迅速发展，保险结构不断优化；以市场需求为引导，经济作物保险得到强化；投保条件不断优化，确保农场主投保积极性。从中得到几点启示：农业保险发展是一个长期的历史过程，农业保险发展壮大的前提是农民获益，农业保险要有明确的功能定位，农业保险持续发展关键要发挥市场的作用。

《日本农业政策跟踪研究》分析了日本最新农业改革的主要内容。研究发现，日本最新农业改革是以强化农业经营主体竞争力为基础，以推动和升级食品产业结构及其增值为驱动，以加大农业支持政策改革力度和农业组织体系改革为保障的政策系统性改革。其中农业组织体系改革为即将开展的制度改革。日本的改革对未来中国农业政策改革和发展也提供了一些启示，即建立清晰稳定的土地产权关系和政策诱导性扶持是扩大农业经营规模的前提和手段，推动农业产业化升级是提高农民收入的重要方式，农业补贴政策有必要在框架设计上高瞻远瞩，设计出适合国情的有效补贴政策，如何构建适合扩大农业经营规模的土地制度和撂荒土地的重新利用及老年人的空置房屋有效活用对于我国未来农业发展的路径选择具有重要意义。研究强调，日本最新农业政策改革虽然对中国“三农”问题具有一定的借鉴意义，但是中日之间的历史发展阶段不同，城市化水平不同，农村现状不同，对日本农业政策改革经验的吸取要非常

谨慎。

《基于国际农业补贴发展动态的我国农业补贴制度改革方向研究》分析了欧盟共同农业政策框架：一是公共干预和私人存储支持措施；二是扩大组织认定，完善合同系统；三是新建危机储备基金；四是继续执行与第三国贸易的基本措施。还研究了欧盟共同农业政策对我国的启示：持续性加大农业资金投入，协调农业发展与环境保护之间的平衡，提高农业财政资金使用效率，优化农业补贴结构。

第一章

农业政策的宏观评价

第一节 2002—2012 年强农惠农富农政策绩效评估研究①

党的十六大以来，我国农业农村政策发生了重大调整，中央对“三农”问题给予了前所未有的高度重视。2002 年以来，连续每年召开了中央农村工作会议，下发了指导“三农”工作的 1 号文件，做出了两个重要决定，即 2003 年《中共中央　国务院关于加快林业发展的决定》和 2008 年《中共中央关于推进农村改革发展若干重大问题的决定》。政策效果如何，不仅在于政策本身是否合理与切合实际，关键还要看政策是否能够得到执行和贯彻落实。2013 年中央 1 号文件明确要求：加强监督检查，实施绩效评价，开展强农惠农富农政策执行情况“回头看”，确保不折不扣落到实处。本研究主要基于大规模的“三农”政策落实情况问卷调查，涉及 19 个省份，分为农区问卷、牧区问卷、扶贫地区问卷②，每种地区问卷从县级政府、村、农户三级分别设立了独立的问卷。该调查农区、扶贫区、牧区县级样本量合计 190 个、村级样本量合计 208 个、农户样本量合计 4 885 个，合作社样本量合计 222 个。

一、党的十六大以来我国“三农”政策重大调整的背景和过程

党的十六大前后，正是我国现代化建设刚刚迈入 21 世纪之时，国内外宏

① 本节内容选自农业部软科学课题“新世纪新阶段强农惠农富农政策绩效评估研究”（课题编号：Z201301），课题主持人：宋洪远。本节对政策的评估时间段为 2002—2012 年。

② 农区问卷涉及安徽、河南、湖北、湖南、江西、山西、福建、河北、江苏、山东、贵州、陕西、四川、吉林、辽宁 15 个省；扶贫问卷涉及河北、安徽、江西、湖北、四川、山西、陕西、贵州、吉林、河南、甘肃 11 个省；牧区问卷涉及甘肃、青海、新疆、内蒙古 4 个省（自治区）。

观环境发生了深刻变化，农业农村经济发展面临的工农城乡关系也出现了新的变化，这些变化对党的十六大以来中央指导“三农”发展的战略方针和政策措施产生了重大影响。21 世纪前后，我国成功应对了亚洲金融危机冲击的严峻挑战，保持了经济较快增长，进入新的发展阶段。从经济总量看，2001 年我国人均 GDP 首次突破 1 000 美元，正进入向中等收入国家过渡的发展阶段。从国家财力看，国家财政收入达到 16 386 亿元，并保持快速增长态势，人均财政收入 1 284 元，国家财政已经具备了大幅增加农业农村投入的能力。从经济结构看，第二产业比重超过 50%，标志着我国工业化加速发展，已进入工业化中期阶段。从就业结构看，第一产业从业人员占全部从业人员的比重下降到 50%，第二产业上升到 22.3%，就业结构与产业结构的偏差仍然较大。从城镇化水平看，2001 年城镇化率达到 37.7%，城镇化对农业和农村经济发展的带动作用开始逐步显现。

（一）党的十六大以来中央“三农”工作指导思想的形成过程

党的十六大以来，中央在对我国“三农”问题深刻分析和国际经验认真总结的基础上，做出了一系列对指导农业农村工作具有里程碑和划时代意义的重大战略决策，推动了“三农”理论创新，形成了新时期指导“三农”工作的重大战略思想：一是把解决“三农”问题作为全党工作的重中之重；二是根据“两个趋向”的重要论断对我国发展阶段做出了判断；三是以统筹城乡的发展方略作为解决“三农”问题的根本途径；四是以“多予少取放活”作为制定“三农”政策的指导方针。

（二）党的十六大以来我国“三农”政策框架的形成过程

在上述一系列新理念和新思想的指导下，在保持政策连续性和稳定性的基础上，党的十六大以来，党中央、国务院采取了一系列重大举措，制定和实施了一系列支农惠农政策。2004—2007 年中央 1 号文件主要从增加农民收入、发展现代农业和推进新农村建设等方面提出要求并作出部署；2008、2011、2012 年中央 1 号文件主要从夯实农业农村发展基础、水利改革发展和农业科技创新等关键环节进行了部署；2009 年中央 1 号文件主要为应对国际金融危机做好农业农村工作作出部署；2010、2013 年中央 1 号文件对统筹城乡发展、进一步增强农村发展活力提出要求并作出部署。总的来看，我国“三农”政策框架已形成，主要包括加快现代农业发展、推进新农村建设和统筹城乡发展一体化 3 个方面。党的十七届三中全会提出，“把建设社会主义新农村作为战略任务，把走中国特色农业现代化道路作为基本方向，把加快形成城乡经济社会发展一体化新格局作为根本要求”，确立了我国“三农”政策的基本框架。

二、党的十六大以来我国“三农”政策的基本框架和主要内容

（一）党的十六大以来我国“三农”政策的基本框架

1. 加快现代农业发展

2007 年中央 1 号文件提出，“要用现代物质条件装备农业，用现代科学技术改造农业，用现代产业体系提升农业，用现代经营形式推进农业，用现代发展理念引领农业，用培养新型农民发展农业，提高农业水利化、机械化和信息化水平，提高土地产出率、资源利用率和农业劳动生产率，提高农业素质、效益和竞争力”，指明了现代农业建设的基本目标和主要路径。

2. 推进新农村建设

2006 年中央 1 号文件提出了“建设社会主义新农村的重大历史任务”，明确要求：“按照‘生产发展、生活宽裕、乡风文明、村容整洁、管理民主’的要求，协调推进农村经济建设、政治建设、文化建设、社会建设和党的建设。”明确了建设社会主义新农村的基本要求和主要内容。

3. 促进城乡发展一体化

党的十七届三中全会提出，“尽快在城乡规划、产业布局、基础设施建设、公共服务一体化等方面取得突破，促进公共资源在城乡之间均衡配置、生产要素在城乡之间自由流动，推动城乡经济社会发展融合”。明确了统筹城乡发展一体化的基本要求和主要路径。

（二）党的十六大以来我国“三农”政策的主要内容

1. 全面取消农业税

自 2000 年在安徽省开展农村税费改革试点以来，我国通过规费为税、改革征收管理办法，逐步降低农业税税率，到 2006 年在全国范围内全面取消了包括农业税、牧业税、屠宰税、农业特产税和乡村办学、乡村道路建设、拥军优抚、计划生育、民兵训练以及公积金、公益金、管理费 3 类 12 种向农民征

收的税费。

2. 增加农业农村投入

一是建立财政支农资金的稳定增长机制。2004 年和 2005 年的中央 1 号文件提出了“多予少取放活”方针，要求在稳定现有各项农业投入的基础上，新增财政支出和固定资产投资要切实向“三农”倾斜。2006—2010 年中央分别提出支农资金要实行“三个高于”“三个继续高于”“三个明显高于”“三个大幅度增加”“确保三个优先”的要求。二是改革财政支农投入体制机制，把加强农业和农村基础设施建设、促进农村社会事业发展和中西部地区农村公益性建设项目作为财政支农投入的重点。三是整合支农投资项目资金，提高支农资金使用效率。

3. 实行农业生产补贴

2002 年开始实施大豆良种补贴，在此基础上，按照增加品种、扩大范围、提高标准、完善办法的要求，不断完善农业生产补贴政策。实行的农业补贴措施主要包括种粮农民直接补贴、良种补贴（涵盖水稻、小麦、玉米、棉花、东北大豆、长江中下游冬油菜、藏区青稞、马铃薯、花生、天然橡胶 10 个农作物品种和奶牛、生猪、肉牛、羊、牦牛 5 个养殖品种）、农机补贴（包括农机购置补贴和重点作业环节补贴）、农业生产资料综合直接补贴和农业保险保费补贴 5 大类。

4. 加强农业基础设施建设

一是建立农田水利建设投入新机制，加强大中型灌区续建配套和节水改造、病险水库除险加固和小型农田水利工程等重点工程建设。二是开展保护性耕作工程、土壤有机质提升补贴试点和测土配方施肥项目等耕地质量建设项目。三是继续推进天然林资源保护、退耕还林、退牧还草、京津风沙源治理、水土流失治理、湿地保护和荒漠化石漠化治理等生态工程，加强自然保护区、重要生态功能区和海岸带的生态保护与管理。

5. 加强农村基础设施建设

一是把农村小型基础设施建设放在更加重要的位置，重点支持节水灌溉、人畜饮水、农村沼气、农村水电、乡村道路和草场围栏“六小工程”项目。二是继续推进农村饮水安全工程建设，重点解决严重影响身体健康的水质问题和局部地区的严重缺水问题。三是全面实施农村公路“通达工程”，加快推进“通畅工程”，提升农村公路交通安全水平，推动农村公路管理养护体制改革。

四是完善农村电网，加快无电地区电力建设，扩大小水电代燃料建设规模，加快水电新农村电气化建设。五是以“一池三改”为主要内容加强农村沼气建设，完善农村沼气服务体系。五是采取有效措施推动建材下乡，扩大农村危房改造试点。

6. 大力发展农村社会事业

一是建立健全农村义务教育经费保障机制，免除农村义务教育阶段全部学杂费，免费提供教科书，对农村家庭困难学生实行寄宿生活费补助，对农村中等职业教育家庭经济困难学生和涉农专业学生实行免费，加大对中西部农村教育支持力度，加大对农村贫困学生就学资助力度。二是全面推行新型农村合作医疗制度，加强以乡镇卫生院为重点的农村卫生基础设施建设，健全农村三级医疗卫生服务和医疗救助体系。三是建立农村新型社会养老保险制度，2012年实现全覆盖。四是健全农村最低生活保障制度，完善农村“五保户”供养等社会救助体系，健全农民工和被征地农民等特殊群体社会保障制度。五是实施广播电视村村通、文化信息资源共享、乡镇综合文化站和村文化室建设、农村电影放映、农家书屋等五大重点文化惠民工程。六是鼓励社会力量参与农村社会事业建设，帮助农村贫困地区发展社会事业。

7. 推进扶贫开发工作

一是提高贫困标准，确定国家扶贫开发工作重点县并予以重点扶持。国家指定的贫困线从2001年的人均纯收入872元提高到2010年的1 274元，贫困人口从9 030万人减少到2 688万人，贫困发生率从9.8%降低到2.8%。二是加大扶贫开发投入力度。据592个国家扶贫重点县统计，2010年扶贫重点县得到的与扶贫有关的资金达606.2亿元，与2002年相比，扶贫资金总额增加了355.9亿元，年均增长11.7%。三是加快实施整村推进的扶贫方式。根据农村贫困人口分布的特点，原则上以村级加权贫困系数为标准，在全国确定了14.8万个贫困村，逐村制定了扶贫规划，集中力量组织实施。

8. 全面深化农村改革

一是稳定和完善农村基本经营制度。健全土地承包经营权流转市场，发展农业适度规模经营；颁布实施《中华人民共和国农民专业合作社法》，促进农民专业合作社加快发展；按照明晰所有权、放活经营权、落实处置权、保障收益权的要求，全面推进集体林权制度改革。二是全面推进农村综合改革。深化乡镇机构改革，建立和完善农村“一事一议”公益事业财政奖励补助政策，推进省直管县市的财政体制改革，重点推进农村义务教育历史债务化解试点。三是推进农村金融改革。深化农村信用社改革，推进农业银行面向“三农”改革和金融服务创新，拓宽中国农业发展银行业务范围，创新邮政储蓄服务“三农”的方式，培育发展村镇银行、贷款公司、资金互助社等新型农村金融机构，推进农村金融产品和服务方式创新，强化县域内银行业金融机构服务“三农”的义务和责任，完善农业保险和再保险体系，开展财政对农户保费补贴试点。四是深化农产品流通体制改革。2001 年，国家放开棉花收购，鼓励公平有序竞争；2004 年，国家全面放开粮食收购和销售市场，实行购销多渠道经营。五是创新人口管理，加快户籍制度改革。全面放开建制镇和小城市落户限制，有序放开中等城市落户限制，合理确定大城市落户条件，严格控制特大城市人口规模。

三、现有“三农”政策执行情况评估分析

本部分主要从农业生产补贴、“三农”资金投入、农村社会保障、农村基础设施、农村扶贫开发、农业基础设施、农业生态补偿等 7 个方面对现有“三农”政策执行情况进行评估。

（一）农业生产补贴

1. 粮食直接补贴政策执行情况

（1）粮食直接补贴资金规模保持稳中有升。县级调查数据显示，2013 年对种粮农民粮食直接补贴金额稳中有升。有 30％的调查县补贴金额比上年增加，10％的调查县比上年减少，60％的调查县与上年持平。农户调查数据显示，2013 年对种粮农民粮食直接补贴额平均比上年增长 7.6％。

（2）部分粮食主产省份粮食直接补贴计算依据未按照政策要求。县级调查数据显示，2013 年有 53％的粮食主产省份的调查县以“按税费改革时核定的耕地计税面积”为主要计算依据，未做到政策中要求的粮食主产省份“按实际种植面积”进行补贴。农户调查数据得出的结论相同。此外，有少部分调查县是以“第二轮承包时面积”为计算依据的。

（3）粮食直接补贴全部直接发放至农户手中。农户调查数据显示，各调查户均直接通过“汇入卡或存折”方式获得补贴，没有发现中间环节以及抵扣其他税费的情况。

2. 良种补贴政策执行情况

（1）部分作物良种补贴覆盖区域没有达到政策要求。县级调查数据显示，2013 年东北地区有 17％的调查县[①]没有大豆良种补贴；17％的调查县没有小麦良种补贴；6％的调查县没有玉米良种补贴。水稻良种补贴在全部调查县实现覆盖。

（2）各调查县良种补贴标准符合政策要求。在县级调查样本中，2013 年水稻良种补贴标准平均为 15 元/亩[②]、小麦为 11.66 元/亩、玉米为 10.41 元/亩。东北地区调查县大豆良种补贴标准平均为 10 元/亩，全部调查县大豆良种补贴标准平均为 7.87 元/亩。

（3）良种补贴方式灵活多样，符合政策要求。农户调查数据显示，作物良种补贴方式灵活多样。补贴直接发给农户的超过 80％，其他发给种子公司等。

3. 农机具补贴政策执行情况

（1）部分调查县农机具补贴种类扩大，总体保持稳定。2013 年县级调查数据显示，有 57％的调查县补贴的农机种类比上年扩大，其余调查县补贴农机具种类保持稳定。

（2）农机具补贴比例控制在销售价格的 30％以内。农户调查数据显示，2013 年获得农机具补贴的农户购买农机获得的补贴占购机成本的份额平均为 22％，未超过销售价格的 30％。

（3）部分购买农机具农户未申请农机具补贴。调查数据显示，购买农机具农户未获得农机具补贴的主要原因是“没有申请”，应加强农机具补贴宣传。其他原因主要为“当地购买大型机械补贴名额非常有限”等。申请了未批准的约占 15％。

4. 农资综合补贴政策执行情况

（1）部分调查县对农资综合补贴向种粮大户等有所倾斜。县级调查数据显示，2013 年 29％的调查县的农资综合补贴向种粮大户、家庭农场、农民专业合作社倾斜，积极促进土地适度规模经营。

（2）2013 年农资综合补贴额略有提升，与价格增长同步。农户调查数据显示，2013 年调查户获得农资综合补贴额平均比上年增长了 5％，与价格增长

---

① 东北地区调查县包括辽宁和吉林两省，共 29 个县。

② 亩为非法定计量单位，1 亩＝1/15 公顷。下同。

基本保持同步，符合政策要求的动态调整机制。

（二）“三农”资金投入

1. 财政支农资金稳定增长机制政策执行情况

（1）2013年县级农林水事务预算支出占财政预算总支出比例整体有所下降。县级调查数据显示，99个有效样本中，2013年县级农林水事务预算支出占全县财政预算总支出的平均比例为20.3%，比上年实际支出所占平均比例下降了14个百分点。99个样本县中，只有15个县的农林水事务预算支出占财政预算总支出的平均比例高于上年实际支出所占比例，占15%；其他84个县的预算支出比例均低于2012年实际支出所占比例。

（2）2013年县级土地出让收入、耕地占用税收入用于农业投入的比例有所提高。土地出让收入的77个有效样本县中，有45个样本县土地出让收入用于农业投入的比例上升；耕地占用税收入的56个有效样本县中，有21个县2013年耕地占用税用于农业投入的比例上升。总体而言，土地出让收入、耕地占用税收入用于农业投入的比例有所提高（表1-1）。

表1-1 土地出让收入和耕地占用税收入支农情况

项目	2013年比2012年项目收入变化	2013年比2012年项目收入用于农业投入额变化	2013年比2012年项目收入用于农业投入比例变化
土地出让收入	基本持平	县均增长14%	县均提高1.2个百分点
耕地占用税收入	提高6.4%	县均增长9.9%	县均提高3个百分点

2. 财政支农资金投入重点政策执行情况

（1）2013年县级预算内农业固定资产投资占预算内固定资产投资总额的比例有所下降。县级调查数据显示，2013年32个有效样本县预算内农业固定资产投资占预算内固定资产投资总额的比例由上年的25.6%下降到20.4%，下降了5.2个百分点。32个有效样本县中，有22个样本县预算内农业固定资产投资占预算内固定资产投资总额的比例下降了，占69%。

（2）2013年县级国有部门水稻、小麦收购价格普遍增长。县级调查数据显示，72个有效样本县2013年县级国有粮食部门水稻收购价格平均比2012年增长4.7%，其中有55个样本县水稻收购价格比上年有所增长；61个有效样本县2013年县级国有粮食部门小麦收购价格平均比上年增长7.5%，其中有 54 个样本县小麦收购价格比上年有所增长。

3. 县域范围内整合财政资金政策执行情况

2013 年县域范围内整合对“三农”投入资金额比上一年度有所增长。县级调查数据显示，120 个有效样本县，2013 年在县域范围内整合对“三农”投入资金比上年平均增长 4.6%，其中 76 个样本县整合对“三农”投入资金比上年有所增长，占 63%。

（三）农村社会保障

1. 农村最低生活保障政策执行情况

（1）农村最低生活保障制度全覆盖。在县级样本数据中，所有调查县均建立了农村最低生活保障制度。

（2）农村低保标准和补助水平均有提高。2013 年各调查县农村低保标准均值为每人 2 082 元，2012 年为每人 1 854 元，上涨 12.3%。同时，数据显示 2013 年调查县低保平均补助水平为每人 1 655.57 元，2012 年为每人 1 469.8 元，上涨 12.6%。

（3）农村最低生活保障资金的各级财政预算均有提高。调查数据显示，2013 年各调查县农村低保支出总额平均为 2 655 万元，平均比上年增长 15%。中央和省级财政对农村最低生活保障补助金额，各调查县平均为 2 444 万元，平均比上年增长 30%。

2. 新型农村社会养老保险政策执行情况

（1）新型养老保险试点工作稳步推进。在县级样本数据中，有 93%的调查县为新型农村社会养老保险试点县，试点工作正在稳步推进中。从农户数据看，有 87.4%的农户参加了新型农村社会养老保险。

（2）政府对个人缴费补贴较高。县级调查数据显示，政府对参加新型农村社会养老保险个人缴费补贴额平均为每人每年 77 元，高于政策要求的 30 元。

3. 新型农村合作医疗保险政策执行情况

（1）各调查县的新型农村合作医疗（新农合）已普遍覆盖。县级调查数据显示，新农合对各调查县均已实现全覆盖，参合率平均为 98.19%。

（2）政府补助新农合标准符合政策要求。县级调查数据显示，新农合筹资水平平均为 335 元/人，农民自费筹资标准平均为 65 元/人，政府补助标准平均为 270 元/人。

（四）农村基础设施

1. 农村饮用水政策执行情况

（1）各调查县农村饮水安全户数占比不到70%。调查数据显示，各调查县农村饮用水安全户数占全县农村户数平均比例为68.85%，仍有待提升。

（2）农村集中式供水达到了“十一五”规划要求，“十二五”期间需进一步加强。从县级调查数据看，各调查县饮用水经过集中净化处理的村的比例为56.41%。

2. 农村道路交通政策执行情况

（1）部分地区建制村仍未通公路。从县级调查数据来看，调查县乡镇、建制村通公路率平均为97.52%。按地区分建制村通公路率见表1-2。

表1-2 按地区分道路交通情况

地区	本县镇村公路总里程（千米）	建制村通公路率（%）
东部	1 524	100.00
中部	1 637	97.00
西部	1 135	97.04
东北	1 630	96.64

注：表中数据为按地区分各调查县均值。

（2）仍有25%的调查村的村路损坏后无修补。调查显示，有25%的调查村的村路损坏后无修补，明显缺乏对村路的长期管护措施。有损坏时，村里出资修补的占主要比例。

3. 农村用电政策执行情况

（1）农村通电率的各项指标符合规划要求。从县级调查数据来看，截至2013年8月，各调查县乡村通电率平均为99.97%，户通电率平均为99.88%。

（2）城乡居民基本实现同网同价，但农村居民用电稳定性需要加强。调查显示，农户家用电稳定情况不容乐观，“有时停电，但不频繁”和“经常停电”2项合占31%左右，农村居民用电稳定性还有待加强。调查户用电收费标准平均为0.55元/千瓦·时，基本实现了城乡用电同网同价。

4. 农村沼气利用政策执行情况

（1）沼气建设分地区实施，西部地区多项指标较为突出。从按地区分类数据看，西部地区调查县的沼气使用较为广泛，农村户用沼气数、集中供气工程用户数及大中型沼气工程数3项指标较其他地区突出，只有生物质集中供气工程数1项指标值较低（表1-3）。

表1-3 按地区分沼气使用情况

地区	农村户用沼气数（口）	集中供气工程用户数（户）	大中型沼气工程数（个）	生物质集中供气工程数（个）
东部	18 667	8 721	9	217
中部	15 482	1 946	13	82
西部	26 697	20 713	22	70
东北	4 727	8 588	7	230

注：表中数据为按地区分各调查县均值。

（2）农村生物质清洁能源集中供气项目持续推进。调查数据显示，44个有效样本县，共有生物质集中供气工程507处，县均11.5处，生物质能源集中供气项目持续推进。

5. 农村危房改造政策执行情况

（1）危房改造项目资金到位率总体情况良好。调查数据显示，2013年上级对样本中57个危房改造试点县共投入资金7.4亿元，县均1 303万元，县均到位资金876万元，资金到位率为67%；县均改造危房1 274户，户均获得改造资金6 875元。

（2）危房改造分地区实施，东部危房改造试点县比例高于其他地区。从地区上来看，东部地区危房改造试点县比例较高，近71%，高于中西部和东北地区的危房改造试点县比例。东部地区调查县的资金到位率最低（表1-4）。

表1-4 按地区分农村危房改造情况

地区	农村危房改造试点县比例（%）	2013年计划平均投入资金（万元）	目前到位危房改造资金（万元）	2013年计划改造面积（万平方米）
东部	70.83	1 029.6	284.2	11.7
中部	60.00	1 134.1	855.2	9.8
西部	37.50	864.6	790.8	10.8
东北	29.63	3 260.7	1 353.2	13.8

注："农村危房改造试点县比例"这一指标为地区均值；表中其他指标为按地区分各调查县均值。

（五）农村扶贫开发

1. 整村推进扶贫开发政策执行情况

部分地区整村推进项目实施进度较慢。从村级调查数据看，39 个调查村中有 10 个村被列入整村推进的贫困试点村。其中，已经实施和正在实施的村共有 6 个，未实施的村有 4 个。数据显示，部分地区整村推进项目实施进度较慢，地区差异较大。例如，某调查样本村 2013 年确定试点项目，当年就开始实施，并且当年投入资金 200 万元；而另外某调查村 2011 年被确定为实施整村推进的贫困试点村，至今未开始实施。

2. 贫困地区劳动力转移培训政策执行情况

“雨露计划”进展顺利。县级调查数据显示，35 个调查贫困县开展的贫困地区劳动力转移培训（“雨露计划”）共培训农村劳动力 126 191 人，培养费共计 6 707.3 万元，较好地实现了“雨露计划”的实施目标。

3. 产业化扶贫政策执行情况

农户对参与的产业化扶贫项目满意度较高，多数农户认为该项目发挥了作用。从农户调查数据看，农业产业化扶贫项目均得到政府帮扶，政府通过发放生产要素（占 46.7%）以及补助项目启动资金（占 53.3%）对项目参与户进行扶持。在参与农业产业化扶贫项目的农户中，对所参与的项目很满意的占 48.4%，比较满意和评价一般的各占 25.8%；多数农户认为产业化项目对自身生活改善发挥了作用。

（六）农业基础设施

1. 农田水利建设政策执行情况

2013 年各调查县农田水利建设进展迅速。从县级调查数据看，2013 年 108 个有效样本县县均水利基建完成建设面积 12.6 万亩，县均田间灌溉渠系改造和排涝设施控制面积 18.4 万亩，县均大型灌区续建配套与节水改造面积 7.9 万亩，县均大中型重点小型病险水库除险加固 19 处。

2. 耕地质量相关政策执行情况

（1）保护性耕作工程建设项目各项工作进展稳定。县级调查数据显示，49 个样本县有保护性耕作工程建设项目，占样本县总数的 35%。49 个样本县共配置保护耕作专用机具 28.7 万台，示范样机 10 792 台，保护性耕作区工程

6 140 处，平整土地面积 8 万亩，保护性耕作面积占项目县总耕地面积的 19%。

（2）测土配方施肥技术普及工作稳步推进。县级数据显示，92 个有效样本县共为 762.6 万农户免费提供测土配方施肥技术服务，县均 8.3 万户，县均推广测土配方施肥技术 85.3 万亩，县均施用配方肥面积达 53.5 万亩。总体上看，测土配方施肥技术普及工作在全国稳步推进。

（七）农业生态补偿

1. 退耕还林政策执行情况

退耕还林各项补偿、补助标准执行稳定。在农户调查样本中，有 12.2% 的农户涉及退耕还林（均获得了退耕还林补助），补贴标准平均为 135 元/亩。

2. 草原生态保护补助奖励政策执行情况

禁牧补贴标准、草蓄平衡奖励标准与政策规定一致。牧区县调查数据显示，15 个牧区样本县均建立了草原生态保护补助奖励机制，2013 年各调查县草原生态保护补助奖励总额与上一年度基本持平。禁牧补贴县均每亩每年 7.8 元，草畜平衡奖励每亩每年 1.5 元。

第二节　中国特色社会主义农业的十年（2002—2012）实践和经验[①]

2002—2012 年，是我国经济社会加快发展、逐步破除城乡二元治理结构、统筹城乡一体化发展的重要时期，也是快速转变农业发展方式、持续提高农业综合生产能力、全面提升农业现代化水平、加速农业农村经济结构调整的关键阶段。

一、十年成就辉煌

（一）粮食产量增长迅速

2002—2012 年，我国粮食产量除在 2003 年同比下降[②]以外，2004 年即有

① 本节内容选自农业部软科学课题“中国特色社会主义农业的十年（2002—2012）实践、政策体系及经验”（课题编号：Z201311），课题主持人：陈国栋、李文学。

② 2003 年粮食产量下降的原因比较复杂。2002 年下半年以来，粮食价格下行，导致农民种粮积极性受到影响。此外，当年出现较严重的自然灾害，其中包括主产区遭受严重干旱，导致全年粮食产量下降。

了一个突增，当年实现9%的增产幅度。自2004年始，总产量一直保持增长。与1978—2001年的粮食总产量数据对比，2002—2012年粮食增产幅度更大。1978—2001年，基本呈“两增一减”格局，年均增幅只有1.7%。2002—2012年年均增幅达2.7%，比1978—2001年高出1个百分点。2007年之后，我国粮食产量基本稳定在1万亿斤①以上，粮食自给率达到九成左右，基本实现了自给，国家的粮食安全有了保障。

（二）农民收入持续增加

改革开放初期，农民收入增加幅度并不明显。1978年农民年人均纯收入为134元，2001年为2 366元。2001—2012年，农民人均纯收入从2 366元增加到7 917元，年增幅达8.4%。考虑到这是在农民收入较高的基础上取得的，成绩可谓不小。

（三）农业结构不断优化

1978—2001年，农业产值（这里专指种植业）占农林牧渔业总产值的比例从80%下降至55%，牧业产值由15%提高到30%，林业产值占比基本稳定在4%左右，渔业产值由1.6%提高到10.8%。2002—2011年，农业产值占农林牧渔业总产值的比例基本稳定在50%左右，牧业产值基本稳定在30%左右，林业产值基本稳定在4%左右，渔业产值保持在10%左右。农林牧渔产业的结构变动，适应了我国国民食品消费需求的变动。

（四）优势区域不断形成

1. 优势农产品区域布局规划得到贯彻实施

随着农业结构的调整，我国具有区域特色和比较优势的农产品发展很快，优质专用农产品比例明显提高，大宗产品继续向优势产区集中。水稻、小麦、玉米、大豆集中度分别达到98%、80%、70%和59%。经济作物优势区在全国地位稳步上升，棉花、甘蔗、苹果、柑橘集中度分别达到99.9%、63%、50.7%和54%，分别比2002年提高0.25个、5.6个、5.7个和4个百分点。养殖业优势区域加快发展，肉牛和肉羊优势产区地位继续巩固；奶牛优势区域

① 斤为非法定计量单位，1斤=500克。下同。

涉及的内蒙古、黑龙江、河北、山西、北京、天津、上海等7个省份奶牛存栏量占全国比例达50%；东南沿海优势出口水产品养殖带、黄渤海优势出口水产品养殖带、长江中下游优质河蟹养殖区“两带一区”布局趋于稳定，大黄鱼、罗非鱼和鳗鲡集中度均已超过80%。优势区域综合生产能力稳步提升。

2. 优势农产品产业化水平明显提高

各类生产要素向优势区域聚集，一些龙头企业纷纷进入优势区域，带动了优质种子种苗供应、农机作业服务、标准化生产、贮藏加工、农产品批发市场建设等生产性服务业的快速发展，加快了产加销、贸工农一体化生产经营进程。

3. 优势农产品生产综合效益初步显现

优势区域内农业基础设施进一步改善，综合机械化水平不断提高，科技支撑能力显著增强，农产品单产水平不断提升。优势农产品质量标准体系日益完善，标准化生产水平显著提高，质量安全检测能力整体提升，全程监管能力不断加强，市场法规更加健全，市场秩序更加规范，满足市场消费升级换代新需求的能力不断增强。优势区域内现代经营理念深入人心，主导产业不断壮大，农产品加工业规模化、集团化水平显著提升，现代农业农村服务业加速发展，优势农产品产加销、贸工农一体化程度明显提高。农村公共产品和服务供给实现跨越发展，聚集各类生产要素能力明显增强。优势区域内农村沼气、秸秆利用、农渔机具节能、农业主要投入品有效利用等农业节能减排技术得到较为广泛的应用，化肥、农药、水资源、农用能源利用效率显著提高，农业废弃物综合利用水平得到有效提升。

（五）科技进步成果显著

党的十六大以来，中央提出了农业科技整体实力进入世界前列的目标要求，出台了一系列政策措施，在广大农业科技工作者的不懈努力下，十年间，我国农业科技发展成果显著。

1. 农业科技自主创新成果丰硕

我国建立了超级稻、转基因抗虫棉、矮败小麦、杂交大豆等高效育种技术体系，培育出一大批优质、高产、多抗、广适的农作物新品种，形成了配套的栽培模式。动植物疫情防控和病虫害综合治理技术研究取得重要进展，重大动植物疫病监测预警技术体系趋于完善。高致病性禽流感疫苗研发处于国际领先水平，在禽流感防控中发挥了关键作用。开发了测土配方施肥技术、农业节水增效技术、农村户用沼气技术、农业废弃物资源化利用等资源节约技术。一大批农产品深加工关键技术难题被攻克并得到广泛应用，主要农产品深加工或二次以上加工比例达到30%以上。

2. 农业科技机制创新取得明显成效

启动现代农业产业技术体系建设，建立了以产业需求为导向、以农产品为单元、以产业链为主线、以综合试验站为基点的新型农业科技资源组合模式，形成了从产地到餐桌、从生产到消费、从研发到市场，各个环节紧密衔接的技术研发与服务体系。围绕农业产业发展需要和学科建设需求，建立了以综合性重点实验室为龙头、专业性或区域性重点实验室为骨干、科学观测实验站为延伸的布局合理、任务明确、协作紧密、运转高效的农业重点实验室体系。以公益性农业科研专项、转基因重大专项等项目组织实施为抓手，以需求定项目、以任务定经费，使一大批应急性、培育性、基础性农业科研领域得到加强，基本保障了农业科研人员潜心钻研、安心创新，构建了“任务来源于生产，成果在生产中完成，效果受生产检验，人才在实践中成长”的农业科技管理新模式。强化跨部门、跨学科、跨区域的联合协作机制，打破部门、区域、单位和学科界限，将科研力量和优势产区结合起来，共同围绕产业需求开展研发和推广应用，开创了中央与地方上下贯通、不同区域和不同学科专家联合协作的大联合、大协作的新格局。

3. 农技推广服务水平明显提升

截至2011年，85.3%的基层农技人员具有中专以上学历，74.6%有专业技术职称；财政保障逐步增强，基层推广机构基本纳入全额拨款事业单位，人员经费和工作经费保障水平明显提高，农技人员工资待遇有较大幅度提高；设施条件明显改善，通过中央定额补助、地方配套投入，支持乡镇推广机构建设业务用房，配备仪器设备和下乡交通工具；农技推广公共服务能力明显增强，广大基层农技人员的辛勤劳动和扎实有效的技术服务逐渐取得成效。农业科研教学单位认真履行农业技术推广职责，建设试验示范基地、开展农民培训、加强技术咨询服务，探索出院县共建、校地合作、科技特派员、专家大院等新机制、新模式。大范围开展统防统治、跨区机收等专业化、社会化服务，深入开展粮棉油糖高产创建和园艺产品、养殖业生产标准化创建，推动集成技术、集约项目、集中力量，发挥引导示范和辐射带动作用，促进了农业生产规模化、标准化和产业化。广播、电视、网络、报刊等现代传媒以及“12316”“农技110”、手机短信等现代服务手段广泛应用于农业生产。

4. 农业人才队伍建设成绩斐然

截至2011年年底，全国共有农业科研人才27万人，其中高级职称的占19.6%，硕士以上学历的占18.6%。生物育种创新、动植物疫病防控、高效栽培、养殖集成、农产品加工与质量安全等农业科技发展急需骨干人才2.5万人。农技推广人才78万人，其中高级职称的占8.7%，本科以上学历的占24.3%。平均每万公顷耕地有农技推广人才64.5人。农村实用人才1 048万人，平均每万名乡村人口拥有农村实用人才104人，平均每个行政村约16人。2002—2012年，农业科技贡献率从42.3%提升至54.5%，科技已成为支撑我国农业发展的主要力量。

（六）经营主体发展迅速

2002—2012年，我国农村经营体制在稳定家庭承包经营基础上，通过深化农村改革和生产关系的适应性调整，积极进行生产经营组织创新，通过推进农业产业化、鼓励引导农民组建专业合作社、大力发展家庭农场，大大提高了农业生产的组织化程度。

1. 农民专业合作社发展迅速

2007—2012年，农民专业合作组织由15万个发展到68.9万个（其中县级以上示范社有6万多个），成员数由3 878万户发展到4 900万户，拥有组织商标数由2.6万个增加到4.6万个，取得无公害产品、绿色食品、有机食品及无公害生产基地认证的由3 200个发展到3万多个。到2011年年底，实现统购统销服务80%以上的专业合作社占55%。许多合作社加强横向联合与合作，把单个合作社从“小舢板”组合成“大舰队”，增强了市场竞争能力，全国各类联合社已达2 140个。专业合作社集成利用土地、资金、技术等要素，推动了优势特色产业规模扩大和配套产业的形成，有力地促进了农业适度规模经营发展。

2. 农业产业化经营水平大幅提升

2001年以来，各级政府进一步加大对农业经营的支持力度，纷纷出台扶持政策和推进措施，农业产业化进入蓬勃发展时期。截至2012年年底，全国农业产业化组织总数达到30.87万个。农业产业化组织销售收入稳步增长，龙头企业实现销售收入 6.88 万亿元、净利润 4 667.83 亿元。农业部 2011 年首批认定的 76 个国家农业产业化示范基地，聚焦了规模以上龙头企业 3 140 家。各类产业化组织带动种植生产基地 15.04 亿亩、牲畜饲养量 14.68 亿头、禽类饲养量 140.66 亿只、养殖水面 9 701 万亩，带动农户 1.18 亿户，农民参与产业经营年户均增收 2 803 元。

二、经验弥足珍贵

（一）坚持把“三农”工作摆在全党工作的重中之重

党的十六大提出的解决好“三农”问题是全党工作的重中之重，是党和政府做好新时期“三农”工作的重要法宝，成为我们党治国理政的重要战略思想之一。以此为标志开启新世纪的“重农”[①] 时代。这个时代，意味着党对“三农”问题的重视程度提到了新高度，解决问题的力度不断增强。在这种思想指导下，2004—2013 年，中央连续发出 10 个以“三农”为主题的 1 号文件。国家每年对“三农”的投入力度不断加大。重中之重的思想在相当长的一个历史时期，仍是党和政府做好“三农”工作的行动指南。

（二）坚持和完善农村基本经营制度

农村集体经济组织实行以家庭承包经营为基础、统分结合的双层经营体制，是我国在改革开放过程中确立起来的，也是我国宪法规定的一项基本经营制度。这种制度从诞生之日起，就充分体现出强大的生命力。“土地集体所有，家庭承包经营”的生产关系安排适应当前农村生产力发展要求，其内在的经济逻辑在于：有利于从根本上解决人人有饭吃的生存保障和社会稳定问题，同时又有效地解决了传统集体所有制长期面临的团队生产中激励机制缺失问题。十年中，我们正是坚持这一基本制度不动摇，有效地激发出亿万农民群众的生产主动性、积极性和创造性。实践证明，没有家庭承包经营制度，就没有中国农业的巨大发展，就没有农民生产生活条件的显著改善，就没有农村翻天覆地的变化。

---

① 党和政府历来高度重视“三农”问题，但在不同的历史时期，根据经济社会发展面临的形势及国际国内外环境，工作重心有所不同。20 世纪 90 年代初，我国更加关注社会主义市场经济体系建设。

（三）坚持走中国特色的农业现代化发展道路

我们能按照建设中国特色社会主义的本质要求，立足中国国情农情，稳步推进中国农业现代化。改革开放以来，我国农业虽然取得了长足发展，但农业基础薄弱、农村发展滞后的局面尚未根本改变，农民收入增长动力仍然不足。因此，我国需要加快改造传统农业，推进农业现代化。推进农业现代化，我国的实践是：积极利用现代物质装备技术改造农业，强化科技支撑，走资源节约集约、环境友好、高产高效的协调发展道路；坚持工业反哺农业、城市带动农村，促进社会公共服务均等化，实现城乡统筹发展。

（四）坚持始终如一地保护农民利益

农民是农业农村发展的主体。改革开放以来，党和政府一直高度重视保护农民的利益，努力调动其生产积极性。实施“多予、少取”的方针政策，支持农民发展农业生产，从而使工农产业之间不协调的状况大为改善。十年中，在“重中之重”的思想指导下，这一方针政策得到延续的同时，有了新发展。2003 年，国家在坚持对农民“多予、少取”的同时，又增加了“放活”。这种适应社会经济发展变化的调整，有效地激发出农民投身新时期的农业农村经济的积极性和创造性。2006 年，党中央提出新农村建设的战略部署，强化了农民的主体地位。“从群众中来，到群众中去”，被党和政府视为制定政策、推进工作的出发点和落脚点；尊重农民意愿，使广大农民真正成为独立的商品生产者。

（五）坚持向“三农”倾斜的政策导向

一是专门面向“三农”制定出台支持扶持的政策措施；二是全口径的政策措施对农业农村农民更优惠或扶持力度更大。最突出的是大幅度调整国民收入分配结构，对农业实行直接补贴。2004 年，正式建立了粮食直补、良种补贴和农机具购置补贴，且额度逐年增加。从 2003 年起，用 3 年多时间全面取消了农业税①。仅此，每年减轻农民税费负担 430 亿元。为有效保障进城农民权

① 2003 年，我国开始试点取消农业特产税；2004 年起，全面取消农业特产税，逐步取消农业税；2006 年，全面取消农业税。

益，方便农民工在城乡间自由流动，我国对旧有的一些制度进行了调整和完善。2006年起，由政府财政补贴，在我国农村逐步建起了养老、医疗体系，至2012年基本达到全员覆盖。为改变农村落后面貌，国家加大投入力度，用以支持农村基础设施建设，改善农村生产条件和生活居住环境。向“三农”倾斜的政策，有效地矫正了工农发展的不均衡，也有效地控制了城乡差距的进一步扩大。

（六）坚持发挥地区特色和资源优势

2003年，结合各地特色资源和比较优势，我国正式出台了优势农业带发展规划。东北三省依托肥沃的土地，大力发展水稻、玉米等主粮种植，成为了我国重点商品粮生产基地；中西部地区大打特色牌，发展特色农产品生产，成为我国重要特色优质农产品的生产基地；东部地区充分发挥资本密集、技术先进的优势，着力发展设施农业、智能农业等面向未来的先进农业模式，成为率先实现现代化的样板地区。

（七）坚持区域和产业均衡协调发展

我国东中西部地区的农业发展存在巨大差距，而且越是落后的地方，承担农业（粮食）生产的任务越重。如果这种农业区域分工投射在经济效益上，会直接导致地域间经济发展的更大不均衡。为实现不同地区农业均衡协调发展，2003年我国启动了西部大开发工程；2004年起，中央出台相关政策，对农业大县即重点商品粮生产县给予奖补。与此同时，根据农产品区域布局条件，采取不同的扶持政策。

二、完善“三农”政策执行机制的对策建议

（一）优化“三农”政策设计

1. 增强政策设计的科学性

“三农”政策设计的初衷，往往是为了加大对农业农村的支持力度、优化农业农村发展环境。评价一项政策设计的好坏，不仅要看政策的收益，还要看政策执行的成本；不仅要看政策的当前作用，还要看政策的长远作用；不仅要看政策对执行对象的影响，还要顾及政策的执行对整个农业农村的影响乃至对

国民经济的影响。只有充分考虑这些因素，权衡不同政策设计的得失利弊，做到“两利相权取其重，两害相权取其轻”，才能保证政策设计能最大限度地发挥作用，尽量接近政策设计的初衷。

2. 统筹设计“三农”政策

不同部门负责同一件事情，不仅会带来高昂的行政成本，而且会导致各项政策之间无法衔接，各自为战，对整个农业基础设施建设缺乏系统性安排，项目更多体现为部门化、利益化。地方在整合这些项目时，也会受到项目规定的掣肘，难以或无法有效地整合。因此，现阶段的政策设计应从中央层面对相关政策进行衔接，为地方整合项目预留接口；从较长一个时期看，随着行政体制改革的深入和部门职能划分的明确，要对“三农”政策进行统筹和系统安排，对分散在各部门的支农职能进行适当调整和归并，以进一步提高政策设计的针对性和执行的效率，节约行政成本。

3. 推动政策逐步向普惠性过渡

在当前行政决策体制下，涉农部门掌握相关资金项目的分配权利，并由行政人员具体决定。在监督和决策机制还不完善的背景下，这就赋予了相关行政人员很大的自由裁量权，可能引发项目承担主体错位、资金浪费、资金套取、寻租等现象。为解决这一问题，除了要建立健全项目评审机制以及加强监督以外，还应从资金项目的自身设计入手。具体来讲，就是要逐步削减专项转移支付，加大一般性转移支付的力度，并在项目设定上将很多主观性很强的标准改为用数字支撑的客观标准，并对达到标准的支持主体给予普惠，从而减少由“人情”带来的无序行为，压缩政府部门的自由裁量权，让农民、合作社、龙头企业等农业经营主体在争取涉农政策上处于起点公平的竞争环境。

4. 优化政策制定机制

当前“三农”政策的制定带有较强的部门利益色彩，社会力量参与不足，导致政策的适用性和效果大打折扣。制定“三农”政策应注重吸收基层的实践经验，倾听农村各阶层和相关主体的期盼和诉求，问计于民，通过自上而下与自下而上相结合的方式，使得制定的政策更具有针对性。当前比较紧要的是，按照党的十八届三中全会提出的“推进国家治理体系和治理能力现代化”的要求，发挥民间组织的功能，增强各类涉农民间组织在农民和国家之间沟通的桥梁和纽带作用，在政策制定过程中积极吸收各类社会组织的意见和建议，进一步强化公众参与“三农”政策的制定。

（二）加强政策执行监督检查

1. 加强相关政策信息公开

在“三农”政策落实的过程中，要加强信息公开，加大政策的宣传力度，保障农户、农民合作社、农业产业化龙头企业、基层政府、村级组织等涉农主体的知情权。在信息公开的过程中，除了使用报纸、电视等传统媒体外，还要加强网站等新兴媒体的宣传力度，及时、准确、全面地宣传“三农”相关政策。此外，还可以结合农村的特点，通过墙报、标语、明白纸等鲜活的方式让农民知晓法律和政策规定，特别是要大力宣传农业补贴、工商登记、税费减免、资金项目等方面内容，营造“三农”政策落实的良好环境。

2. 加强相关政策舆论监督

加强对“三农”政策执行情况的舆论监督，一方面要发挥大众传媒“群众喉舌”“政府镜鉴”的作用，表达民意，推动各项政策落实。另一方面要从各地推动农业和农村发展的实践中挖掘好的经验和典型事迹进行报道，为其他地方提供启示和借鉴，提高有关机构和人员的知名度、美誉度及对受众的吸引力，引导舆论监督注重社会效益，发挥正确的舆论导向作用。

（三）加强政策评估和反馈

政策评估是衡量公共政策成效的重要工具。一方面，政策评估能检视一项政策付诸实行后是否达成了政策制定的初衷，以避免政府浪费人力、资源的无效或不当利用；另一方面，政策评估是发现并修正政策误差的重要渠道。就“三农”支持政策而言，开展政策评估的过程就是全面评价政策执行情况并不断完善相关支持政策的过程。一般来讲，开展政策评估应注重以下3个方面。

1. 健全政策试点机制

在农业农村有关支持政策推行前，应开展政策试点，在全国不同区域选择一些具有代表性和典型性的地区，先行先试，积累经验。根据政策内容设定试点周期，并全程跟踪试点进展，对政策的妥适性开展评估，对政策风险进行预警分析，对基层政府、合作社、龙头企业以及农户等相关主体反映的问题进行分析，并以此为依据确定是否进一步修正政策以及是否在全国推广该政策。尤其是具有一定风险的政策，如农民合作社开展信用合作、农民土地入股合作社和龙头企业、农民土地承包经营权抵押、农村农房抵押等重大政策，一定要审慎推进试点，逐步积累经验，切不可盲目推进、一蹴而就。

2. 完善事后评估机制

当前在我国公共政策领域“重制定轻评估”的现象非常普遍。一项政策出台之后，往往通过文件、会议等方式向下级传达，至于政策落实情况、实际效果等问题则没有受到政府部门的重视，事后评估严重不足，以致“经是好经，只是让歪嘴和尚念歪了”“上有政策、下有对策”“初衷为龙、结果为虫”等公共悖论时有出现。开展事后评估就是对政策执行绩效进行全面评价，评估主体可以是中央有关部门，也可以委托独立的第三方机构。

3. 优化政策反馈机制

评估结果是评价政策执行情况的直接反映，也是修改完善相关政策的重要依据。要积极运用评估结果，优化反馈机制。一方面要基于评估结果建立奖励机制，对执行较好的部门予以表彰，对执行不力的部门加以督导，起到宣传先进、鞭策后进的作用；另一方面要根据评估中各级、各部门、合作社、龙头企业等反映的问题，在政策内容、执行机制等方面加以修改完善，更好地发挥政策导向作用。

第三节　改革开放以来外出农民工对我国经济社会发展的隐性贡献研究[①]

进入21世纪以来，随着政府取消农业税，工农业产品的价格“剪刀差”得到基本缓解，不同户籍劳动者之间的“同工不同酬”问题逐步显现，外出农民工与城镇职工之间的“工资剪刀差”问题越来越突出。城乡二元结构使农民工很难享受到与城镇职工同等的诸如工资、社会保障等方面的市民化待遇，而户籍制度进一步阻碍了农民工的城市融入。2014年7月30日，国务院正式出台了《关于进一步推进户籍制度改革的意见》，要求坚持以人为本，进一步调整户口迁移政策，着力促进有能力在城镇稳定就业和生活的常住人口有序实现市民化，稳步推进城镇基本公共服务常住人口全覆盖。本研究通过测算改革开

① 第三节、第四节、第五节的内容选自农业部软科学课题“城乡新‘剪刀差’问题研究”（课题编号：D201415），课题主持人：孔祥智。

放以来外出农民工由于户籍歧视而导致的工资差距、农民工在社保方面受到的歧视以及公共财政在社保方面的城乡差距，来推算农民工为我国经济社会发展做出的隐性贡献，并在此基础之上提出相应的对策建议。

一、农民工与城镇职工之间的工资差距

（一）“同工不同酬”现象突出，户籍歧视是主因

《2013 年全国农民工监测调查报告》显示，2013 年全国农民工总量达 26 894万人，其中外出农民工 16 610 万人。2013 年外出农民工人均月收入为 2 609元，比上年增加了 319 元。虽然农民工收入有所增加，但与城镇职工相比，二者之间收入差距依然很大。同年城镇职工月收入为 3 897 元，比务工农民高出 49.4%。许多学者指出农民工工资权益被漠视主要源于户籍制度造成了城乡居民的地位和等级差异。王美艳运用 Oaxaca 工资差异分解模型对转轨时期农村迁移劳动力的工资歧视做了计量分析，研究表明城镇居民与务工农民工资差异的 76%可用户籍歧视来解释。课题组另外一项研究利用 CHNS2011 年数据，同样证实了在非农就业领域存在户籍上的工资歧视，并且测算出因户籍差别形成的工资差异。研究结论表明：①从城乡就业人员的整体数据来看，城镇居民的年工资性收入比务工农民高出 10 620.54 元；②在控制年龄、性别、教育程度、职业性质以及工作单位等可能影响就业人员工资的变量后，在城乡劳动力常见的 9 个就业行业里，仅因户籍的差异，城镇居民的年工资收入比务工农民至少高出 5 000 元，而因生产率形成的工资差异占比不到 70%；③通过重点比较分析务工农民职业选择集中的技术工、非技术工和服务行业，在这些领域同样存在工资上的户籍歧视，城镇居民比务工农民年工资至少高出 3 000 多元。

（二）农民工劳动时间长，平均小时工资低

许多专题调研报告也证明了“同工不同酬”现象的普遍存在。在就业于同一行业、身份同为雇员的情况下，农民工与城镇户籍人口之间的劳动报酬明显不同。有调研表明，从平均月工资来看，就业于住宿餐饮业的城镇户籍人口平均月工资比农民工高 18%，而制造业的城镇户籍人口平均月工资比农民工高 14%。除此之外，农民工的从业时间和劳动强度也远远超过城镇户籍人口。根

据《2013年全国农民工监测调查报告》，2013年外出农民工月从业时间平均为25.2天，日从业时间平均为8.8个小时，有41%的农民工日工作超过8个小时，有84.7%的农民工周工作超过44个小时。与2012年相比，超时工作农民工所占比例有所上升[①]。

如果考虑农民工的就业强度大、劳动时间长而采取小时工资数来比较，则发现所有行业中，城镇户籍人口的平均小时工资均高于外出农民工。如表1－5所示，与城镇户籍人口相比，2010年农民工就业较为集中的制造业和住宿餐饮业平均小时工资差异分别达到40%和37%。即使在差距最小的批发零售业，农民工与城镇户籍人口之间的工资差异也达到14%。

表1－5　2010年分行业的流动人口与城镇户籍人口平均月工资和小时工资差异

单位：元、%

行业	平均月工资			平均小时工资			流动人口行业分布
	流动人口	城镇户籍人口	比值	流动人口	城镇户籍人口	比值	
制造业	2 125	2 416	1.1	9.7	13.6	1.4	22.7
批发零售业	1 912	1 943	1.0	9.3	10.6	1.1	26.0
住宿餐饮业	1 673	1 978	1.2	7.9	10.8	1.4	13.7
社会服务业	1 851	1 800	1.0	9.1	11.1	1.2	16.1
其他	2 824	2 944	1.0	14.9	17.9	1.2	21.5

注：比值的计算为当地城镇户籍人口除以流动人口相应数据。

资料来源：国家卫生和计划生育委员会流动人口司，《中国流动人口发展报告2013》，中国人口出版社，2013年，90页。

（三）教育程度越高，外出农民工与城镇职工的工资差越大

有调查表明，外出农民工与城镇户籍人口之间的工资差异随教育程度的提升而加大。如表1－6所示，平均而言，2012年外出农民工与城镇户籍职工之间的月工资差额为1 147元。分教育程度来看，小学及以下文化程度劳动者中农民工月平均工资为2 353元，而城镇户籍职工的月收入为2 383元，

① 参见：国家统计局，《2013年全国农民工监测调查报告》，2014－05－12，http：//www.stats.gov.cn/。

二者相差 50 元；大专及以上文化程度的农民工月平均工资为 3 460 元，而城镇户籍职工的月收入却高达 4 587 元，二者之间的差额为 1 127 元。这说明，随着教育程度的升高，外出农民工与城镇户籍职工之间的工资差额逐渐加大。

表 1-6　2012 年分行业分教育程度分户籍的流动人口雇员平均月工资差异

单位：元

行业	户籍性质	小学及以下	初中	高中/中专	大专及以上	总计
制造业	城镇	2 484	2 667	3 132	4 500	3 571
	农村	2 373	2 551	2 791	3 380	2 606
	比值	1.1	1.1	1.1	1.3	1.4
批发零售业	城镇	2 568	2 307	2 946	4 032	3 312
	农村	2 154	2 292	2 499	3 058	2 419
	比值	1.2	1.0	1.2	1.3	1.4
住宿餐饮业	城镇	1 879	2 287	2 584	2 908	2 530
	农村	1 928	2 171	2 404	2 838	2 233
	比值	1.0	1.1	1.1	1.0	1.1
社会服务业	城镇	1 845	2 269	2 721	3 754	3 005
	农村	1 870	2 212	2 492	2 939	2 304
	比值	1.0	1.0	1.1	1.3	1.3
其他	城镇	2 589	3 103	3 511	4 914	4 370
	农村	2 545	2 868	3 030	3 815	2 948
	比值	1.0	1.1	1.2	1.3	1.5
平均	城镇	2 383	2 650	3 141	4 587	3 766
	农村	2 353	2 546	2 750	3 460	2 619
	比值	1.0	1.0	1.1	1.3	1.4

资料来源：国家卫生和计划生育委员会流动人口司，《中国流动人口发展报告 2013》，中国人口出版社，2013 年，91-92 页。

二、外出农民工与城镇户籍职工之间的工资“剪刀差”

根据国家统计局的指标解释，外出农民工指调查年度内在本乡镇地域以外从业 6 个月及以上的农村劳动力。全国范围的外出农民工数据资料主要由国家统计局农村社会经济调查司提供和发布。研究中 2008—2013 年的外出农民工数据，均来源于国家统计局的《全国农民工监测调查报告》。其余年份的数据主要来源于盛运来的《流动还是迁移——中国农村劳动力流动过程的经济学分析》以及农村住户调查资料。

农民工工资额主要指外出农民工的名义月平均工资收入。为了保持计算口径的一致，本文主要采用的是国家统计局农村社会经济调查司抽样调查提供的农民工工资数据。其中，2001—2013 年数据来源于国家统计局颁布的《全国农民工监测调查报告》以及整理过的农村住户调查资料。其余各年度月工资额数据来源及处理方法参考了 2012 年卢锋在《中国社会科学》第 7 期发表的《中国农民工工资走势：1979—2010》一文。

由于早年农民工市场规模较小、外出打工交易成本较高等制约因素的存在，企业只有支付更高的相对工资才能吸引农民工离土离乡就业。而随着 20 世纪 90 年代城镇企业改制逐步推进，原有正式职工隐性福利部分转变为显性货币薪酬，使职工工资快速增长并远远超过农民工。倘若考虑农民工与城镇职工之间的劳动生产率差距，将农民工的应得工资与农民工实际工资进行比较，可以发现直到 2000 年左右“工资差额”指标基本为负。这说明，农民工与城镇职工之间的“同工不同酬”现象是自 2000 年开始的。2002 年开始，外出农民工与城镇职工之间的“工资剪刀差”急剧增加，到 2012 年达到历史最高值 6 500 亿元。经计算，改革开放以来，我国外出农民工由于“工资剪刀差”为我国经济发展做出 49 674 亿元以上的贡献（表 1－7）。

表 1－7　外出农民工的“工资贡献”

年份	农民工数量（万人）	农民工实际年工资（元）	农民工应得工资（元）	城镇职工年工资（元）	工资差额	工资“剪刀差”年度总额（万元）
1995	3 000	4 950	3 074	5 348	－1 876	—
1996	3 400	5 900	3 437	5 980	－2 463	—

（续）

年份	农民工数量（万人）	农民工实际年工资（元）	农民工应得工资（元）	城镇职工年工资（元）	工资差额	工资“剪刀差”年度总额（万元）
1997	3 890	4 600	3 703	6 444	−897	—
1998	4 936	5 870	4 279	7 446	−1 591	—
1999	5 240	4 890	4 781	8 319	−109	—
2000	7 600	5 180	5 364	9 333	184	1 398 400
2001	9 050	6 420	6 226	10 834	−194	—
2002	10 470	6 560	7 111	12 373	551	7 444 170
2003	11 390	6 460	8 028	13 969	1 568	12 847 920
2004	11 823	7 010	9 149	15 920	2 139	15 949 227
2005	12 578	7 800	10 460	18 200	2 660	23 269 300
2006	13 181	8 600	11 986	20 856	3 386	33 295 206
2007	13 697	9 460	14 207	24 721	4 747	49 405 079
2008	14 041	13 400	16 608	28 898	3 208	45 043 528
2009	14 533	14 170	18 531	32 244	4 361	63 378 413
2010	15 335	16 900	20 999	36 539	4 099	62 858 165
2011	15 863	20 490	24 022	41 799	3 532	56 028 116
2012	16 336	22 900	26 879	46 769	3 979	65 000 944
2013	16 610	26 090	29 752	51 769	3 662	60 825 820
总计						496 744 288

资料来源：历年《中国统计年鉴》《中国农村住户调查年鉴》以及《全国农民工监测调查报告》。

三、外出农民工的“社保贡献”

我国现行的社会保障制度是以城镇人口为参照对象制定的，虽然制度层面并没有排斥正规就业的农民工，但由于农民工流动性较大、劳动关系不规范且尚未建立统一的社会保障制度，致使农民工参保率偏低，在社会保险方面受到严重歧视。在一系列政策的支持与推动下，自 2006 年开始农民工参加社会保险的人数开始逐步增加。根据《中国劳动和社会保障年鉴》，2006 年我国参加养老保险的农民工有 1 417 万人，参加工伤保险的农民工有 2 537 万人，参加医疗保险的农民工有 2 367 万人，参保率分别为 10.7%、19.2%和 17.9%①。2006 年以后，各项社会保险的参保人数开始缓慢增加（表 1-8）。

表 1-8　外出农民工参加社会保障的比例

单位：%

社会保障	2006 年	2007 年	2008 年	2009 年	2010 年	2011 年	2012 年	2013 年
养老保险	10.7	10.3	9.8	7.6	9.5	13.9	14.3	15.7
工伤保险	19.2	22.3	24.1	21.8	24.1	23.6	24.0	28.5
医疗保险	17.9	17.5	13.1	12.2	14.3	16.7	16.9	17.6
失业保险	—	6.4	3.7	3.9	4.9	8.0	8.4	9.1
生育保险	—	—	2.0	2.4	2.9	5.6	6.1	6.6

注：2008—2013 年的数据来源于《2013 年全国农民工监测调查报告》；2006—2007 年的数据由笔者根据《中国劳动和社会保障年鉴》中参加各项社会保险的农民工数量计算得出。

在各项社会保险中，农民工参加比例最高的为工伤保险，由 2006 年的 19.2%增加到 2013 年的 28.5%；其次为医疗保险和养老保险，2011—2013 年参保率为 15%左右；参保率偏低的是失业保险和生育保险，均在 10%以下，其中生育保险的参保率最低，2013 年仅为 6.6%。除社会保障之外，不同身份的就业者之间的待遇差异还体现在各种形式的公共福利上。根据《2013 年全国农民工监测调查报告》，2013 年外出农民工与雇主或单位签订了劳动合同的农民工比例为 41.3%，比 2012 年下降了 2.6 个百分点②。即便是与雇主或单位签订了劳动合同的农民工，也大多无法享受就业单位发放的奖金、津贴、加班费、出勤补贴、出差补贴、过节费、子女生活补贴等福利。有的地区外出农民工与城镇户籍职工之间的死亡抚恤金等民事赔偿亦存在差异，出现了“同命不同价”的问题。这些差异还以各种形式的成文法规或条例等颁布，形成了制度层面的不平等。

① 参保率为参加社会保险农民工数量与农村外出务工劳动力数量的比值。由于参保农民工没有区分本地农民工与外出农民工，这里采用的数据为农民工总量（包括本地农民工）13 212 万人。数据来源于《中国农村住户调查年鉴》。

② 参见：国家统计局，《2013 年全国农民工监测调查报告》，2014-5-12，http：//www.stats.gov.cn/。

1996—1998年城镇失业保险尚未全面实行，1996—1997年城镇职工医疗保险制度也尚未建立。因此，我们对1996—1998年3年的“社保贡献”进行单独核算（按22%的比例仅计算养老、工伤、生育保险3项）。结果显示，1996年外出农民工的“社保贡献”为441.32亿元，1997年为393.67亿元，1998年为695.38亿元，3年合计1 530.37亿元。1999—2005年，由于农民工参保率的数据缺失，因此我们假定农民工各项社会保险的综合参保率为10%。按照国务院规定的参保缴费率，基本养老保险单位缴费率为20%，基本医疗保险单位缴费率为6%，失业保险单位缴费率为2%，工伤和生育保险平均缴费率一般为1%左右。因此，按照实际年工资30%的缴费率进行核算，得出这段时期外出农民工的“社保贡献”为12 051亿元。

2006年以后，政府部门对外出农民工的参保情况进行了专门统计。因此，将表1-9中未参加社会保障的农民工数量乘以农民工实际年工资再乘以相应的社会保险缴费率，就可以得出外出农民工的“社保贡献”，如表1-10所示。2006年以来，由于未参加各类社会保险，我国外出农民工做出的“社保贡献”约为53 055亿元。由此可以得出，1995年以来，外出农民工由于未参加社会保障为我国城镇经济发展做出66 637亿元的贡献。

表1-9　2006年以来未参加社会保障的外出农民工人数

单位：万人

社会保障	2006年	2007年	2008年	2009年	2010年	2011年	2012年	2013年
养老保险	11 771	12 286	12 665	13 428	13 878	13 658	14 000	14 002
工伤保险	10 650	10 643	10 657	11 365	11 639	12 119	12 415	11 876
医疗保险	10 822	11 300	12 202	12 760	13 142	13 214	13 575	13 687
失业保险	13 181	12 820	13 521	13 966	14 584	14 594	14 964	15 098
生育保险	13 181	13 697	13 760	14 184	14 890	14 975	15 340	15 514

数据来源：根据表1-7和表1-8计算所得。

表1-10　2006年以来外出农民工“社保贡献”

单位：万元

社会保障	2006年	2007年	2008年	2009年	2010年	2011年	2012年	2013年	合计
养老保险	20 246 120	23 245 112	33 942 200	38 054 952	46 907 640	55 970 484	64 120 000	73 062 436	355 548 944

（续）

社会保障	2006年	2007年	2008年	2009年	2010年	2011年	2012年	2013年	合计
工伤保险	915 900	1 006 827.8	1 428 038	1 610 420.5	1 966 991	2 483 183	2 843 035	3 098 448.4	15 352 843.8
医疗保险	5 584 152	6 413 880	9 810 408	10 848 552	13 325 988	16 245 292	18 652 050	21 425 629.8	102 305 951.4
失业保险	2 267 132	2 425 544	3 623 628	3 957 964.4	4 929 392	5 980 621	6 853 512	7 878 136.4	37 915 930
生育保险	1 133 566	1 295 736.2	1 843 840	2 009 872.8	2 516 410	3 068 378	3 512 860	4 047 602.6	19 428 265.1
总计	30 146 870	34 387 100	50 648 114	56 481 761.7	69 646 421	83 747 957	95 981 457	109 512 253	530 551 934.3

数据来源：根据表1－7和表1－9计算所得。

四、外出农民工的“成本节约”

由于我国尚未建立统一的社会保障制度，各地社会保险模式在覆盖对象、保障内容、缴费标准、赔付水平以及经办机构等方面都存在巨大差别。各地的社会保险模式不同，政府的财政补贴额度也不同。在医疗保险方面，我国目前的医疗保障体系由城市居民医疗保障、城市职工医疗保障以及新农合医保构成。2013年，国务院提出要推进“三保”并轨工作。由于城镇居民医保与新农合存在一定的共性，费用缴纳均由个人和政府部门负担，并轨工作相对较容易。从国家层面来讲，财政对于城乡之间基本养老保险、居民合作医疗以及失业保险等社会保险的补助存在一定的差距。这部分差距即是进城务工的农民工市民化的公共成本，外出农民工非市民化为我国公共财政节约了大量成本。

如表1－11所示，2011年农民工社会保障的平均公共财政成本为797.15元/人，全体外出农民工“节约”公共财政1 264.5亿元。若按每年9.6%的增长速度简单向前推算，改革开放以来，外出农民工非市民化为我国公共财政节约社保成本至少14 303亿元。事实上，随着我国外出农民工中的举家外出农民工数量的逐年增多，农民工非市民化“成本节约”远远不止这些。根据国务院发展研究中心测算，除社保成本之外，农民工市民化的成本还包括农民工随迁子女教育成本、社会管理费用以及保障性住房支出等。一个农民工如果成为市民需要增加政府的支出约为8万元。按照这一标准，2013年仅举家外迁的3 525万人，就需要公共财政支付约28 200亿元的资金。

表 1-11 农民工社会保障的平均公共财政成本

单位：元/人

项目		城镇	农村	城乡差距
居民合作医疗补助		67.86	45.63	22.23
基本养老保险		771.97	198.94	573.03
其他社会保障	工伤保险	36.8	0	36.8
	医疗保险	793.62	635.75	157.87
	失业保险	4.63	0	4.63
	生育保险	2.59	0	2.59
总成本				797.15

资料来源：丁萌萌、徐滇庆，《城镇化进程中农民工市民化的成本测算》，《经济学动态》，2014 年第 2 期。

五、结论与建议

进入 21 世纪以来，工农业产品的价格“剪刀差”基本消除，但外出农民工与城镇户籍职工之间的工资“剪刀差”却逐步扩大。农民工由于“同工不同酬”以及无法享受城镇户籍职工的公共福利待遇，为我国经济发展做出了巨大的隐性贡献。人口红利主要由“工资贡献”“社保贡献”以及公共财政“成本节约”3 部分构成。经过测算，这 3 项合计高达 130 614 亿元。虽然我国在提高农民工工资收入、保障农民工合法权益、推进户籍制度改革与完善社会保障体系等方面加大了支持与改革力度，但在短时期内外出农民工与城镇户籍职工之间的工资“剪刀差”仍将继续存在。随着外出农民工的继续增加，我国农民仍将继续为经济发展做出巨大牺牲。

为适应推进新型城镇化需要，我国实行了半个多世纪的城乡二元户籍管理制度退出了历史舞台，也为实现外出农民工有序市民化、稳步推进包含农业转移人口在内的城镇基本公共服务全覆盖创造了条件。然而，城乡二元户籍管理制度虽然将从名义上被终止，但附着在原有户籍制度上的公共福利差异短期内不会消除，外出农民工户籍价值的同城化待遇问题仍将继续存在。面对城市严峻的就业形势与公共服务财力约束，一些省份在劳动力市场上针对农民工提供差别化的就业待遇，采取措施限制甚至排斥农民工进城等现象依然存在。因此，只有确切落实户籍制度改革的各项政策措施，抓紧制定教育、就业、医疗、养老、住房保障等方面的配套政策，让农业转移人口享有与城镇居民一样的公共福利待遇，才能提高农民工外出务工的积极性，健康有序地推进新型城镇化。

（一）进一步规范劳动力市场，消除就业市场的户籍歧视

在新型城镇化加快推进的进程中，劳动力市场中的户籍歧视，不仅使农民工遭到不公正的待遇，而且限制了某些行业农民工的进入，造成了农民工就业群体的不稳定，阻碍了经济可持续发展。我国应当以新一轮的户籍制度改革为突破口，充分发挥市场在劳动力资源配置中的决定性作用，规范用工秩序，保证相同、相近与相似岗位上同等熟练程度的劳动者享有相同的待遇，逐步建立农民工的工资增长机制，以保证在短时期内实现二者之间工资拉平。

（二）破除体制性障碍，建立农民工社会保险转移接续机制

农民工既有农业户口，又从事非农职业，游走于城市与农村之间。因此，与农民、城镇居民相比，农民工受城乡分割的社会保障体系的制约最大，改革需求也最迫切。在制度安排上，要破除体制障碍，允许就业稳定的农民工参加城镇职工基本养老保险，在农村参加的养老保险规范接入城镇社会保障体系；改善医疗保险的筹资机制，实现城镇居民基本医疗保障、城市职工医疗保障与新型农村合作医疗的并轨，加快实施统一的城乡医疗救助制度；改善社会保障管理体制与运行机制，提高统筹层次，打破城乡分割、地区分割与职能部门分割，由财政依据农民工贡献度、行业属性、岗位特性进行补贴，建立农民工社会保险关系转移接续过渡机制，逐步实现社会保障体系的统一性及其整体功能的全面发挥。

（三）保障农民工合法权益，推进公共福利均等化

在城镇化过程中，如何使外出农民工共享改革发展成果，融入所在城市，是我国经济社会发展中的重大战略问题。为保障农民工合法权益，推进公共福利均等化，可从如下方面着手：一是完善农村产权制度，切实保障外出农民工的土地承包经营权、宅基地使用权、集体收益分配权，不得以“三权”退出作为农民进城落户的前提条件；二是按照“公平对待、合理引导、完善管理、搞好服务”的原则，加大劳动监察力度，通过逐步提高外出农民工的劳动合同签

订率、逐步扩大签订无固定期限劳动合同的比例、逐渐降低外出农民工被拖欠工资的比例等措施，维护农民工的合法权益；三是加大财政转移支付力度，扩大基本公共服务覆盖面，将新旧市民共同纳入城市管理与公共服务体系，在就业、教育、居住、医疗等方面同民同权、同等对待；四是构建社会融合机制，尊重进城农民工的公民权利，建立农民工社会管理参与机制，使农民工真正融入城市。

第四节 中国城镇化进程中的地价“剪刀差”成因及测算（2002—2012 年）

工业化和城镇化的发展都需要土地空间的支撑。随着中国工业化和新型城镇化的进一步推进，越来越多的农民将失去土地，因征地问题引发的社会矛盾也将不断加剧。进入 21 世纪后，中国的城镇化进程加快，但人口城镇化滞后于土地城镇化的问题也日益突出，地方政府逐渐走向“以地谋发展”的城市发展和经济增长模式。当前，土地出让已成为地方财政的一项主要收入来源，土地出让金成为地方政府支持城市建设的重要资金。长期以来，基于土地原用途的产值倍数于执行的征地补偿制度受到各界诟病，即使近些年的征地补偿标准有所提高，但仍难有重大突破。以政府低价征地、高价出让为表现形式的地价“剪刀差”，其真实存在性是毋庸置疑的。那么，地价“剪刀差”为何会出现？地价“剪刀差”究竟有多大？回答上述两个问题，需要对目前的中国征地制度缺陷进行分析并对土地增值收益分配进行科学测算。在统筹城乡发展和深化农村改革的大背景下，测算地价“剪刀差”有着重要的理论意义和现实意义。基于此，本节利用 2002—2012 年的《中国国土资源年鉴》，尝试估算全国的地价“剪刀差”数量。

一、什么是地价“剪刀差”

（一）“剪刀差”概念及泛化使用

传统的“剪刀差”概念是学界对工农业产品比价关系的形象概括。“剪刀差”概念产生于 20 世纪 20 年代的苏联，20 世纪 30 年代被介绍到中国，并针对中国的国情被发展和广义化。国内学者普遍认为，工农业产品价格“剪刀差”是指在工农业产品交换的过程中，工业品价格高于其价值，农产品价格低于其价值，由这种不等价交换形成的剪刀状差距。进入21世纪以后，“剪刀差”因剪刀口之贴切形象而被广泛用于城乡发展差距的各种表现，如城乡居民收入“剪刀差”、城乡居民消费水平“剪刀差”等。

（二）地价“剪刀差”的形成

据《中国统计年鉴》数据，2001—2012年共有20 280平方千米的农村土地被征收并转变为国有土地，用于城市建设。农村集体土地必须经由政府征收转变为国有土地之后才能用于城市建设。在农村集体土地的有偿征收过程中，政府以低价从农民和村集体手中征得土地（购买农村集体土地的所有权），经过必要的前期投入，如“七通一平”之后，再以较高的价格出让给土地使用者（出让国有土地使用权）。农村集体土地经过政府的征收和必要投入，形成低价征用和高价出让两种价格，且价格走势形成鲜明对比，有如剪刀状，地价“剪刀差”也因此得名。仅从征地总费用和国有土地出让收入数据看，2003年二者差距为3 752.94亿元，2011年扩大到27 128.15亿元，2012年有所下降，为23 902.59亿元。即使扣除政府征得农村集体土地后，将生地转变为熟地的前期开发投入以及土地出让业务费等，政府征地并出让仍有较大的利润空间（表1-12）。

表1-12　个别年份国有土地出让收入与征地总费用

单位：亿元

年份	国有土地出让收入	征地总费用	差额
2003	5 421.31	1 668.37	3 752.94
2011	32 126.08	4 997.93	27 128.15
2012	28 042.28	4 139.69	23 902.59

资料来源：《中国国土资源年鉴》，剩余年份数据缺失。

二、地价“剪刀差”形成的原因

（一）土地用途管制使得政府成为征地和国有土地出让的垄断者，土地发展权市场机制缺失

这是形成地价“剪刀差”的本质原因。我国城乡土地受不同的法律规制，

农村土地受《农村土地承包法》规制，而土地转用和城市国有土地受《土地管理法》规制。《土地管理法》规定，“农民集体所有的土地的使用权不得出让、转让或者出租用于非农业建设”，农民对土地非农使用的权利仅限于“兴办乡镇企业和村民建设住宅经依法批准使用本集体经济组织农民集体所有的土地的，或者乡（镇）村公共设施和公益事业建设经依法批准使用农民集体所有的土地的”。换言之，农村集体土地一旦被征收，农民随即失去了土地非农利用的使用权、收益权、转让权和发展权；农村也失去了土地所有权和发展权。同时，我国法律规定，城市土地属于国有，地方政府是农用地转为建设用地的唯一合法主体。因此，农村土地一旦纳入城市建设规划而转为建设用地，其所有权就必须从农民集体所有转为国家所有。从本质上而言，政府通过征地这一手段将农民集体所有的土地变成了国家所有。如果将征地视为一种市场交易，地方政府则是征地市场的唯一买方，而且是强势和有利己色彩的垄断者，这就为强制征地和压低征地补偿标准提供了空间。

从国有土地使用来看，《土地管理法》规定，“任何单位和个人进行建设，需要使用土地的，必须依法申请使用国有土地”，即国有土地是非农建设的唯一合法用地。使用国有土地又大多遵从有偿使用原则，法律规定了以出让等有偿使用方式取得国有土地使用权的建设单位要按规定缴纳土地使用权出让金、土地有偿使用费和其他费用。由于地方建设用地实行指标控制，因此稀缺的建设用地成为众多建设单位竞价争夺的商品。在国有土地使用权出让环节，地方政府也是唯一合法的供给者。因此，不管是征地市场还是国有土地使用权出让市场，地方政府都扮演着市场垄断者的角色，制度赋予的垄断权利必然导致有利益需求的地方政府走上低价征地、高价出让的道路。

（二）中央和地方存在土地出让收益分配关系，滞后的政绩考核促使地方政府大肆征地支持招商引资

这是形成地价“剪刀差”的重要诱因。中央和地方按比例分配土地出让收益导致地方政府有低价征收土地的动机。土地出让金于 1987 年在深圳经济特区率先收取，当年深圳市通过招拍挂方式获得的土地出让金占土地出让总收入的 3%。1987—1991 年，全国土地出让收入一直处于较低水平，到 1992 年才增至 525 亿元。20 世纪 90 年代初，用于地方基础设施建设的土地出让收入大

约占20%，剩余的80%由中央和地方政府分享。到1992年，中央所得比例从最初的40%下降到5%。1994年分税制改革之后，土地出让收入被划入地方财政收入，地方政府从此取得了土地出让收入的完全控制权。1999—2012年，国有土地出让收入成交价款与地方财政收入之比从0.092∶1上升到0.459∶1，地方发展对土地出让收入的依赖性不断增强。从财政收入的角度看，只要地方政府争取到建设用地指标，征地并有偿出让，地方政府和中央政府都能从土地出让收入中获益。

地方政府之间的竞争式发展要求其征收大量农村集体土地用于城镇基础设施建设、工业用地、住宅用地和商业用地。"以地谋发展"的经济发展模式使得地方政府迫切需要土地出让金作为其缩小地方财政收支缺口的主要依靠。因此，地方政府通过低价征地、高价出让方式获取的垄断收益成了其推动工业化、城镇化及其他政绩工程的主要资金来源。

（三）基于土地农业用途的产值倍数法制定征地补偿标准，剥夺了村集体和农民的土地发展权收益

这是形成地价"剪刀差"的直接原因。从我国的征地补偿标准看，农民获得的补偿水平是比较低的。在自主、自愿的前提下，如果农民获得的征地补偿是足够和公平的，农民普遍能够接受，但从政府征地遇到的障碍和群众的反抗情绪可知，当前失地农民获得的补偿非常有限。现行法律规定，国家为了公共利益的需要可以依照法定程序征收或征用土地并给予补偿。表1-13反映了我国不同时期的土地征收补偿规定和标准。1982年以前，国家征收土地的补偿是极低的，当时国有土地还实行行政划拨和无偿使用，并通过企业税收回收土地租金。自1982年开始，土地补偿标准跟被征收土地原用途的年产值挂钩，尽管补偿范围在扩大，补偿的年产值倍数在提高，但补偿的额度基本上被限定了。2004年10月21日，国务院《关于深化改革严格土地管理的决定》规定：土地补偿费和安置补助费的总和达到法定上限，尚不足以使被征地农民保持原有生活水平的，当地人民政府可以用国有土地有偿使用收入予以补贴。但是，这一规定仍然没有实质性的突破。

表 1-13　不同时期国家征收农村（集体）耕地的土地补偿及安置补助标准

时期	征收土地类型	土地补偿标准	安置补助标准	两项之和
1950—1953 年	私人农用地	给予适当补偿或用相等国有土地调换	给耕种该土地的农民适当安置	
1954—1981 年	私有土地	以国有、公有土地调换或者给予 3～5 年的产量总值	安排就业	
	农业合作社土地	可以不给予该类补偿	给耕种该土地的农民以适当补助	
1982—1998 年	集体土地	原年产值的 3～6 倍	原年产值的 2～3 倍，最高不超过 10 倍	不能超过原年产值的 20 倍
1999—2004 年	集体土地	原年产值的 6～10 倍	原年产值的 4～6 倍，最高不超过 15 倍	不能超过原年产值的 30 倍
2005 年至今	集体土地	原年产值的 6～10 倍	原年产值的 4～6 倍，最高不超过 15 倍	可超过原年产值的 30 倍，超过部分用国有土地有偿收入补贴

资料来源：根据《城市郊区土地改革条例》（1950 年）、《国家建设征用土地办法》（1953 年、1982 年）、《中华人民共和国土地管理法》（1986 年、1988 年、1998 年和 2004 年）和国务院 28 号文件（2008 年）整理。

根据目前的征地补偿标准，农民得到的补偿很低。按理说，从农民手里拿走土地，给予他们对等的补偿是天经地义的事。可是，农民实际拿到的只是土地在农业用途上的价格，土地改变用途而发生的增值并没有流进农民的口袋。如果按 2004 年全国人均耕地 0.1 公顷，征地补偿取年均产值的 30 倍，农村居民年人均生活消费支出 2 185 元计算，南方地区农民足额获得征地补偿额仅够其生活 16.9 年，北方地区农民仅够生活 14.3 年。这只是从农业用途的土地价格计算，还没有考虑 70 年后土地仍可用于农业生产、土地用途改变发生增值等因素，即没有对农民的土地发展权收益进行测算和补偿。然而，在征地过程中，农民实际拿到手的征地补偿款远远低于按最低补偿标准计算的补偿额。

三、地价“剪刀差”的数量

政府通过低价征地、高价出让形成的地价“剪刀差”究竟有多少，归根结底是一个经验问题而非理论问题。直接估算地价“剪刀差”的数量往往比较困难，不少学者以国有土地出让价格与对农民的征地补偿之差额代替地价“剪刀差”，本研究认为该做法值得商榷。为了更科学估算政府低补偿征地形成的地价“剪刀差”数量，在借鉴已有研究成果的基础上，本研究通过土地要素贡献份额估算土地出让纯收益中应当归属于农民的土地要素报酬，估算出的土地要素报酬可视为地价“剪刀差”。

（一）已有研究关于地价“剪刀差”的估算

已有研究估算过农民的征地损失，或者说是农民为了国家建设而通过让出土地的方式做出的贡献，笔者认为农民的征地损失或土地贡献是地价“剪刀差”的另类表述，本质上都是农民的部分土地权益得不到对价补偿。考虑到土地从农民手里流到政府手里，再流到开发商的整个过程，土地收益增长了几十倍甚至上百倍，而农民却将这部分增值收益几乎全部留给了城市、留给了国家，那么，农民出让土地的贡献就更大了，即地价“剪刀差”更大。

据有关调查资料显示，在土地用途转变而发生的增值收益中，地方政府获得60%～70%，村级集体组织获得25%～30%，真正到农民手里的已经不足10%。由于数据搜寻难度大及估算方法存在差异，不同学者估算的地价“剪刀差”的数值差异较大，而且详细介绍估算方法的文献非常少。因此，估算我国农民失地过程中存在的地价“剪刀差”是非常有必要的。

（二）地价“剪刀差”的重新估算

1. 估算思路

土地征用采取产值倍数法制定的补偿标准是导致失地农民补偿不足的制度性根源，产值倍数补偿只是对农民土地农业使用权收益进行了补偿，而对土地发展权（土地用途变更或利用强度改变）收益未进行补偿。农用地经政府征收后，土地由农地转变为生地（国有土地），再经过政府的前期开发投入，生地转变为熟地，而熟地经政府出让变为市地供土地开发商使用（图1-1）。这一土地开发过程必然是一个增值过程。地价“剪刀差”正是源于被征地农民未能参与分享土地由农地转为市地的巨大增值收益。

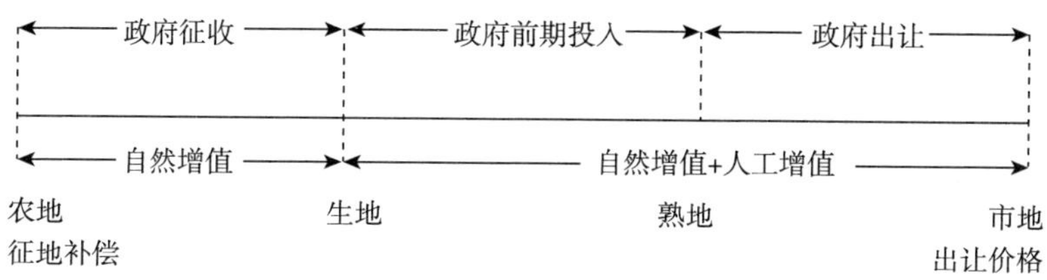

图 1-1　土地开发过程和土地增值形成

假设政府是经济理性的，即政府在征地后将生地转变为熟地并出让的各个环节中，其付出资本投入必然要求获得对价的甚至超额的资本要素报酬。土地由农地转变为市地，其增值部分以出让价格与征地补偿费之差来表示。土地增值来源有自然增值和人工增值，其中自然增值包括用途变更、社会经济发展等引发的增值，人工增值主要是由政府在出让土地前的投入引起的，如“七通一平”使地价上升等。从要素报酬分配来看，土地的增值部分可分为土地和资本两类要素报酬。土地在征用前归农村集体所有，即土地要素由被征地农民提供，而资本要素则是由政府提供。从理论上讲，被征地农民和政府应按各自提供要素的贡献份额分享土地增值收益。因此，估算地价“剪刀差”的思路如下：

土地增值来源＝自然增值＋人工增值＝土地要素增值＋资本要素增值

土地增值收益＝出让收入－征地补偿费－政府资本投入

地价“剪刀差”＝（出让收入－征地补偿费－政府资本投入）×土地要素贡献份额

由于现有统计数据中，缺少全国范围内历年的征地补偿费和政府资本投入总额[①]，本文在具体估算时尚需对这两项数据做粗略匡算，土地要素贡献份额则可用学界已有的研究成果。

2. 估算过程

（1）农民征地补偿费估算。对被征地农民的土地使用权收益的补偿主要包括土地补偿费和安置补助费。《土地管理法》规定，征收耕地的土地补偿费为该耕地被征收前 3 年平均年产值的 6～10 倍。征收耕地的安置补助费按照需要

① 《中国国土资源年鉴》仅提供了 2003 年、2011 年和 2012 年的征地总费用数据。

安置的农业人口数计算，每一个需要安置的农业人口的安置补助费标准为该耕地被征收前 3 年平均年产值的 4～6 倍，最高不超过 15 倍。同时，土地补偿费和安置补助费的总和不得超过土地被征收前 3 年平均年产值的 30 倍。后来尽管允许可超过平均年产值的 30 倍，但也无重大突破。本文估算被征地农民的征地补偿费仍以征地前 3 年平均年产值的 30 倍进行测算。使用 2000—2013 年《中国统计年鉴》中的农业（种植业）总产值和农作物总播种面积数据及《中国国土资源年鉴》中的土地出让面积数据，可估算出 2002—2012 年各年的征地补偿总额。估算过程如表 1 - 14 所示。

表 1 - 14　征地补偿费估算（2002—2012 年）

年份	农业总产值（亿元）①	农作物播种面积（万公顷）②	前 3 年平均年产值（元/公顷）③	征地补偿费（元/公顷）④＝③×30	土地出让面积（公顷）⑤	征地补偿总额（亿元）⑥＝④×⑤
2002	14 931.54	15 463.55	9 061.86	271 855.84	124 229.84	337.73
2003	14 870.10	15 241.50	9 273.55	278 206.51	193 603.96	538.62
2004	18 138.36	15 355.25	9 566.90	287 006.99	181 510.36	520.95
2005	19 613.37	15 548.77	10 408.25	312 247.59	165 586.08	517.04
2006	21 522.28	15 214.90	11 394.30	341 829.00	233 017.88	796.52
2007	24 658.10	15 346.39	12 857.37	385 721.03	234 960.59	906.29
2008	28 044.15	15 626.57	14 275.77	428 273.12	165 859.67	710.33
2009	30 777.50	15 861.35	16 053.22	481 596.67	220 813.90	1 063.43
2010	36 941.11	16 067.48	17 806.08	534 182.28	293 717.81	1 568.99
2011	41 988.64	16 228.32	20 113.92	603 417.69	335 085.17	2 021.96
2012	46 940.46	16 341.57	22 756.33	682 689.96	332 432.34	2 269.48

资料来源：《中国统计年鉴》和《中国国土资源年鉴》；年产值按当年价格计算。

（2）政府资本投入估算。鉴于《中国国土资源年鉴》只提供了 2003—2008 年的国有土地出让纯收益数据，2002 年的国有土地出让纯收益数据引自孙辉（2014）的资料，笔者根据“政府资本投入＝土地出让收入－征地补偿总额－出让纯收益”估算出 2002—2008 年各年政府将生地开发为熟地并出让的资本投入额（表 1 - 15）。

表 1-15　政府资本投入估算（2002—2008 年）

年份	土地出让面积（公顷）⑤	土地出让收入（亿元）⑦	征地补偿总额（亿元）⑥	出让纯收益（亿元）⑧¹	政府资本投入（亿元）⑨¹=⑦－⑥－⑧¹
2002	124 229.84	2 416.79	337.73	1 342.56	736.50
2003	193 603.96	5 421.31	538.62	1 799.12	3 083.57
2004	181 510.36	6 412.18	520.95	2 339.79	3 551.44
2005	165 586.08	5 883.82	517.04	2 183.97	3 182.81
2006	233 017.88	8 077.64	796.52	2 978.29	4 302.83
2007	234 960.59	12 216.72	906.29	4 541.42	6 769.01
2008	165 859.67	10 259.80	710.33	3 611.95	5 937.52

资料来源：⑤、⑦、⑧¹ 来自《中国国土资源年鉴》；2002 年的土地出让纯收益数据来自孙辉，《财政分权、政绩考核与地方政府土地出让》，社会科学文献出版社，2014 年，50 页。

政府将生地开发为熟地并出让的资本投入额与土地出让面积有很强的关系，同时政府对于土地开发的资本投入也可能与时间变量有联系。这是因为随着时间推移，资本对地区经济增长的作用日益突出，政府可能在土地的前期开发中投入更多资本。对此，为估算 2009—2012 年各年的政府资本投入，使用 2002—2008 年的土地出让面积构建模型：

$$G_t = -1\,591.846 + 0.014\,47L_t + 679.549(t-2001) \quad (1-1)$$

(0.008 9)　(162.681 2)

$R^2 = 0.900\,7$　　　$P = 0.009\,9$

式中，G 为政府资本投入，L 为土地出让面积。t 为时间变量。根据模型拟合结果，2009—2012 年政府将生地开发为熟地并出让的资本投入额分别为 7 039.72 亿元、8 774.19 亿元、10 052.33 亿元和 10 693.49 亿元。由此可计算得出 2009—2012 年政府出让国有土地的出让纯收益（表 1-16）。2012 年政府出让国有土地获得的纯收益为 15 079.31 亿元。

表 1-16　政府资本投入和土地出让纯收益估算（2009—2012 年）

年份	土地出让收入（亿元）⑦	征地补偿总额（亿元）⑥	出让纯收益（亿元）⑧²=⑦－⑥－⑨²	政府资本投入（亿元）⑨²=模型估算值
2009	17 179.53	1 063.43	9 076.37	7 039.72
2010	27 464.48	1 568.99	17 121.30	8 774.19
2011	32 126.08	2 021.96	20 051.79	10 052.33
2012	28 042.28	2 269.48	15 079.31	10 693.49

资料来源：⑦来自《中国国土资源年鉴》。

（3）地价“剪刀差”估算。表1-15和表1-16给出了2002—2012年各年的国有土地出让纯收益，假设国有土地出让纯收益（土地增值部分）由土地要素和资本要素的报酬贡献构成。只要知道土地要素的贡献份额便可估算出土地出让纯收益中的地价“剪刀差”。大体而言，进入21世纪后，无论是在全国还是局部地区，土地要素对经济增长的贡献已低于资本要素，而且二者的贡献率差距呈扩大趋势。本研究估算地价“剪刀差”时，2002—2008年的土地要素贡献率和资本要素贡献率采用李名峰（2010）的计算结果，由此可得出2002—2008年各年土地要素对土地出让纯收益的贡献份额。2009—2012年各年土地要素对土地出让纯收益的贡献份额则以2008年数值为基数，按式(1-2)计算：

$$C_{t+1} = C_t \times \frac{L_{t+1}/L_t}{G_{t+1}/G_t}$$

$(t=2008，2009，2010，2011)$　　(1-2)

式中，C为土地要素贡献份额，G为政府资本投入，L为土地出让面积。

由表1-17可知，地价“剪刀差”绝对数量由2002年的671.82亿元上升到2012年的5 024.13亿元，2002—2012年的地价“剪刀差”累计达到28 543.24亿元，而同期的征地补偿费总额只有11 755.57亿元，地价“剪刀差”数量超出农民获得的征地补偿16 787.67亿元，即2002—2012年的11年中，政府通过低补偿征地造成的地价“剪刀差”是被征地农民获得的征地补偿费的2.43倍，被征地农民只获得其土地财产权益的29.17%。

表1-17　地价“剪刀差”估算（2002—2012年）

年份	出让纯收益（亿元）⑧	资本贡献率（%）⑩	土地贡献率（%）⑪	土地贡献份额（%）⑫=⑪/（⑪+⑩）	地价“剪刀差”（亿元）⑬=⑧×⑫
2002	1 342.56	31.24	31.29	50.04	671.82
2003	1 799.12	30.73	24.15	44.01	791.70
2004	2 339.79	38.57	33.52	46.50	1 087.94
2005	2 183.97	41.69	25.69	38.13	832.68
2006	2 978.29	40.99	26.98	39.69	1 182.20
2007	4 541.42	40.28	20.14	33.33	1 513.81
2008	3 611.95	62.74	26.81	29.94	1 081.37

（续）

年份	出让纯收益（亿元）⑧	资本贡献率（%）⑩	土地贡献率（%）⑪	土地贡献份额（%）⑫＝⑪/（⑪＋⑩）	地价“剪刀差”（亿元）⑬＝⑧×⑫
2009	9 076.37			33.62	3 051.26
2010	17 121.30			35.88	6 142.64
2011	20 051.79			35.73	7 163.70
2012	15 079.31			33.32	5 024.13
合计	80 125.87				28 543.24

资料来源：⑩和⑪来自李名峰，《土地要素对中国经济增长贡献研究》，《中国地质大学学报（社会科学版）》，2010 年第 1 期。

四、结论

中国的城镇化进程中，由于土地制度的缺陷，政府垄断了城市建设用地一级市场，通过向农民低价征地和向城市建设用地需求方高价出让国有土地使用权造成了地价“剪刀差”。地价“剪刀差”的本质原因是土地用途变更受到法律和制度层面的管制，土地发展权市场机制严重缺失，导致农民对土地发展权的收益几乎是被剥夺的。据测算，地价“剪刀差”从 2002 年的 671.82 亿元上升到 2012 年的 5 024.13 亿元，11 年累计达到 28 543.24 亿元，远高于同期被征地农民获得的征地补偿费。解决地价“剪刀差”问题，需理顺土地价格，尤其是对农民的征地补偿，需要从体制和制度两方面进行。党的十八届三中全会提出，要赋予农民更多的土地财产权，对被征地农民而言，就是要重构合理的征地程序和征地补偿机制，建立以市场价值为补偿基础的土地发展权补偿制度，让被征地农民按土地要素贡献分享土地发展权增值带来的收益。地价“剪刀差”能否真正消除，很大程度上取决于政府尤其是中央政府是否有魄力和决心进行更深层次的体制改革，改变中国当前不可持续的地方“以地谋发展”的城镇发展和经济增长模式。

第五节　中国农村资金净流出的机理、规模与趋势：1978—2012 年

大量的研究以及许多国家的发展实践均表明，大规模的财政和金融投资对

于农业现代化的发展至关重要。第一，资本投入有利于农业的增长，Timmer、李焕彰和钱忠好、Haggblade 以及李谷成等的研究都证实了这一结论。第二，资金投入有利于农村减贫，Fan 等从印度和中国的案例研究中得出了这样的结论。第三，资金投入有利于农业的可持续发展，Haggblade 的研究对此进行过充分的论证。然而，自 1949 年以来，我国采取了重工业、重城市的倾向型政策，导致大量农村资金外流到城市（孔祥智、何安华，2009），进一步造成了当前农村资金空心化的局面。资金大量外流的直接后果是降低了农村内生性农业投资规模，从而使得农业资金匮乏，有学者曾指出我国农业现代化的瓶颈就在于投资不足。

农业现代化发展需要资源要素合理流动、科学配置，资金有序供给和流动是根本。那么，中国农村资金外流依循着什么样的机制呢？根据新古典经济学的理论，资本的边际报酬是递减的，资本收益率影响资本流向。从收益角度分析资本流向的研究表明，资本会流向全要素生产率（FTP）较高的地区，其结果是资本在多元化的高收入经济体之间流动并伴随着相对欠发达的经济体逐步边缘化的双重态势。然而，实际上这并不完全是由资本收益率这一单一因素决定的，资金流动的规模和方向还受投资制度环境的影响。大量研究表明，制度是导致资本缺乏向不发达地区流动性的关键性因素。中国农村资金的大量外流也与现有的制度环境密切相关。因此，有必要深入剖析中国农村资金净流出的机制。

另外，中国改革开放的 30 多年里，从农村地区流入城市地区的资金规模究竟有多大呢？对于这个问题，目前学术界还尚未给出答案。从事这方面研究的文献也不多，Huang 等人虽做过这方面的研究，但是他们仅仅测算了 1978—2000 年中国农村资金净流出的规模，更为重要的是，他们的测算方法还存在明显的不足之处。Huang 等人是从财政、金融和强制性粮食定购 3 个资金外流渠道计算农村资金净流出规模的，然而他们测算的“强制性粮食定购”渠道不能完全反映出农村资金外流的真实情况。这是因为：在改革初期，我国很长一段时间内实行的是农产品统购统销的政策，在制度上压低农产品收购价格，在政策上抬高工业产品价格，即以工农产品价格“剪刀差”的方式抽走农村资金。如此，Huang 等人的研究至少存在两方面的不足：一是仅仅测算粮食，忽略了其他农产品，存在测算范围不全的问题；二是仅仅测算出了农民在粮食价格上少获得的部分，而没有计算农民在购买工业产品上多支付的部分，因而存在测算方法上的问题。据此，本研究将在 Huang 等人研究的基础上，用工农产品价格“剪刀差”取代“强制性粮食定购”，从财政、金融和工农产品价格“剪刀差”3 个渠道测算 1978—2012 年 35 年中国农村净流入城市的资金规模。

本研究不仅关注 35 年内从农村地区净流向城市地区的资金总量，而且也关心资金流动的发展趋势。这些研究有助于决策者从农村资金支持方面制定出有利于农业现代化的策略和政策；尤其是在当前工业化、信息化、城镇化、农业现代化“四化同步”的大战略背景下，这些研究能为决策者在“如何增加农村资金投入，减少资金流出”的政策制定上提供理论与经验证据的支持。

一、农村资金外流渠道、机理与测算方法

农村资金净流入城市地区至少存在 3 条渠道，即财政、金融机构与工农产品价格“剪刀差”。这 3 条渠道内资金的外流机制与测算方法如下所述。

（一）财政渠道下资金净流出的机理与测算方法

在农村部门里，每年都有大量资金通过税费的方式流入城市；同时，也有许多支农资金以财政的方式回流到农村。税费上缴是农村资金外流最为明显的一个渠道。“皇粮国税”自古以来都是农村资金外流的直接路径。这个渠道主要包括两个方面：一是农业税；二是农民缴纳的各项杂费。

改革开放以来，针对农村生产和经营活动的税收大体可以分为两类，即以个体农户为主的农业各税和针对乡镇企业的税收。农业各税包括农牧业税、农业特产税、契税、耕地占用税和烟叶税。其中，农牧业税即俗称的农业税，与农业特产税一道于 2006 年废止，从历年的统计数据来看，这两项税收是农业各税的主要部分。农业特产税始于 1983 年，最初命名为农林特产税，1994 年更名。农业特产税的征收对象包括烟叶收入、园艺收入、水产收入、林木收入、牲畜收入、食用菌收入以及省级政府确定的其他农业特产品收入，其税率一般为 5%～10%。契税是以所有权发生转移变动的不动产为征税对象，向产权承受人征收的一种财产税，应缴税范围包括土地使用权出售、赠与和交换，以及房屋买卖、房屋赠与、房屋交换等。值得注意的是，在农业农村领域内，农牧业税、农业特产税和契税的纳税对象都是农村居民，而烟叶税和耕地占用税的征收对象不全是农村居民。其中，烟叶税是

向收购烟叶产品的单位征收的税种，税负由烟草公司负担，征收烟叶税不会增加农民负担。耕地占用税是国家对占用耕地建房或者从事其他非农业建设的单位和个人，依据实际占用耕地面积、按照规定税额一次性征收的税种，始于1987年，负税对象一般为企业、行政单位、事业单位、乡镇集体企业、农村居民和其他公民等，即耕地占用税的纳税对象不一定都位于农村地区。因此，耕地占用税不能较好地折射出农村资金外流的情况。Huang等在测算农村各项税收时，就剔除了耕地占用税。因而，在我们的分析中，也将采用与Huang等一样的方法，以农牧业税、农业特产税和契税之和计算个体农户所缴纳的农业各税。农村系统里，另一块较大的税收是乡镇企业上缴的税金，虽然这部分税收纳税对象为企业，但也是从农村流出的资金，因此也必须纳入计算之中。

农民上缴的各项杂费也是农村资金外流的途径之一。自20世纪90年代中后期开始，农民负担，特别是“乱摊派”问题突出。这个时期农民除了向政府缴纳正式的税收以外，还需要上缴非正式杂费。不过，根据Wong的研究，大部分收费还是留在农村系统，少部分流入城市系统。进入21世纪后，许多地区逐渐试点农村“费改税”，2003年后税费改革在全国范围内展开，农业费逐步消亡。然而，现有的官方数据尚未对这部分费用进行过统计，在后文中我们将通过农业财政收入与农村赋税进行推算。

财政支农是城市资金回流农村的主要渠道。改革开放以前，为支持城市工业化建设，国家在农村提取大量资金，而回流农村支援乡村发展的资金却少之又少。改革后，国家财政对农业的支持发生了实质性变化，尤其是21世纪以来，大量财政资金投向农村，特别是中央财政对“三农”的投入和转移支付大幅度增长。2004年开始，以粮食直补、农机购置补贴、良种补贴和农资综合补贴为内涵的“四项补贴”逐渐在国内展开，掀起国内财政支农的浪潮。2003—2008年，中央财政对“三农”的支出由2 145亿元增加到5 955亿元，年均增长达到22.7%，超过了同时期中央财政总支出18.3%的增长速度。因而，税费流出与财政支农的差值即为财政渠道内的农村资金净流出。

（二）金融机构渠道下资金净流出的机理与测算方法

相比财政渠道，金融机构无疑是农村部门更为重要的资金外流渠道。当前在中国农村地区吸收资金的正规金融机构主要有农村信用社（或农村商业银行、农村合作银行）、中国农业银行与中国邮政储蓄银行。首先，对于农村信用社而言，它在农村地区吸收的存款也并非全部应用于支持“三农”，实际上有大量信贷资金通过农村信用社以上缴存款准备金、转存银行款的形式流向中央银行，还有相当部分农村资金被农村信用社通过购买国债和金融债券等方式大量从农村流出。进入 21 世纪以来，农村信用社掀起了一轮商业化改制浪潮，许多农村信用社改制为农村商业银行或农村合作银行。商业化改制后的农村信用社逐利特性更加凸显，很有可能会加速农村资金的外流。其次，对于中国农业银行而言，随着其商业化改革措施的施行，在农村地区设置的分支网点也较少向农户和农业企业提供贷款，呈现出只吸存不放贷的趋势。第三，邮政储蓄机构在农村地区则实行了多年的只存不贷，一度成为吸收农村地区资金的“准抽水机”。

那么，如何对这部分外流资金进行测量呢？常用的办法是用本期期末金融机构的存贷差余额减去上一期期末（即为本期期初）的存贷差余额，作为度量本期资金外流的指标。这种测量方法的原理如下：首先，其前提条件是金融机构具有充足的存款准备金，当增加存款时，不用额外增加存款准备金，因而可视存款准备金为一个常数。进一步假定，农村金融机构资金全部来自存款，其用途分为 3 个部分，即贷款、存款准备金与外流资金。如表 1 所示，X 为上期期末时资金外流余额，不难得出如下等式 $a_1=b_1+A+X$，则有：上期期末存贷差余额$=a_1$（存款）$-b_1$（贷款）$=A+X$；另外，对于本期期末而言，则有：本期期末存贷差余额$=a_2$（存款）$-b_2$（贷款）$=A+X+\Delta X$，其中 $X+\Delta X$ 为本期期末的资金外流余额，而 ΔX 则恰好是本期内新增的外流资金，即本期内发生的资金净流出。两期期末存贷差余额相减，则有：本期期末存贷差余额－上期期末存贷差余额$=(A+X+\Delta X)-(A+X)=\Delta X$，如此即能测算出本期内金融机构净流出的资金。

表 1－18　农村金融机构资金外流测算方法示意

时期	存款余额	贷款余额	存贷差余额	存款准备金	资金外流余额
上期期末	a_1	b_1	a_1-b_1	A	X
本期期末	a_2	b_2	a_2-b_2	A	$X+\Delta X$

（三）工农产品价格“剪刀差”渠道下资金净流出的机理与测算方法

价格“剪刀差”的概念由苏联经济学家普列奥布拉任斯基（Preobrazhensky）于1926年提出，它指的是发展中国家（尤其是社会主义国家）的政府如何从农业部门的农民那里赚取利润来补贴城市工业部门的工人；同时，通过实施价格“剪刀差”，政府可以加快资本积累速度。

正如林毅夫所言，与许多欠发达国家相似，中国在1949年后采用了重工业导向的发展战略。由于重工业属于资本密集型产业，其项目的生产需要巨额资本投入且周期很长，而中国当时是一个资本短缺的农业国家。同时，广大农民刚刚从旧社会重税压迫下解放出来，要求“轻徭薄赋，休养生息”的意愿非常强烈。为了稳定农民的情绪，同时兼顾工业化建设所需要的资金，政府唯一的出路就是通过压低农民出售的农产品价格同时提高卖给农民的工业产品的价格来取得农业剩余，投入重工业的资本积累。简言之，在这个战略下，政府自然而然会选择不利于农民的价格“剪刀差”来发展工业。中华人民共和国成立以来，特别是1953—1986年，国家对农产品实行统购统销，制度性地压低农产品收购价格并政策性地抬高工业产品价格，通过这种工农产品价格“剪刀差”的“暗税”方式为工业发展汲取了大量农业剩余，导致农村资金严重外流。

进入20世纪90年代后，随着市场经济的逐步确立，国家逐渐缩小农产品的统购（或称合同购买）比例，逐步扩大其市场化流通比例。到1997年，85%以上的生产资料价格、90%以上的农产品价格、95%以上的工业品价格已由市场决定，基本上形成了以市场机制为基础的资源配置方式。有学者认为，中华人民共和国成立以来如果说有“剪刀差”的存在，也是从农产品统购统销到完全放开工业品价格和农产品购销价格之前这段时间。因此，在我们的研究中，选取1978—1997年的时间跨度来测算改革开放以来通过工农产品价格“剪刀差”的方式流出农村的资金规模。

许多学者在引用“剪刀差”来计算农民为工业化积累资金的贡献时，由于采用的理论依据和测算方法、口径不同，测算结果差异较大。工农产品价格“剪刀差”差额的计算是一个非常困难的问题，目前还没有一种能够较准确测算出并且被学术界公认的方法。在推算方法上，本文使用严瑞珍等的比值“剪刀差”动态变化相对基期求值法。严瑞珍等按照社会必要劳动时间决定价值的理论，首先测算出 1982 年的“剪刀差”，然后通过可比劳动法分别测算出各年工农产品“剪刀差”。相对而言，严瑞珍等的测算方法得到了学术界较高的认可，后续的一些研究都延续了此方法，如韩兆洲（1993）、李微（1996）等。

二、测算结果

（一）财政渠道与农村资金净流出

农业税收一向是农村财政收入的主要来源。从 1978—2012 年农业税收的详细情况能观察到改革开放以来我国农业税收总量变化的特征。第一，1978—1993 年合计的农业各税逐年增长，不过增速较缓；1993—1996 年农业各税在总量上呈现高速增长的态势；1996—2007 年，农业各税总量处于波动增长之中；2007 年后，农业各税总量再次呈现出高速增长的趋势。第二，农牧业税在改革初期农牧业税的名义总量几乎一直保持不变，这使得真实量（扣除物价上涨）实际上显著下降。1993 年后农牧业税征收总量处于波动之中：1993—1996 年农牧业税总量出现了较快的增长，然而 1997 年后迅速下降，但是到 2002—2003 年再次增长到历史最高点，之后迅速下降直至消亡。第三，契税自 1986 年征收以来，始终保持增长，1997 年后农村契税规模出现快速增长，1997—2012 年年均增长 30.8%。第四，农业特产税税收总量呈现出了倒 U 形曲线的发展规律，从 1988 年的 46.02 亿元增加到 1997 年的最高值 603.08 亿元，此后税收规模迅速下降，自 2006 年后与农牧业税一道消亡。第五，耕地占用税的变化规律与契税的几乎一致，1987—2003 年契税税收规模几乎不变，2004 年后迅速增长。第六，自 2006 年以来，烟叶税的税收规模也处于波动增长之中。

除农业税收以外，农民缴纳的费也是农业财政收入的重要部分。自 1978 年实行家庭联产承包责任制后，农民需缴纳一系列的费用，如乡镇统筹费、农村教育集资、行政性事业收费和政府性基金等，部分流出农村的费用与农业税构成农业财政收入。在表 1 - 19 中，第（7）列与第（1）列之差即为农业财政收入中来源于农业的其他杂费。2004 年后全国范围内掀起了农村“费改税”试点，至此这部分杂费逐渐消亡。因而，我们可以认为 2004—2012 年的农业财政收入接近于农业各税收入［如表 1 - 19 中的第（7）列］。进一步，我们测算了农民缴纳费用在农业财政收入中的占比。

1978—1985 年，费用的比例逐年递增，整个 20 世纪 80 年代农民缴纳费用的平均占比超过了 40%，其中 1983 和 1985 年占比均超过了 50%。这些进一步折射出 20 世纪 80 年代中国农民承担着较高费用压力的现实。20 世纪 90 年代初期，农民缴纳费用占比暂时性出现下降，然而至 1993 年再次增高，这可能与国家分税制改革有关，使得地方政府税收收入减少从而增加农村收费。

不过，农业财政收入［表 1-19 中的第（7）列］还不能完全反映财政渠道里农村资金的流失，还需要剔除烟叶税与耕地占用税。剔除这两项税收后，即可得到实际农业财政收入［如表 1-19 中的第（8）列］。

除去农民为个体缴纳的农业税费以外，乡镇企业上缴税金也是农村资金外流的一个重要渠道［如表 1-20 中的第（2）列］。1978—2012 年，乡镇企业上缴税金规模保持着持续增长的态势，年均增长 10.4%，年均缴纳税金 5 954.06 亿元，合计 208 392.02 亿元。

表 1-20 中的第（1）列与第（2）列数据之和即为农村外流流量资金，农村外流流量资金与财政支农资金之差即为财政渠道里农村资金的净流出。1978—2012 年，财政支农资金规模也在波动式发展。改革之初（1978—1988 年），国家分配给农业的资金从 1970 年代末的 3 900 多亿元下降到 1988 年的不到 2 000 亿元。20 世纪 80 年代末至 21 世纪初期，财政支农资金逐渐缓慢增长，直到 21 世纪初期支农资金规模才回升到 20 世纪 70 年代末的水平。自 2005 年始，国家安排了大量支农资金，2005—2012 年财政支农资金以年均 14.1%的速度增长，远远超过了同时期的经济增长速度。

表 1-20 中第（4）列数据展现了改革开放 35 年来，财政渠道下农村资金净流出的情况。改革初期（1978—1983 年），财政渠道对农村资金的影响表现为净流入，不过净流入的规模在逐年递减。1984 年后，农村资金表现为净流出。其中，1984—1994 年为农村资金加速流出时期，年均净流出资金近 700 亿元，年均增长 47.2%；1995—1998 年，财政渠道下农村资金净流出规模逐年下降；1999—2005 年，资金净流出规模表现出波动增长的趋势；2005—2009 年，正值农村税费制度改革，农村资金净流出规模迅速下降；2010—2012 年，资金净流出规模再次增加。

综上分析，1978—2012 年通过财政渠道从农村净流出的资金规模达 110 269.11 亿元，年均净流出 3 150.55 亿元。

表 1-19 1978—2012 年中国农业财政收入与农业税收(按 2012 年价格进行折算)

单位:亿元

年份	农业各税						官方统计农业财政收入	实际农业财政收入
	合计(1)	农牧业税(2)	契税(3)	农业特产税(4)	烟叶税(5)	耕地占用税(6)	(7)	(8)=(7)-(5)-(6)
1978	688.30						767.06	767.06
1979	664.87						720.97	720.97
1980	578.09						691.74	691.74
1981	562.80						769.46	769.46
1982	534.80						897.76	897.76
1983	541.24						1 109.58	1 109.58
1984	496.71						870.39	870.39
1985	528.34						1 097.89	1 097.89
1986	513.89	510.43	3.46				927.71	927.71
1987	525.63	506.49	4.66			14.48	930.95	916.46
1988	685.05	436.00	6.32	46.02		196.71	1 128.39	931.68
1989	758.83	507.52	8.49	91.57		151.25	1 265.27	1 114.03
1990	755.89	512.93	10.15	107.46		125.35	1 087.28	961.93
1991	714.31	446.40	14.89	112.29		140.74	1 053.31	912.57
1992	822.00	483.53	24.90	112.02		201.55	1 031.27	829.72
1993	761.07	439.73	37.59	106.10		177.65	1 428.62	1 250.98
1994	1 239.07	639.69	63.27	340.91		195.21	1 619.97	1 424.76
1995	1 341.96	618.26	88.12	468.91		166.68	1 747.12	1 580.45
1996	1 620.66	798.62	110.54	574.64		136.86	2 112.98	1 976.12
1997	1 595.21	731.95	129.79	603.08		130.39	2 057.92	1 927.53

（续）

年份	农业各税						官方统计农业财政收入	实际农业财政收入
	合计(1)	农牧业税(2)	契税(3)	农业特产税(4)	烟叶税(5)	耕地占用税(6)	(7)	(8)=(7)-(5)-(6)
1998	1 484.29	664.99	219.55	475.62		124.12	1 991.22	1 867.09
1999	1 464.62	563.99	331.86	454.53		114.23	1 873.97	1 759.74
2000	1 484.10	536.38	418.08	416.99		112.65	1 911.96	1 799.31
2001	1 418.63	483.93	462.61	359.21		112.88	1 843.01	1 730.12
2002	1 938.12	867.99	645.46	269.85		154.81	2 518.58	2 363.77
2003	2 139.13	820.10	878.58	219.86		97.91	2 711.73	2 613.82
2004	2 010.88	442.90	1 203.82	96.49		267.67	2 010.88	1 743.21
2005	1 875.06	25.63	1 472.06	93.33		284.04	1 875.06	1 591.02
2006	1 926.43	0.23	1 541.92	6.26	73.93	304.09	1 926.43	1 548.41
2007	2 240.17		1 877.72		74.41	288.04	2 240.17	1 877.72
2008	2 398.80		1 856.59		95.77	446.44	2 398.80	1 856.59
2009	3 184.04		2 255.87		105.07	823.10	3 184.04	2 255.87
2010	4 039.84		2 901.53		92.24	1 046.07	4 039.84	2 901.53
2011	4 235.38		2 978.69		98.42	1 158.27	4 235.38	2 978.69
2012	4 626.50		2 874.01		131.78	1 620.71	4 626.50	2 874.01
总计	52 394.70	11 037.68	22 420.52	4 955.13	671.61	8 591.91	62 703.21	53 439.68
年均	1 496.99	408.80	830.39	141.58	19.19	245.48	1 791.52	1 526.85

注：各年数据依据居民物价指数（CPI）折算成2012年价格，下同。数据（1）全部来自2013年《中国财政年鉴》；数据（2）～（6）来自2013年《中国财政年鉴》，数据（2）～（6）为数据（1）中的一部分；数据（7）中1978—1983年来自《中国农村经济统计大全（1949—1986）》，1984—1995年来自1997年《中国农村统计年鉴》。1995年后数据（7）改变了统计口径，1996—2003年的数据我们采用了Huang等（2006）的方法，运用前5年（1）/（7）的平均值进行估计；另外，由于2004年后全国范围内掀起了农村“费改税”试点，因而可以认为2004—2012年的农业财政收入接近于农业各税收入。

表 1-20　1978—2012 年财政渠道下农村资金净流出(按 2012 年价格进行折算)

单位:亿元

年份	财政收入来源		财政支农(3)	资金净流出(4)
	实际农业财政收入(1)	乡镇企业上缴税金(2)		
1978	767.06	533.19	3 652.33	−2 352.08
1979	720.97	509.18	3 924.54	−2 694.39
1980	691.74	536.93	3 133.84	−1 905.16
1981	769.46	680.92	2 324.87	−874.48
1982	897.76	813.67	2 328.69	−617.26
1983	1 109.58	967.21	2 313.57	−236.79
1984	870.39	1 291.68	2 014.36	147.70
1985	1 097.89	1 723.36	1 929.91	894.34
1986	927.71	2 039.64	2 126.21	841.13
1987	916.46	2 393.83	2 024.52	1 285.78
1988	931.68	2 881.87	1 990.35	1 823.20
1989	1 114.03	3 255.43	2 375.46	1 993.99
1990	961.93	3 369.05	2 648.09	1 682.89
1991	912.57	3 582.21	2 739.06	1 755.72
1992	829.72	4 393.14	2 593.53	2 629.33
1993	1 250.98	6 409.84	2 666.23	4 994.59
1994	1 424.76	8 521.35	2 852.94	7 093.17
1995	1 580.45	6 939.28	2 774.26	5 745.46
1996	1 976.12	6 300.92	3 072.34	5 204.70
1997	1 927.53	6 125.64	3 075.80	4 977.37
1998	1 867.09	5 891.67	4 298.04	3 460.73
1999	1 759.74	6 188.65	3 755.09	4 193.29
2000	1 799.31	6 367.81	3 927.85	4 239.26
2001	1 730.12	6 797.42	4 290.05	4 237.49
2002	2 363.77	7 272.27	4 268.00	5 368.05
2003	2 613.82	7 680.65	4 305.16	5 989.31
2004	1 743.21	8 154.02	5 210.25	4 686.98
2005	1 591.02	10 374.35	4 906.52	7 058.85
2006	1 548.41	10 849.62	5 638.68	6 759.35
2007	1 877.72	9 441.34	6 722.12	4 596.94
2008	1 856.59	10 243.71	8 456.34	3 643.96
2009	2 255.87	12 628.34	9 430.29	5 453.91
2010	2 901.53	13 334.86	10 099.69	6 136.70
2011	2 978.69	14 445.72	11 306.02	6 118.39
2012	2 874.01	15 450.25	12 387.60	5 936.66
合计	53 439.68	208 392.02	151 562.60	110 269.10
年均	1 526.85	5 954.08	4 330.36	3 150.55

注:乡镇企业上缴税金数据中 1978—1986 年来自《中国农村经济统计大全(1949—1986)》,2012 年数据由于尚未公布,采用 2009—2011 年的年平均增长率与 2011 年数值的乘积替代,其余年份数据来自历年《中国乡镇企业及农产品加工业年鉴》(曾名《中国乡镇企业年鉴》)。财政支农数据中 1978、1980 和 1985—2012 年的数据全部来自 2013 年《中国农村统计年鉴》,其他年份数据来自《中国财政年鉴》。

（二）金融机构与农村资金净流出

依据中国实情，农村信用社（农村商业银行或农村合作银行）、中国农业银行和邮政储蓄银行是农村地区的主要金融机构，也是农村信贷资金外流的重要组织平台。因而，我们将从这3个金融机构出发，分别测算出农村资金的净流出。

农村信用社一直以来都是农村地区最主要的金融机构。1978—2012年，62.09%的农村资金存入农村信用社，同时65.15%的资金通过农村信用社回流到农村。进入21世纪以来，我国有些地区的农村信用社逐步开始了商业化改制工作，改制为农村商业银行与农村合作银行。从数量上来看，几乎所有的农村信用社都改制为农村商业银行，而农村合作银行的数量则少之又少。自2007年起，《中国金融年鉴》统计了全国农村商业银行的信贷业务数据，但农村合作银行暂未单列统计。因而，在我们的分析中对农村合作银行暂时不做考虑。

中国农业银行在我国农村地区的网点经历了多次建立与撤销。早在改革开放以前，农业银行就经历了几次建立与撤销。改革开放后（1979年）农业银行再次建立，至20世纪末，伴随着农村金融机构改革的浪潮，农业银行在乡镇地区的网点被大量撤销。虽然如此，但是农业银行在农村地区金融资源的流动中依然扮演着重要的角色。1978—2012年，就有21.03%的农村金融资源存入农业银行，26.94%的金融资源从农业银行流入农村。

中国邮政储蓄银行于1989年开始在农村地区吸收储蓄，但此期间始终未在农村地区开展贷款业务，一度成为了农村资金的“抽水机”。从2007年起，邮政储蓄银行开启了面向农村地区的贷款业务。

围绕农村信用社（农村商业银行或农村合作银行）、中国农业银行和中国邮政储蓄银行这些主要的农村金融机构，我们测算出了1978—2012年农村存款、农村贷款与资金净流出的情况，如表1-21所示。在我们的计算中，农村存款包括农户储蓄、乡镇企业存款以及其他组织在农村地域内的金融机构存款；农村贷款包括农户贷款、乡镇企业贷款以及其他农村地域内组织的贷款。表1-21分别汇报了4个涉农金融机构的农村资金净流出（按照物价指数折算成2012年价格）情况：①1978—2012年，通过农村信用社净流出的农村资金总量达 26 357.86 亿元，年均净流出 753.08 亿元。35 年内，农村信用社净外流的农村资金呈现出波动的发展趋势。其中，少数年份，如 1978、1984、1988、1992—1993、1999、2005 与 2010 年，甚至出现了信贷资金在农村地区的净流入。自农村信用社商业化改制以来，我们发现农村商业银行加速了农村信贷资金的外流。2007—2012 年，通过农村商业银行净流出的资金竟达 19 645.02 亿元，净外流规模远远高于农村信用社，约为农村信用社的 4 倍。②1980—2012 年，通过中国农业银行净流出的农村资金总量为 4 701.44 亿元，年均净流出 142.47 亿元。其中，1996 年外流资金规模较为特殊，由于当年正值农村信用社脱离农业银行改制，使得农业银行内大量的信用社存款回流农村，从而出现一次规模较大的农村资金净流入。③我们发现中国邮政储蓄银行始终扮演着农村资金“抽水机”的角色。1990—2012 年，中国邮政储蓄银行共从农村地区抽离资金15 552.58 亿元，年均净流出 676.20 亿元。其中，1990—2005 年净流出资金呈现出加速发展的趋势；2006 年后，外流资金规模虽有波动，但整体趋势仍是农村资金的加速流出。

综上分析，1978—2012 年通过农村信用社、农村商业银行、中国农业银行与中国邮政储蓄银行从农村净流出的资金规模达 66 256.89 亿元，年均外流 1 893.05 亿元。其中，1978—1996 年外流资金波动较大，并时而伴随资金对农村的净流入；但在 1997—2012 年，信贷资金不断被抽离农村，而且呈现出了规模扩大的趋势。

（三）工农产品价格“剪刀差”与农村资金净流出

在改革时期，工农产品价格“剪刀差”是农业资本外流的一个重要渠道。1978—1997 年各年间的“剪刀差”绝对额和相对量的计算方法如下：以严瑞珍推算的 1982 年的“剪刀差”值及相关指标作为参照值，“首先找出影响剪刀差变化的诸因子，求出目标年诸因子与 1982 年相应诸因子的相对数，然后根据这些因子与剪刀差有关指标的比例关系，间接求得目标年的剪刀差”。把几个主要指标抽出来进行汇总，可以十分鲜明地看出国家逐渐取消对农产品统购统销之后工农产品价格“剪刀差”的变化动态（表1－22）。

表 1-21 1978—2012 年金融机构与农村资金净流出（2012 年价格）

单位：亿元

年份	农村信用社			农村商业银行			中国农业银行			中国邮政储蓄银行			资金净流出
	农村存款	农村贷款	资金净流出	农村存款	农村贷款	资金净流出	农村存款	农村贷款	资金净流出	农村存款	农村贷款	资金净流出	
	(1)	(2)	(3)	(4)	(5)	(6)	(7)	(8)	(9)	(10)	(11)	(12)	(13)
1977	3 675.30	1 074.44											
1978	3 623.24	1 093.03	−70.64										−70.64
1979	4 474.50	1 070.18	874.10				5 506.72	2 841.06					874.10
1980	5 264.85	1 704.81	155.73				6 035.99	3 339.00	31.33				187.05
1981	6 203.75	1 913.73	729.98				6 660.81	3 452.66	511.16				1 241.14
1982	6 969.86	2 206.18	473.66				7 227.91	3 564.11	455.65				929.31
1983	7 783.62	2 688.14	331.80				7 702.67	3 526.93	511.94				843.74
1984	8 683.90	5 054.08	−1 465.66				6 649.58	4 944.02	−2 470.18				−3 935.84
1985	8 905.72	5 025.80	250.10				7 032.65	4 972.02	355.07				605.17
1986	10 869.99	6 562.17	427.91				8 336.75	6 349.66	−73.54				354.37
1987	12 417.10	7 980.13	129.14				8 797.06	6 892.15	−82.18				46.96
1988	12 726.73	8 446.68	−156.92				8 476.48	7 233.97	−662.40				−819.33
1989	14 567.23	9 781.46	505.71				9 017.18	7 656.77	117.90	217.94	0.00		623.61
1990	18 048.85	12 156.45	1 106.63				10 612.34	8 573.01	678.92	393.71	0.00	175.77	1 961.33
1991	20 836.86	14 251.62	692.85				11 894.78	9 407.68	447.77	693.58	0.00	299.87	1 440.49
1992	23 343.84	16 926.23	−167.64				12 393.89	9 859.83	46.96	860.36	0.00	166.78	46.10
1993	17 771.24	14 111.86	−2 758.23				14 112.58	9 879.44	1 699.08	1 302.33	0.00	441.97	−617.18
1994	29 647.21	16 527.77	9 460.06				15 361.52	9 714.66	1 413.72	1 814.70	0.00	512.37	11 386.15

（续）

年份	农村信用社			农村商业银行			中国农业银行			中国邮政储蓄银行			资金净流出
	农村存款	农村贷款	资金净流出	农村存款	农村贷款	资金净流出	农村存款	农村贷款	资金净流出	农村存款	农村贷款	资金净流出	
	(1)	(2)	(3)	(4)	(5)	(6)	(7)	(8)	(9)	(10)	(11)	(12)	(13)
1995	33 734.76	18 694.35	1 920.97				15 788.35	10 745.99	−604.50	2 639.16	0.00	824.46	2 140.93
1996	37 612.92	20 841.60	1 730.92				8 444.80	11 063.28	−7 660.84	3 246.29	0.00	607.13	−5 322.78
1997	41 299.60	22 193.82	2 334.45				9 160.87	12 220.66	−441.32	3 542.86	0.00	296.57	2 189.71
1998	44 223.60	23 895.79	1 222.03				9 953.25	13 112.88	−99.84	4 015.75	0.00	472.89	1 595.08
1999	44 906.48	24 993.34	−414.66				10 316.27	12 580.93	894.97	4 366.80	0.00	351.05	831.36
2000	46 564.48	26 016.17	635.16				10 604.48	8 613.50	4 255.64	5 207.44	0.00	840.64	5 731.45
2001	48 531.84	27 273.95	709.58				10 876.92	7 965.15	920.78	5 963.30	0.00	755.86	2 386.23
2002	50 830.06	28 943.61	628.56				11 280.99	7 517.30	851.93	6 781.74	0.00	818.44	2 298.93
2003	54 728.04	31 291.88	1 549.71				12 140.09	7 139.23	1 237.16	7 523.63	0.00	741.89	3 528.76
2004	57 134.24	32 196.12	1501.96				12 701.53	6 770.76	929.91	8 399.13	0.00	875.51	3 307.38
2005	52 135.25	27 804.72	−607.59				13 071.80	6 138.52	1 002.51	9 735.13	0.00	1 335.99	1 730.91
2006	51 028.49	26 269.89	428.07	7 391.30	3 300.38		13 776.83	6 584.01	259.54	10 232.50	0.00	497.37	1 184.99
2007	51 281.16	26 163.15	359.41	7 724.23	3 548.83	84.53	13 654.49	6 201.25	260.42	10 666.37	287.49	146.38	850.74
2008	55 580.24	27 998.60	2 463.63	8 851.05	4 156.69	518.91	15 196.73	5 027.10	2 716.39	11 341.48	431.48	531.11	6 230.04
2009	57 924.30	29 681.62	661.05	13 729.91	6 403.95	2 631.60	14 580.59	6 198.01	−1 787.05	12 665.64	650.09	1 105.55	2 611.16
2010	55 792.32	28 327.21	−777.58	24 733.31	11 298.14	6 109.21	16 412.79	6 649.52	1 380.68	14 654.66	1 177.16	1 461.95	8 174.27
2011	56 469.59	28 161.83	842.65	33 397.44	16 222.12	3 740.14	18 137.40	6 859.12	1 515.01	15 898.77	1 457.90	963.37	7 061.17
2012	56 207.21	27 248.49	650.96	46 599.66	22 863.71	6 560.63	14 613.74	7 246.65	−3 911.18	17 648.67	1 878.15	1 329.64	4 630.05
合计	1 111 798.36	606 570.93	26 357.86	142 426.95	67 793.82	19 645.02	376 530.86	250 840.83	4 701.44	159 811.92	5 882.27	15 552.58	66 256.89
年均	30 883.29	16 849.19	753.08	20 346.71	9 684.83	3 274.17	11 074.44	7 377.67	142.47	6 658.83	245.09	676.20	1 893.05

注：以农村信用社为例，资金净流出的测算方法为$[(1)_t-(2)_t]-[(1)_{t-1}-(2)_{t-1}]$。资金净流出中，正号表示资金从农村净流出，负号表示资金向农村净流入。

表 1-22　1978—1997 年几个年份有关指标计算

项　目	计算公式	1978	1982	1992	1997
农业劳动生产率指数	(1)	84.70	100.00	159	251.2
工业劳动生产率指数	(2)	90.90	100.00	186.3	321.4
农村工业品零售价格指数	(3)	96.60	100.00	176.6	285
农副产品收购价格指数	(4)	70.60	100.00	196.2	371.3
相对于 1982 年的工农产品综合比价比值指数	(5) = [(2) × (3)] ÷ [(1) × (4)]	146.84	100.00	105.45	98.21
工农产品综合比价比值指数（%）	(6) = (5) ×141.27%	207.44	141.27	148.97	138.75
剪刀差的差幅	(7) =1−1÷ (6)	0.52	0.29	0.33	0.28
剪刀差差幅的年度差异系数	(8) = (7) ÷0.29	1.77	1.00	1.13	0.96
农副产品收购总额（亿元）	(9)	557.90	1 083.0	4 412	1 325.1
农副产品收购总额年度差异系数	(10) = (9) ÷1 083	0.52	1.00	4.07	1.22
剪刀差绝对额（亿元）	(11) = (8) × (10) × 283	258	283	1 297	331
农业增加值（亿元）	(12)	1 027.5	1 777.4	5 866.6	14 441.9
农业部门新创造的全部价值（亿元）	(13) = (11) + (12)	1 285.5	2 060.4	7 163.6	14 772.9
剪刀差相对量（%）	(14) = (11) ÷ (13) × 100%	20.1	13.7	18.1	2.2

注：计算农业劳动生产率指数时，1978—1997 年使用农林牧渔业从业人员数进行计算。农副产品收购总额 1992 年以前为农副产品收购总额，1993—1997 年为批发零售贸易业（不包括个体）农副产品购进额。以上价格为当年价格。

资料来源：《新中国 55 年统计汇编 1949—2004》、《中国统计年鉴》(2008)、《中国农村统计年鉴》(2008)、《中国市场统计年鉴》(2000)。

为了简明起见，我们把 1978—1997 年“剪刀差”的变化列成表 1-23。

1978—1997 年，国家以农产品“剪刀差”的方式在农村地区抽离资金 90 101.59 亿元，平均每年 4 505.08 亿元。此外，自 1993 年起，工农产品“剪刀差”的相对量逐渐下降，到 1997 年已降到 2.2%，这一计算结果与实际情况是相符的。随着经济发展，农业生产在国民经济中的占比不断下降，同时来自农业的收入在农民收入中所占比例也在下降，这使得工农产品交换在国家经济中的重要性下降，导致农民利益向国家转移的方式由传统的“剪刀差”逐渐转向提供廉价劳动力和土地资源。

表 1-23　1978—1997 年工农产品价格“剪刀差”变动情况

单位：亿元，%

年份	工农产品综合比价比值指数	剪刀差绝对额	剪刀差相对量	年份	工农产品综合比价比值指数	剪刀差绝对额	剪刀差相对量
1978	207.38	6 252.82	20.1	1989	124.79	5 378.06	14.0
1979	168.15	5 835.32	16.9	1990	115.81	3 897.29	8.9
1980	170.12	6 497.49	18.5	1991	134.97	7 604.12	17.9
1981	153.80	5 935.75	16.1	1992	148.97	8 946.30	18.1
1982	141.27	5 151.40	13.7	1993	152.42	4 666.65	11
1983	136.70	4 992.03	13.3	1994	133.32	2 954.64	5.7
1984	125.25	3 706.80	10.1	1995	126.44	2 620.33	4.5
1985	120.75	3 241.64	9.1	1996	127.23	2 491.56	4
1986	116.04	2 839.56	8.1	1997	138.75	1 328.41	2.2
1987	113.13	2 544.87	7.1	合计	—	90 101.59	—
1988	114.80	3 216.54	8.2	年均	—	4 505.08	—

（四）资金净流出的总规模

将上述各个渠道的资金流动汇总成表 1-24，可以发现，1978—2012 年的 35 年间从农村地区净流向城市的资金量约为 266 627.58 亿元，年平均净流出 7 617.93 亿元。除 1984 年以外，每年都有大量资金从农村流向城市。改革开放以来的这 35 年里，中国仍然处于从农村抽取经济资源的发展阶段。

表 1-24　1978—2012 年通过财政系统、金融系统与工农产品价格“剪刀差”从农村净外流的资金

单位:亿元

年份	财政系统	金融系统	工农产品价格“剪刀差”	合计	年份	财政系统	金融系统	工农产品价格“剪刀差”	合计
1978	−2 352.08	−70.64	6 252.82	3 830.10	1997	4 977.37	2 189.71	1 328.41	8 495.48
1979	−2 694.39	874.10	5 835.32	4 015.04	1998	3 460.73	1 595.08		5 055.80
1980	−1 905.16	187.05	6 497.49	4 779.38	1999	4 193.29	831.36		5 024.65
1981	−874.48	1 241.14	5 935.75	6 302.41	2000	4 239.26	5 731.45		9 970.71
1982	−617.26	929.31	5 151.40	5 463.46	2001	4 237.49	2 386.23		6 623.72
1983	−236.79	843.74	4 992.03	5 598.98	2002	5 368.05	2 298.93		7 666.98
1984	147.70	−3 935.84	3 706.80	−81.34	2003	5 989.31	3 528.76		9 518.06
1985	894.34	605.17	3 241.64	4 741.15	2004	4 686.98	3 307.38		7 994.37
1986	841.13	354.37	2 839.56	4 035.07	2005	7 058.85	1 730.91		8 789.77
1987	1 285.78	46.96	2 544.87	3 877.61	2006	6 759.35	1 184.99		7 944.33
1988	1 823.20	−819.33	3 216.54	4 220.42	2007	4 596.94	850.74		5 447.67
1989	1 993.99	623.61	5 378.06	7 995.67	2008	3 643.96	6 230.04		9 874.01
1990	1 682.89	1 961.33	3 897.29	7 541.51	2009	5 453.91	2 611.16		8 065.07
1991	1 755.72	1 440.49	7 604.12	10 800.33	2010	6 136.70	8 174.27		14 310.96
1992	2 629.33	46.10	8 946.30	11 621.73	2011	6 118.39	7 061.17		13 179.56
1993	4 994.59	−617.18	4 666.65	9 044.06	2012	5 936.66	4 630.05		10 566.71
1994	7 093.17	11 386.15	2 954.64	21 433.95	合计	110 269.10	66 256.89	90 101.59	266 627.58
1995	5 745.46	2 140.93	2 620.33	10 506.71	年均	3 150.55	1 893.05	4 505.08	7 617.93
1996	5 204.70	−5 322.78	2 491.56	2 373.48					

三、资金净流出的趋势与结构分析

（一）资金净流出的趋势

改革开放以来，每年从农村地区外流的资金规模呈现出波动发展的态势。整体而言，农村资金净流出的规模并没有缩减，而是在逐渐增加，从 1978 年的 3 830.10 亿元已然增加到 2012 年的 10 566.71 亿元。根据资金的规模以及增长情况，可以将资金净流出的情况划分为 4 个阶段，如图 1－2 所示。

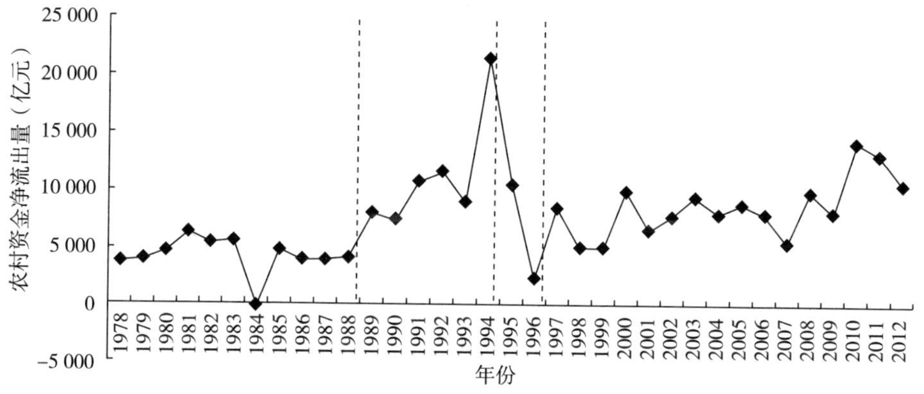

图 1－2　1978—2012 年农村资金净流出情况

第一阶段（1978—1988 年）：这一阶段内每年农村资金净流出的规模较为稳定。每年净流出的资金规模大体一致，保持在 5 000 亿元上下。不过这一时期里，1984 年的情况较为特殊，这一年流入农村的资金要高于流出的资金，但流入农村的资金规模并不大，只有 81.34 亿元，不及这段时期内年均流出量 5 000 亿元的 2%。

第二阶段（1989—1994 年）：这一时期正值我国改革逐步深化、市场经济雏形逐渐形成之际，本阶段农村资金呈现出了加速外流的发展态势。从 1989 年的 7 995.67 亿元增加到 1994 年的 21 433.95 亿元，年均增长 21.8%。其中，1989 年比 1988 年增长了 89.5%，1994 年比 1993 年增加了近 1.4 倍。1994 年外流资金规模达到了 35 年内的历史最高值，仅这一年流出的资金就占 35 年流出资金总规模的 8%。进一步，这 6 年内从农村净流出的资金总规模达总规模的 1/4。

第三阶段（1995—1996 年）：这一时期从农村净流出的资金规模迅速下降。农村资金加速外流的时期于 1995 年结束，1995—1996 年净流出的资金规模呈现直线下降的趋势。其中，1995 年外流资金规模比 1994 年减少了超 10 000 亿元，1996 年在 1995 年的基础上再次减少近 8 000 亿元。若除去 1984 年，1996 年从农村流出的资金规模是 35 年内的最低值。综合第二、三阶段的发展态势，我们发现 1989—1996 年农村资金净流出的规模显现出了倒 U 形的发展规律。

第四阶段（1997—2012 年）：这一阶段每年从农村净流出的资金呈现出波动式的变化，波动周期较短。其中，1997—2009 年净流出的资金规模在 5 000 亿～10 000 亿元范围内波动，年均净流出资金量为 7 728.51 亿元；2010—2012 年农村资金净流出规模出现再次攀升的趋势，3 年内净流出资金规模都在 10 000 亿元以上，远远高于 35 年间的年均水平。

（二）资金净流出的结构

从结构上来看，1978—2012 年通过财政系统从农村地区净流出资金量为 110 269.10 亿元，占比 41.4%；从金融系统流出资金量为 66 256.89 亿元，占比 24.8%；以工农产品价格“剪刀差”的形式流出的资金量为 90 101.59 亿元，占比 33.8%。35 年内，通过财政系统净流出的农村资金量最大。然而，在不同的历史时期，财政系统、金融系统以及工农产品价格“剪刀差”对农村资金净流出的贡献是不同的（图 1-3）。

在市场经济制度确立以前（1978—1993 年），农村资金净流出主要依赖于工农产品价格“剪刀差”。这一时期，我国并没有完全放开工农产品市场，这种制度性地压低农产品收购价格与政策性地抬高工业产品价格的方式，促使大量农村资金外流。在这个时期，通过工农产品价格差从农村净流出资金量达 93 785.58 亿元，占据同时期总量的 86.05%，同时占 35 年总规模的 35.2%。不过，我们也发现这个时期内工农产品价格“剪刀差”对资金净流出的贡献整体上呈现出逐年递减的趋势（1984 年较为特殊），其相对占比从 1978 年（这一年财政系统和金融系统均向农村净流入资金）的 163.3%下降到 1993 年 51.6%。随着人民公社制度的逐渐退出，国家在农村医疗、保险、教育等社会福利方面的投入逐年缩小；另外乡镇企业上缴税金规模增加，使得财政系统净流出的资金量持续增加。1978—1993 年，财政系统净流出的资金相对量逐年攀升，1993 年财政系统流出的资金量已超过工农产品价格“剪刀差”。此外，从金融系统外流的资金无论是绝对量还是相对占比都处于剧烈波动之中，本阶段从金融系统累计净流出农村资金量规模较小，不及总规模的 4%。

市场经济制度确立后的 10 多年内（1994—2007 年），随着市场制度的逐步形成，生产资料价格、农产品价格以及工业品价格逐渐由市场决定，工农产品价格“剪刀差”在抽离农村资金上的作用逐渐弱化，财政系统成为抽离农村资金的重要角色，这个时期约 63%的农村资金通过财政系统净流出。1994—2007 年，财政系统净流出的农村资金经历了两个发展阶段：一是相对占比快速上升的 1994—1999 年，二是相对占比波动变化的 2000—2007 年。1994—1999 年，正值我国农业税负较为繁重之际，一方面农业各税总量增加，农民年均上交给国家的税金比 20 世纪 80 年代增加了近一倍；另一方面，随着乡镇企业私营化的逐渐深化，企业上缴税金的规模也在逐步扩大，本时期内乡镇企业的年均上缴税金比 20 世纪 80 年代高出了近 3 倍。这一阶段财政系统净流出资金的相对量从 1994 年的 54.69%增长到了 1999 年的 83.45%（其中，1996 年较为特殊，这一年金融系统对农村净流入资金量一度超过了财政系统的净流出量）。进入 21 世纪后，国家高度重视“三农”，一方面逐步减轻了农业赋税，另一方面加大了对“三农”的投入。2000—2007 年，农民赋税总量逐年下降，不过乡镇企业上缴税金却在迅速增加。这段时期里，乡镇企业上缴税金成为了财政系统中农村资金外流的重要方式，这也是在农业税减免时期里，财政渠道仍为抽取农村资金主要渠道的重要原因。不过从图 1-3 中，我们也能观察到在 2000—2007 年财政系统资金净流出的速度在逐渐放缓，资金净流出的相对占比显现出波动式的发展态势。

近年来（2008—2012 年），随着国家税费制度的变革以及农村金融机构市场化改革的深入，金融系统成为抽离农村资金的主力军，2008—2012 年 51.26%的资金通过金融机构从农村净流入城市，资金总规模为 28 706.68 亿元。这 5 年是我国农村金融机构市场化改革时期，然而农村资金加速外流成为这个时期的一个显著性特征。经测算，我们发现这 5 年从金融系统净流出的资金总量就占据了 35 年内金融系统累计流出量的 43.3%；另外，这 5 年里金融系统与财政系统净流出的农村资金量也占到了 35 年累计流出量的 21.0%，一跃成为资金净流出规模最大的 5 年。值得注意的是，我们发现随着农村信用社

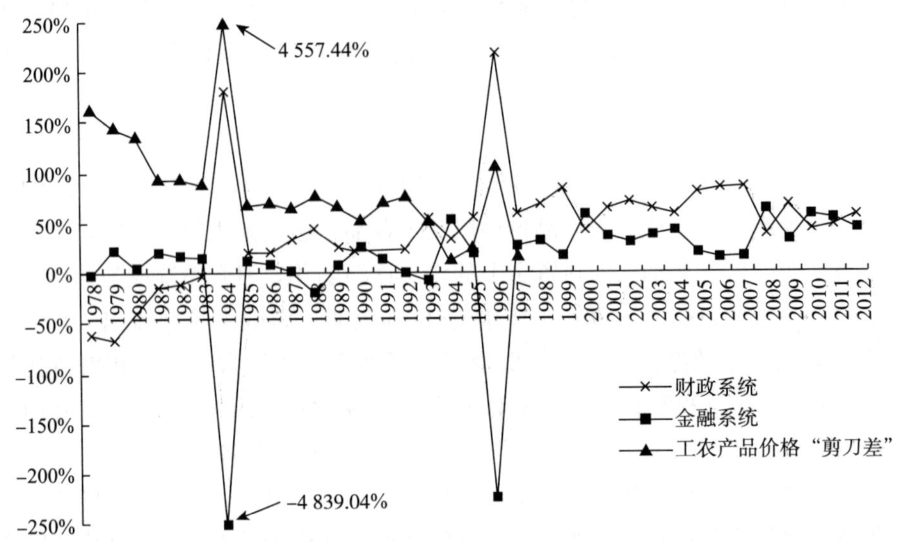

图 1-3　财政、金融与工农产品价格“剪刀差”对农村资金净流出的贡献

注：数据根据表 1-24 计算而来，例如财政系统的年度贡献＝财政系统净流出资金/农村资金净流出总量，正号表示对资金净流出有促进作用，负号表示对资金净流出有缓冲作用。其中，1984 年工农产品价格剪刀差、金融系统的贡献比分别为 4 557.44%与－4 839.04%，其他数据取值均如坐标轴刻度所示。

的商业化改制，通过农村商业银行外流的农村资金呈现出加速增长的态势。2008—2012 年，从农村商业银行外流的农村资金年均增长 88.6%，远高于同时期中国邮政储蓄银行的 25.8%（这个时期农村信用社外流资金量却在逐年递减）。进一步，在农村信用社尚未大规模商业化改制的时期里，我们测算出 2003—2007 年从农村信用社外流的农村资金仅为 3 231.56 亿元，还不及 2008—2012 年时农村商业银行流出的 17%。由此可见，农村金融的市场化改革加速了农村资金的净流出。

综上所述，在特定的历史时期工农产品价格“剪刀差”、财政系统与金融系统先后扮演着抽离农村资金主力的角色。在市场经济制度确立以前（1978—1993 年），农村资金净流出主要依赖于工农产品价格“剪刀差”；市场经济制度确立后的 10 多年内（1994—2007 年），财政系统成为抽离农村资金的重要角色；近年来（2008—2012 年），随着农村金融机构市场化改革的深入，金融系统成为抽离农村资金的主力军。

四、主要结论与政策含义

（一）主要结论

通过分析，得到如下结论：第一，在中国改革开放以来的 35 年内（1978—2012 年），中国一直处于从农村抽取资金的阶段，大量资金从农村流向城市。在我们的计算口径下（财政、金融以及工农产品价格“剪刀差”），初步测算出 1978—2012 年从农村净流出的资金达 266 627.58 亿元。第二，在改革开放的初期（1978—1994 年），农村资金外流呈现出加速发展的趋势；自 20 世纪 90 年代末期起，农村资金净外流速度虽放缓，但规模依旧庞大。第三，在不同历史时期，财政系统、金融系统以及工农产品价格“剪刀差”对农村资金净流出的贡献存在着较大的差异。1978—1993 年，86.05%的资金通过工农产品价格“剪刀差”从农村流向城市；1994—2007 年，约 63%的农村资金通过财政系统净流出；2008—2012 年，51.26%的资金通过金融机构从农村净流向城市。

值得注意的是，在当下中国，金融机构成为抽离农村资金的主力军。这一点无疑值得我们深思，即随着农村金融机构的市场化改革，产生的直接效果不是在资金上支持“三农”的发展，反而是从农村抽离资金，表 1 - 21 中农村商业银行的信贷数据就充分说明了这一点。另外，目前从财政系统抽离的农村资金虽说规模不小，但是我们能清晰地发现，自农村税费制度改革以来，农村中小企业（乡镇企业）纳税成为农村税收的主要来源，而农户纳税仅占微小部分。因此，我们认为应该关注当前金融机构对农户资金大量抽离这一现象。

（二）政策含义

虽然自 21 世纪起中央高度重视“三农”问题，2003—2012 年中央财政“三农”投入累计超过 6 万亿元，逐年增加的财政投入，缓和了农村部分资金外流，也对改善“三农”状况起到至关重要的作用，但也应该看到，当前中国农村依然没能摆脱资金净流出的局面，而且农村系统仍然面临着资金短缺的问题。为此，提出如下建议。

第一，大幅度增加财政支农资金投入。进一步提高“三农”支出在中央财政支出中的比例，增加对农业基础设施建设、农业补贴和公共服务各项政策资金投入。切实修订和完善《农业法》《农业投资法》，对支农资金投入做出更加明确和可操作性的规定，建立支农资金的稳定增长机制。

第二，建立普惠型的现代农村金融制度。农村资金在现有的市场化改革背景下只会加速外流，以市场化为导向的农村金融制度不利于农业现代化的发展。为此，我们认为应本着普惠原则建立现代农村金融制度。一是要加快建立商业性金融、合作性金融、政策性金融相结合，资本充足、功能健全、服务完善、运行安全的农村金融体系，重点突出政策性金融的建设。二是建立以村镇银行、贷款公司、农村资金互助社、农业担保公司等为主体的多元化农村金融机构，注重扶持农村内生性金融主体的发展，有条件的地方可尝试成立正规与非正规相结合的二元农村金融体系。三是综合运用财税杠杆和货币政策工具，定向实行税收减免和费用补贴，引导更多信贷资金和社会资金投向农村，尤其是注重对专业大户、家庭农场、农民合作社以及农业企业等新型农业经营主体的金融扶持工作。

第二章

完善补贴政策

第一节　国内农业补贴政策现状①

在工业化快速发展、城镇化进程加快的形势下，农村劳动力转移、农村土地规模经营是必然趋势；培育新型农业经营主体，确保有人种地，提高劳动生产率是基本要求；优化新增农业补贴方式，向适度规模经营主体倾斜是政策方向。本研究对我国农业补贴政策体系、中央农业补贴资金变化情况以及地方落实补贴政策情况做相关分析。

一、我国农业补贴政策体系构成

我国农业补贴政策大体经历了3个阶段：工业化起步阶段的农业负保护政策；工业化进入快速发展时期的农业取予平衡政策；工业化中期阶段农业政策的全面转型。20世纪50～90年代，国家的基本政策取向是农业支持工业、农村支持城市，对农业实施的是负保护政策；从20世纪90年代开始，农业政策逐步向支持、补贴转型，工业对农业的取予趋于平衡。21世纪以来，我国进入以工促农、以城带乡的发展阶段。我国的农业补贴政策从2004年在全国范围推广至今，已形成以种粮直补、农资综合补贴、良种补贴、农机具购置补贴（统称“四补贴”）为基础，以农业保险保费补贴、农业重点生产环节补贴、防灾减灾稳产增产重大关键技术补助等为补充的基本制度框架。

① 本节内容选自农业部软科学课题“适应土地规模经营趋势的新增农业补贴方式研究”（课题编号：20140301），课题主持人：韩洁。

（一）粮食直补

2002 年，安徽、河南、湖北、吉林、湖南等省份按照国务院 28 号文件的精神，根据自身的特点，对粮食流通政策做了较大调整，改变粮食风险基金投向，实行多种形式的农民补贴办法。安徽、吉林在试点县市实行对所有种植农户补贴，只要有承包地并缴纳农业税的农户，不论种植何种作物，都能得到补贴。这种粮食直接补贴方式，无论是按计税田亩、计税常产或是商品粮数量方式，最终确定补贴标准时，都不与农民当年生产和交售粮食数量挂钩，补贴的发放也在收购期间或收购之后集中进行（一般为 1 个月）。这种直补方式与美国、欧盟的农民收入直接补贴类似。在河南和湖北，只有向国家交售粮食，才能得到补贴。河南省实行价内补贴，即按商品粮数量确定补贴粮食数量，将它与农业税折实数量和原定购任务结合，通过兑现保护价，把农民应得的补贴含在价款内支付给农民，2002 年该省共安排 7 亿元。湖北省实行价外补贴，对 17 个主产县市按确定的商品粮数量实施定额补贴，2002 年该省同样安排了 7 亿元。2004 年起，粮食直补在全国范围推广，粮食直补资金原则上要求发放到从事粮食生产的农民，具体操作由各省根据实际情况来进行。2014 年，中央财政拨付种粮直补资金 151 亿元，与上年持平。

（二）农资综合补贴

2006 年，国家要求对农民购买农业生产资料（包括化肥、柴油、种子、农机）实行直接补贴。2008 年，国家要求农资综合补贴要按实际播种面积给予补贴，主要补贴化肥、农用柴油、农膜等工业品农资。2009 年，国家要求建立和完善农资综合补贴动态调整制度，按照“价补统筹、动态调整、只增不减”的原则，把握化肥、柴油等农资的价格动态，及时、合理地弥补种粮农民增加的农业生产资料成本，促进粮食生产稳定发展，保护农民种粮积极性。2014 年，中央财政拨付农资综合补贴资金 1 071 亿元。

（三）良种补贴

2005 年，国家出台良种补贴政策，对农民选用优质农作物品种给予扶持，品种涉及小麦、玉米、棉花、花生，目的是鼓励农民使用作物良种，提高良种覆盖率。2006 年起，按实际播种面积给予补贴。2014 年，该项补贴政策已经对水稻，小麦，玉米，棉花，东北三省和内蒙古的大豆，长江流域 10 个省份、河南信阳、陕西汉中和安康地区的冬油菜，藏区青稞实行全覆盖，并对马铃薯和花生在主产区开展补贴试点。截至 2014 年 9 月，中央财政拨付良种补贴资金 214.45 亿元。

（四）农机具购置补贴

2004 年，中央启动实施了农机具购置补贴。经过多年发展，该项补贴资金规模日益增大，补贴范围覆盖全国所有农牧业县（场），补贴对象为纳入实施范围并符合补贴条件的农牧渔民、农场（林场）职工、农民合作社和从事农机作业的农业生产经营组织，补贴机具种类涵盖 12 个大类 48 个小类 175 个品目（地方可在规定范围内自行增加 30 个其他品目）。2014 年，中央财政拨付农机具购置补贴资金 237.5 亿元，比上年增加 20 亿元。

（五）农业保险保费补贴

为充分发挥财政资金“四两拨千斤”的杠杆效应，2007 年以来，按照“政府引导、市场运作、自主自愿、协同推进”的原则，财政部实施了中央财政农业保险保费补贴政策，在农户和地方自愿参与的基础上，为投保农户（包括规模经营主体）提供一定的保费补贴，引导和支持其参加农业保险。目前，中央财政保费补贴范围已由最初试点的 6 省份扩大到全国，补贴品种由最初的 5 个种植业品种扩大至种植、养殖、林业 3 个大类 15 个品种，基本覆盖了主要的大宗农产品，各级财政合计保费补贴比例平均达到 75%～80%。2013 年，中央财政拨付保费补贴资金 126.88 亿元，带动全国农业保险实现保费收入 306.7 亿元，为 2.14 亿户次投保农户提供风险保障 1.39 万亿元，为3 367万户次农户提供保险赔款 208.6 亿元，增强了农业生产抵御灾害的能力，发挥了较好的强农惠农政策效果。

（六）价格支持

从 2004 年开始，我国粮食生产连年丰收，2004—2006 年 3 年内粮食累计增产 1 335 亿斤，粮食价格面临较大的下行压力。如何调控粮食市场价格，继续稳定粮食生产，避免重蹈“谷贱伤农”的老路，成为决策者面临的主要问题。目前，国内粮价决定机制主要由政府制定最低收购价和临时收储价决定。最低收购价政策始于 2004 年，由国家规定稻谷的最低收购价格，当市场价低于最低收购价时，由国家指定的粮食企业以最低收购价进行收购，稳定市场价格。2006 年，小麦也被纳入最低收购价范围。随后的几年中，稻谷和小麦的最低收购价一直没有改变，分别维持在 2004 年和 2006 年的水平。与此同时，粮食直补和农资综合直补大幅提高。相比之下，国家对最低收购价制度的运用显得非常谨慎。随后大豆、玉米进入临储收购政策。2011 年以来，国家连续 3 年实施临时收储政策，对棉花实行托市收购，国内棉花价格由此得到保障。2014 年，国家发展和改革委员会把新疆作为棉花目标价格政策的唯一试点区域，取消了在新疆连续实施了 3 年的临时收储政策，并于 4 月 5 日与财政部、农业部联合发布 2014 年棉花目标价格为每吨 19 800 元。与此同时，国家将继续实行稻谷、小麦最低收购价和玉米、油菜籽、食糖临时收储政策。

二、“四补贴”资金变化情况

自 2004 年农业补贴在全国范围推广至今，我国农业补贴资金总体上呈增加趋势，由 2005 年的 173.7 亿元增至 2013 年的 1 672.5 亿元。其中，农资综合补贴变动幅度最大，2008 年大幅度提高至 716 亿元，2011 年经历第二次提升，增至 835 亿元，2012 年增加到 1 078 亿元（图 2－1）。

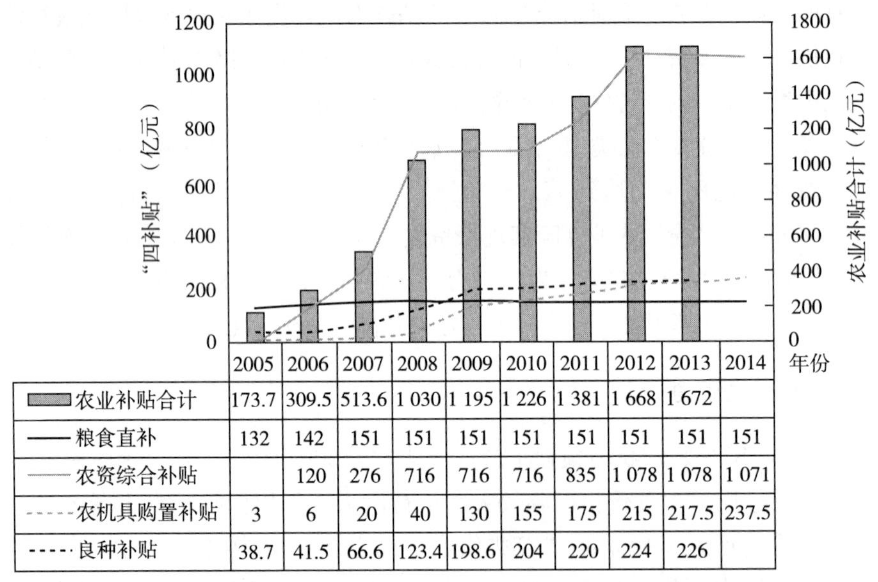

	2005	2006	2007	2008	2009	2010	2011	2012	2013	2014
农业补贴合计	173.7	309.5	513.6	1 030	1 195	1 226	1 381	1 668	1 672	
粮食直补	132	142	151	151	151	151	151	151	151	151
农资综合补贴		120	276	716	716	716	835	1 078	1 078	1 071
农机具购置补贴	3	6	20	40	130	155	175	215	217.5	237.5
良种补贴	38.7	41.5	66.6	123.4	198.6	204	220	224	226	

图 2－1　2005—2014 年农业补贴总量变动情况

从新增农业补贴情况看，农业补贴总量持续增加，但增幅于 2008 年达到最高值后开始回落；粮食直补在2007年达到151亿元后不再增加；农资综合补贴是新增农业补贴的主要构成部分，特别是在2008年，新增农资综合补贴达到440亿元，占当年新增农业补贴的85%，2008年以后，新增农资综合补贴呈波动式下降趋势；农机具购置补贴和良种补贴在2009年是新增农业补贴的主要构成部分，分别占54%和46%，2009年以后呈现波动式下降趋势(表2-1和图2-2)。

表2-1 2005—2014年农业补贴资金变化情况

单位：亿元

项 目	2005年		2006年		2007年		2008年		2009年	
	补贴额	比上年	补贴额	比上年	补贴额	比上年	补贴额	比上年	补贴额	比上年
粮食直补	132	16	142	10	151	9	151	0	151	0
农资综合补贴	0	0	120	120	276	156	716	440	716	0
农机具购置补贴	3	2.3	6	3	20	14	40	20	130	90
良种补贴	38.7	10.2	41.5	2.8	66.6	25.1	123.4	56.8	198.6	75.2
农业补贴合计	173.7	28.5	309.5	135.8	513.6	204.1	1 030.4	516.8	1 195.6	165.2

项 目	2010年		2011年		2012年		2013年		2014年	
	补贴额	比上年	补贴额	比上年	补贴额	比上年	补贴额	比上年	补贴额	比上年
粮食直补	151	0	151	0	151	0	151	0	151	0
农资综合补贴	716	0	835	119	1 078	243	1 078	0	1 071	−7
农机具购置补贴	155	25	175	20	215	40	217.5	2.5	237.5	20
良种补贴	203.97	5.37	220	16.03	224	4	226	2	214.45[①]	
农业补贴合计	1 226.0	30.4	1 381.0	155.0	1 668.0	287.0	1 672.5	4.5		

注：2014年数据统计截至9月。图2-2同。

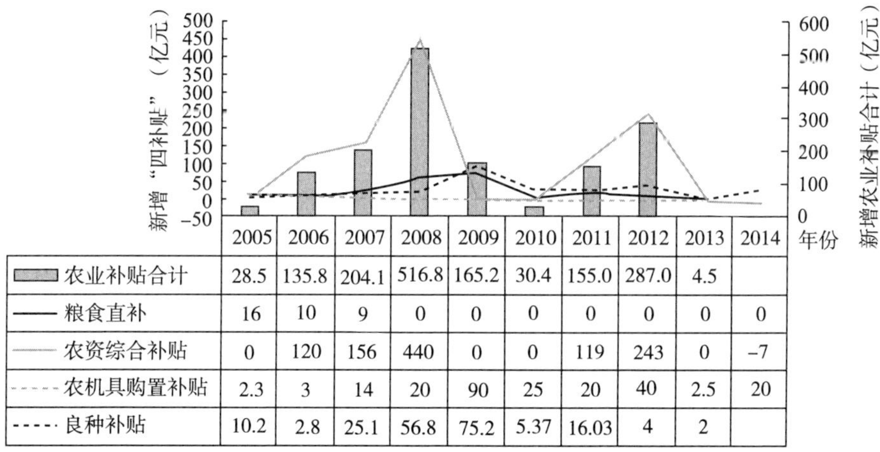

	2005	2006	2007	2008	2009	2010	2011	2012	2013	2014
农业补贴合计	28.5	135.8	204.1	516.8	165.2	30.4	155.0	287.0	4.5	
粮食直补	16	10	9	0	0	0	0	0	0	0
农资综合补贴	0	120	156	440	0	0	119	243	0	−7
农机具购置补贴	2.3	3	14	20	90	25	20	40	2.5	20
良种补贴	10.2	2.8	25.1	56.8	75.2	5.37	16.03	4	2	

图2-2 2005—2014年新增农业补贴变动情况

三、地方落实农业补贴政策情况

在中央强农惠农总体政策框架指导下，各地因地制宜，积极探索农业补贴落地方式。

（一）粮食直补

各地落实该项补贴资金时，基本按照承包地面积，通过“一卡通”直接发放到承包户手中。例如青岛市，2013 年小麦种植面积 164.026 万亩，每亩补贴 126 元，2013 年共发放小麦直补款 20 667.3 万元；2014 年落实小麦种植面积 160.19 万亩，发放小麦直补款 20 183.94 万元。

（二）农资综合补贴

农资综合补贴的核发过程比较复杂，一些省份在核实该项补贴金额方面做了大量工作，确保补贴准确有效。例如，山东省农业厅通过卫星遥感获取农资综合补贴面积数据，与上报面积进行对比。2013 年，通过这种方式，该省发现超报面积 153 706.29 亩。对此，山东省农业厅、财政厅发布《关于清缴 2013 年农资综合补贴资金的通知》，扣除遥感误差，对超报面积资金予以清缴回收。

（三）良种补贴

按“稳定面积、提高单产、优化结构、改善品质”的原则，各地积极落实良种补贴政策。例如，山东省农业厅、财政厅 2014 年专门出台了《山东省 2014 年中央财政农作物良种补贴项目实施方案》。方案推介了 53 个小麦品种、12 个玉米品种、5 个水稻品种、42 个棉花品种、35 个花生品种，计划补贴小麦良种 5 544 万亩（含国营农场）、玉米良种 5 893.7 万亩（不含青岛）、水稻良种 175.357 万亩、棉花良种 977.933 万亩、花生良种大田 621.429 万亩（此外，还有花生良种繁育 62.142 9 万亩）。在落实过程中，山东省做到了因地制宜、因种制宜，大大促进了良种更新速度。

（四）农机具购置补贴

各省根据本地实际情况，积极落实中央政策。例如，黑龙江省农垦总局制定《2014 年农业机械购置补贴工作实施方案》，明确实施范围与规模、补贴机具与补贴标准、补贴对象和补贴资金的兑付方式等，落实 2014 年第一批中央财政农机具购置补贴资金 5 亿元，其中新型农机具补贴资金 9 220 万元、农机具购置补贴资金 40 780 万元。同时，还积极探索补贴资金倾斜政策，提出补贴资金向粮食作物种植大场、畜牧养殖大场、国家现代农业示范区、全国农机化示范区和保护性耕作示范场适当倾斜。

在“四补贴”之外，各地还积极创新补贴方式，在此选取新型经营主体扶持政策和农业保险保费补贴为代表进行说明。

（五）新型经营主体扶持政策

黑龙江省肇东市积极探索扶持政策，于 2013 年出台了《肇东市关于鼓励新型经营主体发展的扶持政策》，划定了 5 类补贴领域、12 个补贴项目，明确了相应的补贴额度。其中，重点扶持新型经营主体进行基础建设投资，用于土地治理、农机购置、场库建设等。详情如表 2-2 所示。

表 2-2　肇东市关于鼓励新型经营主体发展的扶持政策

类　别	补贴项目	补贴额度
基础建设类	水田土地治理补贴	500 元/（亩·年度）
	农机合作社贷款补贴	200 万元
	场库棚建设补贴	300 万元
新型经营主体类	标准化养殖场建设补贴	10 万元/（个·年度）
	家庭农场和专业人户	2 万元/（个·年度）
	农民专业合作社	5 万元/年度
	农业企业	100 万元/年度
金融保险类	原有 15 元/亩保费的基础上，增加 1 元/亩	1 元/亩
科技服务类	试点承担公益性科技服务的合作组织	20 万元/（个·年度）
	试点承担经营性专业化科技服务组织	10 万元/（个·年度）
高产创建类	高科技示范园区补贴	10 万元/（个·年度）
	院县共建园区补贴	10 万元/（个·年度）

资料来源：调研获取。

针对种粮大户，四川省专门出台了《四川省2015年种粮大户财政奖补制度实施方案》，继续对种粮大户实行分档补贴，并明确要求“谁种粮补贴谁”和“多种多得，少种少得”。其具体补贴标准为：种植30～100亩（不含100亩），每亩补贴40元；种植100～500亩（不含500亩），每亩补贴60元；种植500亩以上（含500亩），每亩补贴100元。同时要求，享受补贴政策的种粮大户，其“耕种必须符合当地主要种植模式和技术要求，不得粗放种植”。

针对新型经营主体日益增加的土地流转成本，安徽省庐江县探索了土地流转奖励政策。该县出台的《庐江县促进国家现代农业示范区农业改革和建设的若干政策（试行）》规定，凡规范流转土地从事粮食、蔬菜等大宗农产品生产的各类经营主体，每亩租金在500元以上（含500元），并且流转经营满3年、流转土地面积在100亩以上的，县财政按每亩50元给予一次性奖励。此外，该县还积极鼓励新型经营主体开展农业社会化服务。该县规定，对于经工商部门注册的经营主体，开展植保专业化统防统治或开展机插秧等新型农机服务面积在1 000亩以上的，以服务合同、相关材料检查结果为依据，每亩补助20元。

（六）农业保险保费补贴

浙江省于2006年开始试点工作。在实际操作中，浙江省坚持农业保险“保大灾、保大户、保主要品种”的原则，有效引导种粮（养殖）大户、专业合作社、龙头企业加大发展规模。目前，该省已经实施了22个农业保险品种，2013年农业保险保费规模为5.28亿元，保障金额为336亿元。2006—2013年，已累计赔付超过10亿元。各级财政累计拨付保费补贴14.41亿元，占总保费收入的82.63%。其中，中央财政保费补贴3.82元，占财政补助保费的21.90%；省财政保费补贴5.54亿元，占31.76%；县级财政保费补贴5.05亿元，占28.97%。农户保费负担压力逐步下降，2006—2013年农户自交保费3.03亿元，仅占总保费的17.37%。

从2007年开展试点以来，大连市农业险种和覆盖面不断扩展。2014年，仅大田作物一项，该市全年投保面积就达255.9万亩，旱灾赔款总额超过9 000万元，在抗旱减损中发挥了巨大作用。2014年，大连市受灾农民总共获得理赔款超过1.4亿元。

第二节　东北地区玉米、大豆、稻谷主要生产补贴政策实施分析[①]

一、东北地区稻谷最低收购价政策

（一）稻谷最低收购价的政策内容及实施情况

东北地区的稻谷种植主要包括中晚籼稻和粳稻，根据价格波动和政策变化特点，2004 年以来稻谷最低收购价政策的发展过程可以分为 4 个阶段。

支持价稳定阶段（2004—2007 年）：在最低收购价政策执行初期，有 3 个显著特点。第一，稻谷最低收购价都保持不变，中晚籼稻、粳稻分别为每斤 0.72 元和 0.75 元；第二，执行地区都保持不变，东北地区的中晚稻（包括中晚籼稻和粳稻）收储主要涉及吉林省和黑龙江省；第三，执行时间逐步纳入预案，2004 和 2005 年国家都没有对最低收购价适用时间做出具体规定，从 2006 年开始明确了预案执行时间。

支持价提升阶段（2008 年）：国际粮食价格暴涨暴跌，稻谷最低收购价两次被提高。有两个显著特点：第一，在 2 月 8 日公布的 2008 年稻谷最低收购价格的通知中，将中晚籼稻、粳稻的最低收购价水平分别提高到每斤 0.76 元和 0.79 元，3 月 27 日最低收购价执行预案中将以上粮食品种价格再次分别提高到每斤 0.79 元和 0.82 元。自此，最低收购价水平逐年提高。第二，预案执行时间和地区有所调整。中晚稻执行区域中加入了辽宁省，3 省中晚稻最低收购价执行时间调整为 11 月 16 日至第二年 3 月 31 日。

支持价大幅提高阶段（2009—2014 年）：最低收购价政策经过几年的发展，不断完善。有两个显著特点：第一，各粮食品种的最低收购价逐年提高。到 2014 年，中晚籼稻、粳稻最低收购价分别为每斤 1.38 元和 1.55 元，累计分别提高 74.7%和 89%，年均分别增长 9.8%和 11.2%。第二，最低收购价在粮食播种前公布。稻谷的最低收购价在早籼稻播种前公布，通常在当年的 1 月末或 2 月中上旬。

① 第二节、第三节、第四节的内容选自农业部软科学课题“东北玉米、大豆、稻谷政策联动机制研究”（课题编号：D201704），课题主持人：习银生。

支持价企稳阶段（2015 年至今）：2015 年至今，国家继续实施最低收购价政策。综合考虑生产成本、市场供求、比较效益、国际市场价格和产业发展等各方面因素，经国务院批准，2015 年生产的中晚籼稻、粳稻最低收购价格分别为每斤 1.38 元和 1.55 元，保持 2014 年的水平不变（表 2-3）。

表 2-3　东北地区稻谷最低收购价政策内容梳理

<table>
<tr><th rowspan="2">年份</th><th rowspan="2">发布时间</th><th colspan="2">最低收购价水平（元/斤）</th><th rowspan="2">执行时间</th><th rowspan="2">执行地区</th><th colspan="2">是否启动</th></tr>
<tr><th>中晚籼稻</th><th>粳稻</th><th>中晚籼稻</th><th>粳稻</th></tr>
<tr><td>2004</td><td>9.13</td><td rowspan="4">0.72</td><td rowspan="4">0.75</td><td>—</td><td rowspan="4">吉林、黑龙江</td><td>否</td><td>否</td></tr>
<tr><td>2005</td><td>4.12；7.2</td><td rowspan="2">—</td><td>是</td><td>否</td></tr>
<tr><td>2006</td><td>2.27</td><td>是</td><td>否</td></tr>
<tr><td>2007</td><td>1.29</td><td>11.10—2.28</td><td>是</td><td>是</td></tr>
<tr><td rowspan="2">2008</td><td>2.8</td><td>0.76</td><td>0.79</td><td>12.1—3.31</td><td rowspan="10">辽宁、吉林、黑龙江</td><td rowspan="2">是</td><td rowspan="2">否</td></tr>
<tr><td>3.27</td><td>0.79</td><td>0.82</td><td rowspan="6">11.16—3.31</td></tr>
<tr><td>2009</td><td>1.24</td><td>0.92</td><td>0.95</td><td>是</td><td>否</td></tr>
<tr><td>2010</td><td>2.2</td><td>0.97</td><td>1.05</td><td>否</td><td>否</td></tr>
<tr><td>2011</td><td>2.1</td><td>1.07</td><td>1.28</td><td>否</td><td>否</td></tr>
<tr><td>2012</td><td>2.2</td><td>1.25</td><td>1.40</td><td>是</td><td>是</td></tr>
<tr><td>2013</td><td>2.4</td><td>1.35</td><td>1.50</td><td>是</td><td>是</td></tr>
<tr><td>2014</td><td>2.11</td><td>1.38</td><td>1.55</td><td>11.1—3.31</td><td>是</td><td>是</td></tr>
<tr><td>2015</td><td>2.3</td><td>1.38</td><td>1.55</td><td>10.10—2.29</td><td>是</td><td>是</td></tr>
<tr><td>2016</td><td>2.2</td><td>1.38</td><td>1.55</td><td>10.10—2.28</td><td>是</td><td>是</td></tr>
</table>

注：根据政策文件整理。

（二）稻谷最低收购价的政策效果及问题

在 2008 年以前，稻谷最低收购价保持不变，其主要原因：第一，生产成本增长幅度较小，提价动力不足。2004—2007 年，稻谷生产成本平均每斤 0.57 元，年均增长 6.9%。第二，市场价格逐年走高，种粮仍可获得较高收益。2004—2007 年，稻谷每斤净利润为 0.22～0.32 元（全国农产品成本收益资料汇编），成本利润率平均为 45.5%。

2008 年国家先后两次提高稻谷最低收购价格，其主要原因：第一，种植成本快速上升，收益明显减少。第二，国家为调控市场，也希望通过托市收购，掌握一部分调控粮源。特别是2007年，由于市场价格较高，稻谷只是在黑龙江、安徽和江西的部分市、县启动了中晚稻托市收购，国家需要通过托市来掌握一部分拍卖粮源，以更好地保证市场供应，稳定价格总水平。

稻谷最低收购价政策对市场也产生了负面影响。第一，政策的实施对稻谷市场扭曲严重，2004—2015年我国稻谷最低收购价政策的执行价格一路上涨，未出现下降的情况。政府为保障农民利益，防止农民出现卖粮难的问题，对稻谷进行了大量的收购，托市收购的数量可以达到稻谷产量的七成以上（葛田，2015），致使市场上流通的稻谷减少，损害了稻谷市场的正常运行。第二，托市收购存在“敞开收购”倾向，这主要体现在两个方面：一方面是当市场稻谷收购价格不低于最低收购价政策规定的价格时，没有及时停止托市收购，使此政策逐渐成为“敞开收购”；另一方面，托市收购的稻谷质量并不能达到国家要求的国标三等稻的水平。第三，销售机制与市场机制不配套，影响销售与资金回笼。在我国，当市场稻谷收购价低于国家公布的最低收购价时，由国家按最低收购价把稻谷收起来，作为国家的临时储备粮。但是，临时储备粮一般用于调节市场，是由国家相关部门计划规定的，而非收储企业所能决定的，因此在粮食交易中心公开竞价销售时，常常出现流拍的现象。这易出现“稻强米弱”的情况，影响大米加工企业的正常生产经营活动，导致企业购买量减少。第四，收购点库不足，农民利益难以得到有效保护。中储粮公司虽然在粮食收购市场占有较大比例，但需承担起农民卖粮便捷的任务，还有很多路要走。由于最低收购价政策的收购网点较少，农民卖粮不方便。为了节约路费，许多农民选择将手中的稻谷低价卖给粮食经纪人。在这种情况下，相当于农民迫于无奈损失部分收益。这将引起种植稻谷的农民对收购企业的不满，也将减弱最低收购价政策的实施效果。

二、东北地区玉米临时收储政策

（一）玉米临时收储政策的政策内容及实施情况

为稳定粮食现货市场价格、保护农民利益，从2008年10月20日开始，国家启动第一批玉米收储计划，在东北产区计划收储玉米500万吨。随后又相继启动了3批收储计划，连续4批玉米收储计划总量达到4 000万吨。此后，国家玉米收储政策步入常态（表2-4）。

表 2-4　东北地区玉米最低收购价政策内容梳理

项　目	2008/2009 年度				2009/2010 年度	2010/2011 年度	2011/2012 年度	2012/2013 年度	2013/2014 年度	2014/2015 年度	2015/2016 年度
是否安排	是					否	是				
发布时间	2008-10-20	2008-12-1	2008-12-24	2009-2-18	2009-11-23	—	2011-12-14	2012-11-16	2013-11-22	2014-11-25	2015-9-18
数量（万吨）	500	500	2 000	1 000	敞开收购	—	敞开收购				
价格水平（元/斤，按内蒙古、辽宁、吉林、黑龙江排序）	0.76、0.76、0.75、0.74					—	1.00、1.00、0.99、0.98	1.07、1.07、1.06、1.05		1.13、1.13、1.12、1.11	1.00、1.00、1.00、1.00
执行时间	下达时间到 2009-4-30				2009-12-1—2010-4-30	—	2011-12-14—2012-4-30	2012-11-16—2013-4-30	2013-11-2—2014-4-30	2014-11-25—2015-4-30	2015-11-1—2016-4-30
执行地区	内蒙古、辽宁、吉林、黑龙江										
下达部门	国家发展和改革委员会、国家粮食局、财政部、中国农业发展银行										

注：根据政策文件整理。

（二）玉米临时收储政策的效果及问题

从实际效果来看，玉米临时收储政策对玉米市场产生了巨大影响，对保护农民收益、促进生产发展、保持市场稳定起到积极作用。第一，有力调动了农民生产积极性。玉米临时收储政策的出台和完善，特别是临时收储价格的逐年提高，刺激了玉米生产持续稳定发展。实施玉米临时收储政策的东北三省和内蒙古自治区，2007—2015 年玉米面积增长了 43.7%，产量增长了 79.8%，占全国玉米面积和总产量的比例分别由 36.5%、36.5%上升到 40.5%、44.5%，主产区的地位更加突出。第二，玉米临时收储政策保护了农民利益，提高了农民销售玉米的价格，形成了粮价随成本增加而逐步上涨的机制，有效避免或缓解了农民“卖粮难”、种粮效益偏低的状况。农民种粮收益逐年提高，促进了农民收入持续增加。第三，玉米临时收储政策的实施产生了明显的托市作用，对稳定玉米市场、平抑价格波动起到至关重要的作用。2007 年以来，国内玉米供求关系基本平衡，市场运行平稳，价格稳中有涨，与国际价格经常大起大落相比，波动幅度明显较小。2007 年 1 月至 2016 年 4 月，国内玉米产销区月均批发价格平均波动幅度分别为 1.7%和 1.6%，而同期国际现货和期货月均价平均波动幅度分别达到 5.3%和 5.8%，明显高于国内波动幅度。

另外，玉米临时收储政策表现出明显的“政策市”特征，负面效果日益凸显。第一，国家库存压力大，财政负担重。临时收储政策的实施使大量玉米进入国家库存，同时由于实行顺价销售原则，国家库存玉米只能以不低于原来收购的价格出售，在市场价格走高的情况下这是可以实现的。但是，近年来随着宏观经济下行压力加大，玉米消费相对低迷，玉米价格也持续低迷，使国家库存玉米难以顺价销售。第二，总体供给宽松与市场有效供给偏紧并存。由于玉米连年丰收，而消费相对低迷，近年来我国玉米总体呈现出阶段性供大于求的格局，社会期末库存总体呈增加趋势。同时，下游企业受到较大冲击，黑龙江、吉林等地出现了产品价格、玉米加工量、销售收入和利润“四降”的趋势，有的甚至亏损，限产、停产企业数量明显增加，许多企业不得不提前检修，玉米淀粉和酒精加工企业开工率分别低至 50%和 40%左右。第三，国内外价格倒挂严重。国外玉米在我国南方港口的到岸税后价总体高于国内玉米价格，价格倒挂常态化趋势明显。如果价差继续扩大，配额外的国外玉米很可能具备冲击国内市场的竞争力。第四，进口替代品大幅增长。由于玉米价高，为控制成本，广东部分饲料企业开始较多使用进口高粱、大麦等替代玉米，替代主要发生在禽饲料和育肥猪饲料行业中。

三、东北地区大豆临时收储政策、目标价格政策

（一）大豆临时收储政策的政策内容及实施情况

2008年我国粮食价格开始呈现下跌趋势，为稳住粮价，国家启动了临时储备粮收购政策。首先执行临时收储政策的品种是北方地区的大豆、玉米和南方的稻谷，此后在大宗农产品中陆续展开。大豆临时收储政策的具体内容详见表2-5。

（二）大豆目标价格的政策内容及实施情况

我国大豆是对外开放程度和对外贸易依存度最高的品种，受国际价格波动和资金炒作等因素影响最大，价格波动最剧烈。由于大豆作物种植区域相对集中且是非主粮作物，具备开展目标价格改革试点的优先条件。2014年中央1号文件明确指出“启动东北和内蒙古大豆目标价格补贴试点”，并提出：探索推进农产品价格形成机制与政府补贴脱钩的改革，逐步建立农产品目标价格制度，在市场价格过高时补贴低收入消费者，在市场价格低于目标价格时按差价补贴生产者，切实保证农民收益。

大豆市场价格由国家发展和改革委员会同农业部、国家粮食局等部门共同检测，按省核定，采价期为大豆集中上市期即当年的10月至次年3月，采购依据为到库（厂）价格，即收购量较大、价格代表性较强的粮库、加工企业或有常年固定收购点的贸易商收购大豆的价格。

2014年，黑龙江省确定了省农垦及7个地市21个县（市、农垦分局）的51个监测点，内蒙古自治区确定了7个旗县的17个大豆市场价格监测点，吉林省确定了14个县市的29个监测点，辽宁省确定了7市14县的28个价格监测点，于2014年10月至2015年3月的每周一、周四将采集数据上传至国家价格监测中心。

目标价格补贴对象是试点地区种植者，补贴资金发放分两步进行：一是采价期结束后，如果市场价格低于目标价格，中央财政按照目标价格与市场价格的差价和国家统计局统计的产量，核定对每个试点省份的补贴总额，并将补贴

表 2-5　东北地区大豆临时收储与目标价格的政策梳理

项目	2008/2009年度				2009/2010年度	2010/2011年度	2011/2012年度	2012/2013年度	2013/2014年度	2014/2015年度	2015/2016年度	2016/2017年度
是否安排	临时收储									目标价格		
发布时间	2008-10-20	2008-12-1	2008-12-24	2009-2-18	2009-11-23	2010-10-28	2011-11-12	2012-11-16	2013-11-22	2014-5-19	2015-4-28	2016-4-1
数量（万吨）	150	150	300	125	敞开收购					承包地范围内的大豆种植户		
价格水平（元/斤）	1.85				1.87	1.9	2	2.3	2.3	2.4		
执行时间	下达时间到 2009-4-30，后延长至 2009-6-30				2009-12-1—2010-4-30		2011-11-23—2012-4-30	起始时间由国家有关部门根据市场情况研究确定，截止时间为 2014 年 4 月 30 日		采价期：当年 10 月至次年 3 月 补贴发放：次年 5～7 月		
执行地区	内蒙古、辽宁、吉林、黑龙江											
下达部门	国家发展改革委、财政部、国家粮食局、中国农业发展银行									国家发展改革委、财政部、农业部		

额一次性拨付到试点地区；二是试点省份根据实际情况制定具体补贴办法，负责将中央拨付的补贴资金及时、足额发放给种植者。

（三）大豆临时收储的政策效果及问题简述

在政策效果方面，大豆临时收储的政策效果与玉米临时收储政策类似，然而由于国内大豆市场与玉米市场相比开放程度更高，国内大豆价格主要受国际市场大豆价格的影响，中国的油脂业大豆自给率很低，国外廉价大豆在临储政策导致国产大豆供给不足的情况下大量涌入，进而拉低了全国的平均价格。全国价格的下跌加大了政策实施区临储的难度，部分收储企业人为设置售粮障碍，增加农民按照政策价格销售大豆的难度，进而影响了政策实施效果。食品业用大豆则不同，临储政策使得全国市场供给紧张，而进口转基因大豆难以对国产非转基因大豆形成实质性替代，这导致国内食品业用大豆供给紧张从而使得价格上涨。而政策实施区的大豆在收储时并不按用途进行实际区分，同样面临油脂业用大豆类似的销售难题。

（四）大豆目标价格的政策效果及问题

目标价格补贴使大豆价格逐步市场化，政府不干预大豆市场价格，并逐渐理顺了大豆的购销机制，在更好地发挥市场基础作用方面取得了一定的积极效果。从生产方面看，目标价格为农户提供了合理的心理预期，农户可根据事先公布的大豆目标价格进行生产决策，在一定程度上发挥了目标价格的信号引导功能以及市场调节生产结构的作用。从补贴方式的变化来看，农民以往所获的补贴，往往被“粮食经纪人”等中间环节侵占，实施目标价格补贴改革，提高了补贴的效率，使农民获得了实实在在的补贴。从收购环节来看，大豆加工企业可以依据市场价格购买大豆，降低了企业的生产成本，且国内外大豆价格差距缩小，有利于恢复国内大豆产业的市场活力。

但是，改革政策需要在试点过程中不断完善，虽然目标价格改革试点取得了一定的成绩，但从短期来看，大豆目标价格补贴政策效果仍存在局限。主要表现：第一，政策的增产效应不明显。从大豆目标价格补贴政策执行情况来看，由于大豆目标价格偏低，与种植玉米相比收益差距仍然较大，所以目标价格改革对提升大豆播种面积及其产量作用不明显，尚未真正起到全面刺激大豆生产的目的。第二，间接引起成本增加。目标价格补贴政策对豆农的生产成本产生了较大影响，直接导致豆农的土地租金成本上升。第三，目标价格水平低。国家确定目标价格水平的基本原则是“生产成本＋合理收益”，但未能充分考虑大豆与玉米的比价关系，相对于仍然在实施临时收储政策的玉米而言，大豆价格明显偏低。第四，补贴对象难落实。大豆目标价格补贴的发放对象应为大豆的实际种植者，然而从实际执行情况来看，补贴难以真正发放到实际种植者手中，多流向了土地出租方。第五，补贴面积难统计。大豆目标价格补贴的面积应为实际种植面积。但是，现实中补贴面积难以统计，一方面核算农户种植面积困难，难以保证数据的真实性；另一方面，“黑地”不计入补贴面积存争议。第六，补贴发放时间晚。补贴发放时间不仅关系到农户能否及时获得备耕生产所需资金，还直接影响其生产决策。及时发放目标价格补贴有利于农户在备耕期间确定生产计划，刺激种植大豆的积极性。

第三节 建立政策联动机制的必要性分析

长期以来，我国对玉米、大豆、稻谷实行单独的支持政策，政府政策直接影响农户的种植行为及各种作物的种植结构，而现行政策尚未考虑农户种植行为的转变及各种作物政策之间的联动机制。本研究将从以下方面考察各种作物之间的关联性以及政策联动机制的缺失及其必要性。

一、东北地区玉米、大豆和稻谷政策联动机制存在的问题

（一）玉米与大豆比价失调

大豆与玉米的合理比价为（2.5～3）：1为宜，不然容易导致作物的非协调发展。从东北地区大豆与玉米的比价变化趋势（图2-3和图2-4）来看，尽管比价出现了波动，但总体而言呈下降趋势。例如，其比价从2008年的2.53：1下降到2014年的1.98：1。从分省的情况来看，黑龙江、吉林、辽宁、内蒙古的总体趋势均为波动中下降，其中吉林、辽宁、内蒙古2015年大豆玉米比价均有所上升，而黑龙江大豆玉米比价仍呈下降趋势。不均衡的比价导致近年来大豆面积不断萎缩。然而，比价关系的变动较容易受到政策的影响。可见，单一的“大豆归大豆、玉米归玉米”的粮食补贴政策不利于粮食种

植结构的优化。

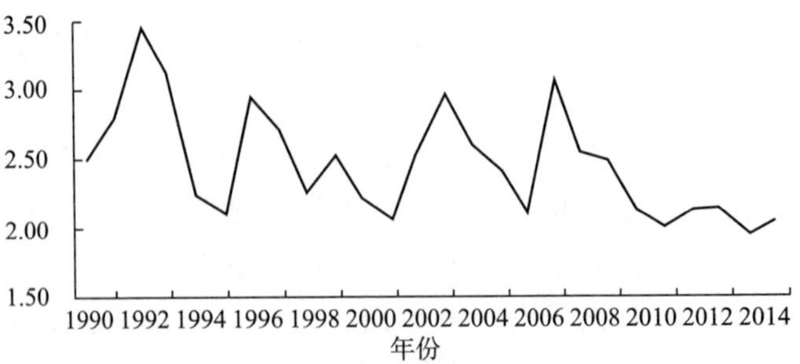

图 2-3 1990—2014 年东北地区大豆和玉米比价关系变动情况

资料来源：全国农产品成本收益资料汇编。图 2-4 至图 2-9 同。

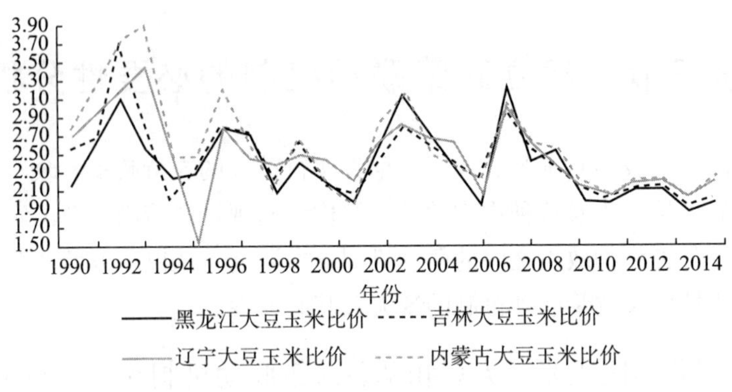

图 2-4 1990—2014 年东北三省和内蒙古大豆和玉米比价关系变动情况

（二）大豆与玉米存在替代关系

大豆和玉米种植所需条件接近，二者具有典型的土地竞争关系。在耕地有限的情况下，农户的种植原则是种植纯收益高的农作物。由图 2-5 知，东北地区水稻单产最高，其次为玉米，而大豆单产最低。同时，大豆价格比较低，使得农户放弃大豆改种玉米。此外，玉米单产提高快，特别是 2008 年国家实行临时收储政策后，玉米种植面积不断增加。玉米面积增加带来供给过剩，2015 年秋季国家下调玉米收储价格，随后宣布取消玉米临储，高库存使玉米价格大幅下降，导致种植收益对比发生偏转。

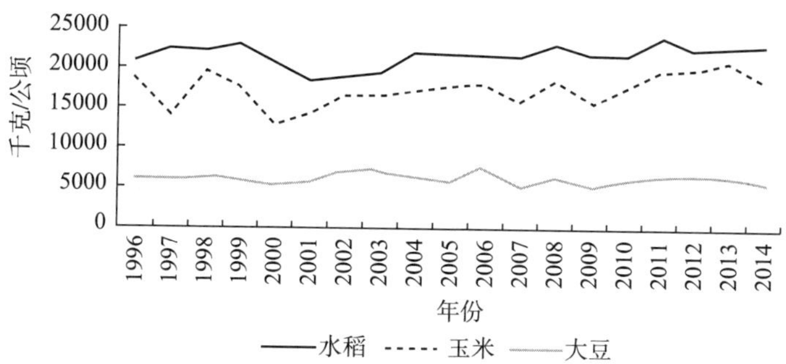

图 2－5　1996—2014 年东北地区水稻、玉米、大豆单产变动情况

（三）东北地区玉米、水稻、大豆种植成本收益差异较大

从图 2－6 到图 2－9 可知，近年来水稻纯收益显著高于玉米和大豆。虽然，短期内大豆净利润曾高于玉米，但从长期来看，尤其是近几年玉米每亩净利润、成本利润率均高于大豆。此外，2014 年大豆实施目标价格补贴政策后，其每亩纯收益、成本利润率不升反降，与玉米相比并无明显优势。可见，大豆目标价格政策对于改善大豆和玉米的种植结构并没有显著的优化作用。同时，这也预示着大豆目标价格政策的实施应综合考虑玉米补贴政策的实施情况，进而为玉米和大豆种植结构起到调节作用。

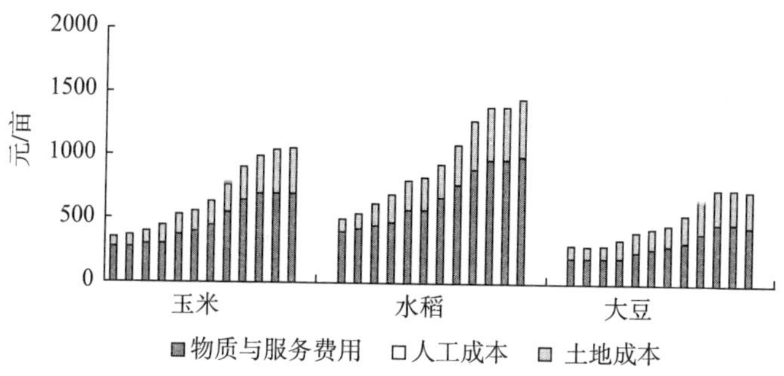

图 2－6　2004—2015 年东北地区玉米、水稻和大豆成本对比

（四）东北地区玉米、水稻和大豆的生产投入对环境的影响差异较大

从已有的研究成果可知，水稻生产单位面积碳足迹最高，大豆最低。在碳

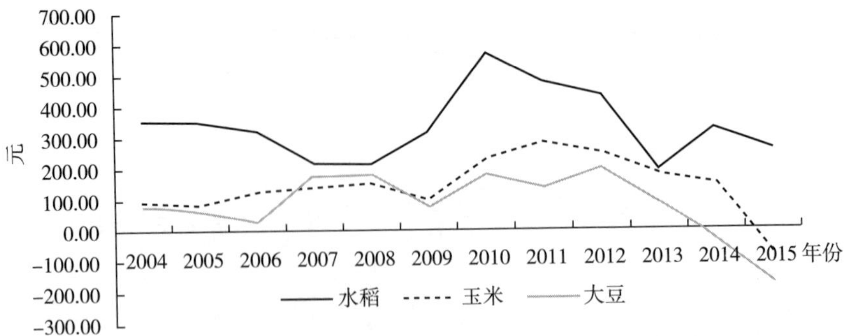

图 2-7　2004—2015 年东北地区玉米、水稻和大豆每亩净利润对比

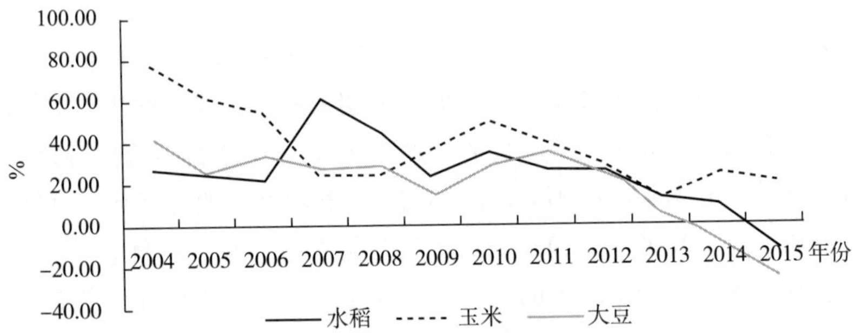

图 2-8　2004—2015 年东北地区玉米、水稻和大豆每亩成本利润率对比

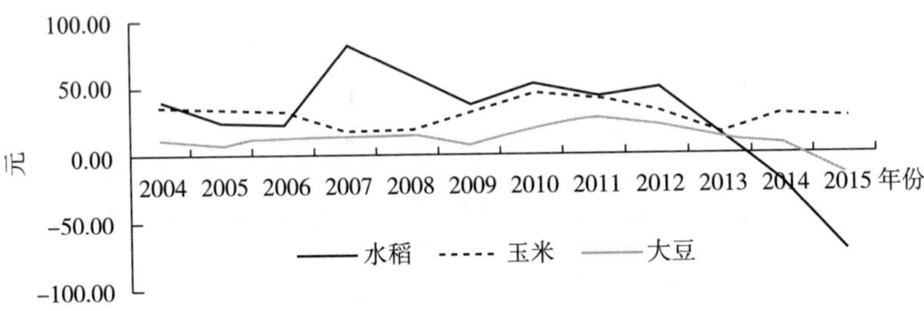

图 2-9　2004—2015 年每 50 千克主产品净利润对比

足迹的构成当中，化肥所占比例最大。提高化肥利用效率、灌溉效率和机械化作业效率是降低东北地区碳足迹、碳投入的关键途径。从分省的情况来看，黑龙江省、吉林省和辽宁省碳足迹水平差异显著，三种作物的单位产量碳足迹均

在吉林省表现最高，单位面积碳足迹均在黑龙江省表现最低。这表明吉林省粮食作物生产过程中农资投入过大、利用效率低，因此吉林省是东北三省低碳减排的重点地区。

二、建立联动机制的重要意义

各作物政策联动机制逐渐引起政府重视。2016 年国家提出农业供给侧结构性改革，目标之一是在非玉米种植优势区适当调减玉米种植面积，增加大豆种植面积。2017 年 3 月 23 日，中央人民政府网站公布国家发展改革委印发的《关于深入推进农业供给侧结构性改革实施意见》，指出调整东北地区大豆目标价格政策，统筹玉米、大豆补贴机制。2017 年 5 月中旬，黑龙江省政府印发《黑龙江省玉米和大豆生产者补贴工作实施方案》，明确自 2017 年起将大豆目标价格补贴政策调整为大豆生产者补贴政策，实现玉米和大豆补贴机制相衔接，且大豆生产者补贴标准原则上高于玉米生产者补贴标准。这一方案宣告了东北地区大豆、玉米补贴联动机制的正式启动。

（一）有利于调节种植结构、保护生态环境

良好的生态环境是建立联动机制的客观要求，也是评价粮食政策改革成效的重要标准。长期以来，我国粮食增产基本上依靠增加耕种面积、加大农药和化肥等生产资料投入。未来我国粮食需求量刚性增加的现实，要求进一步提升粮食产能。通过联动机制的建立，切实纠正只强调粮食产量提高，而把粮食生产与环境保护对立起来的错误认识，通过合理的休耕轮作方式，处理好粮食产能增加与绿色发展的关系，使透支的资源环境逐步休养生息，推动粮食生产走上可持续发展道路。

（二）有利于缓解国内粮食供需结构性矛盾

建立联动机制，符合供给侧结构性改革的目标。就一般工业领域而言，供给侧结构性改革的主要任务是“去产能、去库存、去杠杆、降成本、补短板”，而通过合理的联动政策引导，使大豆、玉米、水稻 3 种农产品种植结构区域合理，符合农业种植结构调整的总体目标。当前，我国玉米、稻米等大宗粮食品种库存过多，不仅占用大量的财政资金，提高了运行成本，扭曲了市场机制的作用，长期存储还会导致粮食品质下降。因此，“去库存”势在必行。与其他

产业的结构性改革明显不同，粮食供给侧结构性改革需要处理好“去库存”与“提产能”的关系。而建立联动机制，就是“提产能”的有效手段，有利于将“藏粮于库”转向“藏粮于地、藏粮于技”。

（三）有利于农业提质增效

建立联动机制的重要原则即是按照“稳定存量、优化增量”的原则处理粮食政策优化中的存量利益与增量利益的关系，做到提质增效。其中，“稳定存量”能够切实保障广大种粮农民已经获得的基本利益。在小户种粮者享有粮食补贴政策不变的基础上，粮食补贴增量向农业新型经营主体倾斜，体现“谁多种粮食，就优先支持谁”，努力提高补贴效能。与此同时，通过对新增额度实施政策整合，可以提高粮食生产的比较效益，调动新型经营主体种粮的积极性。

（四）有利于农民增收

联动机制的建立不仅考虑了以往市场机制发挥作用不够的问题，而且考虑了如何增加农民收入的问题，也就是坚持市场化改革与保护农民利益两者并重，兼顾市场效率与农户利益。在综合考虑农民合理收益、财政承受能力等因素的基础上，在市场之外给予农民必要的补贴。联动机制把粮食定价权交给市场，实现价格反映供求、引导资金配置的信号功能与政府补贴的利益调节功能相分离，使粮价真正反映市场供给关系，使产销随行就市。通过优化相关补贴政策，适当增加对粮食生产者的补贴，以弥补粮食生产成本上升和粮食价格下降给生产者利益带来的不利影响，确保农民种粮的积极性不减弱，为持续提高粮食产能奠定基础。

三、建立联动机制的必要性和紧迫性

中国粮食政策体系在支持方式、补贴标准、执行成本等方面均存在一些问题，考虑各品种比价关系、调节种植结构的联动机制亟待完善。

（一）支持价格刚性化的发展

目前，最低收购价政策呈现刚性化趋向，推动国内市场价格逐年上升，并将成本向产业链下游传导。这不仅无法形成市场价格机制，还造成了财政负担和仓储压力，更不利于农业生产经营方式转型和技术进步。2004 年，为了应对国内粮食市场的价格波动、保护粮食生产的积极性，中国开始对水稻和小麦等粮食作物实行最低收购价；2012 年，又开始对玉米和大豆实施临时收储。2013 年中国中央财政粮油事务支出为 905.14 亿元，主要用于提高粮食最低收购价补贴利息和储备粮油包干费标准等，每生产 1 斤粮食财政就要补贴 0.08 元。为弥补成本上升，国内粮食支持价格至少维持每年 6%～8%的增幅。同时，FAO、世界银行预计未来 10 年国际粮价呈“稳中偏弱”走势，其涨幅低于国内 4～5 个百分点，届时将会有更多财政支出用于粮食价格支持。

（二）粮食“结构性紧平衡”已常态化

根据国家统计局发布的粮食产量公告，2014 年我国粮食总产量达到 6.07 亿吨，比 2013 年增加 516 万吨，增长 0.9%。其中，谷物总产量 5.57 亿吨，比 2013 年增加 457.7 万吨，增长 0.8%。但是，同年城乡居民口粮消费总量大约为 1.9 亿吨，饲料用粮 3 亿吨，再加上种子用粮、工业用粮和生产加工流通等环节不可避免的损耗，中国粮食消费和消耗总量接近 6 亿吨。与此同时，考虑到城镇化导致中国每年城市新增人口超过 1 000 万人，“总体基本平衡、结构性紧缺”将成为中国粮食供给的常态。

（三）中国粮食的价格保持高位运行

2004 年以后，我国启动主要粮食作物托市收购政策，释放价格“托底”信号，成为粮价上涨的重要支撑，并导致“政策市场”不断扩大，市场调节空间相对萎缩。2008 年国际金融危机之后，随着国际粮价回落，国内外粮价倒挂明显。考虑到我国作为全球最大的粮食消费国，如果进口增长加速常态化，可能使我国丧失粮食市场话语权，陷入进口时国际粮价暴涨、丰收时国际粮价暴跌的被动局面，进一步带来政治、外交和贸易风险。

（四）中国粮食持续增产的动力不足

过去的 10 多年中，我国粮食增产主要得益于单产水平的提高，而维系其间的却是极其粗放的发展手段，即过度的地力开发与化肥农药施用。目前，我国土壤有机物质含量水平较中华人民共和国成立初期明显下降，近四成耕地出现不同程度的退化；土地的化肥使用量约为 480 千克/公顷，是世界平均水平的4.1倍，农药利用率只有30%，未被充分吸收的化肥农药至少使10%的耕地受到污染。我国粮食生产持续发展的生态与环境基础受到了严重破坏。

第四节　建立政策联动机制的实践分析

一、建立粮食政策联动机制的实践与探索

（一）明确农业结构调整思路

2015年秋收以来，黑龙江省为适应玉米收储政策改革的新形势，就农业结构调整进行了专题部署。按照自愿、要素最佳配置原则，确定了“调减玉米、稳定水稻、增加大豆杂粮、扩大草蓿果蔬”的种植结构调整方向，突出在第四、第五积温带高纬度地区调减籽粒玉米面积；在有水源条件的松花江、嫩江沿岸和三江平原等地区适度扩大优质粳稻生产；在北部麦豆主产区发展高蛋白食用大豆和强筋小麦种植；在平原区尤其是西部半干旱地区种植杂粮杂豆、经济作物；在粮牧结合区种植青贮玉米等饲料饲草作物。2017年，黑龙江省继续把种植结构调整作为农业供给侧结构性改革的硬仗来打，坚持“稳粮、优经、扩饲”的调整方向，确定了“两个1 000万亩”的调整目标，即继续调减籽粒玉米1 000万亩以上，发展蔬菜、鲜食玉米等特色作物1 000万亩。全省各地也根据当地实际，明确了种植结构调整的思路。例如，巴彦县明确了调优种植结构，做大“围水”经济的思路，提出向水稻产业上调，向绿色有机上调，向果蔬产业上调，向特色作物上调，确立了“减玉米，增水稻、大豆、杂粮、蔬菜，扩鲜食玉米”的调整方向；望奎县按照“稳粮、优经、扩饲”的总体要求，提出了“一减五增”战略，在保持粮食稳产的前提下，明确了以调减玉米，增加水稻、马铃薯、杂粮杂豆、经济作物、饲草饲料作物种植面积的调整方向。对于辽宁省而言，其农业供给结构调整原则是以市场需求为导向，以转变农业发展方式为主线，以调结构、创品牌、增效益为主攻方向，坚持走产出高效、产品安全、资源节约、环境友好的农业现代化道路，加快形成结构更加合理、保障更加有力的农产品及精深加工产品供给体系，为辽宁老工业基地新一轮全面振兴提供有力支撑。此外，辽宁省还引导农民尊重和适应市场变化规律，并在巩固2016年调减200万亩玉米种植面积成果的基础上，积极引导

调减非适宜区玉米种植面积，开展农业种植业结构调整试点。

（二）实施玉米生产者补贴制度

内蒙古自治区通辽市实施玉米生产者补贴以市场定价、价补分离、定额补贴、调整结构、公开透明和加强监督为补贴原则，明确了玉米主产区为补贴范围，根据当年玉米播种面积和平均单产来确定补贴标准。在通辽市政府公布的《关于建立玉米生产者补贴制度的实施方案》中也明确了补贴程序。第一，引导农民尊重和适应市场变化规律，在巩固2016年调减200万亩玉米种植面积成果的基础上，积极引导调减非适宜区玉米种植面积，开展农业种植业结构调整试点。稳定主产区粮食产能，扩大优质水稻、专用大豆、特色杂粮、高淀粉马铃薯种植面积，做强油料、蔬菜、水果等优势品种，做精食用菌、中药材、小浆果、花卉苗木、柞蚕等特色产品。第二，调查、公示。各苏木乡镇政府（场管委会）审核汇总本行政区域内全部嘎查村（分场）玉米种植花名册，签字盖章后上报旗县区统计局、农牧业局。旗（县、区）统计局牵头，农牧业局配合，及时对玉米种植户申报的种植面积开展入户调查和地块核实工作，并将核实后的种植花名册在嘎查村（分场）张榜公示，公示期不少于7天。第三，审核、上报。旗（县、区）统计局、农牧业局将公示后的补贴面积审核确认后，每年6月底前，报上级主管部门，同时抄送同级财政部门作为发放补贴依据。第四，公示、发放。各旗（县、区）财政局收到市财政局拨付的专项资金后，及时安排苏木乡镇财政所编制补贴清册，并将补贴清册按嘎查村（分场）进行张榜公示，公示期不少于7天。补贴资金每年9月底之前通过“一卡通”或“经核实后的域外玉米生产者（企业）账户”进行发放。

黑龙江省对玉米生产者补贴实施方案也明确了补贴规定和原则。按照财政部《关于建立玉米生产者补贴制度的实施意见》的要求，2016年黑龙江省制定了《玉米生产者补贴实施方案》，开展了玉米生产者补贴工作。中央财政按照黑龙江省玉米面积核算并下达生产者补贴资金总额，黑龙江省按照补贴总额和当年全省玉米合法实际种植面积，确定全省统一补贴标准。主要程序包括：第一，面积核实。面积统计和核实由省内各级统计局、农委负责，统计和农业部门对辖区内玉米和大豆实际种植者申报的玉米和大豆种植面积开展入户调查和地块实地核实工作，经过生产者申报、逐级上报、张榜公布等程序，各市县将辖区内玉米合法实际种植面积数据报省统计局和省农委，同时将补贴对象的姓名、身份证号码、玉米合法实际种植面积等详细补贴信息函告统计财政部门，作为当年发放玉米生产者补贴的依据。省统计局会同省农委将分县补贴面积函告省级财政部门，作为补贴资金测算和拨付的依据。第二，补贴标准确定。省级财政部门根据省统计局和省农委函告的合法实际种植面积及中央下达给本省的玉米生产者补贴资金总额，测算出本省亩均补贴标准。第三，补贴发放。省财政部门根据全省玉米生产者亩均补贴标准和省统计局、农委函告的分县玉米合法实际种植面积，测算分配补贴资金，并通过粮食风险基金专户将补贴资金直接拨付给各市、县。各市、县根据同级统计、农业部门函告的补贴对象、玉米合法实际种植面积和亩均补贴标准，通过粮食补贴“一折（卡）通”将补贴资金兑付给补贴对象。第四，补贴监管。补贴资金实行专户封闭管理。建立补贴面积和补贴资金公示、档案管理和监督检查制度，设立并公布监督举报电话，接受群众监督。

（三）统筹实行玉米和大豆生产者补贴制度

2017 年 5 月，黑龙江省政府办公厅印发了《黑龙江省玉米和大豆生产者补贴工作实施方案》，明确自 2017 年起将大豆目标价格补贴政策调整为大豆生产者补贴政策，实现玉米和大豆补贴机制相衔接。主要原则：一是市场定价、价补分离。玉米和大豆价格由市场决定，政府对玉米和大豆生产者给予一定补贴，生产者随行就市出售玉米和大豆。二是统筹资金，统一政策。中央财政按照国家统计局核定的 2014 年黑龙江省玉米面积 8 160 万亩（每亩 155 元）和 2016 年大豆面积 4 326 万亩（每亩 175 元）下达由政府统筹安排的中央补贴资金，科学确定玉米和大豆生产者补贴资金分配比例和规模。全省实行统一的玉米和大豆生产者补贴政策，对玉米生产者和大豆生产者分别执行统一的玉米生产者补贴标准和大豆生产者补贴标准，充分发挥市场供求关系和价格机制对调整区域种植结构的决定性作用。三是保障收益、调整结构。在保证生产者种粮基本收益的基础上，对玉米生产者和大豆生产者实行差异化补贴标准，引导扩大大豆种植。在补贴对象上，明确补贴资金直接发放给省内玉米、大豆合法实际种植面积的实际生产者。通过流转土地，且流转合同明确约定补贴归属流出方的，由合同双方按约定执行。在补贴标准上，明确大豆生产者补贴标准原则上将高于玉米生产者补贴标准。其他环节包括面积核实、补贴发放、资金监管等与上年玉米生产者补贴实施方案相同。

（四）实行玉米大豆轮作补贴

2016年，黑龙江省整合了财政部对玉米种植大户等新型经营主体补助资金和国家探索实行耕地轮作制度试点补贴资金，开展实行玉米大豆轮作补贴试点工作，以促进种植结构调整，并探索建立耕地轮作组织方式和推广种地养地相结合的生产技术模式。补贴对象为2015年在合法农业用地上种植籽粒玉米、2016年改种大豆的实际种植者，并以种植大户、家庭农场、农民专业合作社等新型农业经营主体为主，由各地自主确定补贴对象门槛。试点面积250万亩，补贴标准为每亩150元。主要程序包括：一是指标下达。由各地上报玉米改种大豆轮作面积，省农委、省财政厅根据上报情况下达各地补贴面积指标。二是面积核实。由各级统计、农业部门进行实地调查核实，并将分户补贴信息进行张榜公示，经逐级上报审定。三是补贴发放。省财政厅根据分县补贴面积测算分配补贴资金，将补贴资金直接拨付给各市、县，各地通过粮食补贴“一折（卡）通”将补贴资金兑付给补贴对象。四是补贴监管。补贴资金实行专户封闭管理。建立补贴面积和补贴款公示、档案管理、监督检查制度，公布监督举报电话，接受群众监督，财政、农业部门组织进行抽查。

吉林省出台了相关的支持政策。第一，实施耕地轮作制度试点，重点发展玉米和大豆轮作，统筹兼顾马铃薯、杂粮等作物轮作。在区域上，以吉林省东部冷凉区为重点，兼顾中部和西部，在吉林省东、中、西不同生态区探索用地养地结合模式，同时与现代农业示范区建设、农业可持续发展试验示范区建设和扶贫重点县相结合，发挥耕地轮作项目推进生态建设、保护黑土地的综合作用。鼓励以乡、村为单元，集中连片推进，重点支持农业产业化龙头企业、农民合作社、家庭农（牧）场开展轮作制度试点，确保有成效、可持续。第二，开展耕地轮作制度试点，重点推广“一主多辅”的种植模式。一主，即以籽粒玉米与大豆轮作为主，发挥大豆根瘤菌固氮养地作用，提高土壤肥力，增加大豆供给。多辅，即籽粒玉米与马铃薯等薯类轮作，减轻土传病害（晚疫病），改善土壤物理结构和养分结构；籽粒玉米与饲草轮作，按照以养定种、以种促养的原则，实行籽粒玉米与青贮玉米、苜蓿等饲草作物轮作，满足草食畜牧业发展的需要；籽粒玉米与杂粮杂豆轮作，实行籽粒玉米与绿豆、高粱、燕麦等耗水量低的耐旱耐瘠薄作物轮作，减少灌溉用水，满足多元化消费需求；籽粒玉米与油料作物轮作，实行玉米与花生、向日葵等油料作物轮作。第三，为保证农民种植收益不降低，与不同作物的收益平衡点相衔接，中央财政将对实行耕地轮作的给予每亩150元左右的补助，在试点县区域内的合法耕地上，自愿参加轮作试点，符合轮作制度试点技术路径开展轮作的实际种植者均可作为补贴对象。

（五）下调水稻最低收购价

东北地区是我国粳稻主产区。2017年，国家进一步深化粮食价格形成机制改革，在坚持稻谷、小麦最低收购价政策的基础上，全面调整了最低收购价水平，以形成合理比价关系。其中，粳稻最低收购价为每斤1.50元，13年来首次下调，下调幅度为每斤0.05元。此举将在一定程度上有利于调整东北地区玉米、大豆和稻谷之间的比较效益，降低东北地区稻谷政策性收储压力。

二、建立粮食政策联动机制实践的共同点

（一）根据市场供给情况进行政策调节

在东北地区粮食结构差异主要表现在当期的粮食供给总量的差异。各级政府针对市场饱和程度、国家储备情况进行不同程度、不同方式的调节。例如，当玉米供给总量达到市场饱和、甚至供给过剩时，玉米的价格补贴转为玉米生产者补贴，为调节玉米的供给量起到了重要的作用。

（二）以财政手段进行调控

为调整市场的粮食结构和粮食供给量，各级政府采用财政支持的方式对粮食结构进行调整。当前，使用较多的财政支持方式主要集中在直接补贴、价格补贴、临时收储等。而不同财政支持方式对市场的供给调节程度也不一样。在我国东北地区，以补贴形式进行市场调控是最为主流的方式之一。

（三）以市场化改革为导向

尽管当前我国大部分农业支持政策主要是以挂钩的形式存在，如补贴额与播种面积、产量、市场价格等挂钩，但是，各级政府都在寻求补贴的市场化改革，脱钩补贴将成为未来的补贴改革方向，即改革的方向是将粮食生产与供给交由市场决定。

三、建立政策联动机制面临的问题与挑战

（一）玉米大豆水稻种植收益难以平衡，不利于深入推进粮食生产结构调整

农户选择种植何种作物，除了资源环境和技术限制等因素外，主要取决于种植效益。目前，黑龙江省农业结构调整虽然取得了明显成效，但粮食作物之间的比较效益关系仍处于失衡状态，严重制约了粮食生产结构调整的广度和深度。根据黑龙江省物价局提供的数据，2015 年，全省每亩水稻、玉米、大豆的现金收益分别为 606.35 元、433.71 元和 175.96 元，大豆每亩收益分别仅为稻谷和玉米的 29.0%、40.6%。每亩水稻、玉米、大豆的净利润分别为 256.46 元、—25.23 元和—131.54 元，大豆净利润最低。2016 年，在玉米价格大幅下跌后，玉米种植效益明显下降，大豆玉米的比价关系才得以改善，但大豆的种植效益并没有提高。据巴彦县物价局数据，2015 年全县大豆亩收益为 666.70 元，玉米为 865.64 元；2016 年大豆亩收益下降为 434.85 元，玉米为 430.77 元。与水稻相比，玉米和大豆的收益差距十分明显。2016 年，玉米和大豆亩收益分别比水稻低 842.27 元和 838.19 元。此外，从吉林省的玉米生产成本看，2016 年，普通种植农户每亩总成本 722.9 元，其中物资投入 308.3 元，农机费用 48.1 元，人工费用 366.5 元。如按单产 1 070 斤/亩（折干粮）计算，斤粮成本为 0.675 元。不考虑人工费用，斤粮成本为 0.33 元。2017 年的生产成本调查工作正在开展，从目前调查情况看，种子、化肥等物质投入和人工成本，与 2016 年基本持平，总生产成本变化不大。在深入推进农业供给侧结构性改革的背景下，倡导粮食生产结构调整，适度压缩籽粒玉米面积，防止水稻面积盲目扩张，恢复大豆等作物种植面积，面临的最大障碍是粮食作物之间种植效益难以平衡。

（二）玉米大豆轮作补贴试点规模小，影响了轮作积极性

黑龙江各地反映，玉米大豆轮作补贴规模偏小，难以满足农户轮作需要。2016 年黑龙江 250 万亩的轮作补贴试点规模，仅相当于全省大豆种植面积的 5%，2017 年试点规模翻番，也只占全省大豆面积的 10%，绝大多数大豆种植户无法获得轮作补贴。如巴彦县 2016 年玉米面积为 267 万亩，大豆面积 23 万

亩，但当年轮作补贴面积指标只有 5.1 万亩，绝大多数轮作种植户没有得到补贴。望奎县 2017 年玉米改种大豆面积 10.2 万亩，但省里只给了 5.5 万亩的指标。当地只好根据文件规定从规模较大的种植户开始补贴，补完为止，最终核定种植规模在 1 034 亩以上的新型经营主体可以获得补贴，使得一些种植面积较小而没有得到补贴的农户产生了不满情绪，既影响了轮作积极性和补贴效果，又不利于改善干群关系。另外，吉林省相关涉农补贴种类多，有玉米生产者补贴、大豆生产者补贴、粮豆轮作补贴、“粮改饲”补贴、种植结构调整补贴、黑土地保护利用补贴等，有的补贴范围交叉、重复，情况复杂，实际发放补贴中基层工作量大，行政成本高，效率偏低。

（三）“旱改水”倾向较为明显，资源环境压力明显加大

水稻种植效益明显好于其他作物。玉米临时收储政策取消后，稻谷的比较效益优势更加明显，玉米改种水稻的现象明显增加，水资源及环境面临的压力进一步加大。一些地方政府甚至把扩种水稻作为结构调整的重点措施，导致 2017 年“旱改水”趋势有增无减。巴彦县 2016 年水稻面积为 33.86 万亩，2017 年将增加 2.5 万亩，增幅达 7.4%。望奎县 2016 年水稻面积 27.03 万亩，2017 年将增加近 3 万亩，增幅达 11%。值得注意的是，增加水稻面积大多通过打井抽取地下水方式实现，有些甚至通过改造湿地而来，不可避免地会造成地下水位下降，湿地面积减少，将对资源环境带来难以弥补的损失。据黑龙江省环保局数据，虎林市原来地下水位只有 10 米左右，由于打井发展水稻等因素，目前地下水位已降到 80～100 米。望奎县 2017 年新增的近 3 万亩水稻面积中，80%的水源来自地下水，并且这些地大部分原来都是洼地，打井深度多在 30～50 米，深的达 60 米，地下水位呈下降趋势。

（四）生产者补贴制度尚有不足，需进一步完善

一是生产者补贴制度操作繁杂，政策执行成本较高。第一，落实生产者补贴政策所需时间长，工作量大。落实生产者补贴需经过国家、省、县、乡、村五级，经过面积申报、核实、核算补贴标准、资金发放、张榜公示等诸多环节。据村民反映，仅在村一级层面就需要经过面积登记、干部核实、签字同意、张榜公示，发生土地流转的还需流转双方同时到场签字，前后历时 10 多天，上面下来调查核实 2 天，公示后通知到账历时 1 个月左右。第二，核实合

法面积难度大。根据实施方案，合法实际种植面积指在拥有与村集体、乡级以上政府或单位签订的土地承包、承租或开发合同，且用途为非林地、非草原、非湿地的耕地上实际种植玉米的面积。但确定一块耕地是否合法，涉及面广，情况复杂，历史遗留问题多，容易引起纠纷，难以在短时间内核实。巴彦县农业局反映，玉米面积核实前后共调查了 6 次，工作量很大。第三，落实政策没有工作经费，地方负担重，缺乏工作积极性。二是玉米和大豆补贴面积少于实际种植面积，补贴资金被摊薄。据黑龙江省农委数据，2016 年，全省玉米和大豆实际种植面积分别为 9 662 万亩、4 688 万亩，但国家给予补贴的面积分别为 8 160 万亩和 4 326 万亩，比实际面积分别少 1 502 万亩和 362 万亩，再加上补贴资金中还有 10%用于结构调整，致使生产者补贴资金被摊薄，农户的获得感明显低于预期。三是生产者补贴实行全省统一标准和全覆盖，没有体现向优势区域倾斜的原则。根据财政部的实施意见，各省在补贴方式等方面有充分自主权，同时也明确玉米生产者补贴应向优势产区集中，以利于结构调整，但黑龙江省认为应由市场决定优势产区和非优势产区，在省内不宜人为划分，因而在全省按统一标准全部实行了生产者补贴。在吉林省还存在补贴的归属权问题。农户实行土地流转后，补贴款的归属存在争议，按照政策规定，想要拿到补贴，必须得有合法证明——“享受补贴的对象为合法耕地上的玉米实际生产者（包括本地农民、家庭农场、农民合作社、合法的外来租种者等）。对于土地流转的，补贴资金应发放给实际玉米生产者，土地流转合同（协议）有约定的，从其约定”。可见，土地流转合同的签订至关重要。而且，合同签订的时候，除了有双方签字，还得到村委会进行第三方公证，这样的合同才具备法律效力。所以在开展补贴发放工作时，明确了补贴款的归属后，才能尽量避免争议和矛盾，有效完成补贴款的发放。

（五）粮食加工业发展和产后服务体系建设滞后，粮食生产优势没有转变为产业优势

当前国内粮食品种结构性矛盾突出，玉米、稻谷库存压力大，黑龙江省尤为严重，一方面与国际国内供求形势有关，另一方面也与当地粮食加工转化不足有关。近年来，黑龙江省粮食产量跃升到全国首位，但加工能力却没有大的突破，特别是玉米加工能力发展滞后。据黑龙江省农业产业化办公室数据，截至 2016 年年底，全省规模以上玉米加工能力 1 700 万吨，实际加工 780 万吨，

只占全省玉米产量的1/4。近3年来全省粮食加工业主营业务收入没有增长。粮食产加销联系不紧密，缺乏带动力强的龙头企业和专业合作社，农户适应市场变化的能力较弱。粮食产后服务体系也不健全。农户玉米存储设施不足，存储方式落后，“地趴粮”多，科学储粮工程不能满足农户需要。大豆面积恢复较快，但当地普遍担心大豆产量增加后，消费需求跟不上，新增大豆找不到市场销路。

第五节　新疆棉花产业扶持政策及效果评价①

新疆是我国重要的产棉区，棉花也是新疆的优势产业，一直以来政府对新疆棉花生产十分重视，出台了一系列扶持棉花生产发展的政策措施。新疆从20世纪90年代开始确立了“一黑一白”的发展战略，把棉花作为新疆重要产业扶持发展。现行扶持政策主要包括优质棉生产基地建设、生产扶持政策和市场调控政策。

一、新疆优质棉生产基地建设

新疆优质棉生产基地建设由“九五”开始至“十二五”时期，得到了中央财政连续4个“五年规划”的大规模资金支持。20世纪90年代新疆棉花生产迅速发展，国家为促进新疆扩大棉花生产规模、提高生产能力，从1995年开始批准新疆建设优质棉生产基地。“九五”期间，项目总投资72.47亿元，其中国家安排基建投资10亿元。通过开垦荒地400万亩，改造中低产田540万亩以及建设配套农田水利工程，使新疆棉花播种面积由1995年的1 114.4万亩，增加到2000年的1 500万亩，棉花总产量由93.5万吨提高到140万吨，新疆占全国棉花总产量的比例大幅提高，成为我国最大的优质商品棉基地。

“十五”期间针对棉花生产快速扩张带来的棉花品质下降等问题，政府继续实施了优质棉生产基地建设项目，项目总投资16.38亿元，其中中央投资7.5亿元。实施品种优化工程、节水灌溉与科学施肥工程和技术推广体系建

① 本节内容选自农业部软科学课题“新疆棉花生产扶持政策研究结题报告”（课题编号：201310），课题主持人：刘锐。

设，培育出新品种 46 个，推广新品种 800 万亩，使新疆三大棉区的主栽品种由 30 多个优化为 10 个；建设节水高产示范棉田 100 万亩，带动了 680 万亩棉田的节水高效生产，实现棉田年节水 20 亿立方米。全面提高了新疆棉花品质和生产水平，商品棉一、二级率由 80%提高到 85%，生产规模达到 1 600 万亩以上，总产量由 140 万吨增加到 175 万吨。

“十一五”优质棉生产基地建设共投资 15.06 亿元，其中，中央投资 7.5 亿元，新疆维吾尔自治区政府配套投资 2.32 亿元，新疆生产建设兵团投资 2.7 亿元，自筹 2.53 亿元。统筹考虑经济、社会、生态效益，按照水资源承载能力安排棉花生产，稳定棉花面积，提高棉花品质和单产水平。实施的主要工程：一是种子工程。完善育种家种子基地、原种基地和商品种基地 64 个，建设种子田 53.55 万亩，建设棉花育种与检测中心 1 个、棉花育种分中心 3 个。二是高标准棉田建设。建设高标准棉田 86 万亩。三是技术服务体系建设。建设农业技术服务综合站 86 个、农机服务站 14 个、种子质量检测站 6 个。至“十一五”末，新疆棉花播种面积为 2 190.9 万亩，总产量 247.9 万吨，单产达到 113.1 千克/亩。

“十二五”期间，新疆优质棉生产基地建设继续获得了中央财政的支持，项目总投资 14.13 亿元，其中，中央预算内投资 10 亿元、新疆地方及兵团自筹 4.13 亿元。支持建设种子质量资源创新与育种研发平台 1 个，品种选育和良种引进试验基地 14 个，良种繁育田 30 万亩，良种加工生产线 9 条，新增高产稳产棉田 61 万亩，高标准节水棉田 85 万亩，机采棉面积 93.2 万亩，残膜污染治理面积 80 万亩，精量播种及病虫害统防面积 35 万亩。随着国家加大对优质棉基地基础设施、生产基地资金支持力度，新疆棉花产业发展不断登上新台阶，在全国棉花生产中的地位日渐突出。

二、生产扶持政策

一是良种补贴。为解决品种多乱杂和一致性差问题，2007 年我国实施了良种补贴试点，试点省份包括新疆地方和兵团在内，补贴标准为每亩 15 元，2009 年开始在全国棉区推行。

二是棉花高产创建活动。2009 年开始农业部开展了全国棉花高产创建活动。在全国选择棉花种植面积 10 万亩以上的生产大县和 5 万亩以上的兵团 196 个，建设万亩高产示范片 200 个，国家每年对每个万亩高产示范片给予 20

万元的支持。其中，涉及新疆的高产创建示范县 39 个、兵团 24 个。

三是棉花生产保险政策。2007 年开始棉花生产保险试点，选取了新疆、河北、山东、河南、湖北、安徽作为全国农业保险试点省份。新疆棉花生产保险的保险费为 48 元/亩，费率为 8%。其中，中央财政补贴 40%，自治区补贴 25%，地州财政补贴 15%，农民自己出 20%，即 9.6 元/亩，保额最高为 600 元/亩。

四是节水灌溉建设补贴。水利灌溉设施是新疆发展棉花生产的基础，2008 年开始自治区启动实施了农业高效节水工程。截至 2011 年年底，全区高效节水面积达到 2 870 万亩，其中地方为 1 770 万亩，占灌溉面积的 29.8%。从 2012 年开始，自治区财政每年投入 9 亿元，将节水灌溉建设补贴标准由 200 元/亩提高到 300 元/亩，每年完成 300 万亩农业高效节水面积。同时中央财政也加大了对新疆农田水利设施建设支持。2012 年，财政部下达新疆小型农田水利设施专项补助资金 7.2 亿元，支持节水灌溉试点县建设，同时安排 1.8 亿元高效节水专项工程建设资金，有力推进了农业高效节水发展。

三、市场调控政策

（一）棉花临时收储政策

2011 年 3 月开始国际棉花价格开始迅速下滑，国家为稳定棉花生产、经营者和用棉企业市场预期，保护棉农利益，决定从 2011 年度开始实行棉花临时收储政策。2011 年度，棉花临时收储价格为 19 800 元/吨，累计收购 313 万吨，占全年产量的 47%，其中，新疆收储 170.9 万吨，占收储总量的 54.6%。2012 年度，棉花临时收储价格为 20 400 元/吨，累计成交 651 万吨，占全年产量的 95%以上，新疆累计成交 255 万吨，内地成交 223 万吨，骨干企业成交 173 万吨，新疆占收储总量的 39.17%。2013 年度，由于市场棉价已经连续 5 个工作日低于国家公布的棉花临时收储价 20 400 元/吨，于 2013 年 9 月 9 日开始启动临时收储政策，截至 2013 年 12 月 12 日全国累计成交 376 万吨，其中新疆成交 264.6 万吨，占 70.3%。为调节棉花市场、保障纺织业的需求，国家于 2013 年 1 月 14 日至 7 月 31 日，向市场投放储备棉，计划累计投放 450 万吨，竞拍底价为 19 000 元/吨，累计成交 371.6 万吨。2013 年 9 月 10 日开始新年度的储备棉投放，竞拍底价为 18 000 元/吨。

临时收储政策执行以来，我国国内棉价止跌回稳，棉农的利益得到了很好的保障。

（二）出疆棉移库运输费补贴

新疆远离销区，为解决新疆棉花因远离内地销区、移库成本较高的问题，从2007年开始中央财政决定对运往内地销区的新疆棉花的移库费用给予适当补贴。符合国家规定标准的出疆棉，通过铁路运输，不分品级和长度，中央财政每吨定额补贴400元。2011年，中央财政在继续实施出疆棉花移库费用补贴政策和出疆棉纱运输费用补贴政策的同时，将出疆棉布也纳入补贴范围。出疆棉花移库费用补贴标准和出疆棉纱运输费用补贴标准均由每吨400元提高到每吨500元，出疆棉布运输费用补贴标准为每吨500元。2012年度开始，通过公路运输的出疆棉也可以申请运费补贴，补贴标准也是500元/吨，为确保公路运输出疆棉的真实、可靠，申请运费补贴的新疆棉必须纳入全国棉花交易市场棉花第三方监管网络和体系，接受规范监管。出疆棉移库补贴，缓解了新疆棉外运的成本压力，增强了新疆棉花产业的竞争力。

（三）对进口棉实施配额外滑准税制度

2001年，中国加入WTO，开始履行加入WTO时所做承诺，即配额内进口棉花关税为1%。2005年，海关总署发布《关于进口棉花实行暂定进口关税税率的公告》，指出对于一定数量的关税配额外进口的棉花，按“关税配额外暂定优惠关税税率”征收进口关税，以滑准税方式征收，税率滑动范围为5%～40%。随后几年，根据市场情况，陆续对滑准税计算的基准价格和公式进行了修订。2012年和2013年执行的进口关税规则是对进口89.4万吨配额内的棉花征收1%的低关税；对于配额外的棉花，棉花进口完税价格高于或等于14 000元/吨的收取570元/吨的从量税，棉花进口完税价格低于14 000元/吨的按照不同的滑准税税率公式计算，税率滑动范围为5%～40%。2012年度为促进国家储备棉的销售，实施了国家储备棉与进口配额3∶1的制度，即申领1吨进口配额就要购买3吨国家储备棉，这样既促进了国家储备棉的销售、减少了库存压力，又降低了纺织企业购棉成本、满足了企业对高品质进口棉的需求。

四、对现有政策的评估

扶持新疆产业发展的政策，在推动新疆棉花生产发展上发挥了巨大的作用。受全球经济变化、生产成本上升、比较效益下降、价格不稳定等因素影响，未来新疆棉花产业发展面临许多挑战，现行的扶持政策不能完全适应新形势下棉花发展的需求，主要表现：一是新疆棉花生产的扶持政策缺乏系统性。虽然国家和有关部门高度重视新疆棉花产业健康发展，相继出台了棉花良种补贴、出疆棉移库补贴、棉花临时收储政策、政策性保险以及进口配额管理等扶持政策，但多为一事一议，缺乏系统支持，现有扶持政策已不能适应棉花产业发展新要求。二是我国棉花生产补贴力度不足。目前，仅有一项棉花良种补贴，补贴标准为15元/亩，仅占棉花生产成本的2.2%。新疆"矮密早"的栽培模式是新疆棉花单产高的主要途径之一，平均每亩的栽培密度是内地棉区的3倍，用种量大，而且新疆是一年一季，只能得到一项棉花良种补贴，补贴额度低。除良种补贴外，新疆的生态环境脆弱、水资源缺乏，需要配备节水灌溉等措施。调查显示，节水设施的投入较大，滴灌所需的设备、管路等前期投入为600～800元/亩，可使用10年，田间滴灌带每年更新费用为120元/亩，增加了农民的生产投入。随着生产资料成本逐年上涨，再加上植棉费工费力，仅有的补贴不足以调动农民植棉积极性。三是棉花临时收储政策在保护棉农利益的同时也带来不利影响。国家出台的临时收储政策，对国内棉花价格起到了较好的支撑作用，棉价稳定，农民的利益得到保证。但政策的出台恰逢世界经济处于低谷，全球棉花需求疲软而生产过剩，世界棉花价格近几年都在低位徘徊的阶段，一方面导致国家储备棉不能顺价销售，造成巨大库存压力，另一方面形成了国内外较大的棉花价差，再加上国家储备棉质量参差不齐，纺织企业用棉难、用棉贵问题突出。下一步应考虑出台棉花临时收储政策的替代政策，让棉花价格回归市场。四是我国棉花进口实施配额制度。由于国外棉花价格较低，国内外棉价倒挂，甚至有时按照40%的关税进口都低于国内棉价，所以进口棉有着相当的价格优势，特别是89.4万吨配额内棉花有很大的利润。在分配配额时应尽量做到公平、公开、公正，减少棉花配额的寻租空间。五是对新疆棉纺产业发展重视不够。新疆区内产业化发展滞后，轧花厂等初加工产能过剩、竞争激烈，而精深加工比例低，产业链短，棉纺工业规模与新疆棉花资源禀赋不相符。

五、继续扶持新疆棉花生产发展的必要性

（一）新疆棉花生产在全国地位举足轻重

新疆是我国主要的商品棉基地和唯一的长绒棉生产基地，近年来新疆棉花生产稳定发展，播种面积和产量分别占全国的1/3和1/2以上。特别是随着植棉比较效益下降，黄河流域、长江流域棉区棉花生产滑坡严重，致使全国棉花播种面积降至十年来最低点，新疆在全国棉花生产中的地位越来越凸显。新疆棉花产业的发展和稳定，是确保我国棉纺织业健康发展的重要基础。

（二）发展棉花生产是新疆资源禀赋的必然选择

自治区政府在20世纪90年代确立的“一黑一白”发展战略符合新疆实际，“一白”即指棉花。新疆降水量少，气候干旱，光热充足，而棉花是耐旱、喜温、喜光和抗盐碱作物，需水量相对其他作物少，而且棉花生长需水的高峰恰与雪山融水最为丰沛的6～8月重合，能够很好满足棉花用水需求。新疆棉花生产的替代作物少。新疆水资源匮乏，当前的农业生产已经造成水资源过度使用，棉花是需水量较少的作物，水资源状况限制了其他作物发展。而且棉花储存周期长，能够调和出疆运力不足的矛盾，具有林果业不能比拟的优势。因此，扶持新疆棉花生产发展具有战略意义。

（三）发展棉花产业有利于边疆经济社会稳定

棉花生产是新疆农民家庭主要的收入来源。新疆全区平均有35%的收入源于棉花生产，棉花主产区农民收入的60%～70%来自棉花生产。尤其是棉花主产区以少数民族为主，外出就业机会少，稳定棉花生产有利于增加少数民族地区农民的收入。而且新疆地处边疆，工业发展滞后，企业吸纳就业能力有限。发展与棉花相关纺织服装业，既可以利用当地棉花资源，又对于延长产业链、增加产业附加值、扩大就业渠道、增加就业岗位、维护社会稳定具有重要作用。

六、促进新疆棉花产业健康发展的外部保障

我国作为棉花消费和进口第一大国，受全球棉花产业发展格局影响较深，

棉花价格起伏不定，棉农收益不稳定，新疆作为我国棉花的主产区也不例外。因此，推动新疆棉花生产发展还要放眼外部，为产业发展创造良好的外部环境。一是宏观政策要兼顾生产者和消费者的利益。生产者和消费者是棉花产业链的主体，历来“棉贱伤农、棉贵伤工”是不可调和的矛盾，在政策导向上要兼顾两者的利益，促进产业持续稳定发展。二是逐步理顺产销关系。新疆是我国棉花主产区，种植方不能单纯强调棉花的产量，忽略棉花品质，应结合纺织行业的需求，提高新疆棉花的市场竞争力。而且新疆地处边疆，远离销区，外运压力大。在解决出疆难的问题上，也应吸纳更多的纺织服装企业落户新疆，延长新疆棉花产业链，改变新疆以棉花原料生产为主的局面，在减轻棉花外运压力的同时，分享到整个棉花产业发展带来的利润。三是统筹国内外棉花资源。目前，我国棉花生产面临国外优质低价棉的激烈竞争，应运用好进出口调控政策，整合好金融、贸易、收储、产销等各项政策，把国内外价差控制在合理范围内，在充分利用国内资源的同时，将进口棉花作为补充。避免新疆棉花滞销，尽量降低国际市场冲击给新疆棉花带来的巨大市场风险。四是处理好政策调整与稳定的关系。国家棉花临时收储政策在支撑棉花价格、保护棉农利益上发挥了巨大作用，但也产生了财政负担重、库存压力大、企业用棉贵等问题，棉花临时收储政策未来可能会调整或取消。目前，国内外棉花价差较大，一旦棉花临时收储政策退出，而相应的扶持政策还没有配套的情况下，棉农的利益将受到较大的损失。为避免出现此局面，应协调政策调整与生产稳定的关系，采取临时收储政策逐步退出的方式，并与生产扶持政策的构建相配合，最终实现棉花产业扶持政策的平稳过渡。

第六节　完善农业补贴的政策建议[①]

一、进一步完善我国农业补贴政策的目标和原则

从人口规模、资源禀赋和经济社会发展阶段出发，完善我国农业补贴政策，应紧紧围绕保供给、保增收、保持续“三位一体”的目标选择和采取补贴

① 本节内容选自农业部软科学课题“农业补贴制度改革创新研究”（课题编号：D201404），课题主持人：陈良彪。

措施，以避免现代化进程中普遍出现的“农业萎缩、农民贫穷、农村凋敝”现象。一是从人多地少、农产品需求巨大的国情出发，完善农业补贴政策，必须首先实现“保供给”的目标。立足国内解决吃饭问题，不仅是我国经济社会发展的基本支撑，更是国家安全的重要保障。今后一个时期，伴随着人口的增长、城镇化和城乡居民消费水平的提高、农产品用途的拓宽，粮食等重要农产品需求将呈持续刚性增长趋势；伴随工业化、城镇化的快速推进，农业生产成本上涨、青壮年农业劳动力减少、环境污染和生态退化等问题将愈加凸显，国内农业稳定发展、持续增加农产品供给的难度将越来越大。因此，必须进一步强化农业补贴措施，推动现代农业发展，提高粮食等重要农产品有效供给保障能力，把饭碗牢牢端在自己的手里。二是从缩小城乡差距和全面建成小康社会的要求出发，完善农业补贴政策，必须高度重视“保增收”的目标。农业生产稳不稳，国家粮食安全基础牢不牢，关键要看农民的生产积极性高不高。只有提高农业收益，让农业成为有效益、有奔头的产业，让农民过上体面、尊严的生活，“保供给”才有基础，全面建成小康社会才有希望。因此，必须进一步强化应对农业生产成本攀升、农业比较效益下降的补贴措施，确保农民种粮、地方抓粮基本不吃亏。需要特别强调的是，增加对农业的补贴，目的是促使农民愿意从事农业和更好地从事农业，持续增加农产品有效供给，并不能解决农民增收的全部问题。目前，我国的农户绝大部分都是兼业农户，所以促进农民持续较快增收，更多地还要靠推进工业化和城镇化来创造和提供更多更好的就业机会，逐步减少种地农民，扩大农户经营规模。三是从农业自然资源短缺和生态脆弱的现实出发，完善我国农业补贴政策，必须更加突出“保持续”的目标。我国人均耕地和淡水占有量远低于世界平均水平，资源短缺与农业稳定发展的矛盾非常尖锐。同时，水土流失严重、土壤退化和水体污染加剧，现代农业发展和农产品质量安全也受到严重威胁。还要看到，农业的很多方面，如林地、草原、水面等，正逐步从经济功能为主转向生态功能为主。因此，必须进一步强化推进农业生态文明建设的政策措施，更多地出台对建立资源节约、环境友好型农业生产方式有利的补贴政策，努力使耕地和淡水等农业自然资源受到更好的保护。

二、政策建议

针对我国现行农业补贴政策存在的问题，借鉴世界其他国家的经验，按照

WTO 规则的要求，建议从近期和长远两个阶段考虑并加以完善。

（一）近期以改进补贴方法为主

1. 允许地方试点试验多种补贴方式

一是按二轮承包面积（计税面积）计发补贴。目前各地普遍采取的就是这种做法。它的好处是有承包地的农民都能享受到补贴，“一卡通”到户操作比较简便，政策执行成本较低，也可在相当程度上防止补贴挤占挪用、跑冒滴漏。弊端则是一部分补贴资金已跟种粮相脱离，失去了对种粮的激励作用。

二是按实际种粮面积和粮食产量计发补贴。这个办法的好处是跟种粮直接挂钩了、绑紧了，可以充分体现政策的意图。但在家庭承包经营责任制下，地块比较零碎，一家一户种什么、种多少是经常变动的，不管是一年一核还是几年一核，都很难搞清楚哪块地种了粮、哪一季种了粮，又产了多少粮。如果只能自下而上核报面积和产量，既难以保证补贴能真正落实到田、到户，也容易产生套取补贴的情况。例如玉米良种补贴，2014 年计算补贴的面积为 6.66 亿亩，而全国玉米实际种植面积不到 5.3 亿亩。

三是按农民交售的粮食商品量计发补贴。这个办法的好处是很精确、很科学，也符合国家要商品粮保粮食安全的大局。但在粮食市场放开的大背景中，粮食有多条销售渠道，要核实每个农户究竟卖了多少粮、卖到了哪里，几乎是不可能的事情。再就是具体操作上，究竟在哪个环节上兑现补贴，也不好界定。而且由于补贴过程变得复杂化和难以控制，很容易发生粮商拿补贴、农民种粮得不到补贴等事与愿违的情况。

四是按农民购买的农资计发补贴。良种补贴最初的操作就是按农民购买的良种补差价，农民到指定的种子公司购买种子，农民先按定价付一部分，由财政再对种子公司补足。结果是种子价格被抬高，补贴流入了种子公司，农民不仅没有得到补贴的好处，甚至还要付更高的价格，而且没有别的选择。由于农民与种子企业的利益冲突比较尖锐，最后绝大部分地方都改按二轮承包面积（计税面积）直接把良种补贴计发到户。

五是先用补贴款垫支农民合作社的生产费用再以分红返利形式计发补贴。这种办法，可在一定程度上缓解合作社缺资金的问题，也能让种粮的社员特别是种粮多的社员多受益，但最终能不能通过分红返利把补贴返还给农户，实际操作上并不好控制。即使能不折不扣地把补贴返还给农民，但由于合作社每年的盈利水平并不相同，分红返利每年也会因此有所不同，农民也就搞不清楚其中究竟有没有补贴在里面。

六是把补贴集中起来搞农田基本建设和提高粮食生产能力，甚至加强农村的各项保障。这个设想是好的，但农业补贴是因为农民搞农业种粮食吃亏才补，搞农业建设、提高粮食产能，还有加强农村公共服务和社会保障，本质上是另一回事，不能跟农民务农种粮的投入和比较效益问题混为一谈。而且，目前我国农村基本建设方面的欠账很多，宜另想办法。

实际操作上究竟选择哪种方式，既要考虑提高精准性和针对性，也要考虑操作难度和行政成本；既要追求效率，也要兼顾公平；不仅要算经济账，更要算政治账，特别是不能给社会和谐稳定留下隐患。出台农业补贴政策的初衷是为了鼓励农民多种粮，中央也明确要求补贴跟农民种没种粮、种多少粮直接挂钩（直到现在补贴资金仍坚持按粮食播种面积、产量、调出量等下拨到地方）。实际操作中，各地之所以最后都过渡到现在“按二轮承包面积（计税面积）计发到农户”这个办法，应当说有它的现实性和合理性。今后，如果一些地方有积极性、有条件采取另外的补贴方式，建议允许试、允许闯、允许看，看效果情况特别是农民满不满意、接不接受，然后再总结推广。但在改和试的过程中，应坚持扬长避短、趋利避害，尤其是要预估和解决好“农民已经得到的实惠”被收回产生的各种问题。

2. 坚持新增补贴向新型经营主体倾斜

近年来，针对种粮大户、家庭农场、农民合作社快速发展的新形势，中央明确提出，在保证普惠制补贴不取消、不削减的基础上，新增补贴资金特别是关键生产环节补贴和技术应用推广服务补贴资金，重点用于种粮大户、家庭农场、农民合作社，真正发挥补贴资金对粮食生产的激励作用。这方面，要继续坚持，并不断加大力度。

（二）长远看，应统筹设计国内农业支持保护政策框架

1. 坚持增加补贴总量，建立农业补贴稳定增长机制

当前，我国经济增长已转入新常态，增加农业补贴总量的难度较大。但应该看到，农业对推动工业化、城镇化、信息化与农业现代化同步发展的重要意义。应坚持把农业农村作为财政新增支出的重点，建立健全农业补贴稳定增长

的机制。据专家测算，目前我国非特定产品“黄箱”政策还有 5 100 亿元左右的空间和余地。建议适时修订农业法，或直接制定农业补贴条例，规范各级政府促进农业发展的事权和支出责任，明确政策目标、资金规模、资金用途、分配依据，确保农业补贴增幅不低于财政收入增幅、不低于农业生产物质费用增幅。

2. 明确补贴政策“靶向”目标，不断增强农业补贴政策精确性和指向性

坚持收入补贴和生产补贴并重，收入补贴实行普惠制，生产补贴实行特惠制，已有的普惠制补贴不取消、不削减，新增补贴向谷物等重点农产品、新型生产经营主体、生产领域和关键技术、优势主产区倾斜，以达到政策指向更精准、引导力更强的目标。一要适时归并种粮直补、良种补贴和农资综合补贴，设立“农户收入补贴”科目。从发达国家的经验看，农业支持保护政策有一个共同的变化趋势，就是价格支持等补贴措施逐渐转向直接收入补贴。OECD 各国价格支持占生产者补贴的比例，已从 1986—1988 年的 77%降到 2009—2011 年的 43%，而跟农产品产量和价格不挂钩的直接收入补贴的比例，则从 1%上升到了 27%。我国现行的粮食直补、良种补贴和农资综合补贴，事实上已演化成农民收入补贴。为避免农产品价格上涨“双刃剑”的后果、国际农产品价格和“黄箱”措施承诺“天花板”的限制，推动我国农业政策与国际接轨，建议选择适当时机，合并种粮直补、良种补贴和农资综合补贴，设立“农户收入补贴”科目，按二轮承包面积（计税面积）发到农户。同时，建议另设一个“农业生产补贴”科目，对重要农产品生产的重点环节和关键技术，加大补贴力度。二要坚持补贴向新型农业生产经营主体倾斜，让真正种粮的农户和新型生产经营主体得到更多的实惠。扩大种粮大户补贴试点，对经营耕地面积达到一定数量且主要从事粮食生产的农户，按粮食实际种植面积给予专门补贴。对专业大户、家庭农场、农民合作社等兴建农田水利、产品处理和贮藏等基础设施的，给予投资补助和贷款贴息。继续加大对农民的培训和补助力度，建议借鉴日本“新增务农人员综合支援项目”的做法，设立 40 岁以下青年创业贷款贴息专项，开展“青年农民补贴”试点，努力造就一支愿意留在农村、乐意从事农业的高素质农民队伍。同时，应借鉴欧盟一些国家的做法，研究设置对家庭农场、农民合作社等的最高补贴限额，防止大农户和合作社获得过多财政补贴而造成农民贫富分化。初步考虑，对农户的补贴额不应超过 30 万元，对合作社的补贴额不应超过 1 000 万元。

3. 扩大“绿箱”措施，调整“黄箱”措施

目前，我国农业支持保护总量占农业总产值的比例仅为14.47%，而发达国家一般为30%～50%，其中美国、欧盟分别为50%和60%，日本更是超过了70%，即便印度、巴基斯坦、泰国、巴西等发展中国家，一般也在20%以上。目前，WTO规定的4类17项“绿箱”措施，我国仅使用了其中13项，并且强度很低。2013年，我国非特定产品微量允许（“黄箱”措施）仅为5.58%，离上限8.5%还差2.92个百分点；特定产品微量允许稻谷、小麦、玉米分别仅为3.93%、1.81%和6.47%，分别还差4.57个、6.69个和2.03个百分点。照此推算，无论“绿箱”措施或“黄箱”措施，我国都还有不小的空间和余地。因此，提出三条建议：

第一，应继续强化农业综合服务，改善农业生产条件和贸易环境。大幅增加农田水利等基础设施、农业科技服务、环境保护、地区援助等支出，强化农村基础设施和农村公共服务。增加农产品贸易促进支出，加大品牌宣传力度，优化农产品贸易环境，推动农产品价值链的完成和转化。

第二，应进一步增加对农业生产大省大县、生态保护重点县的奖励，逐步完善主产区利益补偿、生态效益补偿、耕地补偿机制。按照功能区规划，以县为单位划定一批粮食生产功能区，根据产量和调出量安排转移支付并建立制度。增加对农业生产大县、生态保护重点县的奖励补助。设立“粮食增产贡献奖”，对为当年粮食增产做出突出贡献的县（市、区），依据增产量给予额外奖励。同时，划定一批资源生态保护重点县，突出考核生态保护绩效，加大转移支付力度，推动森林、草原、水面生态建设和保护。对使用生物农药、高效低毒低残留农药和有机肥料给予专门补贴。我国人多地少、资源短缺，像西方那样建立休耕制度不现实，但对重金属污染严重的耕地，建议通过财政补贴方式，采取调整种植结构、轮作换种等措施进行综合治理；对25°以上的坡耕地继续扩大退耕还林还草实施范围。总结借鉴各地实践经验，建立完善耕地保护补偿制度，对耕地保护给予专门补贴，确保不突破18亿亩耕地“红线”。

第三，应大搞多搞对农业自然和市场“两个风险”的保险补贴。目标价格制度是介于价格支持和直接补贴之间的支持保护措施，不受WTO规则约束，发达国家正越来越多地采取这种办法。建议在总结完善大豆、棉花目标价格补贴试点经验的基础上，逐步建立完善重要农产品目标价格保险制度，最大限度地稳定农民的农业收入。在初期确定并发布某种农产品的目标价格，农民向保险公司购买这个价格的保险，政府替农民支付部分或全部保费。如果期内该农产品均价低于目标价格，由保险公司按约定比率对农民进行赔偿。同时，应继续完善农业灾害保险制度，加大保费补贴力度，扩大保险保费补贴品种和区域范围，加快建立农业再保险和巨灾风险分散机制，把农业自然灾害损失降到最低。

第三章

改善价格支持政策

第一节 21 世纪以来我国粮食价格波动特征[①]

随着我国一系列粮食价格调控政策的出台，国内粮食市场价格波动的整体水平有所下降，在国际市场大涨大跌的背景下，国内粮食市场仍整体保持稳定，对于保护国内粮食生产者和消费者的利益及整个国民经济的健康发展具有重要意义。

一、21 世纪以来我国粮食价格周期划分

（一）小麦的价格波动周期

利用 2003 年 1 月至 2016 年 11 月郑州粮食批发市场普通小麦和优质小麦的月度批发价格数据分析普通和优质小麦价格的周期特征。一是周期长度呈现逐渐缩短的特征，波动频率总体呈上升趋势。2003 年以来我国普通小麦价格经历了 3 个周期，周期平均长度为 51 个月，属于短周期，并且周期长度呈现逐渐缩短的特征。二是普通小麦下跌区间始终长于上涨区间，优质小麦的下跌区间呈现“长-短-长-短”的变化特点，累计下跌幅度大于上涨幅度。2003 年以来，普通小麦价格呈现“慢跌快涨”的特点，价格下跌区间的长度一般为上涨区间的 3 倍以上，平均下跌区间为 38.3 个月，平均累计跌幅为 6.7%，而平均上涨区间为 12.7 个月，平均累计涨幅为 4.3%，整体属于收缩型周期性

① 本节的内容选自农业部软科学课题“完善我国粮食价格形成机制及调控政策研究”（课题编号：201610），课题主持人：曹慧。

波动。优质小麦第一、三周期呈现与普通小麦相同的下跌区间长于上涨区间的特点，说明优质小麦价格呈现收缩型周期波动和扩张型周期波动交替变化的状态。

（二）稻谷的价格波动周期

利用 2003 年 1 月至 2016 年 11 月郑州粮食批发市场晚籼米和晚籼稻的月度批发价格数据分析稻谷价格波动特征。晚籼米价格周期有三大特征：一是周期长度呈现逐渐缩短的特征。2003 年以来我国晚籼米价格经历了 3 个周期，周期平均长度为 42 个月，属于短周期，并且呈现逐渐缩短的波动特征，最长的第一个周期，长度为 52 个月。二是累计上涨幅度小于累计下跌幅度，整体波动幅度呈下降趋势。2003 年以来，晚籼米 3 个周期累计上涨幅度均小于累计下跌幅度，其中平均累计上涨幅度为 2.8%，累计下跌幅度为 5.5%，晚籼米 3 个周期的周期振幅由 8.8%下降到 6.8%，虽第二周期上升到 9.3%，但最终还是呈现出下降的态势，3 个周期的平均周期振幅为 8.3%。三是一直呈现收缩型周期性波动。晚籼米 3 个周期的价格下跌区间都长于上涨区间，并且峰谷值比始终小于 1，说明晚籼米所有周期的价格扩张期涨幅都小于收缩期跌幅，呈收缩型周期性波动。

晚籼稻价格的周期特征：一是周期长度呈现逐渐缩短的特征。2003 年以来我国晚籼稻价格经历了 3 个周期，周期平均长度为 43.7 个月，属于短周期，并且呈现出逐渐缩短的波动特征，最长的第一个周期，长度为 55 个月。二是累计上涨幅度小于累计下跌幅度，整体波动幅度呈下降趋势。2003 年以来，晚籼稻 3 个周期累计上涨幅度均小于累计下跌幅度，其中平均累计上涨幅度为 3.5%，累计下跌幅度为 4.3%，但晚籼稻 3 个周期的周期振幅由 8.7%下降到 6.3%，呈现不断下降的态势，平均周期振幅为 7.8%。三是一直呈现扩张型周期波动。晚籼稻和晚籼米的不同之处在于 3 个周期的价格下跌区间都短于上涨区间，晚籼稻价格呈扩张型的周期性波动，价格在扩张期的涨幅却小于收缩期的跌幅。

（三）玉米的价格波动周期

利用 2003 年 1 月至 2016 年 11 月郑州粮食批发市场玉米的月度批发价格数据分析发现，2003—2012 年，国内玉米价格总体呈波动上升的态势，到

2014年前共经历了3次波动，目前处于第四个周期。从波动周期来看，主要有以下3个特征：一是波动周期开始趋于缩短。从统计分析来看，3次波动周期的长度由第一个周期的45个月降至35个月，缩短了10个月；波动周期平均为42个月，属于短周期。二是价格累积涨幅小于跌幅，但下跌区间短于上涨区间（第三个周期相反）。2003年以来，玉米价格平均累计涨幅为8.2%，小于平均累计跌幅的绝对值（8.9%）。但从涨跌区间上看，前两个周期都属于扩张型周期性波动，最后一个周期变为收缩型周期波动，说明在2011年11月之后玉米价格出现了下跌的征兆。三是波动幅度逐渐下降。从周期振幅看整体呈现波动下降的态势，平均振幅为17.1%，是三大谷物中波动幅度最大的。

二、21世纪以来国内外粮食价格周期比较

（一）国际小麦价格波动周期

利用2003年1月至2016年11月美国墨西哥湾硬红冬麦（蛋白质含量12%）的价格分析发现，国际小麦价格的波动周期主要有以下两个特征：一是周期长度整体呈现逐渐缩短的态势，波动幅度有所下降。2003年以来国际小麦价格经历了4个周期，周期平均长度为30.5个月，属于短周期。与之相比，国内优质麦周期平均长度较长（32.8个月），二者虽然都经历了4个周期，都是第一个周期最长，之后均呈现逐渐缩短的趋势，但周期起始时间有较大差异；从波动幅度上看，国内外小麦周期振幅均呈现逐渐缩小的趋势，但从平均振幅上看，国际小麦的波动幅度要明显大于国内优质麦（10.5%）。二是价格走势呈现“慢跌快涨”的特征。2003年以来，国际小麦价格下跌区间的长度约为上涨区间的4倍，但除了第二个周期外，累计涨幅均大于累计跌幅。第四个周期结束后，国际小麦价格进入了较长时间的萧条时期，2015年至2016年7月一直处于低位震荡，之后才出现明显的回升迹象。与之相比，国内优质麦也同样呈现“慢跌快涨”的特征，但大部分时期的累计跌幅要大于累计涨幅。第四个周期结束后，国内小麦波动下降的趋势较为明显，目前也处于触底回升的阶段。

（二）国际大米价格波动周期

利用2003年1月至2016年11月泰国曼谷大米（25%含碎率）的国际价

格分析发现，国际大米价格周期主要有两个特征：一是周期长度呈现“短-长-短”特征。2004 年以来国际大米价格经历了 3 个周期，目前处于第四个周期，周期平均长度为 46.3 个月，属于短周期，并且呈现“短-长-短”的波动特征，第二个周期较长，长度为 60 个月。同期，国内晚籼米也经历了 3 个周期，但周期长度呈现逐渐缩短的趋势，且平均周期长度（42 个月）也略短于国际大米。二是除第一个周期外，累计下跌幅度均大于累计上涨幅度。国际大米的第一个周期（2004—2008 年）波动最为剧烈，累计上涨幅度（84.3%）远大于累计下跌幅度（22.8%），这一周期的振幅也最大（107.1%）。从第二个周期开始，累计下跌幅度开始小于上涨幅度，周期振幅也呈现逐渐缩小的趋势。与之相比，国内晚籼米的下跌幅度一直小于上涨幅度，但波动幅度（8.3%）远小于国际大米（59.4%）。三是由收缩型周期波动转变为扩张型周期波动。大米第一个周期价格下跌区间明显长于上涨区间，但从第二个周期开始，上涨区间长度明显超过下跌区间，说明大米价格开始从收缩型周期波动转变为扩张型周期波动。而同期，国内晚籼米价格一直呈收缩型周期性波动。

（三）国际玉米价格波动周期

利用 2003 年 1 月至 2016 年 11 月美国墨西哥湾 2 号黄玉米的平均离岸价格分析发现，国际玉米波动周期有 3 个特征：一是波动周期整体呈现逐渐缩短的态势。从统计分析来看，波动周期的长度由 52 个月降至 30 个月左右，平均周期长度为 33.3 个月，属于短周期。与之相比，国内玉米价格的周期长度虽然也呈现逐渐缩短的趋势，但平均长度（42 个月）要长于国际玉米价格。二是价格波动幅度逐渐缩小。国际玉米价格 4 个周期的周期振幅由 69.8%降至 31.7%，平均为 46.3%。与之相比，国内玉米价格的波动幅度明显较小（17.1%）。三是价格累积涨幅大于跌幅，但下跌区间长于上涨区间。2003 年以来，玉米价格平均累计涨幅为 26.3%，大于平均累计跌幅的绝对值（20%）。但从涨跌区间上看，3 个周期都是收缩型波动周期，说明 2004 年 4 月之后玉米价格大部分时间是处于下跌状态的。与之相比，国内玉米价格前两个周期都属于扩张型周期性波动，到最后一个周期才转变为收缩型周期波动，说明国内玉米价格的下跌趋势出现的要比国际玉米晚很多。

第二节 21世纪以来我国粮食价格调控政策的回顾及评价①

2004年我国全面放开粮食市场以来，基本上形成了以最低收购价/临时收储政策、农业补贴政策以及进出口调控政策为支柱的新时期农产品调控的基本框架。其中，最低收购价和临时收储政策作为国家在粮食市场上调整供求关系的重要手段，对粮食市场价格形成的影响十分显著，因此也被归为粮食价格调控政策。这里以最低收购价政策为例，分析我国粮食价格调控政策的出台背景、主要成效以及问题和矛盾。

一、我国最低收购价政策的出台与演变

（一）最低收购价政策出台的背景

1. 粮食购销市场全面放开

2004年国务院印发《关于进一步深化粮食流通体制改革的意见》（国发〔2004〕17号），明确了深化粮食流通体制改革的基本思路：放开购销市场，直接补贴粮农，转换企业机制，维护市场秩序，加强宏观调控。同时指出要转换粮食价格形成机制，一般情况下，粮食收购价格由市场供求形成，国家在充分发挥市场机制作用的基础上实行宏观调控。要充分发挥价格的导向作用，当粮食供求发生重大变化时，为保证市场供应、保护农民利益，必要时可由国务院决定对短缺的重点粮食品种，在粮食主产区实行最低收购价格。至此，在我国的粮食价格体系中，市场价格占据了主导地位，国家在必要时通过最低收购价格调节市场。

2. 粮食供求形势发生重大变化

1996年我国粮食总产量突破5亿吨大关，并于1998年和1999年连续两年保持在5亿吨以上。4年间我国粮食产销结余量高达1.6亿吨，出现了阶段性的粮食过剩，国家储备更是达到高峰。之后，受农业战略性结构调整和粮食

① 本节的内容选自农业部软科学课题“完善粮食等重要农产品价格调控政策研究”（课题编号：20140302），课题主持人：刘慧。

保护价政策效果不佳双重影响，粮食产量连年下滑，供需形势由供过于求转为供不应求。2003 年我国粮食总产量降至 43 070 万吨，达到 1990 年以来的最低点，当年供需缺口 5 555 万吨。国内粮食供需缺口累计高达 1.2 亿吨，主要依靠消耗库存进行弥补，考虑到周转粮和陈化粮，当期的国家粮食库存也降到历史低点。

3. 农民增收困难问题突出

由于农业减产，许多传统农区、粮食主产区、中西部地区相当一部分主要依靠农业就业的农民收入增长困难。粮食主产区农民收入增长幅度低于全国平均水平，许多纯农户的收入持续徘徊甚至下降，城乡居民收入差距不断扩大，2002 年我国城乡收入比首次登上“3”的台阶，2007 年扩大到改革开放以来的最高水平 3.33∶1，农民种粮积极性大为降低，粮食问题已经严重影响到国家安全和社会稳定的大局。

4. 稻谷价格出现异常波动

2003 年下半年，国内粮食市场供求发生较大变化，稻谷价格出现异常波动，国内供给明显短缺。为鼓励农民种粮，国家于 2004 年春播前及时发布了稻谷最低收购价格。但由于 2004 年粮食产量大幅增长，国内供求状况改善，影响了 2005 年粮食价格。为保护农民利益，在 2005 年春播前又发布了稻谷最低收购价格，以支持稻谷行情。可见，最低收购价刚开始制定的目标是稳定农民的价格预期，保证粮食增产。但实际上，2004 年稻谷收购价格明显高于最低收购价格，因此 2004 年最低收购价方案并未启动。直到 2005 年稻谷价格回落，最低收购价政策才启动，而此时最低收购价是以托市为目标的。2005 年，由于粮食连续丰收，粮食价格面临着较大下行压力，我国开始在稻谷主产区陆续启动最低收购价稻谷执行预案。2006 年，我国第一次在小麦主产省启动最低收购价小麦执行预案。

（二）主要做法和内容

最低收购价政策的目的是保护农民利益、保障粮食市场供应，必要时由国务院决定对短缺的重点粮食品种在粮食主产区实行最低收购价格。当市场粮价低于国家确定的最低收购价时，国家委托符合一定资质条件的粮食企业，按国家确定的最低收购价收购农民的粮食，推动粮食价格上涨，当市场价格涨至最低收购价水平后即停止收购。2006 年 5 月，国家正式出台小麦最低收购价政策，由中储粮总公司及其分公司进行托市收购。从本质上来看，最低收购价政策是通过公布粮食最低收购价格在市场上形成“影子价格”或“目标价格”，引导市场对粮食进行合理定价，确保农民合理的种粮利润；同时在粮食供大于求时启动收购预案，对粮食形成托市效应。最低收购价政策自 2004 年出台之后，随着国内粮食市场形势的变化不断调整，主要呈现以下几个特点。

1. 最低收购价格水平不断提高

在最低收购价政策实行的前 3 年，也就是 2005—2007 年，最低收购价格水平一直未做调整。自 2008 年起，由于农民生产成本上涨较为明显，国家开始逐年提高最低收购价格水平。2005—2015 年，小麦最低收购价格由 0.72 元/斤提至 1.18 元/斤，涨幅 64%；早籼稻由 0.7 元/斤提至 1.35 元/斤，涨幅 92.9%；中晚籼稻由 0.72 元/斤提至 1.38 元/斤，涨幅 91.7%；粳稻由 0.75 元/斤提至 1.55 元/斤，涨幅 106.7%。但与同期种植成本相比，最低收购价格水平涨幅仍低于生产总成本的涨幅（表 3－1）。从最低收购价制定与农户平均出售价格的对比情况看，2012 年以前，各品种的最低收购价基本上都低于农户平均出售价，而 2012 年以后，逐渐有品种的最低收购价水平开始高于农户平均出售价，尤其是中籼稻和粳稻的最低收购价要高于农户出售价 5%～6%。

表 3－1　我国最低收购价格水平与总成本变化对比

单位：元/斤

品种	项目	2005 年	2008 年	2009 年	2010 年	2011 年	2012 年	2013 年	2014 年	2015 年	2015 年比 2005 年增长
小麦	总成本	0.57	0.62	0.73	0.82	0.89	1.06	1.19	1.11	1.14	99.6%
	最低收购价	0.72	0.77	0.87	0.9	0.95	1.02	1.12	1.18	1.18	63.9%
早籼稻	总成本	0.60	0.76	0.76	0.90	0.99	1.16	1.23	1.27	1.29	114.1%
	最低收购价	0.70	0.77	0.90	0.93	1.02	1.20	1.32	1.35	1.35	92.9%
中籼稻	总成本	0.48	0.60	0.64	0.74	0.88	1.00	1.14	1.14	1.10	130.5%
	最低收购价	0.72	0.79	0.92	0.97	1.07	1.25	1.35	1.38	1.38	91.7%
晚籼稻	总成本	0.60	0.74	0.75	0.88	1.00	1.11	1.25	1.21	1.25	107.2%
	最低收购价	0.72	0.79	0.92	0.97	1.07	1.25	1.35	1.38	1.38	91.7%
粳稻	总成本	0.57	0.73	0.75	0.86	0.95	1.10	1.20	1.19	1.22	112.0%
	最低收购价	0.75	0.82	0.95	1.05	1.28	1.40	1.50	1.55	1.55	106.7%

2. 执行方案不断完善

一是最低收购价的执行区域不断扩大。2008 年，国家对稻谷最低收购价政策执行区域的范围有较为明显的调整。早籼稻的执行区域在江西、湖南、湖北和安徽 4 省的基础上增加了广西，中晚稻的执行区域由原来 7 个省份调整为辽宁、吉林、黑龙江、江苏、安徽、江西、河南、湖北、湖南、广西和四川 11 省份。执行区域的扩大，将在更大空间范围内保护稻农利益，调动农民种植积极性，增加稻谷生产。二是托市收购执行企业有所增加。2006 年最低收购价政策刚启动时，政策执行主体以中储粮系统为主，包括主产区的中储粮总公司及其分公司、省级地方储备粮公司，以及北京、天津、上海、浙江、福建、广东和海南 7 个主销区省级地方储备粮公司。2010 年增加了中粮、华粮、中纺等企业，2016 年增加了受中储粮总公司委托的中航工业、农垦集团所属企业及有关地方骨干企业。三是执行时间逐渐合理化。在发布最低收购价政策的时间上，为对农民播种发出正确的引导信号，2008 年之后把小麦最低收购价发布时间定为每年的 9～10 月，即秋冬种之前。为提高政策的托市效应、缓解农民集中售粮压力，最低收购价政策在执行时间上也根据实际情况不断调整。例如，2007 年把东北三省粳稻最低收购价的终止时间由 3 月 31 日延长到 4 月 30 日，2008 年将东北地区中晚籼稻的收购时间向后延长 1 个月，同年小麦预案的开始时间也由以往 6 月 1 日提前到 5 月 21 日。四是收购标准不断完善。2012 年以前，小麦的最低收购价分为白麦、混合麦和红麦 3 种，混合麦和红麦的收购价格明显低于白麦，使得南方部分适合种植红麦的产区也种上了白麦，一旦在收获期间遇到连续阴雨，就会造成大量穗上发芽，不仅影响产量，也使籽粒品质显著降低。为避免这种情况，2012 年以后国家将白麦、混合麦和红麦 3 个品种的最低收购价统一成一个价格，使得各地可以根据地域性特点选择适合的小麦品种，促进了小麦生产的优化。

3. 配套政策措施不断加强

首先，完善国家政策性拍卖政策以增强最低收购价政策的执行力度。最低收购价政策执行期间，为保证市场粮价合理回升，国家不断调整政策性粮食的拍卖节奏。2005 年要求在预案启动期间，原则上停止中央和地方储备销售；2006 年以早籼稻市场为点，要求在市场价未明显回升时不安排销售政策粮，待市场价格回升后，“在国家有关部门指导下，按照顺价销售原则在粮食批发市场或网上竞价销售”。2008 年以后统一为在预案执行期间，原则上停止中央和地方储备库存的大批量集中拍卖活动。2016 年取消了多年来保持的“顺价销售”原则，改由国家有关部门“合理制定销售底价”，公开竞价销售。其次，贷款政策逐步调整为“统贷统还”。2004—2006 年，中国农业发展银行粮食最低收购价贷款主体为所有的委托收储库点，包括中储粮自属企业和地方粮购销企业。2007 年贷款政策调整为所在地中储粮直属企业统一向农业发展银行承贷，对于没有中储粮直属企业的地区，为保证收购需要，可暂为中储粮分公司指定具有农发行贷款资格和资质较好的收储企业，即少量具备委托收储库点条件的地方粮食购销企业承贷。同时还规定，收购结束后，这些指定贷款企业的贷款要及时划转到中储粮直属企业统一管理，这一政策的目的在于明确以中储粮自属企业为贷款主体，从而加强中储粮管理监督职能。

二、最低收购价政策的主要成效

从近 10 年的发展看，最低收购价政策较好地实现了当初政策制定时的 3 个预期目标，有效保障了国家的粮食安全和农民的种粮收益，稳定了粮食市场，可以说在特定历史阶段这项政策是成功的。

（一）促进了我国粮食持续增产

在以最低收购价为代表的粮食价格支持政策和以四项补贴为代表的粮食生产政策的带动下，农民发展粮食生产的积极性大幅度回升，我国粮食产量连创新高。2004—2015 年，我国粮食生产实现“十二连增”，自 2013 年起突破 6 亿吨大关，2015 年全国粮食产量达到创纪录的 6.21 亿吨，比 2003 年增长了 44.3%。其中，稻谷、小麦、玉米产量分别达到 2.08 亿吨、1.30 亿吨和 2.25 亿吨，分别比 2003 年增长 29.6%、50.5%和 90.9%。

（二）有效促进了农民增收

在农民收入结构中，家庭经营收入占 40%左右，在粮食主产区这一比例更高。近 10 年来，粮食最低收购价逐年提高，对农民增收的贡献明显。据国家粮食局统计，“十二五”期间，国有粮食部门累计托市收购粮食 8 460 亿斤，通过价格托底、优质优价、整晒提等、产后减损等措施，带动农民增收 2 510 亿元，有效保护了种粮农民利益。

（三）保证了国内粮食市场稳定

2008年的国际金融危机和全球粮食增产使得国际粮食价格快速回落，连续丰收使国内粮食市场价格受到了较大的下行压力，但国家最低收购价政策的执行使得国内小麦和稻谷市场总体运行较为平稳，没有受到国际市场太多的冲击。以小麦为例，2006年以前，我国小麦的生产价格和集贸市场价格波动非常明显，年内价格波动变异系数高于0.05。2006年实行最低收购价和临时收储政策之后，价格波动迅速减弱，价格变动变异系数到2009年下降到0.01，此后基本维持在这个水平上。相比国际小麦价格，国内小麦价格波动也比较平缓。2007年下半年国际小麦价格开始上涨，到2008年3月达到顶峰，累计上涨1.19倍，而同期国内价格仅上涨1.48%；2012—2013年国际小麦价格下降近50%，美麦到岸完税价跌幅为每吨约1 000元，而国内小麦价格仍然维持平稳，每吨波动幅度在500元以内。

三、最低收购价政策带来的问题

随着国内外形势变化，最低收购价政策所面临的不确定因素不断增加，其自身存在的不足和局限也逐渐暴露出来，不但影响了我国农产品市场竞争力，还对国内农产品加工业发展带来负面影响。

（一）库存持续增加，财政负担沉重

2012年以来，由于全球粮食生产连续丰收，价格不断下跌，而国内市场在托市政策的带动下保持稳中上涨的趋势，国内外价格长期倒挂，导致“价差驱动”型进口不断增加，造成“国货入库、洋货入市”以及产量、进口量、库存量“三量齐增”的怪象，到2015年7月我国的粮食库存总量已经超过9 000亿斤，到年末库存已突破10 000亿斤。随着收购量越来越多，在仓容爆满的情况下，财政被迫投入巨资新建或改建大量仓储设施。同时，为了维护这些超出市场需求的粮食，财政还得支出两笔巨大资金，一笔是补贴粮食储存，另一笔是支持存储企业定期到市场上轮换库存粮食。2014年国家对农民的四项补贴合计约1 700亿元，而当年用于粮食最低收购和临时收储的资金达3 555.7亿元，还有新建1 000亿斤粮食仓储设施需投入巨资。另外，为维护好这些储备粮，还需要500亿元左右的保管费用。由于近年来市场粮价不断走低，托市

粮拍卖价格没有优势，导致粮食顺价销售难，陈化和霉变问题日益突出。而到了陈化阶段，粮食不能作为口粮，只能作饲料用，亏损巨大，将进一步加重财政负担。

（二）市场价格扭曲，供求关系失衡

在过去的10余年中，我国粮食产量和库存量虽然持续增加，粮食价格却出现持续上涨的态势，完全违背了价格规律。究其原因，主要是托市收购价格不断上升，由“托底价”变成了“最高价”，增产的大部分粮食被收购入库，增产的结果只是库存量不断增加，市场流通粮源并没有明显变化。在某些托市收购量较大的年份，甚至出现用量高峰时期市场粮源阶段性紧缺的情况，造成年初年尾价格上涨趋势更加明显，往年托市粮由于价格高、出库慢而无法成为有效供给。我国粮食市场的供求关系被严重扭曲，市场价被最低收购价所替代，政府代替市场成为粮食生产资源的主要配置力量。对执行托市收购的企业而言，只要按照国家标准收粮入库就能拿到补贴；对种粮农民而言，只要种植符合国家收储标准的品种就能把粮食顺利销售出去。由于托市收购的标准主要是一般性质量标准，集中在水分含量、破损率和杂质率，而对于下游加工所要求的品质标准难以作进一步要求，从而导致农民在选择品种时，更倾向于追求高产、稳产的普通品种，而不是优质化、专用化的品种。其后果是粮食总量虽然十分充裕，但品种结构、品质结构失衡矛盾越发凸显，这也是导致国产粮食竞争力下降、进口大幅度增加的重要原因。

（三）原料价格不断上涨，产业链下游企业陷入困境

我国最低收购价水平的提高保证了上游粮食生产在丰收时不会“谷贱伤农”，但为保证下游消费端市场不出现“米贵伤民”，2010年11月以来，有关部门曾多次采取约谈等方式，对面粉、食用油销售实行行政性限价政策。由此出现了“麦强粉弱”“稻强米弱”的现象，下游加工企业遭受“双面挤压”，亏损情况严重。以面粉加工行业为例，2006—2015年面粉出厂价格从2 000～2 300元/吨增至2 500～3 000元/吨，增幅仅为30%左右，而同期普通小麦批发价格由1 440元/吨增至2 460元/吨，增幅为70.8%，比面粉价格增幅高一倍以上。由于原料价格高企，加上近年来人工成本的大幅上涨，企业仅靠面粉加工难以获利。前两年大部分企业还能靠出售价格较高的副产品（麦麸）来弥

补亏损。2014 年下半年之后。受畜牧业和饲料行业不景气的影响，小麦麸皮价格一度跌破 1.0 元/千克，仅为历史高价位的 50%，企业理论加工利润已处于负值区间，每加工 1 吨小麦亏损 70～100 元。

四、重要农产品临时收储政策实施情况

我国实施临时收储政策的重要农产品包括玉米、大豆、棉花、油菜籽和食糖。2014 年棉花、大豆在新疆、东北三省和内蒙古实施目标价格补贴政策，同时取消临时收储政策；玉米、油菜籽和食糖继续实施临时收储政策。

（一）玉米、油菜籽、食糖临时收储政策实施情况

1. 玉米

2008/2009 年度，国家临时储备 3 573.87 万吨玉米，占东北三省和内蒙古当年玉米产量的 56.8%。如果按当年产量的 70%作为商品粮计算，国家临时储备的玉米基本掌控了当年东北地区的商品粮源，玉米临时收储政策对国内玉米市场供求关系起决定性作用。2009/2010 年度，玉米临时收储政策作了调整，包括实行敞开收购；增加收购主体，对南方饲料消费省份和中央直属粮食企业的政策性收购给予每吨 70 元补贴；制定新的收购标准。2011/2012 年度，国家先后出台了暂停玉米深加工企业收购玉米增值税抵扣、启动中储粮进口、调整玉米深加工产业指导政策、继续抛售临储玉米并启动不完善粒小麦拍卖等措施，旨在增加供给，抑制消费，平抑价格。但鉴于国家储备下降较多，启动了中央储备玉米轮换收购。轮换收购客观上形成了与市场主体抢粮的局面，加剧了本来就比较紧张的玉米供求关系，在一定程度上推动了玉米价格上涨。2012/2013 年度和 2013/2014 年度，国家继续对东北地区玉米实行临时收储政策，托底作用明显。2012/2013 年度，临时收储政策提前 1 个月出台，政策效果更为明显，新玉米价格在短期内止跌回升，玉米供给明显增加改善了玉米供求关系。然而，消费依然低迷，结转库存积压严重，2013 年期末玉米库存约 5 850 万吨，同比增长 23.4%；库存消费比 29.7%，比上年提高 5.3 个百分点。2014/2015 年度，玉米临时收储价格与上年度持平。中粮期货预测，本年度玉米供过于求，超 3 000 万吨。

2. 油菜籽

自 2008 年国家实施油菜籽临时收储政策以来，油菜籽生产基本稳定，近

几年产量在 1 300 万吨左右。2009 年是实施该政策的第二年，国家进一步完善了油菜籽托市收购政策，参与托市收购的市场主体增加，方式更为灵活，大大调动了多元主体入市收购的积极性。2011 年 5 月下旬，国家发改委、国家粮食局等部门联合发布了《关于开展全国食用植物油库存检查工作的通知》，这是我国首次开展全国食用植物油库存检查，主要是为了摸清食用油国有库存情况。国家已连续 7 年实施油菜籽临时收储政策，近几年计划收购总量均为 500 万吨。

3. 食糖

2011 年 10 月，国家发改委发布了《关于完善收购价格政策的通知》，要求广西、广东、云南、海南和新疆 5 个糖料主产区实行糖料收购价由各省级政府同意定价，并且纳入地方政府定价目录。2013/2014 榨季，食糖价格长期低于生产成本运行，全国制糖企业生产经营出现严重困难，再次出现拖欠农民糖料款情况，本制糖期全国制糖企业尚有 22.83 亿元糖料款没有兑付给农民。为保障食糖市场运行基本稳定，商务部、国家发改委、工信部、财政部、中国人民银行联合发布了《关于下达 2013/2014 年度制糖企业临时储存计划的通知》，中央财政通过银行贷款贴息方式，统一按照 5 100 元/吨的价格全额贴息地方贷款收储白砂糖，利息按照 6 个月银行基准贷款利率和时间计算。

（二）棉花、大豆临时收储政策实施情况

1. 棉花

2010 年度棉花市场价格大起大落，“过山车”式的价格走势使棉农、棉花流通企业、棉纺织企业等各棉花市场主体的利益均受到不同程度的影响。为稳定棉花生产、经营者和用棉企业市场预期，保证市场供应，国家决定自 2011 年起实施棉花临时收储政策。2012 年，临时收储实际成交棉花约 651 万吨，占棉花产量的 95.1%；2013 年，临时收储的棉花占棉花产量的 85%以上。由于国内棉花绝大比例进入收储，市场中流通的现货棉花，尤其是中高等级棉花供不应求。为满足市场需求，国家于 2013 年 1 月 14 日至 7 月 31 日向市场投放国家储备棉，累计投放 371.6 万吨；2013 年 12 月 20 日至 2014 年 8 月 31 日再次启动储备棉投放政策。2014 年，棉花在新疆实施目标价格补贴政策，同时取消临时收储政策。为了不给新棉市场带来压力，国家决定从 8 月 31 日起停止储备棉抛售。

2. 大豆

21 世纪初以来，随着我国大豆市场的开放和进口大豆在国内市场比重的稳步提高，国际市场逐渐成为国内市场的风向标，直接决定了国产大豆价格的走势。但 2008 年第四季度以来，随着大豆临时收储政策的实施，国际大豆市场对国产大豆价格影响明显减弱。2014 年，大豆在东北三省及内蒙古实施目标价格补贴政策，同时取消临时收储政策。

第三节　玉米临时收储政策实施效果评价①

玉米是我国的主要饲料原料和重要的工业加工原料，目前已发展成为我国播种面积和产量最大的粮食作物。近年来国家强化了对玉米宏观调控政策工具的运用，核心内容是通过实施玉米临时收储政策，加强对玉米生产的引导和刺激，以满足日益增长的消费需求，保持国内供需基本平衡，平抑价格波动。本部分在分析我国玉米临时收储政策主要内容的基础上，对政策执行情况和调控效果进行评价。

一、玉米临时收储政策出台背景

临时收储政策是 21 世纪以来，继粮食最低收购价政策之后我国又一项为稳定粮食和其他重要农产品生产而出台的农业宏观调控政策。2004 年以来，我国针对水稻和小麦两个主要口粮作物出台了最低收购价政策，但对玉米、大豆、油菜籽、棉花、食糖等其他关系国计民生的重要农产品缺乏有效调控政策。2007 年，我国玉米获得丰收，新玉米上市后，价格持续走低。国家玉米临时收储政策是在国内外玉米市场剧烈震荡的情况下出台的。2008 年，国际市场经历了一轮大起大落。多年来供求矛盾的积累导致全球库存持续下降，在投机炒作和各国面对食物价格上涨纷纷采取市场管制政策的作用下，国际玉米价格开始飙升，直至国际金融危机全面爆发而暴跌回原处。与国际市场大起大落相比，国内玉米市场的波动程度要小得多。一方面，由于国内玉米连续多年增产，供给充足。2004—2008 年，我国玉米连续 5 年增产，与 2003 年相比增

---

① 本节的内容选自农业部软科学课题“玉米临储价格调整效应和玉米目标价格改革问题研究”（课题编号：Z201610），课题主持人：刘帅。

产幅度近40%。特别是2008年产量达到1.66亿吨，明显超过市场需求量。另一方面，受下游需求增长缓慢、国家限制玉米深加工行业发展等因素影响，玉米价格持续走低，出现了区域性、阶段性农民卖粮难问题，农民增产不增收。随着2008年9月新玉米的逐步上市，价格下行压力在市场上表现出来，而同期国际市场玉米价格正处于加速下跌过程。为此，国家在东北地区采取玉米临储托市收购政策，以解决玉米阶段性供大于求的矛盾，调控市场供需平衡，实现“丰吞欠吐”，即供大于求时将多余部分收进临储环节，供不应求时及时抛售，平衡供需。

二、玉米临时收储政策内容体系

（一）收储范围和时间

玉米临时收储政策的执行区域为东北三省和内蒙古，收购执行期间一般为新粮上市至次年4月底。

（二）收购价格及数量

临时收储玉米价格由国家有关部门在政策出台时发布，收储价格根据玉米生产成本的变化情况以及合理的种植效益确定。由于成本刚性上升，收储价格呈逐年上升态势，内蒙古和辽宁的玉米收购价格从2008年的1 520元/吨上升到2014年的2 260元/吨，涨幅为48.68%；吉林的玉米收购价格从2008年的1 500元/吨上升到2014年的2 240元/吨，涨幅为49.33%；黑龙江的玉米收购价格从2008年的1 480元/吨上升到2014年的2 220元/吨，涨幅为50.00%。2015年收储价格首次下调，东北三省和内蒙古玉米收购价格均下降到2 000元/吨。临储收购时间一般是到次年4月30日，具体收购情况见表3-2。

表3-2 2008—2015年临储玉米收购价格及收购数量情况

单位：元/吨，万吨

年份	收购价格					收购数量合计
	公布时间	内蒙古	辽宁	吉林	黑龙江	
2008	2008-10-20	1 520	1 520	1 500	1 480	3 320
2009	2009-11-27	1 520	1 520	1 500	1 480	45
2010	2011-01-17	1 820	1 820	1 800	1 780	850

（续）

年份	收购价格					收购数量合计
	公布时间	内蒙古	辽宁	吉林	黑龙江	
2011	2011-12-14	2 000	2 000	1 980	1 960	150
2012	2012-11-15	2 140	2 140	2 120	2 100	3 083
2013	2013-07-03	2 260	2 260	2 240	2 220	6 919
2014	2014-11-25	2 260	2 260	2 240	2 220	8 329
2015	2015-09-17	2 000	2 000	2 000	2 000	2 670

注：临储价格为国标三等；2015 年收购数量为截至 12 月 5 日的数据。

资料来源：根据国家粮食局历年发布的国家临储玉米收购价格数据整理所得。

（三）执行主体和经费保障

临时收储政策的执行主体为国家指定的收购企业，包括中储粮总公司及其分公司、中粮集团公司、中国华粮物流集团公司和各省级地方储备粮公司等。同时，为了引导关内企业到东北地区采购粮食，国家在某些年份还鼓励南方销区部分地方储备粮公司和加工企业到东北产区收购，并对在执行期间到东北产区按不低于临时收储价收购粮食的企业给予一定的费用补贴。企业按临时收储价格收购所需贷款，由农业发展银行按照国家规定的最低收购价和合理收购费用及时足额发放。地方储备粮公司发生的贷款利息、收购保管费用由省级人民政府从粮食风险基金中列支，不足部分可向中央财政借款，中储粮总公司发生的贷款利息、收购保管费用则由中央财政拨付。所需补贴费用在粮食入库并经中储粮公司审核验收合格后，由财政部向中储粮下达。

（四）临储玉米销售

临时存储玉米实行顺价销售原则，在粮食批发市场或网上公开竞价销售，销售底价按最低收购价加收购费用和其他必要费用确定。销售盈利上交中央财政，亏损由中央财政负担。

三、玉米临时收储政策实施效果

玉米临储政策的作用机制是通过国家粮食储备的吞吐来调控玉米市场，供过于求时实施收储，供不应求时进行抛售。该政策实施以来，国家累计实际收购临储玉米约 1.5 亿吨，其中在市场比较低迷的 2008/2009 年度、2012/2013 年度、2013/2014 年度和 2014/2015 年度收储量都超过了 3 000 万吨，2014/2015 年度收储量达到创纪录的 8 329 万吨。从实际效果来看，玉米临时收储政策对玉米市场产生了巨大影响，托市政策有效解决了国内玉米再平衡问题，调动了市场积极性，取得了正面效果。但是，近年来临储政策表现出明显的“政策市”特征，政策实施过程中的矛盾也日益凸显，整个玉米产业链扭曲发展。

（一）玉米临时收储政策产生的有利影响

1. 促进了玉米生产持续发展

玉米临时收储政策的出台和完善，有力地调动了农民的生产积极性，刺激了玉米生产的持续稳定发展。2008—2014 年，我国玉米播种面积从 29 864 千公顷增加到 37 076 千公顷，增幅达 24.15%，单产由 5 556 千克/公顷提高到 5 817千克/公顷，增长 4.70%，总产量由 1.66 亿吨增加到 2.16 亿吨，增长 29.99%。

玉米面积占全国粮食面积的比重由 27.96%上升到 32.93%，产量占粮食总产的比重由 31.38%上升到 35.53%，分别提高了 4.97 个、4.15 个百分点，玉米对全国粮食增产的贡献率达到 60.1%。特别是执行玉米临时收储政策的东北三省和内蒙古，2008—2014 年，玉米面积增长了 38.15%，产量增长了 45.03%，占全国玉米面积和总产量的比重分别由 35.97%、39.21%上升到 39.97%、43.75%，主产区的地位更加突出（表 3－3）。

表 3－3　2008—2014 年我国玉米生产发展状况

单位：千公顷，千克/公顷，万吨

年份	全国			东北地区		
	播种面积	单产	总产量	播种面积	单产	总产量
2008	29 864	5 556	16 591	10 741	6 056	6 505
2009	30 252	5 259	16 397	11 383	5 302	6 035
2010	32 500	5 454	17 725	11 994	5 790	6 945
2011	33 542	5 748	19 278	12 526	6 393	8 007
2012	35 030	5 870	20 561	13 515	6 418	8 675
2013	36 318	6 016	21 849	14 363	6 701	9 625
2014	37 123	5 809	21 565	14 839	6 358	9 434

资料来源：《中国统计年鉴（2009—2015）》。

2. 保护了农民利益

玉米临时收储政策的实施，提高了玉米销售价格，形成了粮价随成本增加而逐步上涨的机制，有效避免或缓解了农民“卖粮难”问题，种粮效益偏低的状况有所改观。2014 年，全国玉米现金收益达到 10 928.85 元/公顷，比 2008 年增加 4 677.45 元/公顷，增长 74.82%；玉米的现金收益为每 50 千克 71.13 元，比 2008 年增加 26.88 元，增长 60.75%（表 3-4）。

表 3-4　2008—2013 年全国玉米现金收益变化情况

单位：元

项目	2008 年	2009 年	2010 年	2011 年	2012 年	2013 年	2014 年
每亩现金收益	416.76	462.11	584.42	686.04	730.79	680.69	728.59
每 50 千克玉米现金收益	44.25	52.17	62.72	70.83	72.39	67.98	71.13

资料来源：《全国农产品成本收益资料汇编（2009—2015）》。

3. 保持了玉米市场稳定

玉米临时收储政策的实施，产生了明显的托市效果，对稳定玉米市场、平抑价格波动起到至关重要的作用。2008 年以来，国内玉米供求关系基本平衡，市场运行平稳，价格稳中有涨，与国际价格经常大起大落相比，波动幅度明显较小。2008 年 1 月至 2014 年 12 月，国内玉米产销区月均批发价格平均波动幅度分别为 1.6%、1.5%，而同期国际现货和期货月均价平均波动幅度分别达到 5.6%、6.3%，明显大于国内波动幅度。

（二）玉米临时收储政策实施过程中的矛盾

近几年，国家玉米临储收购价格逐年刚性提高，定价机制缺乏弹性，价格偏离市场规律，扭曲市场供需关系，产生了一些矛盾。

1. 粮食种植结构失衡

近年来玉米临储政策在实际运行中，已经偏离了政策设计的初衷，价格基本只升不降，数量也从一开始设计的有限收购变成了敞开式收购。与此同时，农民也逐渐形成了思维定式，即：无论市场需求如何变化，玉米都有国家收，种粮收益有保障。在这一思维模式指导下，一些地区过于重视玉米种植，忽略其他农作物种植，使得部分产区农作物种植结构和市场供应结构出现失衡。就东北地区的资源禀赋而言，粮食生产是其最大的优势，但就粮食内部结构而言，存在着玉米与大豆结构失调的问题。2008 年以后，在高位的玉米价格刺激下，玉米与大豆之间的结构失调进一步加重。国家统计数据显示，2008 年东北三省的玉米种植面积为 840.13 万公顷，2015 年增加到 1 203.79 万公顷，增长 43.28%。同期，大豆种植面积由 467.45 万公顷减少到 266.9 万公顷，下降 75%。2008 年以来增加的玉米种植面积主要来源于大豆改种玉米的面积。农民多种玉米少种大豆的行为归根到底是利益选择的结果。玉米产量是大豆产量的 3.5 倍左右，而大豆的价格只是玉米价格的 2 倍左右。这种价格与产量的不对应关系，意味着玉米与大豆之间存在着显著的效益差。值得注意的是，2008 年以后，伴随着玉米价格的上调，玉米与大豆之间的比价呈现继续扩大的趋势（表 3－5），导致大豆种植面积继续减少。

表 3－5　大豆与玉米的比价关系

年度	2008	2009	2010	2011	2012	2013	2014	2015
比价	2.46	2.49	1.92	1.88	2.17	2.05	2.14	2.35

注：以玉米价格为 1。

资料来源：根据国家粮食局历年发布的玉米临储价格数据和国家发改委历年发布的大豆目标价格数据整理所得。

2. 总体供给宽松与市场有效供给偏紧并存

由于玉米连年丰收，而消费相对低迷，近年来我国玉米总体呈现出阶段性供大于求的格局，社会期末库存总体呈增加趋势。根据国家粮油信息中心发布的数据，2014/2015 年度我国玉米消费为 3 931 亿斤，比同期全国玉米产量低 381 亿斤。但与此同时，玉米临时收储政策实行敞开收购，使得实际收储量远超过产大于需的数量，大量粮源成为国家库存，并没有形成市场的有效供给，造成了新玉米收购季节结束后，社会商品余粮很少，农户、贸易商、加工企业库存普遍明显较低，市场粮源普遍较为紧张。特别是由于霉变率偏高，饲用玉米供给尤为紧缺，形成了总体供求形势宽松但市场有效供给不足并存的局面。

3. 玉米库存量不断增长

临时收储政策的实施，使大量玉米进入国家库存，同时由于实行顺价销售原则，国家库存玉米只能以不低于原来收购的价格出售，在市场价格走高的情况下这是可以实现的。但近年来，随着宏观经济下行压力加大，玉米消费相对低迷，玉米价格也持续低迷，使国家库存玉米难以顺价销售。2012/2013 年度国家收购临时存储玉米 3 083 万吨，2013/2014 年度收储 6 919 万吨，两年合计达到 1 亿吨以上。自 2014 年 5～11 月国家累计投放了约 9 790 万吨临储玉米进行拍卖，但因拍卖底价较高，在消费低迷、企业经营困难的情况下，加工企业难以接受，实际成交量只有2 583万吨，成交率仅为26.4%。由于临时收储的玉米需要财政支付收购、仓储等费用，大量库存积压不仅加大了国家财政负担，而且使各地库存爆满，仓容紧张。特别是东北产区收储能力满负荷运转，虽采取租用社会库容、临时做囤等方式收购，但库存压力依然很大，许多地方出现了收不进、调不动、销不出、储不下的局面。由于临储玉米出库价高，质量参差不齐，销售十分不畅，相关部门不得不把玉米从产区向销区等进行跨省移库操作。这虽然缓解了一些产区仓容紧张的问题，但又造成很多销区玉米库存积累较多。更为重要的是，由于市场需求持续低迷、很多原来传统的销区玉米产量逐渐提高，导致国内玉米市场贸易类库存逐渐累积起来，阻碍了玉米的正常流通，使市场机制无法发挥作用。据国家粮食局数据，截至2015年8月末，全国各类粮食企业玉米库存同比增长约53%，其中临时存储玉米实际库存同比增长约69%。必要的库存是国家粮食安全的保障，但是在库存粮食销售不畅，各地库存普遍爆满的情况下，新收上来的玉米如何安全储存也成了一个棘手的难题。

4. 下游企业受到较大冲击

由于玉米价格高，下游消费低迷，玉米加工企业发展受到较大冲击，企业普遍经营困难，黑龙江、吉林等地出现了产品价格、玉米加工量、销售收入和利润“四降”的趋势，有的甚至亏损，限产、停产企业数量明显增加，许多企业不得不提前检修。据有关数据显示，每生产1吨淀粉亏损200元，生产1吨酒精亏损150～200元，玉米淀粉和酒精加工企业开工率分别低至50%和40%左右。饲料加工企业受原料成本高和下游养殖业低迷的双重挤压明显，产量呈下滑趋势。2014年全国饲料总产量约为1.84亿吨，同比下降5.07%。2015年我国饲料总产量虽然突破了2亿吨，但猪料产量8 350万吨，同比下降3%。玉米经销企业同样面临困难局面。由于收购量大幅减少，小粮商、贸易商和大型经销企业的业务量和库存都明显降低。

5. 国内外玉米价格倒挂严重，进口替代品大幅增长

2008年，玉米临时收储价约为0.75元/斤，但到2013年已经涨到1.12元/斤，上涨近60%。2013年上半年以前，国外玉米在我国南方港口的到岸税后价总体高于国内玉米价格。2002年3月至2013年6月的136个月中，国内外玉米价格出现倒挂的仅有18个月。但由于国际玉米价格持续大幅下滑，而国内价格相对稳定，2013 年 7 月至 2014 年 11 月，国内玉米价格连续 17 个月高于国外玉米到港税后价，价差从 2013 年 7 月的 111 元/吨扩大到 2014 年 9 月的近 1 000 元/吨，创历史新高，价格倒挂常态化趋势明显。目前，玉米进口价和国内临储价格的差别仍达到 500 元/吨左右。若按照配额外 65%的关税率计算，国际玉米的到岸税后价一度与国内南方港口价格基本一致。面对进口玉米的低价优势，国产玉米完全丧失了市场竞争力，导致进口玉米连年增加，最高年份进口玉米突破 500 万吨（图 3－1）。进口玉米以其价格优势，不仅行销于我国南方玉米主销区，而且进入东北玉米产区市场。事实上，玉米临储价格在客观上不仅对国产玉米起到了“托市”的作用，也为进口玉米起到了“让市”的作用。

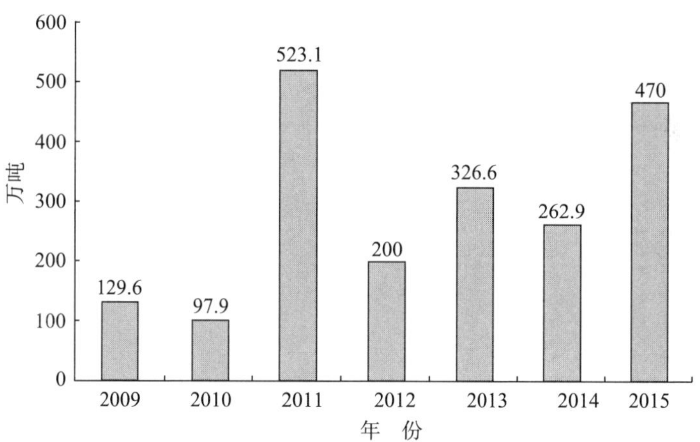

图 3－1　2009—2015 年我国玉米进口量

资料来源：根据中国海关统计数据整理所得。

由于玉米价高，为控制成本，用粮企业被迫转向采购价格低廉的进口玉米替代品（如大麦、高粱、木薯、DDGS 等），使用范围也从饲料原料领域进入制粉、酒精等食品领域，进口量节节攀升。2013 年我国饲料用高粱进口开始快速增加，到 2014 年其增速进一步加快。2014/2015 年度高粱进口达到 1 016 万吨，较 2013/2014 年度的 416 万吨暴增 600 万吨。进口高粱几乎全部用于饲料行业，高粱基本可以按照 1∶1 替代玉米。巨量的高粱进口在 2014/2015 年度挤占了 1 000 多万吨玉米，比 2013/2014 年度多 600 万吨。大麦的种壳较硬，粉碎后颗粒偏大，加上大麦粉黏度偏大，不利于动物吸收，因此大麦在饲料行业的使用较为受限，不能完全替代玉米，只可部分替代。但由于巨大价差，加上国内饲料行业总量偏大，部分替代仍可以容纳大量的大麦进口量。大麦可按照1.1∶1替代玉米，剔除180万～200万吨发酵用大麦，2014/2015年大麦替代玉米数量为700万～715万吨，较2013/2014年度新增450万吨。DDGS主要作为蛋白原料替代豆粕、棉粕、菜粕等，另外DDGS含有一定的油脂，可以减少饲料加工中增加油脂数量。2014/2015年度DDGS进口量为561万吨，较2013/2014年度的665万吨减少了104万吨。DDGS除了蛋白及油脂外还有一些其他能量物质可部分替代玉米，大量使用DDGS同样可以减少玉米用量，DDGS在肉鸡料中用量最高可达到15%。除此以外，还有木薯等其他替代品也在不断抢夺国产玉米的市场份额，对国内玉米市场形成较大冲击。

6. 小麦消费替代增加

正常情况下，小麦价格略高于玉米价格，两者之间比价关系相对稳定。但随着玉米消费需求的快速增长，玉米价格的异常攀升，小麦与玉米的比价关系一度发生明显变化。根据历史经验判断，小麦与玉米的比价低于1.05时（小麦与玉米的正常比价为1.15∶1），小麦替代玉米现象开始出现；当小麦与玉米的比价低于0.93∶1时，将出现较大规模小麦替代玉米现象。近两年由于玉米消费相对低迷，小麦与玉米比价关系趋于正常。不过，由于2014年5月以来玉米价格涨幅明显，小麦玉米价格再度出现倒挂。2014年8月河南玉米价格比小麦约高60元/吨，山东玉米价格比小麦高160元/吨。自2012年10月小麦与玉米价格首次出现倒挂以来，饲用小麦需求量大幅增加，山东饲料中小麦替代玉米的比例达40%～60%，从而减少了玉米消费，不利于提振陷入低迷的玉米消费。南方玉米主销区小麦替代玉米现象也显著增加。2014年，广东部分饲料企业在鸭饲料和鱼饲料中大量使用芽麦替代玉米，替代量比往年多40%～50%。

7. 国家财政不堪重负

目前我国的国储玉米库存达到2.6亿吨，大量的库存需要通过竞价拍卖来消化，但是临储玉米拍卖成交惨淡，有限的拍卖量对于巨大的库存来说是杯水车薪。据统计，2013/2014年度临储玉米收购量为6 919万吨，2014/2015年度收购量为8 328万吨，这两个年度玉米收购数量合计达到1.52亿吨，但2014年5～11月临储玉米拍卖共成交了2 965万吨（含370万吨进口临储玉米），2015 年 4～8 月临储玉米拍卖只成交了 383 万吨（含 14 万吨进口临储玉米）。高价收购的玉米不能低价赔本出售，最终只能由国家来兜底，财政压力可想而知。据测算，2012 年玉米临储的财政资金成本为 610 亿元，到 2014 年激增至 1 800 亿元，财政支出几乎涨了 3 倍，用于玉米储备的财政负担越来越重。巨大的粮食国储库存，不仅带来了财政资金负担，也付出了巨大的库存费用和利息费。玉米库存成本包括收购费 50 元/吨，做囤费 70 元/吨，保管费 92 元/吨，资金利息 100 元/吨。每吨玉米每年库存成本为 252 元。按此计算，目前 2.6 亿吨玉米需要付出的库存成本费用为 630 亿元。

8. “生态透支”严重，影响粮食生产可持续发展

粮食主产区在为国家提供巨额商品粮的同时，也出现了“资源透支”问题。具体表现在，玉米连作大量使用化肥，造成土壤有机质下降，土壤生态恶化。松辽平原的黑土地黑土腐殖质层厚度已由 20 世纪 50～60 年代的平均60～70 厘米下降到现在的平均 20～30 厘米，甚至更薄。目前，吉林省黑土腐殖质层厚度 20～30 厘米的面积占黑土总面积的 25%左右，腐殖质层厚度小于 20 厘米的占 12%左右，完全丧失腐殖质层的占 3%左右。在世界各主要玉米产区，大多实行玉米-大豆连作和玉米秸秆还田，但在东北地区玉米带不仅没有实施玉米-大豆连作，而且也没有有效实施玉米秸秆还田。近年来主要是搞有限的根茬还田，替代了从前的“刨茬子”作业方式，并非玉米秸秆还田，还田的有机物难以满足土壤有机质更新的需要。随着玉米产量的提高，玉米秸秆量逐年增加，大量秸秆被烧掉，造成严重的环境危害。为解决玉米焚烧问题，国家财政支持搞了玉米秸秆工业化利用的方式，包括秸秆发电和造纸等。从其效果看，完全属于亏损补贴型项目，无法达到正常的商业化和产业化。

四、玉米临储价格取消效应分析

随着国内玉米种植成本快速上涨，政策性收购价节节攀升，玉米价格越来越偏离市场规律，带来了玉米产量、库存和进口同时增加，国内与国际市场、主产区与主销区、玉米原料与加工品价格倒挂等问题。对玉米临时收储政策进行改革已经刻不容缓，为此，2016 年国家取消了玉米临时收储政策。玉米临储政策的调整与农民利益、农业种植结构、玉米加工和流通等诸多方面息息相关，影响国家粮食安全和区域经济发展。

（一）玉米临储价格取消的生产效应分析

根据东北地区的自然资源禀赋，东北地区农民种植的粮食作物主要有玉米、水稻和大豆。由于玉米产量稳定，病虫害少，种植工序简单，省工省力，每年种、管、收时间之和不足一个月，剩余时间可以从事其他家庭经营或外出务工。加之，种植玉米有政策兜底，农民已形成了“政策依赖”。价格是供给的信号，有利的价格必然增加供给，不利的价格必然减少供给。如表 3-6 所示，2008—2014 年东北地区玉米播种面积占粮食作物播种面积的比重由 45.38%上升到 58.00%，上升了 12.62 个百分点；水稻播种面积占粮食作物播种面积的比重由 16.08%上升到 17.95%，上升了 1.87 个百分点；大豆播种面积占粮食作物播种面积的比重由 22.57%下降到 13.29%，下降了 9.28 个百分点。

表 3-6　2008—2014 年东北地区主要粮食作物播种面积情况

单位：千公顷，%

年份	粮食作物播种面积	水稻		玉米		大豆	
		播种面积	占比	播种面积	占比	播种面积	占比
2008	23 671	3 806	16.08	10 741	45.38	5 343	22.57
2009	24 367	3 880	15.92	11 383	46.71	5 450	22.36
2010	24 625	4 212	17.10	11 994	48.71	4 860	19.74
2011	24 779	4 386	17.70	12 526	50.55	4 314	17.41
2012	24 937	4 522	18.13	13 515	54.20	3 626	14.54
2013	25 198	4 627	18.36	14 363	57.00	3 324	13.19
2014	25 583	4 593	17.95	14 839	58.00	3 400	13.29

资料来源：《中国统计年鉴（2009—2015 年）》。

玉米播种面积的大幅度增加主要得益于近年来玉米价格上涨所带来的种植效益的提高。根据东北地区粮食作物生产成本调查数据，比较玉米、水稻和大豆的成本收益情况。从表 3-7 可以看出，水稻的净利润最高，玉米与大豆比较而言，虽然近年来两者成本都大幅上升，但是玉米的净利润要远高于大豆的净利润。2007 年大豆净利润比玉米高 43.85 元/亩，2014 年玉米净利润比大豆高 183.77 元/亩。自然资源禀赋、玉米与大豆的比价关系使得近年来东北地区农民种植玉米的积极性非常高。此外，还可以看到，玉米播种面积扩大的同时生态环境不断恶化。在利益的驱动下，毁林开荒、毁草开荒和毁湿开荒现象严重。

表 3-7 东北地区玉米、水稻、大豆成本收益情况

单位：千克/亩，元/亩，%

项目	玉米		水稻		大豆	
	2007	2014	2007	2014	2007	2014
主产品产量	417.30	514.10	531.70	562.59	116.83	148.98
产值合计	602.90	1 164.77	943.94	1 736.64	516.78	658.16
总成本	468.81	1 012.34	726.26	1 406.01	338.84	689.49
生产成本	331.32	698.37	501.82	985.14	220.63	425.94
物质与服务费用	210.06	365.41	321.03	547.63	129.85	239.52
人工成本	121.26	332.97	180.79	437.52	90.78	186.43
土地成本	137.49	313.97	224.44	420.87	118.22	263.55
净利润	134.09	152.43	217.69	330.63	177.94	−31.34
现金成本	246.37	463.66	441.81	779.95	153.71	322.88
现金收益	356.53	701.11	502.14	956.69	363.07	335.28
成本利润率	32.50	16.99	29.72	23.61	49.25	−2.47

资料来源：2008 年和 2015 年《全国农产品成本收益资料汇编》。

（二）玉米临储价格取消的替代效应分析

1. 小麦替代效应分析

小麦和玉米均是我国重要的基础性粮食作物。随着经济的发展，小麦和玉米的用途结构发生了较大变化。当今消费结构中作为饲料和工业深加工材料的使用比例不断上升。2015/2016 年度，小麦作为粮食消费的比例约为 73%，作为饲料和工业用粮的比例约为 22%；而玉米作为饲料和工业用粮的比例分别为 62%和 29%，作为粮食消费的比例仅为 6%。

小麦和玉米用途上的相似性，意味着两种粮食作物在一定程度上可相互替代。当玉米价格走高时，农户会减少小麦的种植，进而增加玉米的种植面积，影响到小麦的有效供给。当其价格出现“倒挂”时，在饲用和工业上则可以选择价格更为低廉的小麦作为玉米部分用途的替代品，从而使小麦需求增加，引起小麦价格上涨，玉米价格则会有所下跌。如此循环，形成小麦和玉米价格之

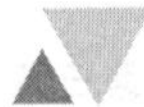

间的联动关系。

从2005年1月至2016年11月小麦和玉米的价格走势来看，我国小麦价格总体上呈现持续上涨趋势。玉米价格在2015年9月以前呈上涨趋势，2015年9月以后呈现明显下降趋势。二者价格走势联系紧密，且小麦价格总体上高于玉米价格。

在此期间，我国小麦市场和玉米市场也多次出现玉米市价高于小麦市价的价格“倒挂”现象，并且出现价格“倒挂”现象的频率越来越高，持续时间也越来越长，“倒挂”价格差也呈现越来越大的趋势。从图3-2可以看出，2005—2016年我国小麦、玉米共出现6次价格“倒挂”现象。其中，2011年和2012年出现的价格“倒挂”现象持续了18个月，价差最大时达到429元/吨，持续时间长度和价格差都达到近10年来的顶峰。

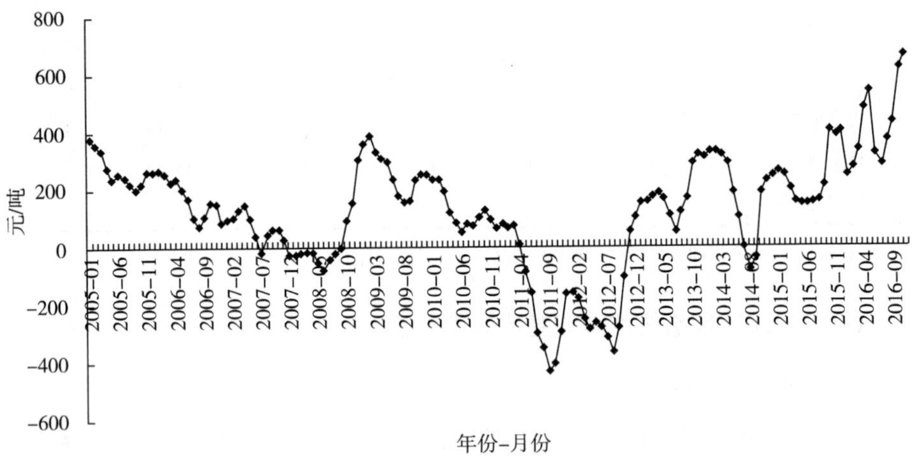

图3-2　2005年1月至2016年11月我国小麦、玉米月度价格差对比

从供给来看，2004—2014年我国粮食生产实现“十一连增”，小麦、玉米分别增产37.07%、65.53%。近年来玉米产量增幅明显大于小麦，且玉米的进口量也高于小麦，说明小麦、玉米价格“倒挂”的根本原因不在供给，而在需求。从需求来看，小麦主要作为口粮，近年来食用消费占总消费的比重在70%以上，饲料消费和工业消费尽管逐年增长，但增幅都不大，加之在小麦总消费中所占比重较低，小麦消费需求相对稳定。而玉米虽然近年来种子和口粮消费每年大致稳定在1 000万～1 300万吨，但饲料消费和工业消费拉动了玉

米需求快速增长。随着工业化、城镇化的快速推进和居民收入水平的提高，人们的膳食结构发生变化，肉蛋奶消费会显著增加，必然大幅推动玉米的饲料需求。近10年来我国玉米的饲料消费年均增长2.83%，2015年达到12 000万吨，占玉米消费总量的62%。同时，随着我国玉米深加工产能迅速扩张，玉米工业消费已由2005年的2 500万吨，快速增加到2015年的5 600万吨，占玉米消费总量的近30%。消费的快速增长，是近年来玉米增产和价格上涨的原因，也是小麦、玉米价格“倒挂”的主要驱动因素。

通过构建VAR模型对小麦、玉米价格之间的联动关系进行实证分析，得出的结论为：小麦和玉米价格为双向影响关系，彼此之间通过替代效应影响对方市场的供需和价格，但玉米价格的波动传导到小麦市场的影响比小麦价格波动传导到玉米市场的影响要大。因此，小麦价格高于玉米时，很少会引起玉米市场供需及价格的大变动，以至于市场上长期保持小麦价格高于玉米价格的常态。相反，由于小麦对玉米具有较强的替代作用，一旦玉米价格出现波动，小麦市场会做出敏感响应。玉米价格上涨时，部分用作口粮或饲料的玉米会被市价相对较低的小麦替代；玉米价格下跌时，对小麦的需求将会减少。

关于小麦和玉米的价格关系，饲料行业基于历史经验认为小麦与玉米的比价为1∶1是合理的。小麦价格低于玉米50元/吨以上，小麦才具有替代价值。由于小麦蛋白含量要高于玉米，但低于豆粕，所以在使用小麦替代玉米的同时，可以减少豆粕的添加量，同时需要补充合成氨基酸和酶制剂。因此，在考虑小麦同玉米在饲料中的应用价值的时候，需要同时考虑豆粕价格和氨基酸、酶制剂的使用成本。东北地区是玉米主产区，从饲料企业使用习惯来看，很少有用小麦替代玉米的情况；华北黄淮地区是玉米和小麦的主产区，但同时也是玉米深加工和饲料生产的主要区域，其配合饲料产量占全国产量的38%，玉米供需缺口在1 200万吨左右，需要从东北地区补充。因此，黄淮地区饲料企业使用小麦替代玉米具有基础，用户也可以接受，很多饲料企业已经在推广全小麦型日粮。但是基于对替代品饲料品质的担忧，怕畜禽用后出现不适，特别是玉米临储价格取消后，如2016年华北（河南）市场玉米1 653元/吨，小麦2 484元/吨，使得小麦的替代价值不再明显。

2. 其他替代品替代效应分析

从饲料用途看，大麦、高粱、DDGS等都是玉米的替代品。2015年国内饲料需求下降的同时，玉米需求进一步被进口高粱、大麦、DDGS挤占。国际粮食丰产，经济低迷，粮食价格大幅走低，但国内玉米价格持续实施临储政策，玉米价格偏高，内外价差巨大。玉米进口采用配额制度，加上我国对转基因玉米进口的特定条款，限定了玉米进口大幅增加，但高粱、大麦和DDGS进口限制较少。

2013年我国饲料用高粱进口开始快速增加，2014年高粱进口进一步快速增加，如果按照玉米作物年度，2014/2015年度高粱进口达到1 016万吨，较2013/2014年度的416万吨增加了600万吨。进口高粱基本全部用于饲料行业，高粱基本可以按照1∶1替代玉米。大量的高粱进口在2014/2015年度挤占了1 000万吨玉米，较2013/2014年度新增挤占玉米600万吨。

我国每年有180万～200万吨大麦进口用于发酵行业，2013年之前我国大麦进口整体较为稳定，2014年后我国大麦进口呈爆发性增长。2014/2015年度我国大麦进口量达到986万吨，较2013/2014年度的490万吨增加了496万吨。大麦种壳较硬，粉碎过程颗粒偏大，加上大麦粉黏度偏大，不利于动物吸收，大麦在饲料行业使用较为受限，不能完全替代玉米，只可以部分替代。但由于巨大价差，加上国内饲料行业总量偏大，部分替代仍可以容纳大量大麦进口量。大麦可按照1.1∶1替代玉米，剔除180万～200万吨发酵用大麦，2014/2015年度大麦替代玉米数量为700万～715万吨，较2013/2014年度新增替代450万吨。

DDGS主要作为蛋白原料替代豆粕、棉粕和菜粕等。另外，DDGS含有一定的油脂，可以减少饲料加工中增加油脂数量。2014/2015年度DDGS进口量为561万吨，较2013/2014年度的665万吨减少了104万吨。DDGS除了蛋白和油脂外，还有一些其他能量物质可部分替代玉米，大量使用DDGS同样可以减少玉米用量。

大量的高粱、大麦、DDGS进口挤占了玉米饲料需求，2014/2015年度大麦高粱替代玉米饲料需求达到1 700万～1 720万吨，如果考虑DDGS部分替代因素，替代量将达到1 800万～1 820万吨。其中，高粱、大麦新增替代较2013/2014年度增加了1 050万吨左右，考虑到DDGS因素，大约新增替代量在1 150万吨左右。

高粱、大麦和DDGS等大量进口冲击了我国玉米产业，2015年第四季度开始国家实行上述产品进口许可政策，增加了其进口难度，并延缓了其进口节奏。2016年4月我国高粱进口63.23万吨，同比减少37%；大麦进口24.81

万吨，同比减少 75%；DDGS 进口 26.3 万吨，同比减少 57%。国内玉米价格暴跌导致国内外玉米价差缩小，加上进口政策的影响，使得高粱、大麦和 DDGS 等玉米替代品进口量大幅下降。

（三）玉米临储价格取消的溢出效应分析

自 2008 年我国成为玉米净进口国以来，我国玉米进口量节节攀升。根据美国农业部的预测，随着未来我国肉类需求的上升和饲料消耗量的增加，到 2024 年我国玉米进口量将达到 2 200 万吨，未来 10 年将占到全球玉米新增交易量的 40%左右。另外，在国家推进探索农产品价格形成机制与政府补贴脱钩改革、逐步建立农产品目标价格制度的背景下，玉米价格形成机制逐渐“去政策化”，市场化因素将成为主导。

随着我国农产品市场开放程度的逐步加深及玉米期货交易的不断完善，国内玉米期货和现货市场的联动关系更加突出，且与国际市场玉米价格的动态关联愈加紧密。

第一，总体来看，我国玉米市场价格与国际玉米价格的总体走势基本保持一致，但我国玉米市场价格的波动幅度比国际玉米市场价格要平缓许多。2010 年至今，我国玉米期货、现货价格的最大振幅仅分别为 32.4%、32.5%，而国际市场的最大振幅却达到了 119.6%、119.9%。这说明我国玉米市场开放程度相比国际市场仍显不足，国内玉米价格因受到国家粮食政策的影响而比较稳定，而国际玉米价格则主要由市场主导形成。另外，在价格上涨阶段，玉米价格的关联走势更为一致和明显，但在价格下跌阶段，我国玉米价格由于受到国家支持价格的支撑，跟随国际市场价格下探的幅度较小，甚至有时呈背离走势。

第二，从玉米期货、现货价格各自的国际关联关系来看，我国与国际玉米期货价格之间的关联性要强于现货价格的关联性，这主要是由于我国玉米期货市场比现货市场更加开放。2011 年 4～6 月国际玉米期货、现货价格达到阶段性高点，而国内玉米现货价格在 2011 年 9 月涨至高点，高点之间存在 3～5 个月的传导时滞；而 2012 年 8～9 月以及 2013 年 6～7 月，我国与国际玉米现货价格几乎同时出现阶段性峰值，传导时滞明显缩短。这说明我国玉米市场价格对国际市场的影响力正逐步显现。

第三，从我国与国际各自市场内的玉米期货和现货价格的传导关系上来看，我国以玉米期货价格引导现货价格为主，且大约存在6个月的时滞效应，而国际玉米期货价格与现货价格之间的传导较为通畅，二者走势高度一致，几乎没有时滞。从这个角度来看，我国玉米期货市场的价格引导功能以及现货市场价格的反馈功能与国际市场相比仍存在一定差距，需要继续完善玉米期货与现货市场间的价格传导机制。

第四节　大豆目标价格补贴政策的实施情况①

为促进粮食生产稳定发展，《国家粮食安全中长期规划纲要（2008—2020年）》和《全国新增1 000亿斤粮食生产能力规划（2009—2020年）》都明确提出了"探索建立目标价格补贴制度"的要求。在各种粮食作物中，大豆是对外开放程度最深、对外贸易依存度最高的品种，受国际价格波动、资金炒作等因素影响最大，价格波动最为剧烈。同时，由于大豆作物种植区域相对集中，而且是非主粮作物，2014年中央1号文件明确指出，"逐步建立农产品目标价格制度，启动东北三省和内蒙古大豆目标价格补贴试点"。东北三省和内蒙古认真贯彻落实中央要求，积极开展大豆目标价格补贴试点改革，截至2015年5月底，已基本完成目标价格改革一个完整周期。农产品目标价格补贴政策的基本内涵是"基于目标价格触发机制的差额补贴政策"，能够根据价格波动有针对性地给生产者提供价格风险保障，具有即不扭曲市场，又能有效保护生产者利益的机制特征。2014年我国正式启动大豆目标价格改革试点，但实施一年来并不顺利。

一、我国大豆价格改革的重要意义

2014年，我国正式启动大豆目标价格补贴试点。相较大豆临储政策，目标价格补贴政策具有以下优点。

（一）大幅提高农民种豆的积极性

由于临储政策对大豆收购质量的要求相对较高，农民难以达到，给了私商

① 本节的内容选自农业部软科学课题"东北大豆生产扶持政策研究"（课题编号：201312），课题主持人：陈辉。

粮贩可乘之机，临储政策带来的实惠多落入粮贩手中。发达国家的经验表明，通过农产品直接收储方式补贴农民收入的效率很低，只有15%～20%会惠及农民，其余则落入流通和储备环节。大豆目标价格补贴政策是直接对农户进行补贴，无论年景好坏，市场大豆价格高低，农民都能够按目标价格得到补贴，直接感受到政策带来的实惠，有利于激发农民种豆的积极性。

（二）充分发挥市场的调节作用

大豆目标价格是由政府根据大豆生产成本和合理收益制定的并预先公布的预期价格，主要用于核定农民补贴的价格标准。相较于临储政策直接作用于市场，目标价格虽然由政府发布，但不构成对市场价格的直接干预，而是通过直接补贴给农民的方式间接作用于市场，是对市场的间接调控，符合市场经济的要求，有利于市场发育和价格机制的形成。

（三）确保产业链各主体的利益

目前我国实施的大豆临储价格政策对农民、企业和国家的保护非常有限。在大豆价格下跌时，临储收购价起点低，农民按临储收购价拿不到多少实际好处；在市场价格上涨时，临储收购价又无实效，不能使农民增加收入。临储价格的合理定价较难，如果定价过高将导致市场大豆大量进入国储库，使加工企业因缺乏原料而陷入停产的困境。大豆目标价格补贴政策是政府依据这一时期产品成本和合理收益制定的，能正确反映大豆产品的价值，保证种豆农民的合理收益。同时，产区大豆加工企业可以按市场价格获得豆源，避免因临储价格定价过高使下游产品价格相对疲弱，从而陷入大规模停产的困境。

（四）减少不必要的财政负担

从2008年开始，我国启动大豆临储政策，并持续至2013年。大豆临储政策有效地保护了农民的收入，促进农民持续增收，但是也带来了一些问题。例如，中国大豆大量进入国库，而进口大豆充斥市场，国家临储大豆“顺价销售难”。除了储存大豆的保管费外，政府还要负担临储大豆收购的资金贷款利息、收购费用以及拍卖亏损等，而且补贴直接补在流通领域，增加了政府的财政负担。实施大豆目标价格补贴政策后，大豆的价格将由市场形成，收购主体将转为企业，即由企业去筹集资金收购、储存和加工等，有利于减轻财政负担。

二、我国大豆目标价格改革试点进程

按照党中央和国务院要求，2014 年各相关部委纷纷出台相关意见，指导落实目标价格补贴制度。为引导农民科学决策种植作物，5 月 17 日，国家发展改革委、财政部、农业部联合发布 2014 年大豆目标价格，为 4 800 元/吨。由于是第一次实施目标价格补贴制度，地方政府领导和农民对该制度理解还不透彻。为做好宣传解释工作，确保目标价格改革试点顺利推进，8 月 26 日，农业部网站刊出了对大豆目标价格改革的政策解读，对目标价格的确定方式、如何监测和确定市场价格以及补贴如何发放等备受关注的问题做出集中解释。

同时，国家发展改革委、财政部联合下发《关于印发大豆目标价格改革试点方案的通知》（发改价格［2014］1037 号），要求试点地区加快制定工作方案。11 月 18 日，财政部发布《关于大豆目标价格补贴的指导意见》（财建［2014］695 号）（以下简称《指导意见》），对目标价格补贴的指导思想、基本原则、主要内容和组织领导均提出了指导意见。根据《指导意见》，各试点地区根据本省份特点，加快制定了适合本地区的大豆目标价格改革试点方案，并上报有关部门批复。12 月初，国家发改委、财政部联合下发《关于大豆目标价格改革试点工作实施方案的批复》（发改价格［2014］2738 号），原则上同意黑龙江、吉林、辽宁和内蒙古的改革试点工作方案，提出大豆目标价格具体补贴方式可由各试点地区根据实际情况制定，要求各省份抓紧制定实施细则，确保补贴资金及时足额发放到实际种植者手中。截至 2015 年 1 月底，所有试点省份均制定出大豆目标价格改革试点工作实施细则。

三、农户对政策满意度

依据目标价格相关政策规定和各试点工作实施方案细则，一个完整的大豆目标价格改革试点政策周期主要包括目标价格水平的制定与公布、实施方案的制定与公布、政策内容宣传、种植面积核查、市场价格采集和补贴资金兑付等主要环节。为此，我们采用问卷调查法，对各环节进行农户满意度测评。

（一）目标价格水平的制定与公布环节

2014 年 5 月 17 日，国家正式公布大豆目标价格为 4 800 元/吨。从调研结果可得出如下结论。

1. 农户对目标价格水平整体满意度较高，但地区差异较大

从问卷调查统计结果看，有效样本 1 232 户（占样本总数的 98.9%）中，42.8%对目标价格水平满意，31.4%基本满意，二者合计 74.2%，25.8%不满意。其中，内蒙古豆农满意度最高（87.6%），吉林豆农满意度最低（54.8%），试点地区豆农对目标价格水平满意度都超过 50%。根据调查，满意的主要原因是单从大豆收益来看，如果农户最后大豆出售价能达到 2.4 元/斤，加上 2014 年试点地区大豆单产普遍高于正常年份，与 2013 年相比，大豆种植收入还是增加了。不满意的原因主要是按当年大豆和玉米的比价关系，大豆目标价格至少应达到每斤 2.7～2.8 元，种植效益才能和玉米基本持平。

2. 农户对目标价格公布时间满意度一般

从对东北三省和内蒙古有效样本 1 219 户（占样本总数的 97.1%）豆农问卷调查的统计结果看，35.9%的农户对目标价格水平公布时间满意，27.3%基本满意，二者合计 63.2%，36.8%不满意。主要原因是 5 月 17 日大部分试点地区大豆播种基本完成，此时已来不及调整生产计划，大豆目标价格水平高低对农户种植意愿的引导力非常弱。从试点区域来看，内蒙古豆农满意度最高，达到 76.5%，吉林豆农满意度最低，仅为 48.8%。主要原因是内蒙古大豆种植主要集中在呼伦贝尔，其纬度较高，处于第五、第六积温带，大豆播种时间比辽宁、吉林晚，所以目标价格公布时间对其影响不大；而吉林处于第三积温带，目标价格公布时间对大豆播种很关键。

（二）实施方案的制定与公布环节

从调研情况看，2014 年年底前农户对实施方案的知晓度较低。如表 3－8 所示，东北三省和内蒙古的《大豆目标价格改革试点具体实施方案》（以下简称《实施方案》）在 2014 年 8 月已制定完毕，但直到 2014 年 12 月 2 日才获得国家发改委、财政部批复，下发执行已是 2015 年 1 月。由于在《实施方案》批复之前，政府部门不知道怎么向农民宣传，也不敢向农民宣传，而《实施方案》批复之后，政府部门没有足够的操作时间，因此宣传工作比较仓促。从对东北三省和内蒙古豆农问卷调查的统计结果看，有效样本 1 245 户（占样本总数的 99.1%）中，50.4%知道实施方案，49.6%不知道。其中，辽宁和吉林知道实施方案的豆农比例都低于 40%。

表 3-8 豆农对目标价格实施方案知晓程度情况

单位：户，%

选项	内蒙古		辽宁		吉林		黑龙江		总体情况	
	样本	比例	样本	比例	样本	比例	样本	比例	样本	比例
知道	157	53	109	38.5	93	30.7	268	73.8	627	50.4
不知道	139	47	174	61.5	210	69.3	95	26.2	618	49.6
合计	296	100	283	100	303	100	363	100	1 245	100

数据来源：根据问卷整理。

（三）政策宣传环节

按照国家发改委批复的文件，各试点地区认真做好政策的宣传工作，明确了宣传培训的主导部门与主要职责。各主要负责部门制定了各省（区）《大豆目标价格改革宣传提纲》，印发了《大豆目标价格改革宣传册》，通过电视广播等大众媒体、报纸明白纸等平面媒体、走村入户宣传政策。从调研结果可得出如下结论。

1. 农户对政策宣传的整体满意度高

从对东北三省和内蒙古豆农问卷调查的统计结果来看（表 3-9），1 198 个有效样本中（占样本总数的 95.4%），46.8%对政策培训和宣传工作落实情况满意，42.7%基本满意，二者合计 89.5%，10.5%不满意。其中，辽宁豆农满意度最高，吉林豆农满意度最低，但都在 75%以上。黑龙江北安市 2014 年共印制了 2 万多份宣传单下发到各乡镇及农林场种植农户手中，做到大豆目标价格改革政策家喻户晓。但在少数地方，由于宣传不到位，部分农民将“目标价格”仍然理解为“临储价格”。例如，内蒙古扎兰屯市萨马街鄂温克乡哈拉口子村焉春雨说，“他们村里人都听说国家有保护价”。

表 3-9 豆农对政策培训和宣传工作落实情况的满意度

单位：户，%

选项	内蒙古		辽宁		吉林		黑龙江		总体情况	
	样本	比例	样本	比例	样本	比例	样本	比例	样本	比例
满意	109	39.9	106	37.7	108	38.3	238	65.7	561	46.8
基本满意	139	50.9	165	58.7	113	40.1	95	26.2	512	42.7

（续）

选项	内蒙古		辽宁		吉林		黑龙江		总体情况	
	样本	比例	样本	比例	样本	比例	样本	比例	样本	比例
不满意	25	9.2	10	3.6	61	21.6	29	8.1	125	10.4
合计	273	100.0	281	100.0	282	100.0	362	100.0	1 198	100.0

数据来源：根据问卷整理。

2. 政府部门是信息来源的主渠道

从对东北三省和内蒙古豆农问卷调查的统计结果来看，1 252 个有效样本中（占样本总数的 99.7%），63.3%知道 2014 年大豆目标价格，来源渠道依次是政府的电视电台广播、政府的宣传材料、政府工作人员的讲解、听邻居/亲戚/朋友说的、其他，比例分别为 31.9%、31.9%、17.4%、15.6%、3.2%。政府部门宣传是豆农获取大豆目标价格信息的主要渠道，占比最低的是吉林，但也达到 70%以上。

（四）种植面积核查环节

1. 农户对在册面积核查的结果满意度很高

从对东北三省和内蒙古豆农问卷调查的统计结果来看，有效样本 1 181 户（占样本总数的 94%）中，60.1%对种植面积核查结果满意，28.9%基本满意，二者合计 89%，11%不满意。例如，黑龙江省北安市在面积核查环节实行“三报、三查、三签字、三公示”制度。“三报”即由屯长将种植户报表详查把关后上报村委会，村委会核实后上报乡政府，乡政府抽查后上报大豆补贴领导小组办公室、统计局和财政部门，“三查”即屯长对每户农民种植面积进行详查，无误后报村委会，村委会组织人员逐户进行核查，无误后报乡镇政府，乡政府组织人员进行抽查，无误后上报大豆补贴领导小组办公室、统计局和财政部门，“三签字”即由种植者、村民委员会主任、乡镇负责人分别签字审核把关，“三公示”即屯公示到农户、村委会公示到屯、乡镇政府公示到村，公示方式确保所有补贴农户知情，公示时间不少于 7 天，各级都设有举报电话，并一同公布，接受群众监督，“三公示”原始材料和影像资料全部留存备查。

2. 农户对不在册耕地没有纳入补贴表示不理解

东北地区农户开垦荒地种植的现象普遍存在。据吉林敦化市农业局有关负责人反映，该市实际种植面积为16.9万公顷，但统计局上报的面积仅为7.8万公顷。黑龙江加格达奇区基层部门实施“一刀切”，按照土地面积的87%确定该地区大豆合法的实际种植面积。但农户普遍认为“开垦的荒地种植大豆也为国家作出了贡献，也应纳入补贴范围”。

（五）市场价格采集环节

由表3-10可知，2014年国家发改委监测的内蒙古、黑龙江、吉林、辽宁的大豆市场价格分别为4 190元/吨（2.095元/斤）、4 244元/吨（2.122元/斤）、4 318元/吨（2.159元/斤）、4 727元/吨（2.362元/斤）。从调研情况看，各省份农户对监测的市场价格均不满意。根据问卷统计，内蒙古、黑龙江、吉林、辽宁的大豆市场价格分别为1.82元/斤、1.95元/斤、2.10元/斤和2.25元/斤，分别比监测价格低0.275元/斤、0.172元/斤、0.059元/斤和0.112元/斤。大豆市场监测价格过高导致农户实际获得的补贴小于应得补贴，农户对市场价格并不满意。

表3-10　大豆市场监测价格与豆农实际出售价格差额

单位：元/斤，%

省份	2014年采集的市场价格	样本农户平均出售价格	价格差额	差额比率
内蒙古	2.095	1.82	0.275	15.11
黑龙江	2.122	1.95	0.172	8.82
吉林	2.159	2.10	0.059	2.81
辽宁	2.362	2.25	0.112	5.04

数据来源：根据问卷整理。

其主要原因有两个方面：一是试点地区农民多是“坐家”销售，实际出售价格为地头价，与监测点之间的差额为中间经纪人的利润；二是试点地区除新豆上市时，南方豆制品企业收购积极成交量较大外，采价期内其他月份市场购销不旺，处于“有价无市”，市场价格机制尚未形成，采价期结束后农民手中仍有较多余豆。截至2015年5月底，从对东北三省和内蒙古豆农问卷调查的统计结果看（表3-11），有效样本1 217户（占样本总数的96.9%）中，19.6%的豆农手中余豆达到50%以上。其中，内蒙古有7%的豆农手中余豆达到50%以上；辽宁有46%的豆农手中余豆达到50%以上；吉林有27.2%的豆农手中余豆达到50%以上；黑龙江有11.4%的豆农手中余豆达到50%以上。

表 3－11　2015 年 5 月底豆农大豆销售情况

单位：%，户

省份	出售比例	样本	占样本总数的比例
内蒙古	100	273	91.0
	80～99	6	2.0
	0～49	21	7.0
辽宁	100	56	22.0
	80～99	34	13.0
	50～79	52	20.0
	0～49	119	46.0
吉林	100	164	54.8
	80～99	54	18.1
	50～79	23	7.7
	0～49	58	19.5
黑龙江	100	197	74.1
	80～99	31	11.7
	0～49	38	14.3

数据来源：根据问卷整理。

（六）补贴资金兑付环节

从调研情况来看，农户对补贴资金兑付环节非常不满意。根据要求，“次年 4 月底前，中央财政将补贴资金拨付到试点省份；次年 5 月底前，试点省份将补贴资金足额兑付给实际种植者”。中央财政按照各省价差及国家统计局统计的 2014 年东北三省和内蒙古大豆产量（596 万吨），测算了各省份的补贴总额为 32.5 亿元，其中内蒙古 5 亿元、辽宁 1 800 万元、吉林 1.8 亿元、黑龙江 25.6 亿元，并于 4 月底前将补贴资金拨付到了省级财政部门。根据调查（表 3－12），大部分农户在 5 月底前并没有拿到补贴资金。从对东北三省和内蒙古豆农问卷调查的统计结果来看，截至 2015 年 6 月初，受调查的豆农都没有拿到大豆目标价格补贴资金。据黑龙江省大豆协会统计，截至 7 月 15 日，全省 80 个市、县（含农垦总局）中有 73 个市县、发放完毕，只有个别市、县因补贴资金缺口较大，尚在核实发放中。部分实际种植者并没有拿到补贴或没有全部拿到。内蒙古阿荣旗六合镇东山屯村民吕永清说，2014 年他种了 140 亩大豆，其中 90 多亩是从那吉屯二分场七队承包的，核查面积时，场领导说租地的时候没有经过队里，补贴跟实际种植者没有关系。黑龙江大兴安岭地区加格达奇区种植大户李景娣 2014 年承包了千亩耕地种植大豆，虽然是实际种植者，但和出租方签的协议是按 6∶4 的比例分补贴款，他只能拿到六成补贴款。

表 3-12　农户对目标价格补贴政策各环节满意度

单位：%

各环节	具体环节	基本满意以上比例	总体评价
目标价格水平制定与公布环节	目标价格水平制定	74.2	较高
	目标价格公布时间	63.2	一般
实施方案的制定与公布	实施方案知晓度	50.4	较低
政策内容宣传	宣传满意度	89.5	高
种植面积核查	在册地核查	89.0	高
	不在册地核查		低
市场价格采集	市场监测价格		低
补贴资金兑付	足额按时兑付		低

数据来源：根据问卷整理。评价时，比重在 80%～100%为高，60%～80%为较高，40%～60%为一般，20%～40%为较低，0～20%为低。

（七）农户总体满意度与影响

从调查来看，农户对目标价格政策的总体满意度较低。农户对政策满意与否，直接表现在来年的种植行为上。从对东北三省和内蒙古豆农问卷调查的统计结果来看，有效样本 1 223 户（占样本总数的 97.4%）中，58.4%的受调查农户表示继续种，21.7%表示不种大豆了，19.9%表示看天气和补贴发放情况再定。如果 2015 年继续种大豆，从调研结果来看，有效样本 1 043 户（占样本总数的 83.04%）中，53.6%的受访农户表示将会比 2014 年少种些，30.5%表示种得一样多，只有 15.9%表示将会多种些。可见，受访农户种植大豆的意愿明显减弱。在目前的大豆目标价格水平下，农民种植玉米的意愿更强烈。根据 1 106 户问卷调查结果，85.1%的农户表示如果 2015 年不种植大豆了会选择种玉米，5.6%表示会种小麦，选择种植其他作物的占 9.3%。

四、流通企业对政策的满意度

我们共调查流通企业 39 家，其中黑龙江省黑河市企业 10 家，内蒙古呼伦贝尔市企业 11 家，吉林省延边朝鲜族自治州企业 5 家、吉林市企业 13 家。调查的企业均为民营企业。

（一）流通企业普遍赞同目标价格政策

从调查结果看（表 3－13），51.3％的流通企业认为目标价格政策对流通企业来说是好事，而且对大豆产业长远发展是有利的。从调查统计结果看，56.4％的流通企业认为目标价格政策比临时收储政策好；51.3％的流通企业认为目标价格政策对流通企业的发展好；61.5％的流通企业认为目标价格政策对大豆产业的发展好；71.8％的流通企业表示 2015 年准备继续保持或扩大大豆收购规模（其中 33.3％的流通企业要扩大规模，38.5％的企业规模不变）。

表 3－13　流通企业对目标价格政策的看法

单位：%

省份	目标价格政策比临时收储政策				目标价格政策对流通企业的发展			目标价格政策对大豆产业的发展			2015 年企业大豆收购规模			
	好	一样	坏	不知道	好	不好	不知道	好	不好	不知道	扩大	不变	缩小	不知道
内蒙古	63.6	18.2	18.2		54.5	27.3	18.2	54.5	45.5		27.3	63.6	9.1	
吉林	38.9	5.6	11.1	44.4	44.4	11.2	44.4	55.6	22.2	22.2	27.8	22.2	44.4	5.6
黑龙江	80.0		10.0	10.0	60.0	20.0	20.0	80.0	10.0	20.0	50.0	40.0		10.0
合计	56.4	7.7	12.8	23.1	51.3	17.9	30.8	61.5	25.6	15.4	33.3	38.5	23.1	5.1

数据来源：根据问卷整理。

（二）流通企业对政策宣传工作满意

从对东北三省和内蒙古 39 家流通企业问卷调查的统计结果看，51.3％对政策培训和宣传工作落实情况满意，43.6％基本满意，二者合计 94.9％，5.1％不满意。38 家知道 2014 年大豆目标价格，来源渠道依次是政府的电视电台广播、政府工作人员的讲解、听邻居/亲戚/朋友说的、政府的宣传材料，比例分别为 55.1％、15.8％、15.8％、13.3％。

（三）流通企业市场意识明显提高

实施目标价格政策后，流通企业的市场风险明显加大，市场竞争意识加强，主要表现在收购数量变化、收购时对质量和价格的关注等方面。从对东北三省和内蒙古39家流通企业问卷调查统计结果看（表3－14），大豆市场价格采价期（2014年10月至2015年3月），51.3%的流通企业大豆收购数量比上年减少了；51.3%的流通企业收购大豆时对质量的要求提高了；59%的流通企业对大豆价格关注程度增加了。从收购行为看，贸易商收购大豆更加理性，大部分贸易商都先卖货、后收粮，锁定利润，不囤积。

表3－14　目标价格政策下流通企业市场意识变化情况

单位:%

省份	采价期大豆收购数量			收购时对大豆质量要求			对大豆价格关注程度		
	比上年多	和上年一样	比上年少	比以前高	和以前一样	比以前低	增加	和以前一样	减少
内蒙古	27.3	18.2	54.5	54.5	45.5		54.5	18.2	27.3
吉林	38.9	11.1	50.0	38.9	27.7	33.3	61.1	22.2	16.7
黑龙江	20.0	30.0	50.0	70.0	30.0		60.0	40.0	
合计	30.8	17.9	51.3	51.3	33.3	15.4	59.0	25.6	15.4

数据来源：根据问卷整理。

五、加工企业满意度调查

此次共调查了19家企业，其中黑龙江省黑河市企业5家，内蒙古呼伦贝尔市企业4家，吉林省延边朝鲜族自治州和吉林市企业各2家，辽宁省大连市企业6家。调查企业均为民营企业，其中部分是小豆腐作坊和小榨油坊。

（一）加工企业普遍认同目标价格政策

加工企业认为临储政策保护了农民，但伤害了企业。从调查结果看（表3－15），19家受访的加工企业中，7家企业对大豆目标价格改革满意，4家基本满意；6家认为目标价格政策比临储政策好；8家认为目标价格政策对加工企业的发展好；8家认为目标价格政策对大豆产业发展有利。内蒙古阿荣旗淳江油脂分公司经理代立杰说："实行目标价格政策后，价格由市场供求决定，企业可以随行就市买豆子，是个利好消息。”

表 3-15　目标价格政策下加工企业市场意识变化情况

单位：%

项目	目标价格政策比临储政策				目标价格政策对企业发展			目标价格政策对产业发展		
	好	一样	坏	不知道	好	不好	不知道	好	不好	不知道
频数	9	2	3	5	12	4	3	13	3	3
比例	47.4	10.5	15.8	26.3	63.2	21.1	15.8	68.4	15.8	15.8

数据来源：根据问卷整理。

（二）加工企业生产经营状况有所好转

实施目标价格政策后，加工企业的生产经营状况是否好转是评价大豆目标价格政策是否取得成效的重要依据之一。从对东北三省和内蒙古 19 家加工企业问卷调查的统计结果看（表 3-16），7 家采价期（2014 年 10 月至 2015 年 3 月）购买的大豆比上年同期少；12 家对大豆价格关注程度比以前增加；7 家开工率比以前高；6 家 2015 年准备扩大生产规模。整体来看，加工企业生产经营状况较以前有所好转，表明大豆目标价格政策对加工企业的发展具有一定的促进作用。

表 3-16　目标价格政策下加工企业市场意识变化情况

单位：%

项目	采价期大豆收购数量			生产开工率比同期			2015 年生产规模		
	比上年多	和上年一样	比上年少	高	不变	低	扩大	不变	缩小
频数	10	2	7	5	10	4	8	10	1
比例	52.6	10.5	36.8	26.3	52.6	21.1	42.1	52.6	5.3

数据来源：根据问卷整理。

第五节　大豆目标价格改革效果评析①

从各地大豆目标价格改革的方案看，“市场决定价格”和“保障基本收益”

① 本节的内容选自农业部软科学课题“大豆目标价格补贴政策研究”（课题编号：201516-1），课题主持人：徐雪高。

是改革试点的目标。“市场决定价格”，指大豆价格由市场供求形成，政府不干预市场价格；“保障基本收益”，指当市场价格下跌过多时政府通过补贴保障农民基本收益。下文主要从这两个角度进行评析。

一、目标价格改革对市场的影响

开展大豆目标价格改革试点的目标是要让市场充分发挥作用，大豆市场也出现了一些新的变化。

（一）国内外大豆现货市场价格走势仍保持一致，但价格联系趋于弱化

目标价格改革后，国内外大豆价格走势保持一致，国内现货市场价格持续下跌（图 3）。2014 年 6 月，由于美国农业部预测全球大豆产量将创新高，国际大豆价格持续下跌。受国际市场的影响，国内大豆价格也保持下跌的态势。特别是 2014 年 11 月以来，国内主产区黑龙江和主销区山东大豆价格持续下跌，与国际价格走势基本保持一致。

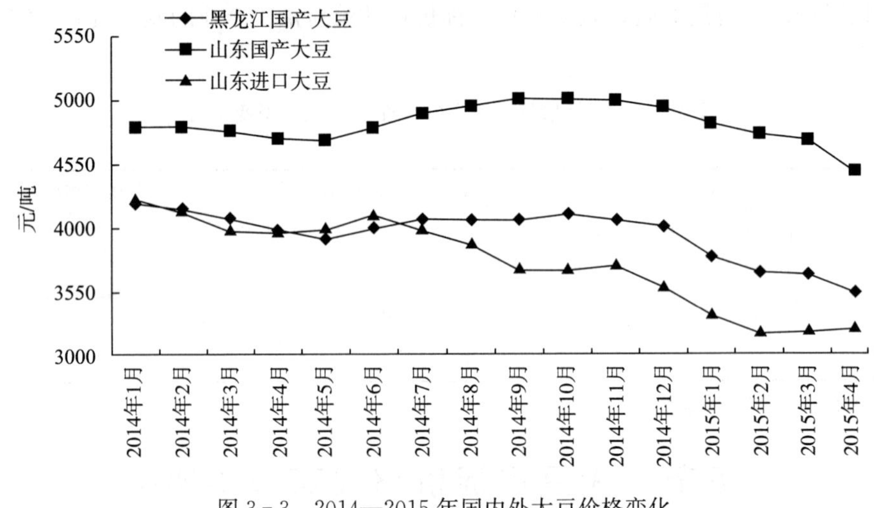

图 3-3　2014—2015 年国内外大豆价格变化

国内外大豆现货价格联系趋于弱化。我国从 2008 年开始实行大豆临储政策，到 2014 年 4 月底正式结束。因此，可以临储政策结束期为界线进行分析。从现货市场联动性来看，以山东地区国产大豆入厂价代表国内现货价格，以山东地区进口大豆到岸税后价代表国际现货价格，对 2008 年 1 月至 2014 年 4 月

的大豆日度数据进行相关性分析，发现国内外大豆的相关系数达到 0.88。然而，以两者 2014 年 5 月至 2015 年 4 月的数据进行分析时，发现两者的相关系数仅为 0.42。这说明，在实行目标价格后，国内外大豆现货市场的联动性变弱了。

国内外大豆现货价差呈扩大趋势。从现货市场价差来看，实行目标价格改革后，国内外价差呈扩大趋势。如图 3-4 所示，2014 年以来，国内大豆价格持续高于国际，国内外大豆价差持续扩大。2015 年 2 月，国内外价差达到创纪录的 0.78 元/斤。

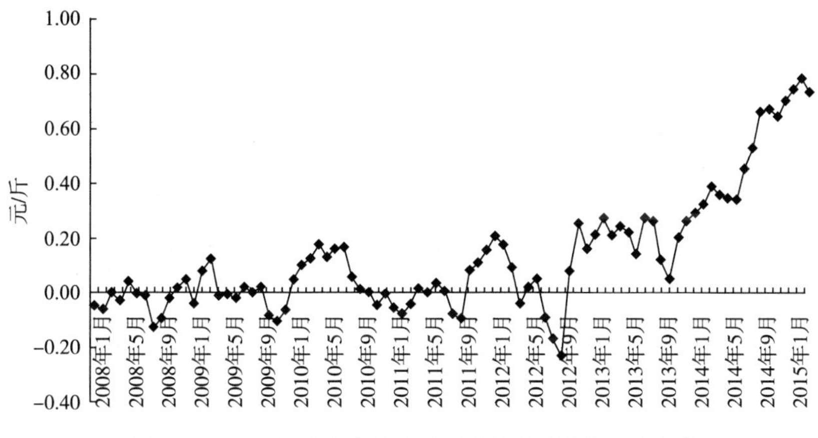

图 3-4　2008 年以来山东地区国内外大豆价格价差变化

注：国内大豆价格为山东地区国产大豆入厂价，国际大豆价格为山东进口大豆到岸税后价。

（二）国内期货市场趋于活跃，而且国内外大豆期货市场联系紧密

实施目标价格改革后，国内大豆期货市场交投明显活跃。2014 年 1 月 19 日中央 1 号文件发布，明确提出年内启动大豆目标价格补贴试点。自 1 月 20 日开始的一周时间里，每天成交量均超过 10 万手，持仓量日均 25 万手，较前一周均值分别增长 33%、15%。5 月 17 日大豆目标价格公布后，黄大豆 1 号（豆一）交易明显活跃，成交量和持仓量快速增加，5 月 28 日，成交量约达 97 万手，持仓量约达 76 万手，是近年来高点。

从成交量变化情况看（图 3-5），豆一期货在 2013 年月均成交量仅为 91.6 万手，全年总成交为 1 099 万手，成为自豆一上市以来成交状况最差的一

年。2014 年豆一月平均成交 226 万手，全年总成交 2 719 万手，较 2013 年增加近一倍，接近 2011 年的市场状况。5 月和 9 月的月度成交量达到 400 万手，下半年市场成交进一步明显增长。从持仓量变化情况看，2014 年豆一期货的月末持仓水平较 2013 年有明显增加。2014 年 5 月末持仓量达到年内最高的 34.6 万手，最低为年初 1 月的 10.7 万手，月均持仓量达到 24 万手，而 2013 年最高月末持仓量为 18.6 万手，最低为 8.2 万手，年度均值为 13.5 万手。2014 年月均持仓量较 2013 年增加了 1 倍。

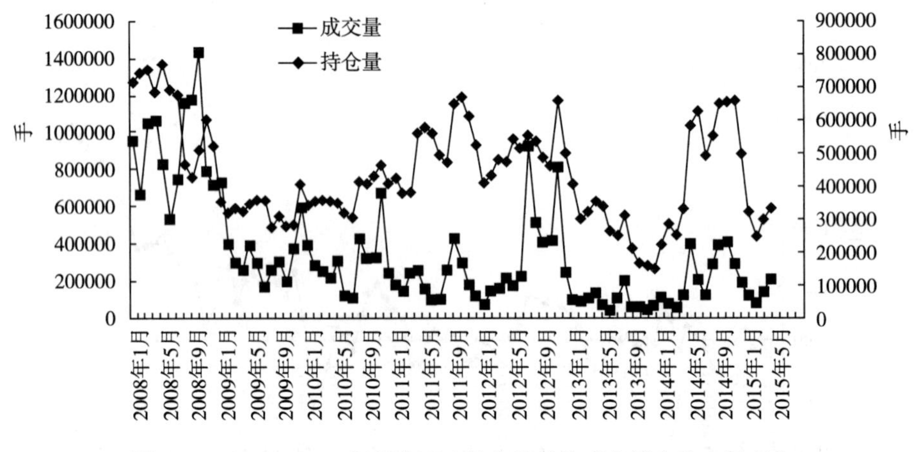

图 3-5　2008—2015 年黄大豆 1 号合约月均成交量和持仓量变化

数据来源：Wind 数据库。

国内外期货市场走势仍保持一致，联系趋于紧密。从国内外大豆月度价格走势来看，实施临储政策时，大连商品交易所（DCE）大豆期货价格与芝加哥期货交易所（CBOT）大豆期货价格走势基本一致，大连商品交易所（DCE）大豆期货价格的波动幅度相对较小，但比芝加哥期货交易所（CBOT）大豆期货价格高；实施目标价格政策时，大连商品交易所（DCE）大豆期货价格与芝加哥期货交易所（CBOT）大豆期货价格走势基本一致，总体呈下降趋势，且价差减小。

与实施临储政策相比，实施目标价格政策时，国内外大豆期货价格之间相关性增强。我们以临储政策出台为界，选择 2009 年 5 月至 2014 年 4 月（即 2009 年第 18 周至 2014 年第 17 周）和 2014 年 5 月至 2015 年 5 月（即 2014 年第 18 周至 2015 年第 22 周）两个时间段的国内外大豆期货价格。通过相关性分析发现，大连商品交易所（DCE）大豆期货价格与芝加哥期货交易所（CBOT）大豆期货价格相关系数为0.591；实施目标价格政策时，大连商品交易所（DCE）大豆期货价格与芝加哥期货交易所（CBOT）大豆期货价格的相关系数为0.903。

（三）国内大豆现货期货市场价格走势一致，但联系减弱

从国内大豆现货和期货月度价格走势来看，国内大豆现货与期货价格走势基本一致。从数据相关性来看（图3-6），2008年10月至2014年4月，国内现货与期货价格的相关性为0.85；而加入目标价格实施阶段数据后，即2008年10月至2015年4月，国内外大豆期现货价格的相关性降为0.81。

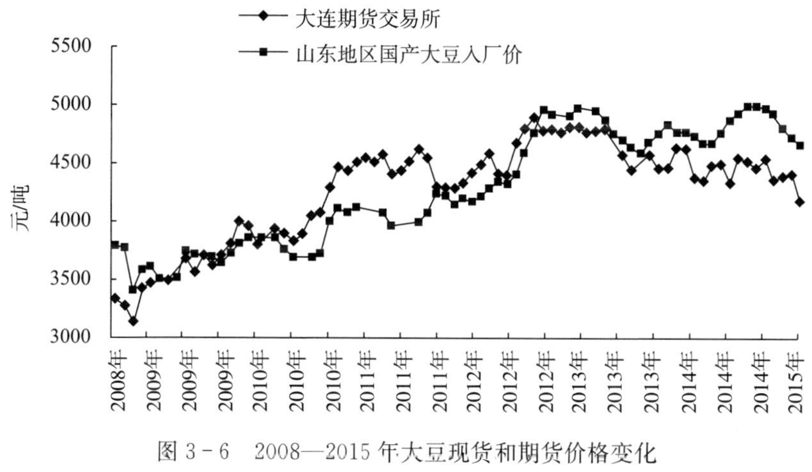

图3-6　2008—2015年大豆现货和期货价格变化

（四）大豆销售进度比以往明显放缓，市场持续有价无市

除大豆开秤时成交量较大之外，11月以后大豆基本处于有价无市的境状。一方面由于国际大豆价格持续下跌，产区大豆压榨企业不愿收购大豆；另一方面由于大豆价格太低，农民惜售心理严重，整个市场呈现有价无市，大豆销售进度比以往明显放缓。内蒙古自治区农牧业部门调查，除部分农户急于备耕或缺乏存储条件，不得不低价销售外，其余农户的惜售心理逐渐增强。截至2015年4月15日，内蒙古大豆主要产区呼伦贝尔市的大豆销售进度为40%～50%，40余万吨大豆出现“卖难”现象。

二、目标价格改革对农民收入的影响

从试点地区效果看，农户种植收益基本得到保障。根据国家发改委农产品成本收益调查，2014 年试点地区净利润和现金收益分别约为 135 元/亩和 450 元/亩，同比分别增加 110 元/亩和 120 元/亩。

（一）黑龙江

从纵向对比来看，黑龙江省 2014 年大豆种植的亩均收益较 2013 年有所上升。黑龙江省 2014 年种植大豆的净利润为 30.98 元/亩，加上目标价格补贴的 60.50 元/亩，合计 91.48 元/亩，较 2013 年的亩均净利润上升 116.79 元/亩。不考虑自有人工和自有土地的成本，加上目标价格补贴，黑龙江省 2014 年的亩均现金收益为 390.98 元/亩，较 2013 年增长 46.8%，大豆种植户的收益基本得到保障（表 3－17）。

从横向对比来看，黑龙江省 2014 年大豆较玉米的比较收益有所上升，但仍处于劣势地位。加上目标价格补贴后，2014 年黑龙江省大豆种植的亩均净利润为 91.48 元/亩，但仅为当年玉米种植的 45%。不考虑自有人工和自有土地的成本，大豆的亩均现金收益约为玉米的 60%（表 3－17）。现有的大豆目标价格水平不足以弥补大豆和玉米的比较收益差距。从 2014 年的情况来看，大豆的目标价格至少要提高到 2.67 元/斤，种植大豆的亩均净利润才能与玉米持平。不考虑自有人工和自有土地的成本，大豆的目标价格至少要提高到 3.15 元/斤，种植大豆的现金收益才基本可以与玉米实现持平。

表 3－17　2013—2014 年黑龙江省大豆、玉米成本收益分析

项　目	单位	2013 年		2014 年	
		大豆	玉米	大豆	玉米
主产品产量	千克/亩	131.50	474.80	159.60	506.29
产值合计	元/亩	607.33	1 017.98	681.18	1 092.06
主产品产值	元/亩	594.70	1 001.35	669.37	1 073.88
副产品产值	元/亩	12.63	16.63	11.81	18.18
总成本	元/亩	632.64	867.19	650.20	888.76
生产成本	元/亩	360.08	562.43	355.02	561.28

（续）

项　目	单位	2013 年		2014 年	
		大豆	玉米	大豆	玉米
物质与服务费用	元/亩	220.79	341.99	215.28	335.10
人工成本	元/亩	139.29	220.44	139.74	226.18
家庭用工折价	元/亩	110.30	190.33	112.72	196.19
雇工费用	元/亩	28.99	30.11	27.02	29.99
土地成本	元/亩	272.56	304.76	295.18	327.48
流转地租金	元/亩	91.20	67.17	108.40	71.09
自营地折租	元/亩	181.36	237.59	186.78	256.39
净利润	元/亩	−25.31	150.79	30.98	203.30
目标补贴	元/亩			60.50	
现金成本	元/亩	340.98	439.27	350.70	436.18
现金收益（含目标价格补贴）	元/亩	266.35	578.71	390.98	655.88
净利润（含目标价格补贴）	元/亩	−25.31	150.79	91.48	203.30
现金收益比（大豆/玉米）	%		46.02	59.61	

数据来源：《全国农产品成本收益资料汇编》。

（二）内蒙古

从纵向对比来看，内蒙古 2014 年大豆种植的亩均收益较 2013 年大幅下降。内蒙古 2014 年种植大豆的净利润为 62.63 元/亩，加上目标价格补贴的 36.56 元/亩，合计 99.19 元/亩，较 2013 年的亩均净利润下降 136.71 元/亩。不考虑自有人工和自有土地的成本，加上目标价格补贴，内蒙古 2014 年的亩均现金收益为 319.73 元/亩，较 2013 年下降约 33.7%，大豆种植户的收益未能得到有效保障（表 3-18）。

从横向对比来看，内蒙古 2014 年大豆较玉米的比较收益劣势进一步扩大。加上目标价格补贴后，2014 年内蒙古大豆种植的亩均净利润为 99.19 元/亩，但仅为当年玉米种植的 26%。不考虑自有人工和自有土地的成本，大豆的亩均现金收益约为玉米的 37%（表 3-18）。目标价格政策改革试点实施后，内蒙古大豆较玉米的比较收益劣势进一步加剧，主要是因为 2014 年内蒙古大豆的单产和价格都有所下降，但生产成本上升较快。

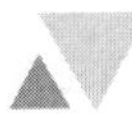

表 3-18　2013—2014 年内蒙古大豆、玉米成本收益分析

项　目	单位	2013 年		2014 年	
		大豆	玉米	大豆	玉米
主产品产量	千克/亩	152.16	539.13	130.88	553.08
产值合计	元/亩	720.81	1 211.04	562.20	1 272.14
主产品产值	元/亩	693.33	1 171.99	540.63	1 231.99
副产品产值	元/亩	27.48	39.05	21.57	40.15
总成本	元/亩	484.91	894.80	499.57	895.45
生产成本	元/亩	335.29	678.42	283.47	669.60
物质与服务费用	元/亩	224.90	374.49	209.17	368.79
人工成本	元/亩	110.39	303.93	74.30	300.81
家庭用工折价	元/亩	110.09	266.97	52.97	272.08
雇工费用	元/亩	0.30	36.96	21.33	28.73
土地成本	元/亩	149.62	216.38	216.10	225.85
流转地租金	元/亩	13.70	11.24	48.53	20.68
自营地折租	元/亩	135.92	205.14	167.57	205.17
净利润	元/亩	235.90	316.24	62.63	376.69
目标补贴	元/亩			36.56	
现金成本	元/亩	238.90	422.69	279.03	418.20
现金收益（含目标价格补贴）	元/亩	481.91	788.35	319.73	853.94
净利润（含目标价格补贴）	元/亩	235.90	316.24	99.19	376.69
现金收益比（大豆/玉米）	%		61.13	37.44	

数据来源：《全国农产品成本收益资料汇编》。

（三）吉林

从纵向对比来看，吉林省 2014 年大豆种植的亩均收益较 2013 年大幅下跌。吉林省 2014 年种植大豆的净利润为－122.63 元/亩，加上目标价格补贴的 54 元/亩，合计为－68.63 元/亩，较 2013 年的亩均净利润下降 83.66 元/亩。不考虑自有人工和自有土地的成本，加上目标价格补贴，吉林省 2014 年的亩均现金收益为 395.97 元/亩，较 2013 年下降约 20%，大豆种植户的收益未能得到有效保障（表 3-19）。

从横向对比来看，吉林省 2014 年大豆较玉米的比较收益劣势进一步扩大。

加上目标价格补贴后，2014 年吉林省大豆种植的亩均净利润为－68.63 元/亩，亩均亏损高于玉米 45.34 元/亩。不考虑自有人工和自有土地的成本，大豆的亩均现金收益约为玉米的 63.44%，较之 2013 年的 75.53%，下降约 12 个百分点（表 3－19）。目标价格政策改革试点实施后，吉林省大豆较玉米的比较收益劣势进一步加剧。

表 3－19　2013—2014 年吉林省大豆、玉米成本收益分析

项　目	单位	2013 年		2014 年	
		大豆	玉米	大豆	玉米
主产品产量	千克/亩	175.96	547.42	163.79	523.97
产值合计	元/亩	818.03	1 208.71	702.39	1 174.75
主产品产值	元/亩	804.29	1 184.55	688.13	1 151.04
副产品产值	元/亩	13.74	24.16	14.26	23.71
总成本	元/亩	803.00	1 142.13	825.02	1 198.04
生产成本	元/亩	527.75	817.80	536.09	817.61
物质与服务费用	元/亩	271.97	406.24	263.48	384.34
人工成本	元/亩	255.78	411.56	272.61	433.27
家庭用工折价	元/亩	244.26	313.96	222.53	318.13
雇工费用	元/亩	11.52	97.60	50.08	115.14
土地成本	元/亩	275.25	324.33	288.93	380.43
流转地租金	元/亩	39.43	49.39	46.86	51.09
自营地折租	元/亩	235.82	274.94	242.07	329.34
净利润	元/亩	15.03	66.58	－122.63	－23.29
目标补贴	元/亩			54.00	
现金成本	元/亩	322.92	553.23	360.42	550.57
现金收益（含目标价格补贴）	元/亩	495.11	655.48	395.97	624.18
净利润（含目标价格补贴）	元/亩	15.03	66.58	－68.63	－23.29
现金收益比（大豆/玉米）	%		75.53	63.44	

数据来源：《全国农产品成本收益资料汇编》。

（四）辽宁

从纵向对比来看，辽宁省 2014 年大豆种植的亩均收益较 2013 年大幅下跌。2014年辽宁遭遇罕见的旱灾，部分生产区域受灾情况较严重，大豆的主要生产区域沈阳新民、大连瓦房店、葫芦岛、阜新、朝阳等地均在受灾范围内，导致全省平均单产减少，生产总量下降，而总成本上升，种植效益降低，加上目标价格补贴后亩均净利润仅为－88.82元/亩，较2013年下降156%，处于亏损状态。不考虑自有人工和自有土地的成本，加上目标价格补贴，辽宁省2014年的亩均现金收益为392.99元/亩，较2013年下降约40%。目标价格补贴在一定程度上提升了大豆种植户抗击风险的能力，但未能完全弥补种植亏损。

从横向对比来看，辽宁省2014年大豆较玉米的比较收益劣势进一步扩大。加上目标价格补贴后，2014年辽宁省大豆种植的亩均净利润为－88.78元/亩，亩均净利润低于玉米141.78元/亩。不考虑自有人工和自有土地的成本，大豆的亩均现金收益约为玉米的58.62%，较之2013年的89.18%，下降30.56个百分点（表3－20）。目标价格政策改革试点实施后，辽宁省大豆较玉米的比较收益劣势进一步加剧。其主要因为是玉米生产受温度和降雨的影响不像大豆那么敏感，产量较为稳定，风险较小，加之玉米的生产和收获更容易实现机械化作业，在劳动力成本日益增长的背景下，大豆种植相对于玉米种植的比较收益将进一步下降，农户在追求种植收益最大化的目标下仍将更多地选择种植玉米。

表3－20　2013—2014年辽宁省大豆、玉米成本收益分析

项　目	单位	2013年		2014年	
		大豆	玉米	大豆	玉米
主产品产量	千克/亩	186.93	503.67	141.66	473.04
产值合计	元/亩	954.73	1 164.63	686.85	1 120.12
主产品产值	元/亩	935.89	1 136.20	668.66	1 092.23
副产品产值	元/亩	18.84	28.43	18.19	27.89
总成本	元/亩	796.26	1 003.50	783.18	1 067.12
生产成本	元/亩	539.95	756.17	529.18	744.99
物质与服务费用	元/亩	249.37	366.54	270.13	373.39
人工成本	元/亩	290.58	389.63	259.05	371.60
家庭用工折价	元/亩	262.68	341.84	246.86	323.49
雇工费用	元/亩	27.90	47.79	12.19	48.11

（续）

项　目	单位	2013年		2014年	
		大豆	玉米	大豆	玉米
土地成本	元/亩	256.31	247.33	254.00	322.13
流转地租金	元/亩	27.52	21.49	19.05	28.17
自营地折租	元/亩	228.79	225.84	234.95	293.96
净利润	元/亩	158.47	161.13	−96.33	53.00
目标补贴	元/亩			7.55	
现金成本	元/亩	304.79	435.82	301.37	449.67
现金收益（含目标价格补贴）	元/亩	649.94	728.81	393.03	670.45
净利润（含目标价格补贴）	元/亩	158.47	161.13	−88.78	53.00
现金收益比（大豆/玉米）	%		89.18	58.62	

数据来源：《全国农产品成本收益资料汇编》。

三、目标价格改革对中央财政的影响

我国大豆价临储政策的目的是保护农民收入和提高产量。但是，在市场经济条件下，产量越高价格越低，为保护农民种粮收益只能反复提高收购价托底，越托产量越高，价格越上不去。在这种恶性循环中，国家背上了沉重的财政包袱。对大豆而言，不断提高的临储价格导致大豆大量进入国家储备库，同时临储大豆价格高于市场价，导致“顺价销售难”，进一步增加了财政负担。2009年国家开始拍卖临储大豆，但大豆拍卖几乎无人问津。据中华油脂网统计，自2010年12月至2011年10月，国家共举行21次临储移库大豆竞拍，累计销售627.11万吨，实际成交1.61万吨，成交率仅为0.26%。2012年5月，国家牺牲了近年来用于储存临储豆的仓库管理费用、贷款利息等，以低于当时大豆市场收购价格约200元/吨的价格进行拍卖，国家临储东北大豆才首次成功拍卖，成交率为54.7%。当时拍卖的是2008年国家临储大豆，临储价为3 700元/吨，当年收储725万吨，需贷款268.25亿元。按4.5%的年优惠贷款利率计算，这些大豆存储一年的利息将高达12.1亿元。随着逐年提高的临时收储价推高的国内价格高于国际价格的年份越来越多，顺价拍卖越来越难实现，国家财政负担越来越重。

建立目标价格补贴政策之后，大豆收购主体不再是中储粮一家，收购主体多元化，社会仓储资源得以充分利用。同时，目标价格的预先公布对于市场价格运行具有一定的导向作用，长远地、动态地来看，市场价格将与目标价格越来越接近，有利于稳定价格甚至减轻财政负担。从 2014 年的实施效果来看，国家实行大豆目标价格改革后，财政支出总共为 32.5 亿元。如果仍然实行大豆临储，按临储价 2.3 元/斤，临储量按 500 万吨（东北三省和内蒙古产量为 596 万吨，除去一些优质大豆如芽豆高于临储价，在国际大豆价格大幅低于国内大豆价格的背景下，假定有 500 万吨要进入临储库）估算，需要收购资金 184 亿元。以 1～3 年中长期贷款利率 4.75%计算，如果临储大豆两年出库，大豆收购贷款贴息需要支付资金利息 21.85 亿元。根据财政部关于《最低收购价等中央政策性粮食库存保管费用补贴拨付方案的通知》，大豆保管费按照每年 86 元/吨计算，2 年需要支付保管费用 8.6 亿元。大豆收购费按 50 元/吨计算，共需支出 2.5 亿元。两年后大豆临储拍卖，根据目前大豆市场行情估算，未来两年大豆价格仍将在低位运行，估计价格为 2.1 元/斤，即每吨要亏 400 元，假定全部拍出，拍卖差价亏损 16 亿元。因此，如果 2014 年仍然实行临储收购，国家财政至少要支出 48.95 亿元。

第四章

建立财政支农体系

第一节　财政支农体制的演进历程[①]

中国财政支农的重点在不同社会经济阶段各有侧重。1994 年是以分税制为核心的财税体制的重大改革点，而 2004 年则是中央强调财政支农工作的重要节点。总体来看，中国财政支农体制建设可以分为 4 个阶段。

一、改革开放前的财政支农体制建设阶段（1949—1977 年）

中华人民共和国成立后，国家财政由战时财政过渡到建设财政，财政管理体制分设为中央、大区、省（市、自治区）三级财政。1953 年后撤掉大区，增设县级财政。尽管各级财政集中管理形式、集中程度有所不同，但却始终沿着“统一领导，分级管理”的方向前进。1952 年，我国人均 GDP 仅有 119.4 元（约合 50 美元），农业占 GDP 比例为 51%，第一产业就业比例达到 83.5%。这个时期，农业在国民经济总量中占具绝对优势。为了尽快摆脱“一穷二白”的落后局面，实现由农业国向工业国的转变，国家选择并实行了重工业优先和向城市倾斜的发展战略。为实现这个战略，国家实行高度集中的计划经济体制。财政支农政策必然要服从服务于重工业优先发展国家战略的大局，国家财政不仅对农业没有更多投入和支持，反而要求农业为工业化提供大量资金支持。这一阶段农业财政投入非常少，增长缓慢且不稳定。为应对自然灾害，1960 年国家增加了对农业基础设施和农业生产的投入，但依然处于时增

① 本节的内容选自农业部软科学课题“创新财政支农机制研究”（课题编号：D201756），课题主持人：刘启明。

时减的波动阶段。1964—1970年，财政支农总量又呈现下降趋势，财政支农资金占财政总支出的比例从17.01%下降到7.61%。长年累月，形成了对于农民的“多取、少予”的财政支农格局和体系，加之我国户籍制度对于城乡人口流动的限制，逐渐形成并固化了城乡二元经济结构。

这一时期，财政支农资金流向比较单一，主要用于兴修水利、支持农业机械化和救济农村贫困人口等，用于农村教育、卫生、文化等社会事业的支出很少。财政支农资金的管理主要包括两大方面：一是支农资金的管理。支农资金通常由政府直接拨付，采取“重点使用、照顾一般”的原则，重点向农村贫困地区和受灾地区拨付款项，具有很强的目的性和指向性。二是农民合作社或人民公社资金的管理。政府坚持合作社资金和人民公社资金的民主管理，实行生产民主化、分配民主化、财务民主化。

二、改革开放初期的财政支农体制建设阶段（1978—1993年）

家庭联产承包责任制极大地激发了农民从事生产的积极性，使得农业的生产迎来了春天。这一时期的中国，还面临计划经济时期遗留的一系列问题。长期实行的计划经济体制以及重工业与城市优先发展战略，使得我国国民经济结构处于严重失衡状态，“重生产、轻生活”，片面追求“高积累、低消费”，以及长期激烈的政治运动，造成我国经济、政治、文化等多方面的瘫痪局面，使得我国农业发展停滞不前，粮食和农产品生产始终处于短缺状态。刺激生产、满足人口日益增长和经济社会发展的需要成为这一时期工作的重心。该时期的财政支农以农产品的价格调整为主，目的在于保障农民收入，同时促进农产品特别是粮食的生产。

在财政管理体制方面，国家采取了“放权让利”的政策，以利改税为突破口，以“分灶吃饭”的财政包干体制替代过去高度集中的统收统支管理体制。财政支农资金开始实施自下而上的预算审批制度，增加地方政府特定支农项目的资金管理权限。国家财政在支援农村生产支出中，在特大抗旱防汛补助费和支援不发达地区资金之外，将农业基础设施建设的小型农田水利资金包干给地方，农村教育、卫生等支出责任也交给地方财政，列入地方包干基数，由地方管理使用，并慢慢形成了“地方包干基数内支出＋中央专项拨款补助”体制。支农项目立项坚持“社队自营为主，政府支持为辅”的原则，通过主管单位评审，向农业生产、农业基础设施建设和农业救灾等项目倾斜。国家重视发挥中国农业银行的农业拨款监督作用，对列入国家预算的各项农业拨款实施监督。

财政支持农村乡镇的资金从无偿支持改为有偿周转使用，用以支持农业科研，发展多种经营等项目。

三、社会主义市场经济体制建设初期的财政支农体制建设阶段(1994—2003年)

1993年出台的《中华人民共和国农业法》提出："国家逐年提高农业投入的总体水平，国家每年对农业总投入应高于财政经常性收入的增长幅度。"这为财政支农政策和制度的建立提供了第一部法律依据，也促进了社会主义市场经济体制和分税制改革下财政支农机制的进一步优化。这一时期，我国各项改革开始深化，国家财政支农政策、财政支农支出规模和结构，以及支农资金管理机制和方式均发生了重大变化。

财政支农资金的规模进入最快增长时期，在加强农业基础设施建设的基础上，财政还加强了生态建设的力度，并且在预算内增加了对支援农村生产支出、农林水气象等部门事业费、财政扶贫支出、农业综合开发支出。在农产品价格方面，落实了农产品收购保护价制度，将粮食、棉花等主要农产品纳入价格保护范围，增加保障农产品价格的财政支出规模。

在财政支农投入机制方面，财政1998年通过发行国债对农业进行投入，还通过减免农业税费来降低农民的生产、生活负担。2000年进行农村税费改革，内容涉及农村集资、屠宰税、劳动义务工、农业税等多项内容。种种举措标志着财政支农资金市场化取向开始显现，借助市场的财政支农资金放大机制初具雏形。

在财政支农资金的管理体制方面，规范预算的编制和支出的管理成为重点。政府支农角色开始转换，预算审批制度和自上而下的拨付制度逐步建立。设立资金项目审核标准，增加项目设定的科学性和透明度，在财政扶贫等领域，引用世界银行等组织的先进办法，如报账制、绩效考核、专家参与制等。在资金使用过程中，严格实施按省（自治区、直辖市）保证总量、专户管理的原则，坚持实行分级、分部门责任制，建立内部管理责任制，防止被截留和挤占挪用。

四、"统筹城乡发展"战略背景下的财政支农体制建设阶段(2004年至今)

从2004年起，连续出台了14个中央1号文件，标志着财政支农体制建设进入最新阶段。从“工业反哺农业、城市支持农村”和“多予、少取、放活”方针的提出，到2017年做出改革财政支农投入机制、确保农业农村投入适度增加、着力优化投入结构、创新使用方式和提升支农效能思路的指示，为构建新时期国家财政支农体系、建立农业投入保障机制奠定了重要的政策和制度基础。

这一阶段，既是我国在国际上面临诸多机遇与挑战的时期，也是我国财政支农体制建设迎来彻底转型的时期。此时的中国，正面临着农业经济发展遭遇瓶颈的严峻现状。一方面，从20世纪90年代中期起，农民人均纯收入出现了连续多年增长缓慢的局面。其中，粮食主产区农民收入增长幅度低于全国平均水平，许多纯农户的收入持续徘徊甚至下降，城乡居民收入差距不断扩大，相对比率从2.5∶1上升至3.2∶1。另一方面，受耕地面积持续减少、农田水利设施老化失修等因素影响，全国粮食的播种面积、总产量和单产连年下滑。到2003年，全国粮食比1998年锐减1 554.8万吨，年均减产3.4%，这是自20世纪90年代以来的历史最低点。此外，随着城镇化的推进，农村的各类要素加速外流，造成农村发展资源的进一步缺乏。同时，经济发展造成的生产资料和劳动力价格的大幅上涨，使农业生产成本快速上升，农业比较效益总体上呈下滑态势；加之农村依然采用以家庭为单位的小规模分散经营，生产的专业化和组织化程度偏低，社会化服务体系不健全，基础设施如农田水利设施建设严重滞后，灌溉设施标准低、配套差，灌溉方式落后、效率低下等问题普遍存在；并且农村缺乏与时俱进的技术，使得科技进步对农业的贡献率偏低。诸多问题彼此交织，共同导致了国内农业的发展步伐与其他产业脱节，成为国民经济发展最薄弱的环节。

而从国际环境看，中国作为世界贸易组织的新成员，适应更广阔的国际市场还需经历一定的缓冲期，国内市场受国际市场影响不断加大。中国农业开放度不断提高，与世界市场联系日益紧密，中国农产品贸易也逐步由顺差转为逆差，部分农产品开始严重依赖进口，国内宏观调控难度增加。而在国际贸易中，虽然中国劳动密集型农产品尚有一定的竞争优势，但土地、技术密集型农产品却处于严重的竞争劣势。农产品整体竞争力进一步下降，随着加入世界贸易组织承诺的逐步兑现，农产品市场逐渐开放，进口平均关税水平不断下降，最大关税配额、农产品进口配额及进口指定经营等逐步取消。来自国际农产品市场的挑战和冲击日益加剧，受外资控制的风险增加，从而给国内农业产业安全带来不利影响。

因此，创新财政支农机制，正是中国为了缩小城乡二元差距，提升农民生活水平，促进农业加快转型升级步伐以适应中国市场化、协调化、现代化和国际化现实需要的必然决策。在中央1号文件的指导下，中国财政支农体系逐步完善。这一时期财政支农力度不断强化，第一，建立财政支农资金稳定增长的长效机制，资金包含政府财政支出、固定资产投资、用于农村建设的政府土地出让收入、耕地占用税税费提高后新增的收入、建设用地税费提高后新增收入以及新增建设用地土地有偿使用费。第二，通过中央1号文件，2006年在全国范围内完成了取消农业税的任务。同时，对农户实施农作物良种补贴、种粮直补、农机具购置补贴和农资综合补贴“四项补贴”，出台了产粮大县奖励政策，对粮食生产达到一定规模的产粮（油）大县进行奖励。第三，为了稳定农产品的价格，保障粮食安全，我国分别在2004和2008年建立了粮食最低收购价制度和重要农产品临时收储制度，逐步将水稻、小麦、大豆、玉米、油菜籽、棉花和食糖纳入该范畴。第四，不断加强农业基础设施建设、提高综合生产能力的投入。主要途径有实施测土配方施肥补贴、加大对农村科技投入的支持力度、设立小型农田水利设施建设专项资金、建立健全生态效益补偿机制、致力农业综合开发和探索建立农业可持续发展的投入机制。扩大对农村公共社会发展事业的支出保障范围，支持农村义务教育，促进农村文化、卫生医疗和社会保障事业发展，构建和完善财政综合扶贫政策体系，实施农村危房改造工程。第五，为农村各项综合配套改革提供财力支撑。推进乡镇机构、农村义务教育和县乡财政管理体制改革，加大对农业保险的补贴力度，完善农村金融制度，支持集体林权制度和农村集体产权制度改革，实施村级公益事业一事一议奖补政策。

第二节　我国农业支持现状及存在的问题①

随着我国综合国力的不断增强和国家对“三农”问题的重视，国家出台了一系列对农业、农村和农民的支持保护政策，农业支持政策由流通环节向生产

① 本节内容选自农业部软科学课题“开放条件下我国新型农业支持保护体系研究”（课题编号：20140304），课题主持人：徐锐钊。

环节转移，由补贴消费者向补贴生产者转型，初步形成了以价格支持为基础，以直接补贴和一般服务支持等功能互补、综合补贴和专项补贴相结合的农业补贴政策框架。

一、我国农业支持政策现状

（一）粮食最低收购价政策

粮食最低收购价政策是在2004年全面放开粮食购销市场和价格的背景下制定的，其目的为在充分发挥市场机制作用的基础上实行宏观调控。为保护种粮农民利益、保证粮食市场供应和保障国家粮食安全，国家对重点粮食品种实施最低收购价政策，适用于粮食主产区的稻谷和小麦。随后，2006年实施小麦最低收购价格政策。最低收购价格在粮食播种季节前公布，以指导农民的生产行为。根据《早籼稻/中晚稻/小麦最低收购价执行预案》规定，在最低收购价格适用期间，当粮食市场价格低于最低收购价格，中储粮总公司及其有关分公司、主产区地方储备粮管理公司、主销区省级储备粮管理公司等政策执行主体，在相关粮食主产区按照最低收购价格挂牌收购农民交售的新粮；当粮食市场价格高于最低收购价格，则不启动或及时退出最低收购价收购。

（二）粮油临时收储措施

从2008年起，国家启用临时收储作为调控玉米、大豆及油菜籽等收购市场的重要手段。与此前实施的最低收购价政策相比，临时收储政策有两个特点：一是收储非口粮、产业链较长的产品，这些产品的国际化程度相对较高；二是收储价格在产品快上市时才确定，目的是保证制定的价格与市场价格接近。该政策适用于东北主产区的玉米和大豆，以及湖北、四川、安徽等17个油菜产区的油菜籽，旨在保护农民利益和提高农民粮油生产的积极性，维护粮油市场稳定。中储粮总公司受国家委托，承担国家临时收储任务，安排直属企业或委托有一定资质的国有或民营粮油企业按国家确定的临时收储价格挂牌收购农民交售新生产的粮油产品，严禁收购库存陈粮和国外进口转基因大豆。2008年，国家采取下达临时收储计划的方式，根据收购进度和市场情况，及时下达后续年终收购计划。2009—2010年，对大豆和玉米开始实行不限量敞开收购。

（三）冻猪肉收储措施

猪肉的临时收储措施始于2008年，当时国内生猪价格过度下跌，养猪农户利益损失巨大，引起社会广泛重视。为防止生猪价格过度下跌和稳定生产，国家采取发布预警指标，采取综合调控措施，促使猪肉与粮食比价、仔猪价格、生猪存栏、能繁母猪存栏等指标保持在合理范围内。建立政策性猪肉临时储备制度的主要目的是保护商品生猪养殖产业，防止“猪贱伤农”。下跌政策调控的目标是猪粮比价不低于5.5∶1。当猪粮比价连续4周处于5.5∶1～6∶1（价格轻度下跌），根据市场情况适当增加必要的中央和地方猪肉储备；当猪粮比价连续4周处于5∶1～5.5∶1（价格中度下跌），通过财政贴息鼓励大型猪肉加工企业增加商业储备和猪肉深加工规模，进一步增加中央、主销区和沿海大中城市地方冻肉储备量，适当增加地方政府的活体储备；当猪粮比价低于5∶1（价格重度下跌），大幅度增加中央政策冻肉储备，适当限制猪肉进口、鼓励猪肉及制品出口。

（四）补贴政策措施

1. 粮食直补

1999—2003年国内粮食总产量不断下降，2003年仅为4.3亿吨，成为自1990年起粮食产量的历史最低水平，引起了政府高度重视。为调动农民种粮的积极性、促进粮食生产稳定发展，2004年中央1号文件提出，要对粮食主产区的种粮农民实行直接补贴，也鼓励非主产区对种粮农民实行补贴，旨在补偿粮食生产成本并使种粮农民获得适当收益。具体补贴的粮食品种及补贴标准由省级人民政府根据国家指导性意见，结合本地实际情况自主制定。可以按照计税土地面积、计税常产或粮食种植面积进行补贴。粮食主产区原则上按种粮农民的实际种植面积进行补贴。财政部门利用中国农民农业补贴网和“一卡（折）通”，在规定时间内将补贴资金一次性拨付给种粮农户。实施操作中，大多数省份按照农村税费改革时核定的计税土地面积发放，与粮食实际种植面积等并无关联。自2008年以来，补贴总额和补贴标准几乎不再调整，补贴总额一直维持在151亿元的水平。

2. 农资综合补贴

考虑到柴油、化肥等主要农资价格变动对农民种粮积极性的影响，自

2006 年起中央财政安排农资综合补贴资金。补贴时，统筹考虑柴油、化肥等主要农资价格变动对农民种粮成本的影响，保持存量补贴不变，新增补贴资金向粮食主产区倾斜，向粮食增产快、商品量大、优质稻谷产量多的地区倾斜，鼓励多产粮、多调粮、产好粮。具体补贴方案由省级人民政府按照补贴政策目标和资金分配原则自主制定。2009 年开始实行动态调整，坚持“价补统筹、动态调整、只增不减”的基本原则。如果农资价格走高，则补贴水平也不断提高；如果来年农资价格下降，则补贴维持在上年的水平。利用已建立的粮食直补渠道补贴资金，一次性直接拨付到农户。2009—2010 年综合补贴资金分别为 795 亿和 835 亿元。

3. 良种补贴

为鼓励农民使用优良农作物品种，加快优质良种推广步伐，促进农业区域化布局、规模化种植、标准化管理和产业化经营，自 2002 年起，中央财政陆续对农民种植大豆、小麦、水稻、玉米、棉花、油菜等农作物实施良种补贴。补贴对象为生产中使用农作物良种的农民和农场职工。根据“政策公开、直补到户、据实结算”原则，按照中央规定的补贴标准和农户实际种植品种及种植面积，对水稻、玉米、油菜、花生良种采取直接补贴，实行良种推介、自愿购种、直接发放；对小麦、大豆、棉花、青稞良种采取差价供种或者现金补贴。补贴标准：早稻、小麦、玉米、大豆、油菜、青稞、花生均为 10 元/亩；中稻（一季稻）、晚稻、棉花均为 15 元/亩。农作物良种补贴水平从 2002 年的 1 亿元快速增加至 2009 年的 192 亿元，2010 年预算安排达 194 亿元。此外，为加快畜产品品种改良，提高养殖效益，促进畜牧业增长方式转变，自 2005 年起国家陆续对奶牛、生猪和能繁母猪、肉牛、绵羊进行良种补贴。2010 年中央财政共投入 9.9 亿元专项资金推进全国畜禽品种改良，其中生猪 6.5 亿元、奶牛 2.6 亿元、肉羊 2 000 万元、绵羊 6 000 万元。

4. 农机具购置补贴

从 2004 年开始，为鼓励农民购买先进适用的农业机械，加快推进农业机械化进程，提高农业综合生产能力，促进农业增产增效、农民节本增收，国家实施农机具购置补贴。补贴对象是农民、农场职工、农民专业合作社、直接从事农机作业的农业生产经营组织，以及奶畜养殖场所办的和乳品生产企业参股经营的生鲜乳收购站等。补贴种类有 12 个大类 45 个小类 180 个品目。农机具购置补贴对象提出购机（补贴目录中的农机具）申请，通过资格审查后与农机部门签订补贴协议。购机时，只交纳扣除补贴金额后的差价款即可提货，补贴资金由财政部门统一与供货方结算。补贴标准包括：全国总体上执行30%的补贴比例，汶川地震重灾区县、重点血吸虫病防疫区补贴比例可提高到50%；②单机补贴额原则上最高不超过5万元，部分大型机械可以提高到12万或20万元。2010年预算安排达154.9亿元。

5. 农业保险保费补贴

2007年出台《中央财政农业保险保费补贴试点管理办法》，规定中央确定的补贴险种的保险标的为种植面积广、关系国计民生、对农业和农村经济社会发展有重要意义的农作物或畜牧产品。支持建立农业保险制度，引导农户、龙头企业参加农业保险，构建市场化的生产风险保障体系，提高灾后恢复生产的能力，增强农业抗风险能力。对于中央规定的补贴险种，省级财政部门承担25%的保费，中央财政再承担25%，其余部分由农户承担或者由农户与龙头企业，市、县级财政部门共同承担，具体比例各省份自主确定。补贴品种包括玉米、水稻、大豆、棉花、小麦、花生、油菜、马铃薯、青稞等种植业产品，能繁母猪、奶牛、育肥猪、牦牛、藏系羊等畜产品，以及商品林、公益林、天然橡胶等。种植业保险责任是人力无法抗拒的自然灾害对投保农作物所造成的损失，保险金额原则上为标的物生长期内所发生的直接物化成本；养殖业保险责任为重大病害、自然灾害和意外事故所导致的投保个体直接死亡，保险金额参照投保个体的生理价值（包括购买价格和饲养成本）确定。

6. 退耕还林补贴

从1999年开始，国家实施退耕还林补贴，主要用于退耕农户退耕后持续医疗、教育、日常生活等必要开支的专项补助资金，以及原退耕还林政策补助期满后解决退耕农户生活困难的专项补贴。国家向退耕农户提供每亩50元的种苗费；按长江流域每亩150千克、黄河流域每亩100千克的标准补助原粮；按每亩20元的标准补助生活费。国家每年根据退耕面积核定各省份补助总量。2004年，国家补助原粮的做法调整为直接向退耕农户发放现金。2007年，长江流域及南方地区每亩退耕地每年补助现金105元，黄河流域及北方地区每亩退耕地每年补助现金70元；原每亩退耕地每年20元现金补助，继续直接补助给退耕农户，并与管护任务挂钩。1999—2009年，累计投入资金4 300多亿元，实施退耕还林4.15亿亩。其中，2008年退耕还林补贴达360.8亿元，2009年480.3亿元，2010年中央财政预算投入343.3亿元。

7. 退牧还草补贴

从 2003 年开始，为保护和恢复西北部、青藏高原和内蒙古的草地资源，以及治理京津风沙源，对退牧还草的牧民给予生态补偿，主要采取禁牧、休牧和划区轮牧 3 种方式。自 2011 年 8 月起开始采用新的措施完善退牧还草政策，包括合理布局草原围栏、配套建设舍饲棚圈和人工饲草地等。此外，提高中央投资补助比例和标准。围栏建设中央投资补助比例由现行的 70%提高到 80%，地方配套由 30%调整为 20%，取消县及县以下资金配套。青藏高原地区围栏建设每亩中央补助由 17.5 元提高到 20 元，其他地区由 14 元提高到 16 元；补播草种费每亩中央补助由 10 元提高到 20 元；人工饲草地建设每亩中央投资补助 160 元，舍饲棚圈建设每户中央投资补助 3 000 元；按照中央投资总额的 2%安排退牧还草工程前期工作费。另外，从 2011 年起，在工程区内全面实施饲料粮补助改为草原生态保护补助奖励。实行禁牧封育的草原，禁牧补助为每亩每年补助 6 元，补助周期 5 年；禁牧区域以外实行休牧、轮牧的草原，对未超载的牧民，按每亩每年 1.5 元的标准给予草畜平衡奖励。

（五）一般服务支持措施

一般服务支持措施主要是一系列农业一般服务支持措施，如“稳产高产”的大型商品粮生产基地建设、田间工程及农技服务体系建设、生猪和奶牛标准化规模养殖场建设、产粮大县产油大县和生猪调出大县奖励、农业综合开发项目、全国农业科技入户示范工程、农民专业合作社支持项目、农技推广体系建设、测土配方施肥补贴、劳动力转移培训阳光工程、农民科技培训工程等。

二、我国农业支持政策存在的问题

虽然我国农业支持保护政策不断调整和改进，但与成熟发达的农业强国相比，仍然存在以下问题。

（一）缺乏促进农业可持续发展的相关政策设计或具体措施

我国农业国内支持政策仍围绕引导农户行为、实现粮食增产和农民增收的目标来设计，在缓解和应对气候变化、保护生物多样性、水土资源管理等实现农业可持续发展方面的政策设计和关注还远远不够。一方面，类似目标的提出仍比较笼统，目前只是明确应该实现农业可持续发展，但对它包括几个方面、如何实现、各个目标之间如何协调和平衡等具体问题的回答并不清晰；另一方面，上述目标大部分并未落实到具体政策，如应对气候变化、保护生物多样性等目标的详细措施还未出台，部分政策或还处于起步或摸索阶段。

（二）补贴政策之间以及与其他农业政策缺乏协调配合

一方面，各种农业补贴政策之间缺乏配合与协调。例如，水稻和小麦同时实施了种粮直补和最低收购价政策，但二者在功能、目标上没有协调好。此外，为了刺激生猪生产，国家在 2007 年出台了能繁母猪补贴、能繁母猪保险补贴、疫病救助、生猪大县奖励等补贴政策，但对养殖户所面临的市场风险，并没有及时出台相应的支持政策。另一方面，农业补贴政策与公共服务、基础设施建设政策之间缺乏配合和协调。例如，农业科技入户补贴和农业科研之间、小型农田水利设施建设与国家大中型农业基础设施建设项目之间，都没有形成有效的协作和配合，容易造成重复补贴和补贴资金使用效率低下。

（三）部分政策操作方式不够完善，使得政策效果与政策目标不一致

目前，中国现有四大补贴政策在补贴方式选择与执行中，简化了操作方式，未能完全达到政策目标，体现在以下 3 个方面。首先，在“两直补”实际工作中，部分省份以实际播种面积为准，按计税土地承包地面积进行补贴的方式仍被大多数省份广泛应用，“两直补”演变成为“土地直补”，而非“种粮直补”。此外，没有考虑当前农村土地流转与土地总量变化，补贴受益者与实际种粮者常脱钩。例如，农户虽然将土地流转给其他农户，但其仍可获得补贴。这表明粮食生产决策与补贴金额没有关联，粮食直补和农资综合补贴已经由调动农民种粮积极性、促进粮食生产转变为农户的收入支持。第二，农资综合补贴与良种补贴等同于“加强版”粮食直补，两者在实际操作中均广泛采用发放现金的补贴方式。前者虽旨在弥补农民生产资料价格上涨支出，但对农户资金用途无有效监测；后者为提升良种采用率，但多数地区往往是以水稻、小麦、玉米等重要粮食作物大类为补贴品种，并不具体区分补贴品种是否采用良种。第三，农机补贴品种和机具与区域实际需求存在脱节。例如，部分省份在补贴目录制定、农机生产企业选择、补贴机具经销商的甄别中完全由政府部门操

作，忽视农民需求意愿，易产生地区供需矛盾。此外，农机具属相对高成本的固定资产，购置需求有饱和值，部分地区尤其是非粮食主产区忽视农机具现有存量，为迎合政策而片面强调增量供给。还有部分地区对农户因受补贴诱导购置农机具，而购后较少使用，存在拿回补助而“虚置”或图谋差价而“转卖”等问题。

（四）农业支持水平仍然较低

近年来我国不断加大农业投入力度，但是在国家财政支出中的比例呈现下降趋势。农业补贴扣除税费减免以及对种粮农民的直接补贴和农资综合直补之后，剩下的生产性专项补贴规模并不大。例如，小型农田水利设施补贴、新型农民技术培训、科技入户补贴规模都较小，实施范围也仅限于少数项目区；提升土壤有机质补贴、苹果套袋补贴等专项资金的规模更小，实施范围非常有限，难以从整体上起到引导农民生产行为的作用。OECD的数据显示，中国农业补贴率从1994年的0.7%增加到目前的16.1%，2007—2009年平均为9.1%，即农业总收入中的9.1%来源于农业补贴政策措施的作用。与发达国家相比，中国农业生产者补贴水平仍然较低。例如，2007—2009年OECD国家农业补贴率平均为21.7%，挪威为61.1%，韩国为52.1%，日本为47.3%，欧盟为23.3%。发展中国家土耳其和墨西哥分别为34.2%和12.5%，也高于中国。

（五）农业支持资金的确定具有主观性，缺乏客观计算标准和稳定增长机制

尽管有相关法律和政策规定，中央和县级以上地方财政对农业总投入的增长幅度应当高于其财政经常性收入的增长幅度，但由于相关政策规定非常笼统，没有明确的管理办法和监管机制，实际操作和监督比较困难。近年来出台的许多补贴政策措施也只有相关文件或执行办法。从一定意义上说，农业补贴金额的确定机制缺乏制度和法律的“硬约束”，没有建立起财政支农资金稳定增长的长效机制。尽管财政支农资金绝对量是不断增长的，但是具体到各个专项补贴资金和各个地区，补贴金额明显缺乏连贯性，且具有随意性和不确定性。除了种粮直补和农资综合直补等普惠政策，其他的专项补贴大多在项目区展开，而项目区的选择和补贴资金标准是变化的，客观上造成了项目专项补贴政策的不稳定性，影响了实施效果。

第三节　财政对农业农村投入现状分析[①]

为了强化农业的基础地位，国家持续加大投入力度，为农业生产和农村社会事业发展提供了稳定的资金支持，但是投入资金仍然不足。我国农业农村投入的管理部门众多，涉农投入分散，影响了有限涉农资金的投资效率和效益，难以发挥规模效应。

一、中央层面财政农业农村投入的管理和使用情况

（一）财政涉农资金规模不断扩大

国家财政对农业的支出可以分为 4 大类：支援农村生产支出和农业事业费，粮食、良种、农资、农机具等四项补贴，农村社会事业发展支出，以及除前 3 类以外的其他支出。支援农村生产支出和农业事业费是国家预算中用于支持农村集体发展生产的各项支出的总称，体现国家对农村生产的支持，是财政支农资金的主要组成部分。支援农村生产支出和农业事业费包括对农村小型农田水利和打井、喷灌等的补助费，对农村水土保持措施的补助费，对农村小水电站的补助费，特大抗旱的补助费，农村开荒补助费，扶持乡镇企业资金，农村农技推广和植保补助费，农村草场和畜禽保护补助费，农村造林和林木保护补助费，农村水产补助费，发展粮食生产专项资金。

四项补贴中，粮食补贴对种粮农民直接补贴，资金原则上发放给从事粮食生产的农民；农资补贴对种粮农民农资综合补贴，补贴资金按照动态调整制度，根据化肥、柴油等农资价格变动，遵循“价补统筹、动态调整、只增不减”的原则及时安排和增加补贴资金，合理弥补种粮农民增加的农业生产资料成本；良种补贴对水稻、小麦、玉米、棉花、东北和内蒙古的大豆、藏区青稞以及长江流域 10 个省（直辖市）和河南信阳、陕西汉中和安康地区的冬油菜实行全覆盖，并对马铃薯和花生在主产区开展补贴试点；水稻、玉米和油菜采取现金直接补贴方式，小麦、大豆和棉花采取现金直接补贴或差价购种补贴方

① 第三节、第四节的内容选自农业部软科学课题“整合财政农业农村投入问题研究”（课题编号：201518），课题主持人：毛世平。

式；农机具补贴在全国所有农牧业县（场）范围内实施，补贴对象为直接从事农业生产的个人和农业生产经营组织，补贴资金实行定额补贴。

农村社会事业发展支出是面向全体农村成员，以提高农村居民文化素质，改善生活质量和生活环境为目标，为农村经济社会发展提供各种公共服务的各项支出，主要包括对农村义务教育和职业教育，农村新型合作医疗，农村社会保障体系如农村低保、养老保险等，农村饮水安全，农村道路交通建设等方面的投入。

2007—2012 年，国家财政对农业的支出从 4 318.3 亿元增加到 9 915.21 亿元（2007 年不变价，下同），增长了 129.61%，年均增长 18.09%。其中，各类支出规模都增加了 1 倍以上，农村社会事业发展支出更是增长了 2 倍。2007—2012 年，支援农村生产支出和农业事业费增加了 112.58%，年均增长 16.28%；四项补贴支出增长了 156.05%，年均增长 20.69%；农村社会事业发展支出增长了 201.84%，年均增长 24.73%（表 4-1）。这表明，我国财政农业投资体量有了极大的提升，历年平均增长速度保持了一个较高的水平，很好地保障了农业农村发展的资金需求。

表 4-1　我国财政农业农村投入情况

单位：亿元

年份	财政农业支出	支援农村生产支出和农业事业费	粮食、农资、良种、农机具四项补贴	农村社会事业发展支出	其他
2007 年	4 318.30	1 801.70	513.60	1 415.80	587.20
2008 年	5 286.69	2 006.29	914.68	1 840.02	525.70
2009 年	6 484.47	2 395.28	1 139.44	2 434.61	515.14
2010 年	7 425.82	2 966.36	1 061.03	2 899.72	498.71
2011 年	8 621.12	3 358.62	1 154.66	3 598.26	509.58
2012 年	9 915.21	3 830.06	1 315.08	4 273.49	496.58
2007—2012 年总增速	129.61%	112.58%	156.05%	201.84%	−15.43%
2007—2012 年平均增速	18.09%	16.28%	20.69%	24.73%	−3.30%

数据来源：根据历年《中国农村统计年鉴》整理计算。

从图 4－1 可以看出，国家财政用于农业的支出总量逐年增加。2007 年我国财政支农支出为 4 318.3 亿元，2012 年上升到 9 915.21 亿元，占财政支出的比例总体上也在上升。不断增长的财政支农支出增强了农业的基础地位，保障了农业农村发展对资金的需求。

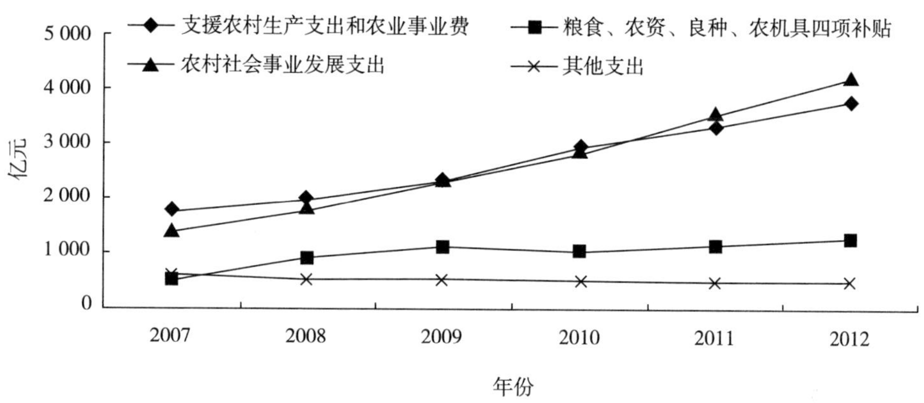

图 4－1　2007—2012 年国家财政农业支出总体变化趋势

数据来源：历年《中国农村统计年鉴》。

从 2007—2012 年国家财政对农业农村分项支出变化趋势可以看出，支援生产费用和农村社会事业发展费用呈上升趋势，农村社会事业发展费用的上升速度要快于支援农村生产费用，至 2012 年已成为财政支农支出中最大的一项支出，四项补贴费用增长较为缓慢。这表明，国家一直将生产作为农业投资的重点领域，同时对改善农村居民的生活质量、对农村教育医疗社保等民生问题投入了更多的关注。

（二）涉农资金管理部门众多

从中央层面来看，有将近 20 个部门可以安排使用财政涉农资金，除财政部和国家发改委两个综合性部门外，还包括农业部、卫生部、教育部、交通部、水利部、科技部、文化部、民政部、国土资源部、中国人民银行和国家人口与计划生育委员会等，还包括国务院扶贫开发领导小组办公室（简称国务院扶贫办）、国家林业局和国家电网公司等部委级机构。各机构具体职责见表 4－2。

表 4-2 国家各部委财政涉农资金管理和使用现状

部门	具体分工负责范围
国家发改委	农林水气等部门基本建设投资计划的制定和下达，一部分农业科技三项费用，财政扶贫资金中以工代赈部分、水利建设基金中的基建部分（水利建设基金的70%）等计划安排和资金分配管理，农业高新技术产业投资等
财政部	作为预算的主管部门，负责所有农业财政资金的预算审核和拨款等。有关部门分配管理的资金包括农业综合开发资金、财政扶贫资金（以工代赈除外）、政策性补贴支出和农业税灾歉减免补助以及中央财政支持地方农业科技推广专项、农业产业化专项等
农业部	中央级的农业基本建设投资、部分农林水气等部门事业费、农业科学事业费、农业科技三项费用、农业综合开发等资金
国家林业局	中央本级的林业基本建设投资、林业事业费、重点生态工程建设资金、林业科学事业费、科技三项费用等资金
水利部	中央本级水利基本建设投资、水利事业费、水利科学事业费、水利科技三项费用、水利建设基金等资金
科技部	农业科学事业费、一部分科技三项费用、农业科技成果转化资金、科技扶贫资金等的分配管理和使用
中国气象局	国家财政安排的所有气象资金的分配管理和使用
国务院扶贫办	财政扶贫资金
国家防汛抗旱总指挥办公室	特大防汛抗旱资金、水利建设基金的应急度汛部分
国土资源部	与土地复垦和国土整理有关的资金
中华全国供销合作总社	负责管理棉花补贴
国家粮食局	政策性粮食补贴资金的管理
教育部	与农村教育相关的资金
卫生部	负责农村卫生事业的资金
文化部	农村文化建设相关资金
民政部	农村救济资金
国家电网公司	农村电网改造及电力设施建设资金

（三）涉农资金有限，安排使用分散

近年来，国家不断扩大对“三农”领域的投入规模，相对于国家财政总体支出来说，财政对“三农”的支出有限。图 4－2 为 2007—2012 年我国财政农业支出和财政总支出对比情况。2007 年财政支农支出为 4 318.3 亿元，同年财政总支出为 49 781.35 亿元，财政支农支出占财政总支出的比例为 8.7%；2012 年财政支农支出为 10 556.28 亿元，同年财政总支出为 107 332.7 亿元，支农支出占财政总支出的比例为 9.8%。虽然近几年来我国对农业的财政支出在绝对数量上有一定增长，但是仍然相对有限。

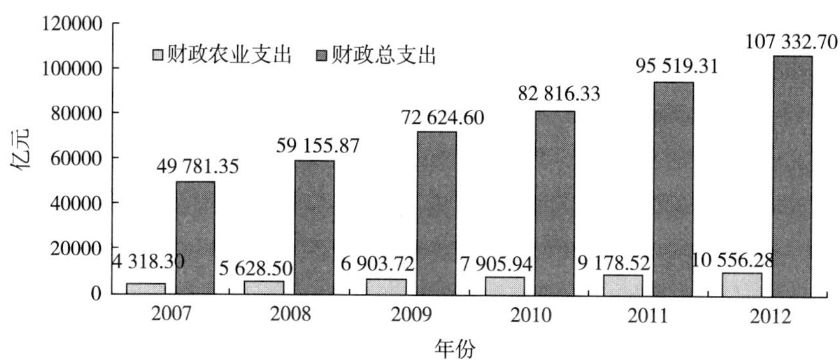

图 4－2　2007—2012 年我国财政农业支出和财政总支出对比情况

数据来源：历年《中国统计年鉴》和《中国农村统计年鉴》。

万亿元规模的涉农资金由将近 20 个部委管理使用，如果简单地进行算术平均，每个部门可以使用的资金规模就只有 500 亿元，当然在实际中各部门所能使用的资金规模有大有小，但是这仍然能反映出我国涉农资金安排使用严重分散的现状，严重影响了涉农资金的使用效率。涉农资金规模越大，效率损失便越严重。

二、农业部财政涉农资金管理使用情况

农业部需要使用涉农资金的具体范围详见表 4－3。

表 4－3　农业部财政涉农资金使用现状

分类标准	具体包含的项目
按行业和管理系统分	种植业、畜牧业、渔业、农垦、农机、乡镇企业等项目
按生产和服务领域分	农业科研教育、生态环保、农村能源、社会化服务、市场、信息、质量安全监管

（续）

分类标准		具体包含的项目
按建设内容分	农业建筑工程	科研用房、实验用房、温室、网室、畜禽圈舍、库房、加工车间等房屋建筑及渔港、废弃物处理设施等
	农业田间工程	土地整治、排灌设施、机耕道路、晒场、种植圃、田间供电、围栏、防护林网、养殖池塘等
	农机具和仪器设备购置	各类农业机械、工器具、仪器设备、专用车船购置建造

农业部所能管理和使用的财政涉农资金主要是财政支农项目资金。这部分资金分为两部分：一部分是由中央财政直接拨款的农业部部门预算项目资金，可以由农业部全权使用；另一部分是由农业部和财政部共同管理的专项转移支付项目资金，主要用于生产补贴、科技服务支持、防灾减灾和生态环境保护等领域的项目，这部分资金的具体使用也是由农业部负责。

除此之外，农业部还管理着一部分基本建设投资资金，重点支持农业综合生产能力建设、农业科技创新能力建设、农业公共服务能力条件建设、农业资源和环境保护与利用条件建设、民生基础设施建设等，这部分资金相对于支农项目建设资金规模较小。

表 4-4　农业部财政涉农资金管理使用情况

单位：亿元

年份	农业部财政支农			农业部基本建设投资
	项目资金	部门预算项目资金	专项转移支付项目	
2007	236.30	76.30	160.00	120.90
2008	383.25	97.84	285.42	181.87
2009	534.93	131.35	403.58	224.79
2010	707.04	146.42	560.62	232.63
2011	910.71	132.55	778.16	234.20
2012	1091.62	160.21	920.34	307.10
2013	1068.06	150.33	917.74	200.79
年均增速	28.58%	11.97%	33.79%	

数据来源：历年《中国农业年鉴》。

表 4-4 为农业部财政涉农资金管理使用情况。2007—2012 年，农业部管理使用的财政支农项目资金从 236.3 亿元增加到 1 068.06 亿元，年均增长 28.58%；部门预算项目资金从 76.3 亿元增加到 150.33 亿元，年均增长 11.97%；专项转移项目预算从 160 亿元增加到 917 亿元，年均增长 33.79%（图 4-3）。虽然财政涉农资金规模增速较快，但是体量仍然较小，只占国家财政支农投入的 10%左右，即使再加上农业基本建设投资资金也只有 15%左右。

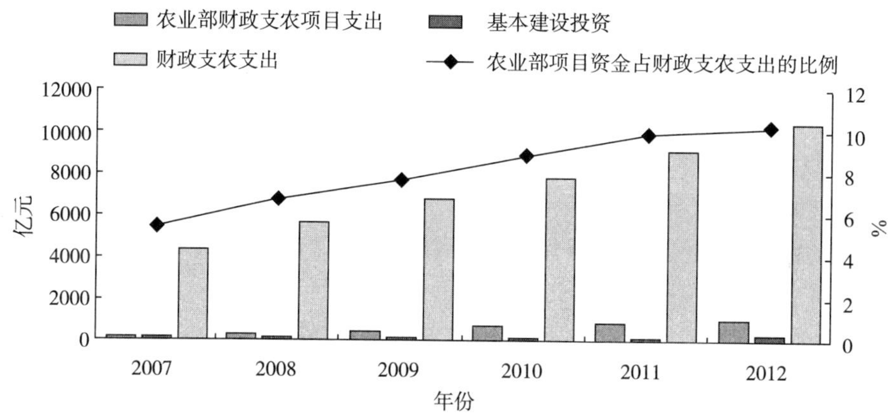

图 4-3　农业部管理的主要财政涉农资金总量与比例变化情况

数据来源：历年《中国农业年鉴》和《中国农村统计年鉴》。

三、小结

为了促进农业增产、农民增收、农村增色，国家财政对农业的投入不断增加，主要用于支援农村生产支出和农业事业以及农村社会事业的发展，涉农资金在保障农业生产的同时，不断向农村社会事业倾斜。但是，对于涉农资金的管理使用，中央层面的财政资金管理和使用格局造成职责交叉重复，彼此之间也缺乏清晰的统一规划，而本应由农业主管部门管理和使用的资金过于分散，并不能满足支持农业发展的需要，也造成了一定程度上的职能“缺位”。在财政涉农资金规模不断扩大的背景下，资金亟须整合的问题将更加凸显。因此，改革政府涉农投资分配与管理体制，从源头上促成涉农资金整合已成必然之势。

第四节　我国地方整合财政农业农村投入的实践

目前，我国的财政涉农资金整合还是以县为主进行探索实践。通过对部分地方农业农村投入资金整合情况的研究，了解在整合县级财政支农资金过程中积累的主要做法和成效，以进一步总结完善农业农村投入资金整合思路，进而为提高财政资金的利用效率提供决策依据和改革经验。

一、上海市：以归并政策项目为平台促进资金整合

（一）主要做法

1. 统筹整合，突出重点

上海市支农专项资金整合既能够宏观引领，又能够切合实际。整合后的财政支农资金进一步聚焦重点，市级资源整合必须符合农民增收、农业发展和农村建设核心要求，符合农业规划要求。

2. 明晰权责，注重绩效

通过整合，进一步明晰市与区县两级的事权和管理责任。市级主要负责总体规划、政策制定以及对基层的监督考核，区县主要负责政策具体执行以及日常监督检查。通过强化对财政支农政策执行的跟踪问效、监督检查和绩效评价，不断提高支农资金使用效益。

3. 简化内容，方便基层

简化目前的专项政策内容，最大限度地归并压减政策目标相似、对象一致、性质相同、用途相近的专项，通过压缩数量、简化内容、统一管理规则、统筹安排资金，达到方便农民理解、方便基层操作、方便市级监管的目的。

4. 加强规范，稳妥推进

根据政策现状和基层反响，本着积极审慎的态度，分步、分类实施整合归并。整合后的政策按照“先定办法，后用资金”的要求加强规范管理，及时制定印发规范性文件，统一程序、统一分配、统一管理，并相应调整预算编制和执行方法，全过程、系统性地推进统筹整合。

5. 加大“三农”投入力度

上海市在精简政策内容、开展专项整合的同时，市级财政坚持把“三农”

作为支出重点，加大“三农”投入力度。拓宽“三农”投入资金渠道，充分发挥财政资金的杠杆作用，支持农村金融保险事业的发展，带动金融和社会资金更多地投入农业农村。通过强有力的资金保障，有效保护各方支持“三农”发展、支持资金整合的积极性。

6. 强化协同配合

专项资金整合相关的市级、区县各职能部门加强信息沟通和共享，形成了联系紧密、沟通充分、配合默契的良性互动机制。财政部门会同相关部门、区县和单位，制定资金整合总体方案；农业主管部门会同财政部门，根据整合方案及时制定具体管理办法。区县在市级整合的基础上探索开展地方性支农资金整合工作，采取切实有效的措施改进完善执行机制。

7. 确保新旧政策平稳过渡

专项资金整合的过程也是新老政策并行的过程，相关部门在操作程序、资金安排等方面妥善衔接，加快推进存量项目，对于条件成熟的项目及时并轨，确保新旧政策顺利过渡。

（二）取得的成果

上海市因地制宜推出一些措施，逐步形成了财政支农政策体系。总体来看，上海市财政支农政策体系对于推动“三农”发展发挥了重要作用。一是有效提高了农民收入。农村居民家庭人均可支配收入翻番，上海市农民收入水平位于各省份首位，增幅连续多年高于城镇居民，城乡居民收入相对差距不断缩小。二是有效保障了粮食安全和市场供应。粮食生产超额完成中央下达的生产任务，水稻亩产连创新高。蔬菜、生猪、水产、牛奶等农产品市场供应充足，价格基本稳定。三是有效提升了农业效率。以机械化为核心的农业装备水平的提高，提高了生产效率。农业科技的进步不仅开发、保护和利用了优势种源，更带来了农业生产方式的变革。四是有效增强了农业抗风险能力。农业保险财政补贴政策体系的建立，推动了农业保险事业可持续发展，减轻了投保人负担，增强了农业生产信心和抵御自然风险与市场风险的能力。五是有效改善了农村面貌。村庄改造项目连续 6 年列入市政府实事项目，配合农村生活污水处理工程、村内道路危桥改造等项目，既保持农村自然生态和文化特色，又综合提升村庄基础设施水平和环境面貌。六是有效保护了城市生态。基本农田保护、农业防护林建设、土壤保护和农业面源污染控制，为维持生态平衡发挥了积极作用。

二、福建省：以发展现代农业为平台推进资金整合

（一）主要做法

1. 清理整合专项科目

为改变科目多、项目小的问题，2013 年以来福建省农业厅加大对部门支农专项资金的清理整合力度。一是将农业厅部门预算科目由 62 个减少至 10 个，即农业组织化产业化及生态循环项目、粮食生产与安全资金、农产品安全与监管资金、农机购置补贴及示范推广、新农村建设发展专项、扶贫开发专项、农业产业化发展资金、农户生产性贷款担保机构风险补偿、种子育繁推广一体化建设、农村劳动力培训资金。二是对部分专项资金单独编制预算。单独编制预算有利于预算更加精细和科学。2014 年福建省财政厅批复预算采取批复部门预算与单编预算相结合的方式。目前有单编预算科目 6 个，由省财政厅和牵头部门召集资金拼盘部门共同研究提出资金分配方案。

2. 集中捆绑专项资金

捆绑使用专项资金主要体现在两个方面：一是重点支持“一区两园”建设。2013 年福建省农业厅部门预算的生产性项目资金 60%要投入到“一区两园”（国家级现代农业示范区和台湾农民创业园、福建农民创业园），在园区内培育一批大规模、上档次、有影响的现代农业发展重大项目。仅 2013 年整合捆绑支持“一区两园”的生产性专项资金达 8 300 万元。二是集中资金扶大、扶优、扶强。福建省农业厅集中资金加大对农业龙头企业、农民合作社、种养大户、家庭农场等的经营主体扶持，提交单个项目扶持资金额度原则上在 30 万元以上。

3. 围绕平台和规划安排项目

古田县一方面注重围绕资金整合平台来安排项目，使项目积极融入资金整合项目的大盘子。例如，2014 年城东片高标准农田建设项目立项时纳入省级古田农民创业园桃溪流域建设规划中。另一方面注重围绕规划安排项目。编制了《古田县国家农业综合开发五年规划（2012—2016）》，围绕规划，古田县统筹安排项目、以现代农业发展布局来统筹安排项目、以地理条件和产业发展需求来统筹安排项目，努力集中多渠道支农资金和提高投资效益。

4. 出台资金整合相关管理办法

福清市 2013 年出台了《福清市国家现代农业示范区农业改革与建设项目

管理暂行办法》和《福清市国家现代农业示范区农业改革与建设资金管理暂行办法》，对农业综合开发资金、现代农业生产发展资金和市县财政专项资金进行优化整合。其中，农业综合开发资金和现代农业生产发展资金按照“渠道不乱、用途不变、优势互补、形成合力”的原则，用于农田基础设施土地治理、龙头企业产业化经营项目、优势特色农业产业发展、促进粮食等主要农产品有效供给和农民增收项目等；市、县级财政专项资金主要围绕上述任务确定的项目统筹使用。

5. 成立资金整合领导小组

福清市成立了由分管副市长任组长的资金整合领导小组，在立项环节，主管部门会同市财政根据中央、省级相应项目申报指南要求组织申报，初步筛选，财政部门对项目合规性进行审查并提出申报项目补助的安排意见，报领导小组审定后，由主管部门会同财政部门上报。

（二）取得的成果

福建省采取一系列措施将支农建设资金重点投向“一区两园”。目前，已创建 6 个台湾农民创业园和 9 个福建农民创业园。到 2015 年，省级财政每年为每个台湾农民创业园安排专项资金 300 万元、每个福建农民创业园安排专项资金 500 万元、每个省级农民创业示范基地安排专项资金 200 万元。此外，还重点扶持以下 4 个方面的建设：一是实施新一轮种业创新与产业化工程；二是大力发展设施农业；三是开展粮食增产模式攻关与推广；四是加强农产品质量安全监管能力建设。

古田县安排项目时主动融入财政支农资金整合项目大盘子，力争多渠道支农资金集成建设内容、集中财力办事业，投资效益最大化。通过整合水利、土地治理、农业综合开发、交通等专项资金，古田县农业基础设施得到明显改善。福清市围绕强化现代农业发展物质技术基础、建立农业规模化经营新机制、构建现代农业产业新体系、完善农产品产销新模式等，取得了良好成效。例如，实施土地开发整理项目 11.1 万亩，新增耕地 2.8 万亩；持续推进“千里水网畅通”工程，农田水利设施不断完善，2013 年共有 9 家农业企业完成抽灌渠改造及河道清淤工程共计 2 000 多亩节水灌溉项目；2013 年建设水稻、花生和“两薯”（马铃薯、甘薯）高产示范区等高标准农田 20 多万亩；建成面积近 6 000 亩的农业循环经济示范区等。

三、重庆市：以主导产业为平台进行资金整合

（一）主要做法

1. 选准主导产业和重点项目

区县根据当地发展战略和资源禀赋确定一个主导产业，综合考虑轻重缓急、自然条件、群众积极性等因素，确定优先发展区域，认真做好建设规划，详细制定实施方案，确保连续投入。

2. 建立涉农资金项目库

市级农业部门会同财政部门，对区县申报的涉农资金项目进行论证、筛选，满足涉农资金使用方向、符合涉农资金整合条件的，由市级农口部门分类建立项目库，统一储备和管理。区县农业部门和财政部门参照上述方法建立自己的项目库。对未纳入项目库储备的项目，财政不予安排资金。

3. 明确支农项目审批程序

区县围绕已明确的主导产业和重点项目编制支农资金项目，由区县财政局会同有关业务部门联合行文向市财政局和市级有关部门申报。市级有关部门严格审批区县（自治县）上报的项目，明确建设任务、起止时间、实施地点和建设标准，按照资金服从实施地点的要求进行项目资金安排。

4. 统筹实施支农项目

支农项目确定后，市和区县有关部门制定详细可行的实施方案，分别报市、区县人民政府分管领导批准。经批准的涉农资金项目由市和区县有关部门统筹实施，统一组织，统一管理，统一验收，确保投资一项、成功一项、见效一项，最大限度地发挥涉农资金的效益。

5. 加强领导，形成合力

各区县成立由政府分管领导挂帅、有关部门负责人参加的协调机构，并在财政部门设立协调办公室，研究协调解决支农资金整合中的困难和问题。加强有关部门协作配合，共同推进支农资金整合工作。

6. 健全制度，强化监管

市、区县财政部门按照资金分配规范、使用范围明晰、管理监督严格、职责效能统一的要求，对现行支农资金的分配、使用和管理制度进行了修订和完善，为支农资金整合提供制度支撑。进一步强化资金监管，凡属整合范围的所

有支农资金、项目，统一归口到区县财政账户实行专账、专人统一管理，封闭运行。积极推行项目管理责任制、公示制、招标制、监理制、政府采购制、委托中介机构检查制，确保了支农资金使用管理规范、安全、有效。

（二）取得的成果

重庆市按照“统一规划、集中使用、渠道不乱、用途不变、各负其责”的原则，以农业产业为平台打捆使用农业项目资金，取得了较好的效果。2013年，市级特色效益农业专项资金为11.4亿元，带动区县财政配套6.2亿元，整合投入36.27亿元，吸引社会投入113亿元。

四、湖南省、贵州省：以农业农村综合开发为平台进行资金整合

湖南省攸县支农资金整合的总体原则是“四统四分四不变”，即在坚持项目主体不变、资金渠道不变、使用性质不变、管理权限不变的前提下，实行统一规划、分区实施，统一立项、分头申报，统一监管、分项建设，统一考核、分别验收。贵州省黔西县、毕节市七星关区两个试点县区以支农项目为载体，按照“统一规划、资金捆绑、打造亮点、渠道不乱、用途不变、各司其职、各负其责、各记其功”的原则，点面结合、示范带动、逐步铺开，积极探索创新支农资金管理体制机制，试点工作取得了初步成效。

（一）科学规划设计

按照发展现代农业、建设社会主义新农村的总体要求，高起点编制项目建设发展规划。湖南省攸县坚持“三个结合”，即涉农项目整合建设规划与攸县“十二五”发展、城乡同治和新农村建设的规划相结合，重点编制4个建设发展规划，即农田水利建设规划、农业产业建设规划、农村道路建设规划和村民服务中心建设规划。贵州省黔西县制定支农项目立项指南，力求增强支农投入的计划性、针对性和科学性；毕节市七星关区则始终坚持“项目跟着规划走、资金跟着项目走”的原则，超前谋划支农项目，建立健全支农项目储备库，协调有关部门抓好项目立项、调查、评审等前期工作。

（二）积极申报争项

黔西县实行项目申报审批制度，领导小组办公室根据全县整体规划建立涉

农项目库，统一编制申报规划，下达年度争项目标任务，由项目单位分头申报。从2011年开始，对已经申报立项的项目按上级计划要求组织实施；对尚未申报的项目，必须严格执行申报审批制度；对经过统一审定的涉农项目，任何部门和单位不得擅自调整项目和更改资金使用性质用途，确需调整的必须按照程序重新报批。领导小组办公室对各单位项目申报工作实行目标考核，对超额完成任务的给予相应奖励，对没有完成年度任务的将严格问责。

（三）统筹安排建设

攸县在规划中将全县划分为5个片区，每年根据规划和项目落实情况，提出年度项目资金整合建设方案，做到一个片区一个重点，同时坚持点面结合，其中东部片区主要以矿山环境综合治理和林业产业开发为主。黔西县年度计划确定后，领导小组办公室向项目责任单位下达建设目标任务，由项目单位或相关乡镇组织实施；对性质相同、用途相近、使用分散的支农项目进行归并统筹安排，按照“渠道不乱、用途不变、实施主体不变、各负其责”的原则，率先打造一批重点示范村，探索资金整合，发挥带动效应。毕节市七星关区财政、农牧、扶贫、国土、林业等部门加大对财政资金的整合力度，对全区“三农”投入项目统一包装，优先安排用于现代农业基地建设，特别是基础设施建设，做到统筹安排支农资金，集中力量扶持特色产业。

（四）规范项目程序

黔西县人民政府对农村基础设施建设和农业产业发展进行统一规划，各项目单位按规划分年度、分片区组织实施。涉农项目申报经县涉农项目资金整合工作领导小组办公室统一审核把关，由各项目单位按规划分头组织申报。涉农项目整合后，设立项目资金专户，对项目资金预算、评审、拨付，工程招标和质量监管，实行统一管理，由各项目责任单位分项目进行建设。对整合的项目，按项目建设要求，制定统一的考核办法，分别验收，兑现奖惩。

（五）加强组织领导，完善制度建设

为进一步加强和规范涉农项目管理，提高项目资金使用效益，攸县专门制定了《攸县涉农项目资金整合工作方案》《攸县涉农项目整合操作规程》和

《攸县各乡镇（街道）涉农项目整合工作履职情况考核细则》等管理办法，黔西县编制了《黔西县支农项目立项指南》《黔西县支农项目库建设和管理办法》和《支农项目群众评议制度》等。毕节市七星关区成立了以区委书记任组长，区委副书记、区政府分管财政和农业的副区长任副组长，相关部门主要负责人为成员的创新支农资金管理体制机制联席会议制度，切实加强改革试验的组织领导，形成了合力助推“三农”发展的工作格局。攸县和黔西县也形成了与之类似的领导机制。

（六）加强项目监管，奖罚分明

在项目实施过程中，实行“四个统一”，即项目工程统一实行公开招投标、项目资金统一设立专户专账管理、项目工程质量统一聘请专业公司进行监管、项目考核验收制定统一考核办法。对确因特殊情况不能整合的项目，也要纳入统一监管和考核的范畴。毕节市七星关区还成立了涉农资金电子网络监管联席会议，建立公开、备案、核查、抽查及责任追究等制度，充分利用区“民生建设公开公示监管中心”网络平台，对涉农资金使用情况实行区、乡、村三级公开，有效提高了项目监管效率。领导小组办公室对各部门项目资金整合工作实行绩效管理，对整合力度大、管理规范、成效突出的予以表彰和奖励，对整合工作不力、整合成效差的进行通报批评；对不按规划布局擅自调整项目申报和实施项目的部门，视其情节对相关责任单位负责人进行问责。

第五节　黑龙江省“两大平原”财政资金整合的执行状况①

一、财政资金整合的基本现状

2013—2016 年，黑龙江省共整合农业生产发展、农村社会发展、扶贫开发三类资金 1 261.4 亿元，确保黑龙江省“两大平原”现代农业综合配套改革各项试点任务的顺利开展（图 4 - 4）。

① 第五节、第六节的内容选自农业部软科学课题“财政资金整合促进产业发展研究——以两江平原为典型”（课题编号：D201702），课题主持人：杜辉、吴仲斌。

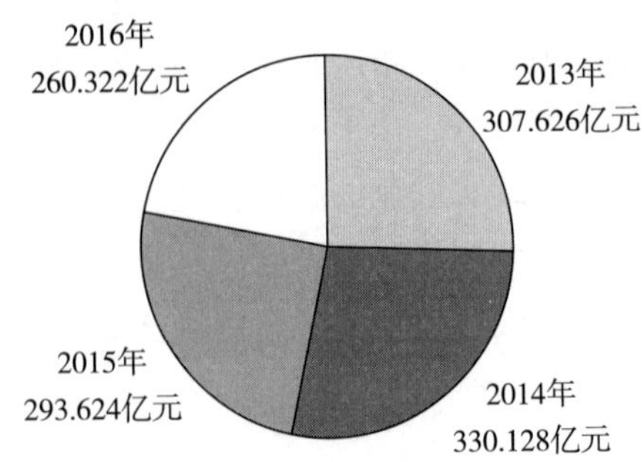

图 4-4　2013—2016 年黑龙江省“两大平原”涉农资金整合规模

(一) 2013 年财政资金整合状况

2013 年是黑龙江省“两大平原”现代农业综合配套改革试验涉农资金整合的开局之年，全年共计整合涉农资金 307.626 亿元（表 4-5），集中用于解决制约全省现代农业发展的农业生产经营机制创新、水利基础设施建设、农业机械化建设、农业新技术推广、农业规模化发展、惠农富农政策完善等瓶颈问题。

表 4-5　2013 年黑龙江省“两大平原”现代农业综合配套改革试验涉农资金整合概况

单位：亿元

资金支持方向	投入金额	具体用途与成效
农业生产经营机制创新	0.431	开展农民专业合作社贷款担保，探索解决合作社融资难、贷款难的办法。引导新型农业经营主体发展，全省农民专业合作组织达 4.57 万个，规模经营土地面积 5 099 万亩，种植大户和家庭农场发展到 10.1 万户
水利基础设施建设	33	对受洪灾水毁的 32 项大江大河工程、92 座水库、299 条河道、78 个市县灌涝区和 93 处水文测报设施进行修复
	8.1	推进 12 个大型灌区建设，新增水田灌溉面积 312 万亩，改善水田灌溉面积 323 万亩
	8.1	加强农村饮水安全工程建设，解决 115.4 万农村人口和 6.6 万农村学校师生饮水安全问题
	64.5	深入推进农业综合开发和土地整治，建设高标准基本农田1 017 万亩

（续）

资金支持方向	投入金额	具体用途与成效
农业机械化建设	18	补贴购置农机具装备 2.2 万台（套），为 558 个农机合作社增配玉米收获机械 1 785 台；新建 99 个大型农机专业合作社，购置大型农机具 3 500 台（套），全省农业机械化程度达到 91.5%，田间综合作业机械化程度达到 92.7%
农业新技术推广	6.7	新建水稻智能浸种催芽车间 200 个、水稻育秧大棚 2.8 万栋，水稻催芽能力覆盖面积达到 3 300 万亩；5 大粮食作物模式化栽培技术推广面积达 1.75 亿亩，推广水稻施用液体硅肥 115 万亩、大豆根瘤菌剂拌种 400 万亩；推广农作物新品种 94 个，农业良种覆盖率保持在 98%以上，农业科技进步贡献率达到 62.5%
农业规模化发展	1.1	采取先建后补方式，对 37 个设施蔬菜小区、78 个储窖、6 个育苗中心和 9 个果菜越冬生产示范基地给予补助，全省设施蔬菜面积达 79.4 万亩
	3.7	通过财政补贴、金融租赁等方式，新建 45 个单体 1 200 头以上的奶牛场和 5 个祖代种猪场，对规模以上养殖大户和小区可繁母牛使用性控冻精给予补贴，提高“两牛一猪”规模化养殖水平
惠农富农政策完善	124.7	向农民发放粮食补贴
	1.4	对 433 户超级种粮大户发放农业基础设施项目补贴
		支持金融部门开展种粮大户融资贷款和粮食补贴质押及组合贷款，近 10 万户种粮大户和农民共获得银行贷款 55.3 亿元
		采取先建后补方式，支持合作社建设烘干塔 50 座，增加粮食烘干能力 18 亿斤，增强农民售粮的话语权
	21.2	支持粮食企业新建和翻建烘干塔 106 座，新增烘干能力 93 亿斤，维修改造危仓老库新增仓容 90 亿斤，翻建地坪 141.7 万平方米，新增潮粮堆场能力 48.2 亿斤；建设简易仓储罩棚新增仓容 80 亿斤，缓解农民集中售粮难问题
	8	投入农业保险保费补贴，种植业保险达到 6 564 万亩、养殖业保险达到 53.5 万头，保险公司向受灾农户赔付资金 13.8 亿元

资料来源：根据《关于黑龙江省 2013 年预算执行情况和 2014 年预算草案的报告》相关数据整理而得。

（二）2014 年财政资金整合状况

2014 年黑龙江省出台《黑龙江省“两大平原”现代农业综合配套改革试验

涉农整合资金使用管理办法》，全年共整合涉农资金 330.128 亿元（表 4－6），进一步增强财政投入的针对性、精准性和实效性，大力促进了农业提质增效。

表 4－6　2014 年黑龙江省“两大平原”现代农业综合配套改革试验涉农资金整合概况

单位：亿元

资金支持方向	投入金额	具体用途与成效
支持农业和畜牧业加快发展	73.6	建设 732.5 万亩生态高标准农田，绿色（有机）食品认证面积达到 7 209 万亩
	5.7	新建水稻育秧大棚 4.4 万栋、小型水稻智能浸种催芽车间 93 个，全省水稻育秧大棚达到 89.2 万栋，水稻智能催芽车间达到 1 116 个，水稻智能催芽基本实现全覆盖
	19.8	支持新建农机合作社 245 个，为已建成农机合作社补充播种机 179 台、水稻收获机 817 台、高秆作物喷雾机械 1 742 台，农民散户购置农机具 1.98 万台套，全省田间综合作业机械化程度预计达到 93.5%
	125.1	发放粮食补贴资金，亩均补贴 70 元，享受补贴农户达 481.2 万户，农民人均增收 608 元
	18.4	发放良种补贴资金，补贴面积 16 641 万亩，良种覆盖率继续稳定在 98%以上
	7.3	以“两牛一猪”为重点，引导社会资金投入 58.2 亿元，新建 137 个存栏 1 200 头规模标准化奶牛场，新增奶牛 5.7 万头，新增优质原料奶 72 万吨
支持农业金融发展		在全国率先建立财政补贴资金质押放大贷款机制，对 1 321 户种粮大户（合作社）和 10.97 万农户发放粮食补贴质押及组合贷款 72.8 亿元，缓解备春耕生产资金紧张，提高种粮大户生产投入能力
	7.5	拨付农业保险费补贴，种植业承保玉米等 4 大品种 5 754 万亩，养殖业承保能繁母猪等两个品种 46.9 万头，保险公司为 52.2 万农户理赔 7.8 亿元
	1.1	奖励 121 户县域金融机构，激励省内县域金融机构涉农贷款增长 77.9 亿元，增幅达 32%
	0.426 5	对 18 户村镇银行等新型农村金融机构补助，拉动贷款发放 33.4 亿元，同比增长 66%
支持粮食仓储能力建设	46.4	吸引社会投资 20.3 亿元，新增粮食仓储能力 279 亿斤、烘干能力 69 亿斤，为国有粮食购销企业配置售粮信息公开显示系统，实现农民卖粮明白、放心

资料来源：根据《关于黑龙江省 2014 年预算执行情况和 2015 年预算草案的报告》相关数据整理而得。

（三）2015年财政资金整合状况

2015年黑龙江省围绕推进“两大平原”现代农业综合配套改革，共计整合涉农资金293.624亿元（表4-7），推动全省走产出高效、产品安全、资源节约、环境友好的现代农业发展道路。

表4-7 2015年黑龙江省“两大平原”现代农业综合配套改革试验涉农资金整合概况

单位：亿元

资金支持方向	投入金额	具体用途与成效
落实农业支持保护补贴政策	121.2	将粮食直补、农资综合补贴和农作物良种补贴统一为农业支持保护补贴，及时发放到农民手中
推动大豆目标价格改革	26.7	对国家取消大豆临储政策、市场价格低于目标价格的差价，由财政给予补助，保障豆农的基本收益
支持农业合作化、机械化、科技化	198.1	支持建设生态高标准农田788万亩，新增育秧大棚4.4万栋、水稻催芽车间93个，新增催芽能力1.9万吨，辐射水田面积465万亩；促进农业适度规模经营，新增农民合作社9 900个、家庭农场（大户）1 000个、农机合作社117个，综合机械化水平达到94.3%，良种化率继续稳定在98%以上，全省绿色有机食品认证面积达7 300万亩
创新农村金融服务	25.5	推进农业保险降费提标，参保农民平均缴纳保费由每亩37.5元降为18.6元，降幅达50%；基础理赔金额由亩均148元提高至178元 落实县域金融机构涉农贷款增量奖励和定向费用补贴政策，拉动涉农贷款余额大幅增长；创新财政金融协同支农机制，注入资本金，组建全国首家省级农业担保公司
推进实施精准扶贫	14.5	改革扶贫资金分配办法，将扶持项目决定权下放到县；试行资金竞争性投入方式，增强资金正向激励作用，全年推动40万人实现脱贫
深化农村综合改革	8.2	完善农村公益事业建设一事一议财政奖补政策，探索破解农村公益事业“事难议、议难决、决难行”的问题，对议成、干成的农村公益事业项目给予支持，推进2 116个村实施项目2 231个

资料来源：根据《关于黑龙江省2015年预算执行情况和2016年预算草案的报告》相关数据整理而得。

(四) 2016 年财政资金整合状况

2016 年，根据《黑龙江省人民政府办公厅关于印发黑龙江省“两大平原”现代农业综合配套改革试验第二阶段涉农资金整合工作方案》（黑政办发〔2017〕23 号）与《黑龙江省“两大平原”现代农业综合配套改革试验第二阶段涉农整合资金使用管理办法》（黑政办发〔2017〕30 号），黑龙江省共计整合涉农资金 260.322 亿元（表 4－8），推进加快农业现代化步伐。

表 4－8　2016 年黑龙江省“两大平原”现代农业综合配套改革试验涉农资金整合概况

单位：亿元

资金支持方向	投入金额	具体用途与成效
支持农业产业体系建设	16.6	顺应国内高品质乳制品、畜牧产品需求增长趋势，支持发展现代畜牧业，引导社会投资建设“两牛一猪”标准化规模养殖场 268 个，促进“粮变肉”“粮变乳”过腹增值
	2.6	着力引导提升农产品品质，推进实施“三减行动”，支持建设粮食绿色高产高效创建示范县 19 个，带动建设“互联网＋”高标准绿色有机种植示范基地 1 170 个，落实绿色有机农作物种植面积 35.4 万亩；实行“三品一标”认证补贴政策，支持开展农产品质量安全检测，全省绿色有机食品认证面积达 7 400 万亩
		支持提升农业营销水平，鼓励打造“互联网＋农业”营销平台，扶持培育黑龙江大米网等电商平台，引导发展农村电子商务，推动农业由“种得好”向“卖得好”转变，促进农民在价值链上获得更多收入
支持农业生产体系建设	104.1	治理中小河流 36 条、整治水土流失防护面积 202 平方千米、完成节水增粮建设任务 96.3 万亩
		下达农机购置补贴资金，重点支持组建现代农机合作社，现代农机保有量持续增加；推进区域种子创新研发中心、新品种繁育示范推广基地建设，支持新建水稻标准化育秧大棚 6.2 万栋，推进实施农业综合开发、土地整治、田间工程等项目，带动建设生态高标准农田 655.4 万亩
	13.6	推进实施粮改饲、耕地轮作、棚室经济等项目，全省玉米种植调减 1 922 万亩，经济作物新增 177.7 万亩
	16	落实优质粮食、北药、食用菌、蔬菜和现代畜牧业等项目 111 个
	121.2	发放中央耕地地力保护补贴，引导农民保护耕地地力
	3.1	推进开展黑土地保护利用、测土配方施肥、有机肥提质增效等试点

（续）

资金支持方向	投入金额	具体用途与成效
支持农业经营体系建设	2	设立10亿元玉米收购贷款信用保证基金，为粮食收购企业提供融资增信，推动破解玉米销售难题
	21	落实大豆目标价格和玉米生产者补贴政策，补贴资金及时足额兑付到位
		拨付中央农业适度规模经营资金，重点支持省级农业信贷担保公司建设
		落实县域金融机构涉农贷款增量奖励和定向费用补贴政策，推动中小金融机构增加“三农”发展资金供给
	8.3	农业保险保费补贴，全省种植业、养殖业保险承保规模同比分别增长8.4%、37.8%
	8.4	协调推进新农村建设与新型城镇化建设，支持1 082个村、37个农林场建设村内公益事业项目1 200个，推进美丽乡村示范村、宁安“两化”重点社区和建制镇示范试点建设

资料来源：根据《关于黑龙江省2016年预算执行情况和2017年预算草案的报告》相关数据整理。

综上所述，2013—2016年，黑龙江省根据中央相关文件精神，科学化、精细化地开展财政涉农资金整合工作，加大政府农业投入力度，创新财政农业支出方式，为“两大平原”地区现代农业健康持续发展奠定了良好的基础。然而，需要指出的是，实践过程中同样呈现出年度资金投入重点不断变化的突出特征，导致财政涉农资金整合平台在一定程度上存在不确定性。例如，2013年侧重于农田水利基础设施建设，2014年聚焦于高标准农田建设，2015年偏向农业合作化与新兴农业经营主体建设，2016年则瞄准农业发展方式转变。究其原因，固然有从历史角度出发而“补短板”的长远考虑，但更多的则是受近年来中央农业工作重心调整与资金整合过程中现实情况的影响。需要指出的是，资金整合平台的摇摆难免造成农业发展支撑点的波动，有碍涉农资金整合与现代农业发展的“对接”，应予以重视。

二、财政资金整合的主要成效

4年多来，在试点方案和规划的指导下，黑龙江省“两大平原”财政涉农资金整合工作总体进展顺利。在积极实践财政涉农资金“大类间打通”和“跨类别使用”的基础上，完善各类配套改革措施，年均整合近20个部门主管的约300亿元资金，从以往“各唱各的调、各炒各的菜”转变为“同炒一盘菜、同坐一桌席”，有效改变过去涉农资金管理“散、小、乱、杂”等问题，充分发挥了涉农资金整合的集聚效应、放大效应、导向效应、撬动效应。既极大地提高了财政资金使用效益，又保障了改革试验各项任务的顺利完成，加快了现代农业发展步伐，为全国范围内改革工作提供了宝贵的实践经验。

（一）完善资金管理体制

1. 顶层设计整合方案

黑龙江省在改革之初便设计了《黑龙江省“两大平原”现代农业综合配套改革试验区涉农资金整合三年规划（2013—2015年）》，将支持重点细化到具体年度并明确投入规模，保证规划实现与国家重大工程延续项目、省情实际、各项专项规划、项目建设与改革创新的有机结合，实现对“两大平原”涉农资金整合工作的整体谋划和全盘把握，确保整合工作协调推进。

2. 科学择定工作流程

黑龙江省根据资金整合实际情况，制定《黑龙江省财政厅“两大平原”涉农资金整合工作内部运行机制》，明确整合资金使用原则、方向和要求。按照“收入一个池子、支出一个口子”和“多个渠道进水、一个池子蓄水、一个龙头出水”的原则，在收入环节建立“涉农整合资金指标库”和涉农整合资金指标确认单，比照国家明确的涉农资金整合范围，对中央下达和省级预算安排的涉农资金划转入库并实施专门管理；在支出环节制定涉农整合资金支出指标确认单，对省政府确定支持的重点项目，明确必须按照要求履行支出指标确认单审批程序后，方能进行涉农整合资金指标划转，并要求在规定的时限内履行资金拨付程序。

3. 严格规范审批程序

黑龙江省涉农资金整合在各阶段均以项目形式分配下达，在强调各地因地制宜开展申报的同时，也高度重视通过统一建设投入标准来规范项目审批程序。以生态高产标准农田项目为例，明确选项原则、责任主体、目标任务、建设标准、建设内容、审批程序、计划下达、“四制”（项目法人责任制、招投标制、工程监理制、合同管理制）管理等，实现一个目标引领、一个规划统筹、一个标准建设、一个主体承担、一把尺子监管、一个系统指挥。据此，通过对项目资金的统筹规划，有效避免重复建设，提高资金使用效益。

4. 强化资金使用监管

黑龙江省在涉农资金整合中不断完善涉农资金和支农项目的使用管理制度，逐步构建分工明确、管理规范、运转有序的资金使用管理制度体系，做到有章可循、规范运行。同时，坚持以问题为导向，深入分析问题产生的根源，针对问题易发、多发的重点部位和关键环节，探索建立健全涉农资金使用管理的长效机制，全面提升涉农资金的管理水平和使用效益，促进国家支农政策落到实处。

（二）创新资金整合方式

1. 部门内部整合

黑龙江省对省农业委员会、省农业开发办公室等农业归口项目进行内部整合。整合前，农业委员会专项资金有几十项，每个处都有相关项目，通过综合权衡与归纳，对相近项目进行整合。例如，农业委员会劳转处的劳动力转移培训项目、科技处的农民培训以及社保方面的相关培训项目等，通过分权分事、充分征求农民培训需求，整合形成职业农民培训项目。再如，整合前，农业开发办公室相关项目有七八十个；整合后，将原来土地、产业化、部门、科技等项目资金集中安排使用，发挥财政资金集聚优势，围绕主导产业、集中资金、突出重点，打造全产业链现代农业示范区，减少项目数量，加大项目规模。2014 年，省农发项目安排比 2013 年减少 576 个，但单个项目资金额比 2013 年增加 5 倍以上，投入 3 000 万元以上的项目达到 40 个。其中，富裕、拜泉、安达奶牛养殖基地及青贮饲料基地，肇东肉牛养殖及饲草饲料基地等项目，投资均达到 1 亿元以上。

2. 部门之间整合

涉农资金整合的重点与难点均在于部门之间的整合。黑龙江省在实践中，立足于部门协调、统筹规划，坚持整体谋划和配套安排，推动各部门涉农项目资金整合。如此，克服以往“水利投井、国土投地、条块分割明显”等现象，避免出现有灌溉设施但缺农电配套、田好了但田间路不通等问题。例如，考虑国土部门农田路网、土地平整、渠系工程等项目与水利部门相关项目类似，通过规划引导，明确职责，推进国土部门与水利部门的规划相衔接，实现“一张图纸”安排项目，由水利部门安排和设计项目，项目资金仍由国土部门管理和拨款，形成“水利骨干工程修到哪里，土地整理资金就往哪里安排”的良性局面。

3. 时间节点整合

在涉农整合资金的投放时间上，打破以往“添油式”投入方法，对于确定要支持的重点项目，在财政资金供给能力范围内，全部安排到位，不搞分年度平均安排。规划需要多年完成的项目，在可能缩短项目建设周期的前提下，通过集中投入，最大限度地缩短建设周期，促使其早见效益。

4. 地域空间整合

在涉农整合资金的地域空间投放上，打破以往面面俱到、平均分配、“撒芝麻盐”式的传统方法。在项目布局上，采取适度集中、各个击破的方式，将有限资金集中到部分区域，逐个区域推进，确保投入一个，建成一个。例如，2013 年在扶贫整村推进资金安排上，将原计划对 500 个村平均投放的资金调整为 250 个村，单个村投入由 100 万元提高到 200 万元以上；少数民族地区发展资金由 80 个村调整为 49 个村，使之能够集中干事，形成合力。

（三）瞄准重点投放领域

1. 农业生产发展类资金投放重点

农业生产发展类资金集中用于解决水利化、农机化、科技化和畜牧规模化发展问题。一是突出支持水利建设。黑龙江省将以水利设施完善为龙头的高标准农田建设和土地整治等后续建设视作先行重点项目来组织实施，确定将 2013—2014 年 70%的整合资金用于田间水利工程建设，并同步开展土地整治工作。确立“以水定田”的开发模式，旨在有效解决长期以来水利设施不配套、高标准农田建设滞后、农业生产配套设施不完善等问题。二是突出支持农机化建设。资金重点用于支持补贴购置农机具装备、新建大型农机专业合作社等，致力于提升农业规模经营能力与农业机械化水平，改善农业全要素生产率。三是突出支持农业科技化建设。资金重点支持新建水稻智能浸种催芽车间、水稻育秧大棚、推广农作物新品种和先进农业栽培技术，并加大农业科技推广服务体系建设。四是突出支持畜牧业规模化发展。资金重点用于支持新建标准化奶牛养殖小区，畜牧良种繁育场和畜牧技术推广。

2. 农村社会发展类资金投放重点

农村社会发展类资金重点用于解决农村教育设施和医疗卫生条件建设。一是重点支持 946 所农村中小学校“小火炉”改造，1 071 栋 160 万平方米校舍维修，121 栋 12.5 万平方米校舍改扩建，以及 227 栋 62.2 万平方米校舍新建。二是重点支持 100 所乡镇卫生院改扩建、701 个标准化村卫生室建设以及乡村医生业务培训。

3. 扶贫开发类资金投放重点

扶贫开发类资金重点用于贫困地区和少数民族地区基础设施和产业项目建设。支持贫困地区、民族地区发展种植业、养殖业、特色农牧资源开发和设施农业等产业项目，强化一二三产业融合发展，提高贫困地区自我发展能力。值得一提的是，在第二阶段涉农资金整合的过程中，黑龙江省探索将财政扶贫资金按照因素法砍块下达至各市、县，由其结合属地农情自主确定支持项目，在提高地方政府及广大农民参与程度的基础上，有效提升精准扶贫能力。

（四）化解地方配套难题

财政支农专项资金多数要求地方政府进行资金配套，如农业补贴、政策性农业保险保费补贴、村级公益事业一事一议财政奖补、农村劳动力转移培训财政补助等。整合资金后，黑龙江省建立“中央支持指导、地方为主整合、部门协调配合、资金统筹使用”的工作机制，明确由省政府负责统筹安排相关涉农资金，部门之间协作进一步加强，极大缓解了审计部门多年提出的地方财政资金配套不足的老大难问题。以农田水利建设为例，2013—2015 年，在国家发展和改革委员会、财政部、审计署、农业部、国土资源部等有关部门的大力支持和配合下，中央及省级财政年均投入 146.3 亿元（含土地整理资金），年均增长 19.7%。其中，省级财政资金年均投入 19.67 亿元，年均增长 26%。2013 年，黑龙江省在集中资金推进面上项目建设的同时，按照“点面结合、突出重点”原则，选择“主导产业优势突出、水利骨干与田间灌溉工程配套、土地集中连片”的 21 个市、县开展现代农业综合配套重点区域建设，以水利骨干工程为平台，以国土整治项目和农发建设项目为载体，以“两改一提高”为重点，在土地集中连片、已经形成灌溉能力的大中型灌区，集中配套建设水稻催芽车间、育秧大棚和农机合作社。此外，黑龙江省东部三江平原核心区域 14 个灌区都是国家重点水利工程，早已建成干渠、首渠，而支渠以下的渠系工程无法配套，随着部门之间协作整合加强，“半拉子工程”已全部完成。

第六节 财政资金整合促进产业发展的机制创新

一、合理扩大涉农资金整合范围

清理规范专项转移支付，加大财政涉农资金整合力度，使之成为维护资金安全、保障重点工程、贯彻政策方针、降低交易成本、防范渎职腐败的重要手段。2017年4月28日，财政部会同农业部出台《农业生产发展资金管理办法》(财农〔2017〕41号)，从中央层面进一步统筹农业支持保护补贴、农业机械购置补贴、农村劳动力转移培训财政补助、能繁母猪补贴、奶牛良种补贴、生猪良种补贴、财政支农政策培训补助、农民专业合作组织发展资金、农业科技成果转化与技术推广服务补助等资金。财政资金整合应突破原有思路，不仅在部门内部进行资金整合，更要以具体涉农活动或支农事项为纽带，探索部门之间资金整合，进一步强化涉农资金源头整合。可考虑将农业生产发展资金、农业流通流域补贴资金、农业资源及生态保护补助资金等围绕农村电子商务发展、新型农业经营主体发展、农业清洁生产等主题而相互整合，不断扩大资金整合的边界与范围。要积极探索和试点构建专门性或特别项目的农业发展基金、各种形式的政府农业项目运营投资公司等市场化投融资方式，拓宽政府农业投融资渠道与规模。

二、健全涉农资金整合的效应发挥机制

为提高资金使用效率，变分散投入为集中投入，财政涉农资金整合统筹应聚焦于以下两个方面：一是重视部门协同使用资金。随着中央层面整合进程提速，为实现中央与地方财政涉农资金在使用中的协调配合，地方整合工作的重要性更加凸显。其中，尤其要提倡各职能部门协同申报农业项目。按照“资金渠道不变、审批权限不变、使用渠道不变、管理职责不变”的原则，将项目申报、项目审批、项目立项、资金拨付、运行控制、产出评价、预算核对、执行监督等各环节整合于同一管理系统内部。在遵循相关政策规定的基础上，依托主管部门监管，基层政府可由财政部门联合其他涉农部门进行项目统一申报。二是突破资金投放区域范围。根据各区域对利益共同点的感受力，跨越传统行政区划，将地理位置毗邻、自然条件相当、区域类型相似、人文背景接近、农

业生产环境类似、农业种植结构相同、农业规模经营可操作的连片区域连接成整体，通过“优势互补、资源共享、利益均沾”来实现“协作开发、调解冲突、和谐共生”，营造空间范围更广阔、更易于体现规模效应、更匹配于整合后财政涉农资金使用的现代农业项目建设单元。

三、完善政府间涉农资金整合的权责分配机制

立足于国情、农情与财情，财政涉农资金整合权责分配的基本原则应是由中央政府负责资金源头整合与重大支农工作方向择定。在继续合理整合涉农资金的基础上，加强各相关部门在涉农资金管理方式、分配方式、拨付时间等问题上的协调，为后续工作开展创造良好的制度条件。同时，通过保证对支农方向的控制力，确保因力量整合而平台更简化、项目更有限、风险也更集中的“歼灭战”顺利开展，并有效解决当前农业面临的突出问题。省政府根据中央相关规定，将财政资金进行归类整合，并负责落实中央工作清单与确定本省重大项目，其功能更多地体现在充当基层政府自主支配财政资金的“裁判员”，即规范与监控因整合涉农资金而获得更多的自主支配权利的地方政府行为，包括择定本省支农支持重点、结合因素法与项目法来合理分配资金、审核地方申报项目的合理性、评价项目执行绩效等。基层政府是落实各级政府所确定支农项目的责任主体，其权利体现在通过整合财政涉农资金，除上级政府所明确的具体项目外，可根据属地实际情况进行资金项目申报，有助于解决本地农业发展的关键问题。

四、构建涉农资金整合的运行保障机制

财政涉农资金整合是长期性、系统化、开放式事业，重在行动，贵在落实，旨在质量，除保证政策的合理性外，更需要操作层面上相关运行保障的匹配，如此才能提升财政支农资金使用效率并完全发挥政策新功效。一是利益格局重组后的主体激励。财政涉农资金整合需要通过深度改革才能实现理想状态，相关举措带来的阵痛亟须各级管理主体与执行主体的共同理解与支持。据此，应以中央政府“高位推动”为前提，基于信息整合来强化职能部门间交流，基于财权与事权匹配来强化各级政府间的利益同构体关系。二是政策体系调整后的政策协调。惠农政策彼此穿插，强调综合配套，而非单兵作战。围绕资金整合的举措必然与原先目标导向的政策存在摩擦，同时农业补贴、农产品

价格支持、农业生态补偿等政策之间整合，越来越要求整个政策体系通过完善择定机制、健全完备程度等来实现协调运作，继而推动部门分工协作、实现利益合理分配及减少政策实施成本。三是政策目标创新后的绩效评价。整合涉农资金的根本意图在于扭转当前政府农业投入中存在的传统思维，转变农业发展动能并改善农业脆弱的发展处境。据此，务必基于对农业生产成本下降、农产品价值增加、农业生态环境维护、农业综合生产能力稳定等重要标准的测度来合理考察政策实施效果。四是政策环境变更后的执行监督。整合财政涉农资金已经成为社会关注焦点，有必要从行政科层内部、外部司法组织、社会舆论力量等多途径出发，精细化设计执行监督方案，确保相关措施落到实处。

第五章

建立现代农村金融制度

第一节　我国农村金融发展现状及问题[①]

我国已经初步形成了一个以农村合作金融为主体，政策性金融、商业性金融分工协作，新型金融为补充的农村金融服务体系框架。总体看来，农村金融服务能力有了很大提高，然而由于成本、风险等种种原因，金融资金很难顺利到达农村，农村发展的直接或者潜在信贷需求还未得到充分满足。

一、农村金融发展的现状评价

（一）国有商业银行的农村业务快速萎缩

以中国农业银行为代表的国有商业银行，最初服务的对象为国有农业经营机构（如国家粮食局和供销社）和乡镇工业企业。但是，从20世纪80年代开始，中国农业银行进行商业化改革后，其农村服务范围慢慢覆盖普通农户。2002年之后，国有银行开始实行股份制改革，在农村的分支投入进一步缩减。2005年相比于2000年支行以上的机构又缩减了34.08%，而支行以下的机构更是缩减了45.21%，职工减少19.98%。2008年后，除了中国农业银行外，其他国有银行在农村除了必要的机构设置外，已经几乎没有再设分支机构。而2008年至今，中国农业银行仍然在进行裁员，银行分支机构从2008年的24 064个缩减到2011年年底的23 461个。在体系缩水的同时，贷款的权限也

① 本节的内容选自农业部软科学课题“土地制度创新与农村金融产品创新问题研究”（课题编号：Z201309），课题主持人：郭晓鸣。

不断上升，使农村的非个人贷款愈加困难。农村的银行变成只能吸纳农村存款的地方，成为农村资金的“抽水机”。

（二）邮政储蓄银行对农村金融服务能力弱

邮政储蓄长期扮演着农村存款“抽水机”的角色。随着2003年国有银行的股份制改革，2007年农村邮政储蓄也更名为邮政储蓄银行，并开始像其他商业银行一样行使正常存贷业务。但是，邮政储蓄银行涉农贷款具有额度小、风险大、笔数多、管理成本高等特点，加上缺乏传统意义上的抵押品，担保等风险分散机制不健全，不良占比较高，许多业务都处于亏损状态，农村金融服务能力不强。

（三）农村商业银行发展困难重重

农村商业银行是由农村信用社改制而来的。现在，农村信用合作社的合作性质早已名不副实，与商业银行的经营方式大体类似，偏离服务“三农”的定位，整个农村金融体系反映出系统性的存款吸纳大于贷款投资。近年来，信用社改革可以变成合作银行或者商业银行，达不到商业银行标准的只能改合作银行。在未来几年，信用社将全部改制。但农商行毕竟是“老企业、新银行”，它不仅有老企业存在的各种遗留问题，还存在新银行的不足之处。老问题包括过高的不良贷款、过于繁杂的人员体制设置；而作为一个新的银行来说，业务单一、人员素质不高等都限制了其发展。

（四）农业政策性银行的作用空间有限

中国农业发展银行成立于1994年，是我国三大政策性银行之一。其主要业务是承担国家规定的政策性金融业务并代理财政性支农资金的拨付。中国农业发展银行主要负责粮食、油料等的国家专项储备，代理涉及农业开发、扶贫贷款和农、林、牧、水的基本建设等国有项目的拨款。这种政策性银行机构的行为多是辅助性和引导性的，它能在农村整体层面上对基础设施进行提升改造，进而缓解长期金融信贷的压力。但是，农户作为个人几乎无法从政策性银行获得金融援助。政策性银行的特殊性能决定了其不是解决农村金融问题的一个有效突破口。

（五）农村新型金融机构发展速度加快

农村新型金融机构是相对于农业银行、农村信用合作社等传统机构而言的，具体包括村镇银行、贷款公司、资金互助社等金融机构。截至 2012 年年底，我国共有各类农村金融机构 1 800 余家，其中 800 余家是农村新型金融机构，比 2005 年增长 300%。截至 2012 年年底，共核准 272 家新型农村金融机构开业，其中村镇银行 198 家、贷款公司 48 家、农村资金互助社 36 家。2012 年，全国已开业的新型农村金融机构共吸收股金 190 亿元，存款余额 369 亿元，贷款余额 281 亿元。其中，农户贷款 8.1 万户、66 亿元，小企业贷款 0.6 万户、91 亿元，分别占贷款余额的 23.5%和 32.4%。

（六）非正规金融机构仍然存在生存土壤

非正规机构可以分为以下 3 类：一是无组织无机构的个人借贷和企业融资；二是有组织无机构带有互助资金性质的各种金融协会；三是政府没有认可的有组织有机构的各种融资形式，如私人钱庄等。正是因为正规的金融机构并不能完全满足农村金融发展的需要，所以非正规金融机构在农村普遍存在，反映了农村金融市场所缺乏的功能和存在的问题。

二、农村金融发展存在的问题

（一）农村金融机构不能满足“三农”发展需求

我国农村经济发展势头迅猛，新农村建设资金需求逐渐旺盛。与此同时，金融机构对农业的信贷资金投入却逐年减弱。1995—2012 年，农村的贷款余额占全国银行贷款余额的比例由 11.27%下降到 4.71%，平均每年下降 0.5 个百分点；2012 年，全国金融机构各项贷款余额为 67.3 万亿元，农业贷款余额仅占 5.09%。另外，有两条渠道造成农村资金大量流失。一是农村金融机构引起的资金流失，1995—2009 年农村存贷差额占农村存款余额的比率在 40%以上，2012 年该比率有所下降，但仍高达 20%左右。二是邮政储蓄资金直接从农村流出，而中国人民银行以对农村金融机构再贷款方式返还给农村的资金十分有限。据估计，近年来通过金融渠道和邮政储蓄渠道每年实现的农村资金净流出总额约为 4 000 亿元。这必然严重影响农业和农村企业的发展后劲。

（二）商业性金融机构忽视农村资金需求

股份制改造、利润最大化以及控制经营风险的基本经营原则已深入银行内部。为追逐最大利润，大部分商业银行逐步放弃农村地区的金融市场，将资源集中到城市金融市场。其中，五大国有商业银行在农村地区的金融网点几乎都被撤销。2012 年年底，我国银行金融机构营业网点覆盖范围外的乡镇有 2 551 个，约占乡镇总数的 7%。这必然直接导致“三农”发展获取的金融支持减少。

（三）农村信用社在农村金融市场具有垄断地位

由于市场机制不完善和农村信用社的政策优势，众多商业银行纷纷从农村市场退出，逐渐形成了农村信用社一家独大的垄断局面。以广东为例，2012 年年底，农村信用社在县域贷款市场所占的份额为 48.2%，68 个县市中有 51 个县市农村信用社贷款市场份额超过 40%，22 个县市农村信用社市场份额超过 60%。农村信用社在县域市场的金融集中度高，呈现寡头垄断的格局。政府对于抵押担保以及利率的限制，使农村金融市场难以真正发育和壮大，而在政策扶持下的农村信用社对正规金融市场的垄断，也导致了竞争的缺乏和农村金融市场的低效率。

三、农村金融发展滞后的原因分析

这几年，我国农村金融发展面临着越来越好的制度环境，也取得了一些显著成效，城乡金融发展的协调性增强。但是，我国农村金融发展仍面临很多问题，其主要原因有如下几个方面。

（一）缺乏有效降低农村金融交易成本的借贷机制

农业生产的天然弱质性和农户居住的分散性客观上决定了农户信贷的高成本和高风险。同样，农村中小企业因为缺乏抵押品、资金实力不雄厚、单笔借贷资金量较小等原因，其借贷成本和风险同样较高。因此，要激活农村金融市场，必须建立一套能够有效降低金融机构向农户、农村中小企业放贷的交易成本的借贷机制。反观现阶段所进行的金融制度改革，大多思路局限在如何增加农村金融供给方面，没有将改革的思路和措施定位在如何有效降低农村金融交易成本的借贷机制上。在这种情况下，除非国家对金融机构进行巨额补贴，否则在市场机制调节下，农村资金仍然会自发地向发达地区和城市流动。

（二）农村信贷抵押制度不适应当前形势的发展

农业生产经营的高风险以及农村可供担保的抵押品缺失共同决定了金融机构在农村的惜贷行为。土地是最重要的抵押物，但农村土地抵押面临法律的严格限制。在现行法律框架下，除乡镇村企业的厂房等建筑物占用范围内的建设用地使用权，以招标、拍卖、公开协商等方式取得的荒地等土地的承包经营权外，耕地、宅基地、自留地、自留山等集体所有的土地使用权均不得抵押。一些地区虽然在局部尝试开展农地抵押，但由于法律限制以及抵押物定价处置困难，很难得到金融机构的认可。除了土地之外，修建在土地之上的房屋、养殖圈舍、农作物、林木、畜禽产品等同样不能作为抵押品向银行借贷。可以说，农村主要的财产、生产资料和劳动产品都不能作为抵押品进行融资，这使得农村金融供给和需求受到了严重抑制。

（三）农村金融市场的监管体制存在缺陷

一个完备有效的农村金融监管体制是农村金融发展所必需的，然而现有的农村金融监管体制却难以承担起应对和监控未来可能出现的农村金融风险的责任。按照现行的农村金融监管现状，中国银行业监督管理委员会（简称银监会）对农村信用社的监管比照商业银行法来执行，实际的监管责任由银监会和地方政府共同担当，金融监管的效力通过联社体制来贯彻。然而，合作金融无论在组织形式上还是在功能上都有别于一般商业性金融组织，需要专门的法律来规范。我国至今还缺乏《合作金融法》《合作金融监管条例》等法律法规来明确规范约束农村合作金融活动。对村镇银行、贷款公司、农村资金互助社等新农村金融机构的设立、经营和监管，银监会将其纳入《商业银行法》和《银行业监督管理法》的监管范围。然而，从资产规模、市场定位、资金运作、员工构成、贷款审批和组织结构等方面，社区银行不同于大型商业银行，这就需要类似《社区银行法》等专门性法律法规来规范村镇银行。长期以来，民间金融基本游离于监管之外，虽然民间金融已形成了其制度框架，并且大多数交易发生于熟人社会内部，其自我监管机制较好，但一些高利息放贷行为也有可能寄生于其中，打乱农村金融市场的正常秩序。因而，需要制定一套专门针对民间借贷行为的监督办法。

（四）农村金融市场的竞争与合作机制缺位

一般认为我国农村金融体系分为政策性金融、商业性金融、合作性金融及民间非正规金融。然而事实上，由于商业银行日益收缩农村市场业务，村镇银行、贷款公司、农村资金互助社等社区金融机构刚刚起步，以及其他民间金融迟迟得不到法律认同，农村信用合作社在农村金融市场中处于龙头地位，成为普通农户和农村企业获取金融服务的主要渠道。这使得整个农村金融市场由于缺乏充分竞争而显得缺乏活力，农民难以享受到高品质的金融服务。农业发展银行和农业银行被赋予了支持“三农”发展的历史任务，然而由于缺乏广泛分布于农村的网络以及适应农村特点的风险评估与防范机制，它们在面对直接支农任务时显得心有余而力不足。与此同时，诸如农村信用合作社、农村资金互助社、小额信贷组织等社区合作性金融机构虽有好的交易机制却又存在资金欠缺等问题。在现行金融法规的约束下，国有银行与合作性金融机构之间的合作面临着障碍，充足的资金与良好的网络不能顺利结合，对农村金融市场来说无疑是一大损失。

第二节　农村金融供求状况与新型农村金融机构的功能定位[①]

一、我国农村金融供给分析

（一）我国农村金融供给的现状

根据对我国农村金融的已有了解及其运行状况，本研究对国内典型地区农村金融市场供给现状展开了实证调查。2012 年 6～12 月，调查小组选取了包括江苏常熟、重庆北碚、湖北恩施等标志性强且与课题研究相关的也是农村金

① 本节的内容选自农业部软科学课题“新型农村金融机构发育情况调查”（课题编号：201313），课题主持人：李长健。

融发展比较有代表性的地区进行了实地调研，共发放问卷300份，收回有效问卷275份。在实地考察的过程中，分别向农户、涉农企业、小额贷款公司、农村资金互助社、村镇银行等农村非银行金融机构和金融机构当局以及中间行业协会等进行了问卷调查和访谈，就农村贷款服务、基础金融服务、投资理财、农村金融的现状与变化以及农户对金融业的期望等现实中存在的实际问题进行了研究（表5-1）。

表5-1 样本区金融供给概况

调查内容	农村金融的变化	农民得到的金融服务	农民期望的金融服务
贷款服务	农户贷款难的历史性问题仍未解决	仅40%的农户能得到正规金融机构的贷款，且80%的农户认为审批程序复杂、成本高、利率高、难以提供有效担保	简化审批手续、降级贷款利率、改进担保方式
基础金融服务	涌现出一批新的金融机构和新的服务方式，是一种进步	银行卡逐步取代现金结算、网上银行被重视	结算工具及网络操作等金融知识的普及、结算工具的安全性有待加强
投资理财等高级金融服务	现代金融意识逐步提高，相对富裕的农户开始涉足简易的金融投资理财	保险、证券投资等	投资理财产品的研发

从调研中可以看出，我国农村金融供给体系逐步从单一化向多元化演变，已经形成正规金融与非正规金融并存的局面。

我国农业商业性金融机构主要是指中国农业银行及地方性农村商业银行两大类。近年来，中国农业银行业务范围不断扩充，以市场为导向的改革进程不断加快。根据中国农业银行2012年业绩报告，中国农业银行总资产突破13.2亿元，同比增长13.4%，存贷款分别达到10.86亿元、6.43亿元，分别增长12.9%、14.1%。其对小微企业的贷款较2013年年末增长25.3%，高出贷款平均增速11.2%。其对县域经济的扶持力度也展现出突破性成果，县域贷款余额突破2亿元，同比增长17%，高于全行平均增速2.9%。但是，农业银行的机构数量在不断减少，有逐步“脱农”的倾向。

中国农业发展银行是主要的农业政策性金融机构，其经营农产品收购等业务并确保农产品供应安全。该机构是我国重要的政策性银行，其功能定位随着我国宏观调控政策的变化而不断调整。以江苏省南通市为例，中国农业发展银行南通市分行近年来推出66个中长期贷款项目以改善农村基础设施建设，最典型的是海安、如皋两地的“万亩良田”工程，该工程使村镇、工业园、耕地集聚，而后综合开发。至2011年，中国农业发展银行发放30亿元中长期贷款，用于济宁高新区黄屯镇新农村安居工程建设，该行在发展现代农业的道路上始终坚持“大力支持、让利于农”的政策。至2012年年底，中国农业发展银行的资产总额达到22 930.79亿元，贷款余额21 850.77亿元。其中，为种植养殖及加工、流通等小微企业和农业专业化合作社提供贷款73.29亿元，支持小微农业企业1 465家。累计发放新农村建设贷款1 708.4亿元，支持项目922个。对农业生态、农村路网等建设贷款427.33亿元，支持项目565个。但是，由于中国农业发展银行对农业经济发展的扶持作用不能持续，对国家宏观调控政策的执行力度有限，单靠其力量不足以保障我国“三农”发展的资金需求。

进入21世纪，农村信用社经历了一系列改革，其盈利能力和资产管理水平有一定的提升。以四川省为例，该省农村信用社是全省资产规模、存贷总量及盈利水平最大的金融机构，是支持地方经济发展的生力军。截至2012年1月，四川省农村信用社各项贷款余额为3 437亿元，存款余额5 380亿元，存贷款余额居全国合作金融系统第六位。湖北省农村信用社也成为小微企业的伙伴银行，截至2012年6月末，全省农村信用社存款余额3 370亿元，同比增加599亿元，各项贷款余额2 105亿元，存贷增量在全省金融机构中位居第一。全省“三农”贷款余额1 548亿元，较2005年增加了4倍以上。针对小微企业贷款余额803亿元，同比增长30.4%。从运作机制来看，农村信用社具有政策金融和商业金融的双重属性，其商业化性质不断显现，使农户的资金需求难以得到满足。

农村非正规金融机构主要包括抵押担保机构、民间借贷、私人钱庄等。总体而言，我国农村非正规金融的兴起与发展不仅弥补了农村金融市场供需缺口，也为我国经济体制的多元化发展创造了有利条件。但是，由于非正规金融是在农村经济社会中不被监管的民间信贷活动，缺乏法律保护。因而必须对非正规金融机构的发展加以规范，实现机构的自身持续发展和资金资源的最有效配置。

（二）我国农村金融供给的主要特点

我国农村正规金融的供给具有以下特点：我国农村金融对欠发达地区的供给呈下降趋势，且总量严重不足。2007年的统计数据显示，我国农村地区存贷款分别占全国总量的28.2%、19.6%，而城镇地区存贷款分别占总量的71.8%、80.4%。通过对东中西部的调研发现，商业银行主要分布在东部经济发达地区，其在中部经济欠发达和西部经济不发达地区的网点覆盖率较低。商业性金融机构多实行机构精简，设置贷款权限，“脱农”意味强烈。截至目前为止，四大商业银行中，除中国农业银行外都已终止支农金融贷款项目。中国农业银行虽然仍在经营农村金融业务，但是伴随着机构改革和趋利导向，其支农意味渐渐淡化，与服务农村经济发展的目标渐行渐远。政策性金融机构针对特殊领域的金融需求，从某种角度而言限制了金融服务的对象。我国农业发展银行成立至今，其功能和定位一直随着宏观政策的调整而演变，支农的职能发挥十分有限。其提供信贷的范围主要是农林牧副渔或农产品的种植、加工、流通，尤其是对粮食、棉花等的收购具有较强的专一性，而针对普通涉农企业的贷款审批较为困难，信贷服务的对象十分有限。农村信用社受自身体制约束，支农功效不能完全发挥。农村信用社牵系着我国农村地区的经济发展，但其本身机构的产权特征、管理体制、制度安排等的不完善，动摇了其对农业资金需求的补偿地位。

我国农村非正规金融的供给具有以下特点：当前我国正规金融存在供给性抑制，农户和小微企业很难从正规金融机构中获得贷款，这直接导致了农村金融供给的失效。非正规金融的设置初衷是为了弥补正规金融对农村地区金融服务的功能失位。但实践中，我国金融制度安排对民间金融资本的进入设置了较高的权限。一方面，我国规范民间金融发展，合理引导民间资本通过正规渠道流入经济发展各个领域；另一方面，我国严厉打击某些形式的非正规金融，以规范整个金融市场，降低金融风险。简言之，非正规金融或者民间金融是我国农村金融发展的一支特殊力量，随着法律法规的完善，这种金融模式将在农村经济发展中发挥越来越重要的作用。

二、我国农村金融需求分析

（一）我国农村金融需求的分类及现状

根据不同主体的需求特征不同，将农户划分为贫困型、维持型和生产型，将涉农企业简单的划分为中小型乡镇企业和龙头企业。

一般而言，贫困型农户的农业经营收入十分有限，生活和生产资料短缺，需要借贷维持生计。这类农户的贷款需求通常是分散、小额贷款，且主要用于生活消费或小规模种植养殖。对于该种类型的农户，放贷主体要承担较高风险，商业性农村金融机构对这种类型的农户扶持较少，因此只能凭借政府优惠政策或非正规金融借贷。维持型农户是指基本可以解决生活、消费所用少量资金的一类农户，其贷款意图通常是生产性借贷。对于这类农户，一般农村金融机构可以为其提供小额的贷款，但是当需求不能得到充分满足时，他们会选择民间资本来补缺。生产型农户是从事专业化生产的个人，该类型农户负债能力较强，但是由于缺少抵押物或担保品，其在向商业性银行借贷时会碰壁。

中小型企业是指主要依靠农村集体经济组织或农户投资，在乡镇承担支农义务的各类企业。该种类型的企业具有形式多变、层次多样的特点，大部分企业处于发展或生产扩大时期，需要资金和政策的援助。其扩大生产所需的短期贷款比较容易得到满足，但是为了技术革新、规模扩张而进行的长期借贷很难实现。龙头企业是指以农产品加工和流通为主，带领农户进入生产、加工、销售市场，并在规模上达到相关部门认证标准的一类企业。资金短缺是该类企业发展的主要障碍，其主要通过商业性金融机构借贷。但政府的扶持与否对龙头企业来说关系重大，且随着企业规模的壮大，逐渐可以获取更多的贷款机会。

（二）我国农村金融需求的主要特点

我国农村金融需求呈现以下特点：第一，多样性、差异化。各种类型的农户和企业的借贷意图、借贷规模大不相同；不同地区、不同经济发展水平也会影响农业借贷规模。例如，我国西部地区处于贫困、半封闭状态的农村对资金的需求量、负债能力都比较弱，而中部发展型农村区域资金需求较为成熟多样，其需求可以通过各类新型农村金融机构得到满足。第二，分散化、小规模化。一家一户分散经营的小农经营模式是我国农村经济的主要形式，这种情形下的金融需求呈现出分散、小额的特点。农村中小企业的金融需求较农户而言大得多，但由于其生产经营规模受限，因而企业对资金的一次性需求量也是小规模的。当涉农小微企业发展成龙头企业或大型企业时，其举债的对象就从农村金融机构转向城市商业银行。第三，季节化、及时性。传统农业生产具有较强的时令性，因而从事传统农业生产的农户或企业对资金的需求与生产周期保持一致。随着农业现代化的推进，以及蔬菜大棚、温室培育等技术的引进，这种受季节性影响的农业借贷周期逐渐被打破。但是整体而言，以农业生产为目的的借贷仍具有季节性。

三、从金融供给视角看我国农村金融供求失衡的原因

（一）农村金融供给主体缺位

农村金融供给主体缺位主要体现在以下两个方面：第一，商业性金融机构从农村地区撤并。商业银行撤并农村分支机构、收回农业贷款权限，在实践中弱化了金融服务功能，拉大了农村地区资金缺口，使农村陷入恶性金融贫困。第二，风险转移机制尚不完善。农业担保和农业保险是政府进行适度保护的主要举措，在西欧、日本等国家和地区农业保险体制已经相当完善，而我国农业金融风险体系尚未建设完全，这也是商业金融机构不愿实施农业信贷的原因之一。

（二）金融供给市场缺乏有效的竞争机制

我国金融机构类型单一、数量较少、分工过于明晰，使整个金融体系很难形成良性竞争的气候。此外，由于部分农村金融机构功能单一，其放贷业务只针对特殊行业，使单个农户的资金需求得不到有效的保障，且农村信用社由于自身制度和体制包袱，也难以解决大部分农户的筹资问题。因此，个体农户被迫借助民间金融等非正规金融来满足自身生产和生活需求。我国当前的农村金融制度安排倾向于个别金融机构实施支农信贷，“僧多粥少”的问题不能有效解决，且支农金融机构各自分工过于明确、网点地域划分明显，使得它们之间业务交集少、竞争机制不明显甚至不存在，导致政府金融扶持政策的落实效果差，不能使大多数资金匮乏的个体或组织“分到一杯羹”。

（三）农村金融资源“逆向配置”

“逆向配置”是指农业金融资源配置的结构性失调。第一，非农化失调。从我国当前农村地区金融支持现状来看，金融资源配置的产业领域失调，具体表现在越来越多的资金从基础设施领域撤离，转向投入赢利型产业。第二，区域性失调。从资源配置的区域来看，存在严重的地区差异。东部地区的金融资

源优于中西部地区，规模相对中西部地区也较大。这种经济发展的不均衡造成了金融发展的不均衡，而金融发展的失衡反过来制约了经济的发展。第三，信贷结构失调。以农村信用社为例，其金融服务功能存在明显的缺陷，不良资产余额超过40%，高于金融机构平均不良资产率34%的水平。从表面来看，金融机构源源不断地向农村经济发展输入金融动力，但在资金投入的规模与方向上都存在着漏洞。

四、新型农村金融机构的功能定位

（一）经济促进功能

“多予、少取、放活”是党中央对新时期“三农”工作提出的重要方针。“多予”是重点，“少取”是前提，“放活”是根本，三者是一个有机统一体。在现阶段，农村坚持“多予、少取、放活”的方针已经远远不能满足农村经济主体的利益诉求。新型农村金融机构作为农村金融服务的提供者，对促进农村经济发展起到重要作用，不仅体现在对农村经济实体利益存量方面，更体现在对农村经济实体的增量利益促进方面，即所谓的“促增”。面对农村经济实体发展面临的资金需求瓶颈以及正规金融机构难以满足其资金需求之间的矛盾，新型农村金融机构在推动农村经济实体发展中的重要地位越来越明显。

1. 推动农村中小企业的发展

农村中小企业是在改革开放的时代背景下不断发展起来的，为农村经济的发展与农村社区的建设提供了巨大的动力。由于农村中小企业存在自身规模小、经济效益低、可抵押资产少等缺陷，正规金融机构为了规避其贷款风险，提高了农村中小企业的贷款门槛，导致其从正规金融机构获得贷款的难度加大。

经过多年的改革，新型农村金融机构发展较快，一些民间资本参与到农村金融服务体系中来，实现了农村金融服务的多元化，广大民营经济主体、中小企业的融资有了保障。新型农村金融机构主要从以下3个方面改善了中小企业的融资环境：第一，拓宽了直接融资的渠道，中小企业可以直接从新型农村金融机构贷款；第二，降低了融资门槛和抵押要求；第三，中小企业获得了较大的融资额度。

2. 促进农民专业合作社的壮大与发展

发展农民专业合作社是加快农村经济发展、提高农民收入的重要手段，其不仅可以扭转农民在交易市场中的不利地位，还可以转变传统的农业生产方式。然而，农民专业合作社自产生以来，一直面临着资金不足的瓶颈。究其原因，一方面外在的资金供给难以满足其发展的需要；另一方面自身内在的资金存量与融资渠道十分有限。新型农村金融机构能为农民专业合作社提供必要的融资途径，解决其资金困境，促进其壮大与发展。

3. 提高农民在农村经济建设中的积极性

农民肩负着新农村建设、农业产业化以及农村经济发展的重任。由于农民的收入水平低，当其面临生活困境或者需要扩大生产经营规模时，就需要一定的金融支持。只有保障了农户的金融需求，才能为农村经济的发展打下坚实的基础。新型农村金融机构把为农户提供金融服务作为一项重要任务，不仅“外化于行”，而且“内化于制”，不断进行内部管理体制的改革，完善其服务手段，提高了农民在农村经济建设中的积极性。

（二）区域发展功能

新型农村社区建设是在城镇化发展背景下加快农村经济发展、提高生产水平的一项重要举措，其对于农民生活水平的提高以及农业生产的发展都起到了关键作用。新型农村社区建设是一个复杂而重大的历史工程，不仅需要必要的人才与政策支持，更需要必要的金融支持。城乡一体化不仅要实现城乡生态一体化、城乡文化生活一体化、城乡社会保障一体化，还需要实现城乡金融服务一体化，因为与环境权益一样，农村享有和城市平等的金融权，包括金融服务和金融投资等权益。另外，无论是新型农村社区的建立还是城乡一体化的发展，都不可能避免遇到农村土地流转问题。在一定程度上对农村土地进行集中经营，能够克服农村小农经营的缺陷，提高农业生产的规模与水平以及农民的议价能力。新型农村金融机构的设立能够在很大程度上满足新型农村社区建设与城乡一体化发展中各主体多元化、多层次的金融服务需求，为新型农村社区以及城乡一体化发展提供必要的金融支持。

（三）产业优化功能

农业产业化的实质就是用现代化的经营理念和产业发展原则来进行农业生产，改变分散经营的传统生产方式，将农业产前、产中、产后各个环节相互衔接起来，形成专业化的分工合作，提高农业生产的组织化程度。

金融支持农业产业化主要以中国农业银行、中国农业发展银行以及农村信用合作社为主要参与者，结合其他金融组织形式形成的农业产业化金融支持体系。但是，这种金融支持不仅存在东、中、西部地区分布差异，还存在城乡差异，中西部以及农村地区金融机构分布较少，再加上农村金融支持体系不健全，以及支持效率低等原因，农业产业化仍然存在很大的资金缺口。新型农村金融机构的发展能在农业产业化金融支持中增加多元化主体支持、深化金融支持层次以及扩展金融支持领域，很大程度上解决了农业产业化发展的资金需求困境，促进了农业产业化繁荣升级。

（四）金融生态改善功能

农村金融生态环境包括信用环境、制度环境以及市场环境等。但是，农村金融生态环境具有一定的脆弱性，主要表现在农民处于金融市场中的弱势地位、以农业的弱质性为主的产业障碍、金融组织异化以及法律环境不完善难以维持农村金融秩序等方面。

农村金融生态环境为农村金融机构的发展提供了必要的生存基础，而新型农村金融机构进入农村金融生态系统对于农村金融生态环境的改善具有非常重要的意义。首先，根据各地区不同实际情况，结合城乡一体化发展的要求，针对农村新型生产经营主体有清晰识别和定位。也就是说，对于未来农业金融服务的主体有精准的确认，这种主体并不完全是我们经常提及的“产粮大户”和“果蔬大王”，也包括以家庭为单位的农户等。其次，能够做好针对未来农业产业链的金融服务，即投入更多的资金及资源持续性地为农民服务。新型农村金融机构是在普惠金融的前提下产生的，能够为农村地区的弱势群体提供必要的多样化金融服务，其普惠目标之一就是为“三农”问题的解决提供金融支持，并逐渐形成良好的农村金融生态环境。

第三节　创新信贷融资模式分析①

根据中国人民银行农户借贷情况问卷调查分析小组的《农户借贷情况问卷

① 本节的内容选自农业部软科学课题“种粮大户与种粮家庭农场贷款需求与融资模式研究”（课题编号：D201537），课题主持人：靳淑平。

调查分析报告》的调查结果，在生产中存在贷款需求及潜在需求的农户占50%以上，对有扩大养殖规模的养殖户来讲，接近80%的养殖户需要外源融资的帮助。随着农业生产的不断发展，种粮大户、家庭农场日益成为农业生产经营的主导力量，规模化、标准化的生产方式打破了以前的小农生产模式，其对资金规模的需求也随之加大，外源性融资经营将变得十分重要。外源性融资有多种形式，主要包括借贷、债券、股权等。由于农村资本资产市场发育不完善，借贷融资顺理成章成为农业生产所需资金的主要来源。农业新型经营主体规模不断扩大、生产技术水平不断提高，对生产资金的需求也日益增加，对农户的小额信贷无论在金额还是在期限等方面都不能满足需求，但由于受到国家金融政策的约束及农业生产者自身条件的限制，直接从银行得到满足需求的大额贷款存在相当大的难度。为了解决这一难题，中国人民银行于2014年出台了《关于做好家庭农场等新型农业经营主体金融服务的指导意见》（银发〔2014〕42号），鼓励金融机构进行金融产品和金融服务创新。因此，全国各地区积极改革创新，涌现出不少各具特色的农业生产融资模式，如农地融资模式、财政撬动金融模式、农业价值链融资模式、移动金融模式等，这些做法对于缓解农业生产资金短缺起到了很好的作用。

一、农地融资模式

农地融资是以农地为信用或担保的资金融通，是农业土地经营者以其拥有的土地产权向金融机构或社会公众融资行为关系的总和。在农业生产中，农地融资可为农业生产筹集资金提供条件，可加速农村土地的规模化流转，可加快国家对相关法律与信贷政策的调整与完善进程，可加快农地资产证券市场的形成。

（一）农地融资的主要形式

农地融资主要分为农地租赁、农地抵押、农地银行、农地股份合作、农地信托和农地证券等几种形式。

农地租赁是指农地所有权主体或承包经营权主体在保留集体土地所有权或承包经营权的前提下，将农地使用权转让给受让人，并获取一定经济收入的市场行为，这是当前农地经营普遍存在的一种形式。一方面，可以将不善于经营土地的农民解放出来，使其得到相应的经济利益，其不会失去土地，也不会有后顾之忧；另一方面，经营土地的人可以扩大土地规模，实现规模效益。

农地抵押是指借款人在不改变土地所有权和承包权性质以及不改变农村土地农业用途的条件下，将农村土地承包经营权及地上附着物作为抵押担保向金融机构申请办理信贷业务的行为。

农地股份合作是把农村集体经济组织或农户的土地进行股份量化，按土地使用权形成股份，与其他农户或者工商企业等农业投资者进行股份合作，并按股份获得股息和红利的一种农地融资形式。

农地银行的操作形式类似银行存款，是指农民将承包土地存入金融机构，金融机构对土地考察登记后与农民签订存地合同，并将农地贷给投资开发者，收取贷出土地“利息”，农民获得存入农地“利息”，金融机构获取利率差。

农地信托与农地银行相似，也是农地所有者、承包经营者将土地的使用权、经营权信托给特定的人或服务机构，由其进行经营管理，从而获得收益的行为。

农地证券化是企业与农村集体共同成立土地股份公司，企业以货币资金或其他形式入股，集体和农户将土地所有权和土地承包权评估后折价入股，形成共同的资产价值，通过证券市场对外发行土地证券或股票以筹集资金。

农地融资最为突出的特点是信用基础稳定，主要表现为债权稳定、偿还借贷的可持续性、较低的信息成本等。债权稳定是指农地本身位置固定，可常年使用，并随社会经济发展不断升值；同时债权稳定还表现为借款人的稳定，因为借款人都是直接从事农业生产的劳动者，平时的工作地点就是农地，便于金融部门对其进行监管。偿还借贷的可持续性是指农地的生产季节性很强，而且每年都会有农产品被生产出来，一部分农产品会被拿出来“还账”。较低的信息成本是指各种形式的农地融资一般都是在本地进行的，由于本地活动范围相对较小，人与人之间相互较为熟悉，乡土文化与人情、亲情使得人们之间相互信任，金融机构不用花太大力气去核实与考察借款人的身份及个人资信情况。

（二）农地融资模式的实践

农地融资在发达国家起步比较早。德国最早在 18 世纪下半叶就由政府强制组建土地抵押信用合作社以抵制高利贷，到了 20 世纪初期，随着土地改革运动的实行，土地抵押贷款成为农民的长期信用工具。德国的农地金融体系主体是土地抵押信用合作社，它的服务宗旨是以贷款协助农民购买土地、开垦土地、兴建水利、建设道路、平整耕地和造林。抵押土地债券化是德国农地金融制度的显著特点，即愿意用自己的土地作抵押以获取长期贷款的农民或地主可组建合作社，在市场发放土地债券筹集资金，以满足社员资金需求。法国农地融资的实施较德国相对晚些，但至今也有100多年的历史了。1852年法国颁布的《土地银行法》是法国不动产金融制度的根本大法，以该法为指导，全国各地纷纷设立了土地银行。国外农地融资的运行模式，比较有代表性的是美国模式和德国模式。美国为管理全国农地抵押贷款，1916年设立联邦农业贷款局，由政府扶持并建立了完整的政府农业信贷体系；采取自上而下的管理方式，上层联邦土地银行采取银行管理体制，政府拨款充当股金，下层按合作社原则组建土地银行信贷合作社。

在我国，随着农地规模化流转进程不断推进，为解决农业生产资金投入不足的问题，农地融资已成为非常重要的融资方式之一，并呈现出多种形式。例如，福建省三明市、宁夏回族自治区同心县、重庆市开州区、辽宁省法库县、陕西省西安市高陵区等进行了土地承包经营权抵押贷款业务试点，宁夏回族自治区平罗县信用合作社开展了土地银行业务，重庆市开展了农地证券化的“江津模式”等。重庆市于2007年6月经国务院批准成为全国统筹城乡综合配套改革试验地，重庆市农业银行开州区支行作为试点行于2008年2月对种养大户的土地流转经营权进行抵押登记，并向种植大户吴大权发放了重庆市首笔土地流转经营权质押贷款“一年期20万元流动资金贷款”；同时为进一步降低贷款风险，市财政局将吴大权的各项财政补贴划归到指定账户，保险公司对吴大权的种植业进行农业保险。目前重庆市已制定《中国农业银行重庆市分行农村土地承包经营权抵押信贷业务管理办法（试行）》，面向更多种植养殖大户、家庭农场提供该服务。

（三）农地融资模式的适应条件

一是农地承包经营有一定规模。不论是通过农地租赁，还是通过农地抵押、农地股份合作化等形式，农地都作为一种手段而使当事人得到相应的利益。农地承租人、提供农地贷款的金融机构、农地股份合作社等都愿意在规模化经营的农地上进行运作以实现经济效益最大化，因此农地融资方式对于种植大户、家庭农场、农业专业合作社等新型农业经营主体具有较大优势。

二是当地政府有较强的经济实力。美国设立联邦农业贷款局管理全国农地

抵押贷款，重庆市由市、区县两级财政出资设立风险补偿基金等，由此可见国家财政对农地融资的保障作用。因为农业是弱质产业，具有高风险、低收益的特点，同时又是保障国家粮食安全、为其他产业提供原材料的基础产业，农地融资需求与贷款供应之间存在不可回避的矛盾，这就需要财政出面对农地融资风险进行保障。

三是营造完善的法律法规及良好的信用环境。任何一项业务的开展与运行都需要相应的政策、法律法规加以保障，农地融资业务也不例外。美国的《联邦农地押款法》《中国农业银行重庆市分行农村土地承包经营权抵押信贷业务管理办法（试行）》《寿光市大棚抵押借款暂行办法》和《寿光市农村土地承包经营权抵押借款暂行办法》等都为农地融资提供了非常好的法律与政策依据。同时当事人的诚信也是融资业务非常重要的方面，针对金融融资这一敏感区域，诚信建设自然而然成为规避融资风险的一个有力措施。

（四）农地融资模式存在的主要问题

一是农地抵押的法律障碍。目前《物权法》规定，集体所有的土地使用权不得用于抵押，如耕地、宅基地、自留地、自留山等；农用地除“四荒地”的承包经营权外，一般不允许抵押。《土地承包法》也没有明确说明家庭承包取得的土地承包经营权可以用于抵押的问题。农用耕地承包经营权尚未被《物权法》认可，在法律层面还未允许该权利用于抵押，使得农地生产经营者有融资需求但得不到贷款支持。虽然 2009 年国家政策鼓励有条件的地区可探索土地经营权抵押贷款，但由于农业生产的弱质性和融资配套制度的制约，农地抵押只是在一些条件相对较好的地区实现。

二是农地抵押评估工作不完备。对农地的价值评估以及对种植大户、家庭农场、农业专业合作组织等的信用评估成为必要的风险防范措施。例如，农地地籍问题、对农地分等定级问题、评估机构的专业性问题等，直接影响到农地价格的评估，而农村土地承包经营权价值是金融机构授信贷款额度的基础。对农业生产主体进行信用等级评定，确定信用额度，这对规避贷款人的违约风险有重要作用。但现在很多地方由于缺乏土地承包经营权价值评估机构和专业资质评估人员，难以对土地价值准确确定，评估难导致了贷款难。

三是借款农户违约后被抵押农地的变现风险。由于土地承包经营权流转工作尚处起步阶段，土地的确权、颁证等，倘若发生纠纷，处理起来很难。另外，土地承包经营权的抵押贷款工作也因土地无证而难以开展，一旦贷款户违约，金融机构对用于抵押的土地承包经营权难以行使处置权。

四是农地融资的风险保障机制欠缺。缺乏农村土地流转中介和维权机构，涉农金融机构在借款人偿还能力受阻时，在土地经营承包权登记缺乏法律效力的条件下，由于没有中介、维权机构的参与，金融机构难以实现其债权。另外，目前农村风险补偿机制尚未全面形成，由于受到较大的自然灾害或市场波动影响，金融机构会受到很大的冲击。

二、财政撬动金融模式

金融政策与财政补贴政策不同，它是有偿使用的，金融资本运用于农业生产将增进农业经营主体的信用意识、市场意识和风险意识，提高其市场竞争力，可减少政府对农业生产的直接干预。金融资金的发行量比财政补贴资金要大得多，之所以农业产业得不到足够的金融信贷支持，主要原因在于农业金融资本自身特点（如高风险、高运营成本、低收益等）和缺乏相应的风险保障机制。如果财政资金能承担起风险保障职责，金融资金同样会在农业产业寻找生长点，从而达到双赢。其运行机制是农业财政补助资金通过融资担保、设立风险基金等多种形式为金融机构和贷款人提供农业信贷资金风险防控保障，使金融机构加大信贷投放力度，增加资金量。建立农业财政补助基金拉动金融信贷资金机制，将有助于形成农业生产资金的有效协调，发挥财政资金的“杠杆”作用，起到“助推器”和“调节器”的作用。

（一）财政撬动金融模式的主要形式

财政撬动金融模式主要有担保补助、贷款贴息、农业保险补贴、费用奖补以及投资基金 5 种形式。

担保补助主要解决农民“贷款难”问题，即运用财政资金直接或间接设立担保机构，为符合条件的农业信贷需求提供担保。

贷款贴息主要解决“贷款贵”的问题，即运用财政资金对符合条件的农业信贷利息进行补贴。

农业保险补贴主要解决农业信贷“高风险”的问题，即由财政资金给予自然灾害、疫病等农业保险的保费补贴。

费用奖补主要解决“不愿贷”的问题，即通过财税政策对金融机构发放符合条件的农业信贷产生的成本予以补偿。

投资基金主要解决农业企业投资“实力弱”的问题，即由财政资金采取股权投资的方式参与设立基金，以引导社会资本投资方向。

（二）财政撬动金融模式的实践

农村金融相对完善的发达国家已经形成了一套较为完善的财政资金与信贷资金相结合的运行机制。例如，美国政府一般采取贷款的方式支持农业生产经营性建设项目，财政资金对农业贷款进行贴息，为农产品出口信贷提供担保等。另外，美国还创新信贷模式，利用宏观调控手段使农业财政预算与金融机构信贷业务相结合。在法国，为了调动金融机构发放农业贷款的积极性，政府通过鼓励金融机构竞争来确定发放财政支农贴息贷款的银行。

近几年，我国有许多地区都在积极探索财政撬动金融的方式，如江苏的“三项基金”模式、辽宁的“妇女小额担保财政贴息贷款”和陕西渭南的“奶业贷款担保风险基金”等。截至2014年10月底，辽宁省当年发放妇女小额担保财政贴息贷款12.49亿元，累计发放32.95亿元。借助小额担保贷款，有近7万名妇女享受到了政策红利，实实在在地帮助农村妇女增加了家庭收入。陕西省渭南市合阳县是渭南市建设省级示范区奶牛产业的核心区，为加快核心区建设，合阳县通过财政支持，破解了奶牛养殖过程中的资金瓶颈。从2013年年底开始，合阳县用1 000万元财政资金，在邮政储蓄银行设立奶业贷款担保风险基金，银行可以提供10倍于基金的贷款，让奶牛养殖户贷款不再难。

（三）财政撬动金融模式的适应条件

一是需要中央与地方财政共同支持。财政支农政策所需财政资金有的是单纯由中央财政或地方财政负担，也有的由中央财政和地方财政共同承担。单纯国家财政方面，主要包括两部分：一是对符合条件的贷款公司、农村资金互助社和村镇银行，按其上年平均贷款余额的2%给予补贴；二是根据国家的财税政策对农村金融机构实行税收优惠政策等。中央财政和地方财政共同负担方面，目前包括3部分：一是对符合条件的县域金融机构，按其上年平均贷款余额同比增长超过15%的部分给予2%的奖励资金；二是中央财政农业保险保费补贴；三是符合条件的个人微利项目小额担保贷款的全额贴息。单纯地方财政负担方面，主要是各地政府设立农业贷款风险补偿基金，按照补偿政策确认为损失的农业贷款本金由政府和受偿银行分别承担相应比例。可以看出，使用财政支农资金撬动金融资金，是在国家相关政策保障下进行的，中央财政只承担一部分，其余配套资金需要地方财政承担。因此，这些措施在经济较为发达的地区容易施行，如果地方政府的经济实力欠缺，财政撬动金融的很多措施将难以推行。

二是支持对象主要是新型农业经营主体。目前，农户小额信贷制度已经较为完善，农业龙头企业融资渠道也比较顺通，问题主要集中在“中间地带”，即新型农业经营主体，这些主体的相对生产规模较大，所需资金支持的需求强烈，但是小额信贷的额度相对较小，不能满足其需求。由于受中间地带群体的资金规模、抵押资产及信用等方面的制约而享受不到农业龙头企业能享受的通畅融资渠道，致使这些生产经营主体的生产资金需求问题得不到很好的解决。通过财政支农资金撬动金融资金的方式，为其担保、提供风险补偿，可以最大限度地帮助其得到信贷资金。

三是支持方式主要是为信贷融资提供抵押担保。“中间地带”生产群体得不到贷款的重要原因是没有资产抵押担保和风险补偿，所以地方财政的支持方式主要集中在为农业生产主体提供必要的抵押担保和风险补偿，由政府出面专门成立国有性质的农业贷款担保公司，设立风险补偿基金，为农业贷款需求者提供信贷担保，对农业贷款发生的损失予以补偿。

（四）财政撬动金融模式存在的主要问题

一是在地方经济欠发达的地区难以实现。由于很多财政支农资金撬动金融资金的措施需要地方财政配套资金，有的甚至单纯依靠地方财政支持，这些都建立在地方政府有一定经济实力的基础上，如果地方财力较弱，一些撬动措施将无法实施。

二是新型农业经营主体的不规范运营与市场化的规范要求存在矛盾。新型农业经营主体经营粗放、人员素质不高、财务状况混乱等问题突出。而银行信贷资金运作是市场化行为，对贷款人的个人信用、生产能力、财务状况等要求很严格，这与新型农业经营主体的不规范形成鲜明对照，因此很多新型生产经营主体得不到贷款，尤其是一些贷款需求较大的农业中小企业和农业专业合作社等。

三是配套制度有待进一步完善。首先表现为承包经营权的登记与处置，由于农村资产抵押登记制度和抵押资产处置机制不完备，抵押权人的合法权益得不到有效保护；又由于土地和林地经营权通常期限较短、流转欠规范、交易不活跃、利用途径受限，导致其价值较低，金融机构处置难度大。其次是社会信用体系建设，新型农业经营主体信贷资金需求量大，且个体情况较为复杂，经营管理不规范的情形时有发生，这就需要加强诚信建设，诚实申贷、诚实用贷、诚实还贷，形成信贷良性循环。

三、农业价值链融资模式

随着农业产业化发展，农业生产各环节的生产主体逐渐成为“一荣俱荣、一损俱损”的利益集合体，某一环节的资金短缺将会影响到该区域、该行业整体经济的发展。农业价值链融资是近年来出现的一种农业生产融资形式，主要目的是缓解农业生产者直接获取银行信贷约束、增加信贷资金规模。它将农业生产链中各个环节的资金需求和金融供给相结合，将农业价值链中各个环节的不同参与者融入信贷市场，利用合作伙伴之间的业务合作关系，降低市场风险和信用风险。价值链融资模式可以使农户、专业合作社（协会）、公司、银行成为经济统一体，解决了农户进行农业生产需要大量资金而又缺乏抵押担保的问题，同时借助银行贷款的封闭式运营，极大地减少了贷款回收的风险。

（一）农业价值链融资模式的主要形式

农业价值链融资模式的主要形式包括贸易合同、订单农业、仓单农业以及其他新形式。

1. 贸易合同

农民从供应商、中间商或农产品加工商得到信贷，并保证用未来的收入偿还。这样做不直接涉及银行，协议通常是非正式的，一般建立在信任的基础上。贸易信贷经常以货物（种子、化肥、消费品）贷款提供，以实物（最终产品）来偿还。这种约定一般只涉及季节信贷，信贷的成本（利息）内含在投入品和产出品约定的价格中。

2. 订单农业

贸易商、出口商或农作物加工商与选好的农民或其代表（协会或合作社）确定预期收获订购合同。这涉及农作物期货合同，期货合约规定了价格、支付条件、数量、质量和运送时间，这主要是为了保证在指定时间内一定质量的产品供给，确保质量的技术支持可能成为合同的一部分，产品规格在事前已被约定好。作为期货合同的一部分，农民收到部分预付款，银行通过三方协议（销售合同作保证）参与进来，这种安排一直只涉及季节性信贷。还有一种情况是为合作社提供收获前信贷，先期贷款通常有几个星期的兑付期。例如，在布隆迪和卢旺达，加入组织协会或合作社的咖农可以从银行和小型金融机构得到贷款，但是得到这些信贷要通过咖啡清洗站，并同意交付农作物，附带利息的信贷偿还要从交付到咖啡清洗站的咖啡果价值中扣除。这就达成了一个银行、农民合作社和咖啡清洗站间的三方协议。在马里、塞内加尔和突尼斯（绿豆用于出口，番茄用于加工），与金融连接的合同农业在园艺产品中是非常普遍的。

3. 仓单农业

储存在有保证的仓库里的产品是为信贷担保服务的，是为下一个收获或其他目的所采用的融资方式。农民在掌握产品销售商机方面具有更大的灵活性，可以在季节内价格增量中获益。如果产品被检测过或被分成等级，其价值可以提高。这种约定涉及季节信贷，因为农民想在下一个收获前卖掉农作物并偿还债务。农民大部分通过银行获得借款，也可通过农民协会、农民联合体和农民合作社来获得。

4. 特殊目的工具 SPVs—VCF 新形式

这是一种较复杂的非直接价值链金融形式，包括投入供给商和加工商。加工商、投入品提供商和银行，在 SPV 和农户之间签订的合同。SPVs 一个非常重要的优势是参与者可以分担合同违约的风险，因此它将促进公司投资，否则将被风险问题所阻止。

（二）农业价值链融资模式的实践

农业价值链融资模式主要出现在发展中国家，近几年我国部分地区也有出现，比较典型的是“龙江银行模式”，农户以农产品购销合同为依托，依靠公司、专业协会等作担保，龙江银行为农户提供贷款，在产品销售款中将贷款本息扣除。“龙江银行模式”主要表现为两种形式，一是“农户＋合作社＋公司＋银行”，二是“农户＋公司（协会）＋银行”。

1. “农户＋合作社＋公司＋银行”

此种形式的具体做法：农户以土地入股的形式加入合作社，合作社再将土地承包经营权质押给龙江银行以获得贷款。龙江银行作为中介帮助合作社与中粮集团订立玉米购销合同，龙江银行将合作社的贷款本息从中粮集团支付的玉米款中扣除，以保证信贷资金的封闭式运行。龙江银行不仅帮助合作社寻找销售渠道，还为合作社提供玉米生产的技术指导，定期发布病虫害灾情预警报告。截至2011年2月末，龙江银行已对该试点投放贷款2 000余万元，土地规模化经营面积从2008年的1万亩增加到7万亩，每亩粮食增产600余斤，为公司稳定粮源5万吨。

2. "农户+公司（协会）+银行"

此种形式的主要做法：一是针对养殖户，公司按照"五统一"的方式发展养殖户，即统一培训、统一防疫、统一供雏供料、统一回收毛鸡和统一核算。公司与养殖户签订肉鸡养殖购销合同，高于市场价提供鸡苗和饲料，高于市场价收购成品鸡；养鸡户需要贷款时，公司出面为养殖户提供担保，并提供养殖户的经营状况、个人及家庭信息等；养殖户将产品鸡卖给公司后，依据公司与银行的协议，由公司直接将贷款本息扣除。二是针对蔬菜大棚户，协会对会员生产的蔬菜统一供应种肥、统一技术指导、统一销售；对有贷款需求的农户实施五户联保，将大棚的发包权交给协会，由协会提供贷款担保；销售回款时，依据协会与银行的协议，协会协助银行将贷款本息扣除。截至2011年，龙江银行已投放养殖贷款2 000余万元，惠及农户2 000户；投放种植贷款1 131.5万元，惠及农户2 000余户次，覆盖棚室500余栋。

（三）农业价值链融资模式的适应条件

价值链融资方式是将农业生产链中各个环节的资金需求和金融供给相结合，使农业价值链中各个环节的参与者融入信贷市场，因此这种融资方式要求如下适用条件。

一是农业产业化程度较高。较高的产业化程度可使生产环节分工更为清晰，农业生产者、投入品供应者、零售商、批发商、加工商之间相互协作，能为下游生产者提供必要的资金或投入品方面的帮助。

二是合同双方建立充分的信任。价值链金融包含多种模式，有通过银行取得信贷的，也有未通过银行直接从公司取得资金和投入品的。从银行得到贷款需要遵守国家关于贷款的相关抵押担保的规定，而公司为农户提供担保以及直接为农户提供资金或投入品，需要合同双方建立在充分信任的基础上，互担风险，互享收益。

三是国家经济政策环境相对稳定。不好的经济政策环境在供给链投资和价值链金融的收益方面会产生负面影响。

四是各上游公司有明显的竞争范围。竞争对于效率与公平都很重要，竞争可以诱导加工商、零售商、投入品供应商提供价值链金融，这样公司对农民不会形成垄断，可充分保护农民利益。

五是政府应支持创新融资手段。成功的价值链金融手段应该是灵活的，并允许调整以反映环境的变化。政府应当在价值链金融中充当重要角色，如加强监管和法律体系建设，或者在融资中投放初始资金以创新融资手段。

（四）农业价值链融资模式存在的主要问题

一是农业价值链融资主体参与度不高。农业价值链融资的主要参与主体是农户和农业企业。由于相当多农户的市场意识和竞争意识不强，发展农业产业的积极性不足，“等、靠、要”思想严重，大多数农业企业规模小、装备差、科技含量低，农产品生产、加工、流通链短，加工能力弱，农产品增值能力欠缺，竞争能力不强。农户和企业依存度不高，对价值链融资的动力不足，取得银行信贷的条件不足。

二是社会诚信体系不完善。在价值链融资的几种形式中，订立合同是链条各方交易的前提条件，大部分采用书面形式，也有采取口头约定的，订立合同双方需要彼此充分信任与了解才能使合同顺利完成。但当前社会诚信体系还不完善，很多合同带有欺骗性和虚假性，违约现象屡屡出现，使当事人蒙受很大损失。

三是农业价值链融资的政府管理手段欠缺。政府应针对农业价值链融资的一些棘手问题，如在信用捆绑、质押物监管、交易文本的确定等方面，出台相应的法律规定与政策措施以确保融资顺利进行。针对信贷抵押担保物不足问题，政府一方面应加快理顺相关法律关系，明确农村土地承包经营权抵押担保资格；另一方面可探索由政府出资为农业企业提供担保，缓解企业贷款难问题。

四、移动金融模式

随着移动信息技术的发展，银行业信息科技、业务模式不断革新，移动金融就是将移动通信技术应用于金融领域而产生的。移动金融消除了原有的固定网点模式在地域、时间方面的限制，随时随地可以通过网络获取金融服务，还可提供本地的通讯消费功能，非常方便、灵活，也很安全。基于上述优势，移动金融服务在农村有广大的发展空间。其主要原因：一是农业发展的金融服务需求增强。近年来，新型农业经营主体对农村金融需求总量显著增加，虽然近几年农村金融体制改革已取得了可喜成绩，但从目前来看，农村中小银行如村镇银行、贷款公司等都远远不能满足实际需求。为此，中国人民银行对农村互联网金融进行改革，有效降低了金融服务成本，克服了一些传统金融模式的固有缺点。二是可以克服金融机构在农村设立固定服务点成本大、覆盖率低的弱点。我国农村地域广大，农民居住分散，经济发展水平低，地理人文环境迥异，金融业务量不够，金融机构在农村设立固定服务点需要投入很多人力、物力和财力。而移动金融克服了远程服务、居住分散、人文环境等因素的局限，操作方便，为金融机构节约了大量成本。三是农村网民占中国总网民数的1/3。据悉，农村的网民数约有 1.7 亿名左右，约占总网民数的 1/3，其中手机网民有 1.5 亿名。2014 年 7 月，宜信启动了甘肃农村金融调研。调研结果显示，68.7％的农户已经使用互联网，而其中 65.5％通过手机上网。手机在农村的普及率越来越高，借助手机实现移动金融将有效改善农业金融服务现状。

（一）移动金融模式的主要形式

1. 移动支付

移动支付是利用移动设备进行资金支付的一种金融活动，主要包括以下 4 个支付模型。一是 SMS 支付，即通过短信输送命令方式实现银行交易。这种形式安全性低、速度慢，其业务受到很大限制，只能用于简单业务操作，如查询、缴手机费等。二是直接移动账单，即用户在移动站点使用移动支付选项实现支付。这种形式安全、便捷，常用于在线购物的第三方交易平台和各类在线支付业务。三是 WAP 移动网络支付，即用户从 Web 网页上下载额外的应用程序来实现支付。四是本地近距离支付，极大拓展了移动金融业务领域。

2. 手机银行

手机银行业务主要包括账户查询、自助转账、金融服务、自助缴费等。近年来，商业银行通过这种形式向其客户提供资金转移、股票管理交易、资金管理等一系列业务活动。随着互联网时代的到来，手机银行逐渐成为未来的主流模式。

（二）移动金融模式的实践

移动支付在一定程度上促进了农村金融环境的改善。非洲和东南亚的一些国家在移动支付方面积累了丰富的经验，其中较为典型的是肯尼亚移动运营商Safaricom推出的M-Pesa手机银行业务。由于银行门槛高、主要面向少数高端客户，肯尼亚有38%的人口在M-Pesa推出前没有享受过任何金融服务。随着M-Pesa的发展，超过半数的人已成为金融服务的受益者。2014年，该服务处理了超过200亿美元的交易，这一数字超过了肯尼亚GDP的40%。M-Pesa能获得快速发展的第一个原因是该服务通过肯尼亚最大的移动运营商Safaricom来提供。肯尼亚人已经非常信任Safaricom来管理资金，由于缺乏竞争，且不存在市场碎片化问题，因此M-Pesa的发展很容易。第二个原因是肯尼亚银行业欠发达，道路交通十分糟糕，且政府不稳定，因此M-Pesa对人们很有吸引力。第三个原因是M-Pesa为基础设施提供服务。在肯尼亚的许多农村地区，电网建设较为落后，全国有3 500万名居民仍然依靠煤油灯生活，并需要用汽车电瓶中的电量给手机充电。目前，一家名为M-KOPA的公司开始向肯尼亚人提供廉价的太阳能面板，而M-Pesa是该公司业务的核心。M-KOPA以非常低的价格销售设备，用户只需一次性支付30美元，而剩余款项可以在一年内分期支付。每一块太阳能面板的内部都安装了一张SIM卡，能连接至Safaricom的移动通信网络。随后，用户可以使用M-Pesa去支付账单。这里没有银行网点和ATM机，只有手机。如果他们不付费，那么就无法获得电力。正如盖茨所说，向最贫穷的人群提供此类银行服务符合经济学原理。

党的十八届三中全会通过的《中共中央关于全面深化改革若干重大问题的决定》指出，要创新金融形式，发展普惠金融，丰富金融产品和金融市场层次。传统金融管理体制存在农村金融机构匮乏、融资成本与服务成本高、农村信贷坏账率高、农村资金大量外流等情况，致使农村信贷需求与农业信贷错位、农业经营主体贷款难已成为农业发展的严重制约因素。如今，互联网凭借其低成本、高效率和无国界的优势，弥补了传统农村金融服务固有的缺点，形成促进农业发展的“移动融资模式”。

当前，我国移动融资模式主要有：一是以村村乐、大北农、新希望为代表的“三农”服务商。“三农”服务商在农业产业领域深耕多年，积累了丰富的用户数据和客户资源，可迅速为农业生产者提供融资服务。二是以阿里巴巴、京东、一亩田、云农场为代表的电商平台。阿里巴巴旗下的蚂蚁金服在农村开展B2C、C2C电子商务，提供支付宝和借呗等互联网金融产品；京东商城开展B2C电子商务；一亩田和云农场开展B2B、B2C电子商务，分别提供农易贷和云农宝信贷产品。大型电商平台收集了销售者和供应商的信用数据以及消费者的购买数据，数据已成为电商平台进入农业融资领域的最大优势。三是以翼农贷、宜信、开鑫贷为代表的P2P平台。如翼农贷作为联想集团战略投资的企业，是中国首倡“同城O2O”概念的互联网金融企业，拥有约1 000个县（市、区）网点，线下运营中心由各级加盟商（代理商）组成。四是以信用社、中国农业银行、中国邮政储蓄银行为代表的传统金融机构，运用互联网手段和技术重塑农村金融业务。2014年年初，中国农业银行甘肃分行充分利用和挖掘现有的融资渠道、金融产品和资源，以互联网为纽带，打造了集融通、融资、融智、融商于一体的“四融”平台。“融通”平台旨在打通农村金融服务“最后一公里”，“融资”平台着力破解“三农”领域产前缺资金的难题，“融智”平台主要突破农民产中生产科技能力的限制，“融商”平台则为千家万户的农民搭建了对接市场的大通道，解决其产后通向市场的问题。这4个环节环环相扣，克服了传统金融模式的局限，成为新时期金融支农概念的全新拓展和延伸。每一台终端设备都会有一张以设备运营负责人为户名注册的中国农业银行储蓄卡，村民取钱由其先支付现金，中国农业银行会将相应金额转入其账号；村民存钱由中国农业银行先收取，过后中国农业银行会从其账号划走该笔交易金额。“四融”平台比转账电话功能更强大，而且是村民比较容易熟悉的触摸式操作，十分直观简便。五是宁波手机信贷模式。自2011年9月起，宁波在全国率先试点手机信贷业务，在近半年时间里，率先试水“手机信贷”业务的浙江民泰商业银行已发行2 398张手机信贷金融IC卡，授信总额达到4.08亿元，平均授信额度近22.7万元，贷款余额3.17亿元，贷款利率与普通小微企业金融产品贷款利率持平。目前，试点的手机信贷只需一次授信，一年有效，申请人最多可以获得50万元的授信额度，服务对象涉及生产经营和资信状况良好的经工商行政管理机关核准登记的企业法人和个体工商户。

（三）移动金融模式的适应条件

一是金融实体机构设立少，金融基础设施薄弱。受到农村地域、技术和成本方面的局限，商业银行在农村设立营业网点的成本高，ATM机等金融基础设施建设也较为薄弱，很难构建有效的物理融资渠道。而移动金融可以克服这些局限，通过互联网迅速传输信贷相关信息，以解决由于地域问题造成的不便。

二是移动通信技术发展较为成熟，其移动通信设备安全性能好、传输能力强。由于受到地域的限制，农村居民的信贷业务会大量通过互联网的方式进行，这就需要拥有成熟、安全的移动通信技术作保障，使人们放心使用。

三是开发简单易学、操作方便的信贷管理软件。由于农村居民大多文化水平不高，对较为复杂的操作系统不易掌握，这就需要信贷软件简单易学、操作方便。

（四）移动金融模式存在的主要问题

虽然移动金融可以较好地解决农村信贷中的时间与空间问题，加大为农业提供金融服务的能力，但也存在很多问题。一是农村金融市场基础薄弱。现阶段农村人口基数庞大且老龄化加剧，外出务工人员增加促使农村空心化程度持续加深；农业生产者文化水平较低，农业增加值幅度有限；农村消费习惯的改变加深了现金支付的占比；农民有信贷需求，但投资理财意识淡薄等。二是网络设施基础建设不足。现阶段，村镇互联网基础设施薄弱，农村宽带普及率和电脑普及率均低于30%，70%以上的农村居民缺乏互联网知识和利用互联网的意识。三是信用体系基础缺乏。现阶段农村金融还不健全，主要以传统的银行存款、取款为主，理财、保险、投资等服务较少，基本没有一个完善的信用体系。四是坏账率高。由于农业属于弱质产业，从事农业产业融资的自然和市场风险高、生产周期长、金融机构运营成本高、农业保险体系不完善等成为农业信贷坏账率高的直接原因。另外，部分农村居民为取得贷款的一些恶意行为所形成的道德风险也是金融机构高坏账率的一个原因。

第四节　农村金融法律制度创新的方向与运行保障机制[①]

一、农村金融法律制度创新的价值取向

价值是法律制度的核心与灵魂。对农村金融法律制度运行与保障的价值取

① 第四节、第五节的内容选自农业部软科学课题“完善农村金融法律制度研究”（课题编号：201533），课题主持人：李长健。

向进行探究，可以检视农村金融法律制度传统的二元价值取向——金融安全和金融效率，并在此基础上结合我国农村金融市场的“供给侧”实情，确立超越传统的全新价值取向，即金融公平。

（一）农村金融法律制度传统二元价值取向检视

现有农村金融法律制度存在外部供需非均衡性和内部结构失衡性的问题，由此引发的过度非均衡和失衡，不仅会扩大城乡间本来的差距，导致社会收入分配不均，损害农民和中小涉农企业等弱势主体的权益，而且会将农村金融市场的大量需求与市场份额让位于非正规金融，导致体制外非正规金融的迅速成长，在无规制与无管束的情况下，非正规金融会给农村金融市场乃至我国经济发展带来动荡。因此，结合我国现有供需状况检视农村金融法律制度的传统价值取向是有必要的。

从传统金融法的角度出发，我国目前是采取将“金融安全”与“金融效率”两者发散出金融领域相关法律制度的二元价值取向。金融安全侧重于强调金融市场与体系的整体稳定态势，是金融公法属性的集中体现，最初由国家出台的金融监管内容逐渐扩充开来，渐成体系，是金融领域的根本立法目的。纵观我国农村金融法律制度发展的计划、转型与市场三个时期，农村金融市场很长时期内尚属初期开发阶段，彼时仅依靠金融市场自身调节，极易出现市场失灵、引发金融危机，甚至会产生连锁反应，影响地区或国家的金融体系。因此，“保安全”即及时有效地防范与化解农村金融风险、维护农村金融安全是农村金融法律制度设计的初衷。金融效率则侧重于强调金融市场的交易效率、资源配置的把握，是金融司法属性的集中体现，为金融领域的变革与创新提供依据。效率是一般性金融领域发展的核心与灵魂，投射到金融法律制度建构，就会为追求效率而设立保护性的主体、客体、对象等制度，激发能动性，促进资源优化，实现多方保护。

传统农村金融法律制度在设计之时并未根据自身实际量身定制相应的价值取向，而是选择沿用以往传统的二元价值取向——金融安全与金融效率，遵循“防风险、保安全，增效率、提价值”的思路进行顶层设计，主要还是从经济属性角度出发，忽略了社会属性的特征，具有一定的片面性；农村金融法律制度设立之初，主要是为充分顾及金融市场发展一定程度的自由需要与必需的政府管控，过分看重金融安全，这与“市场发挥决定性作用”和“供应侧”等发展背景存在一定的偏离。为有效配置金融资源、让社会中弱势群体共享发展红利，有必要对农村金融法律制度的价值取向进行重新定位，探索出符合国情、满足需求、量身定制的全新价值取向。

（二）超越传统的农村金融法律制度全新价值取向——金融公平

随着新型城镇化进程加快，农村金融已经不仅仅是一座架在政府与农户间的桥梁，它已经融入农民、中小涉农企业等主体的社会生活中，成为一种重要的社会资源，它在资源配置、缩小城乡收入差距、惠及农民等方面都起到了重要作用，它的宗旨是让社会中的绝大多数人尤其是偏远闭塞、经济落后地区的农户能够平等地享有基础金融服务。2015 年，习近平总书记在调研云南、贵州和湖南等地后，明确提出了“精准扶贫”的概念。《中国农村扶贫开发纲要（2011—2020 年）》明确规定要积极推进贫困区域的金融产品和服务方式创新，努力满足扶贫对象发展生产的资金需求。

回应农村金融的普惠性特点，农村金融法律制度的价值取向理应增加“金融公平”这一项内容。金融公平指的是各类金融主体公平地参与金融活动、均等地享有金融资源，形成合理有序的金融秩序，通过金融市场实现社会利益最大化。当然，这种公平并不意味着绝对、一致的平等，而是差异化的均等关照，有效满足不同地区间、不同经济发展水平主体的金融发展利益诉求，尊重和保障金融发展权的有效实现。

农村金融法律制度的三大价值取向——金融公平、金融安全与金融效率，对应着三方利益主体——社会弱势群体、国家与金融市场主体，形成了社会利益、国家利益与主体利益并存的局面，法律制度的运行则围绕三者的利益博弈进行，并在博弈中达到动态均衡。但需要注意的是，三者的关系并非直接并列，在具体的法律措施中应当有所侧重，金融公平是金融安全与金融效率的引领与前提。

二、农村金融法律制度创新的具体内容

（一）农村合作金融法律制度的创新内容

要使农村信用社真正成为农村合作金融的主体，必须从法律制度的层面对其采取措施。一是完善农村信用合作社法律制度。一方面，整理现有的规章制

度，及时废除不合理的规章制度，并对相关规章制度进行修改。另一方面，在合作金融领域，要制定一部真正的《农村合作金融法》，涵盖的内容有合作金融组织的性质和法律地位、合作金融组织的宗旨和业务范围、组织管理方式以及内部管理制度等。二是完善农村信用合作社监管法律制度。要完善相关立法，以法律的形式明确监管主体的权责，真正做到有法可依。三是建立健全市场准入与市场退出法律制度。可以考虑如下方式：制定《农村合作金融法》，在该法中明确规定农村信用合作社市场准入和退出的条件、程序等具体事项，也可以考虑制定更为细化的《农村信用合作社法》；由中国人民银行根据农村信用合作社的特殊情况，制定专门的相关条例。在制定相关法律或条例的过程中，要根据目前农村信用合作社的实际情况，使相关措施具有可操作性。

（二）农村金融软法的创新发展内容

1. 农村金融软法的法治化

农村金融软法的法治化主要体现在两个方面：一方面要改变传统的观念，农村金融软法是农村金融法律的一部分。依法治国要求国家的运行、社会治理以及个人行为等都要纳入法律的框架内，受法律的约束。因此，农村金融软法是农村金融法律的一种表现形式，是农村金融法律的重要组成部分。另一方面要培养法治精神。承认农村金融软法并不意味着放弃法的理性、放弃法治这一思想。农村金融软法的制定、运行都要符合法治的最低标准，必须符合宪法精神以及法治原则。因此，内部审查制度以及外部违宪审查制度的设立，是农村金融软法发展的必然。

2. 农村金融软法的规范化

农村金融离不开熟人社会特有的“软法”治理机制，在我国农村特有的乡土社会文化并没有发生根本性改变，道德、伦理、村规民约依旧发挥着潜移默化的作用，因此要格外重视“软法”在农村金融中的作用。农村金融软法更多地表现为自身的内在约束，即社会成员的自律以及非强制性的执法方式，重视通过协调与沟通的方式化解矛盾。但是现阶段，农村金融软法呈现出非规范和混乱化的特点，因此改变农村金融现状是当务之急。去除命令与指挥这种行政模式，将农村金融软法制度化、规范化，同时将相应的监管体系化。针对本地区风土人情以及本土资源完善纠纷解决模式，并且处理好与“硬法”的衔接。要改善农村金融中信用缺失状况。针对农村地区信用缺失的状况，应强化法治背景下的农村民间金融信息披露制度，注意农村民间金融市场的培育，重塑村庄信任机制。

3. 农村金融软法创制程序的合理性

农村金融软法最大的功能是协商机制，而协商机制最大的特点是民主。因此，农业金融软法在制定过程中要更加注重程序的民主性、公开性、平等性和协商性等。具体体现在以下两个方面：第一，加强公众参与，完善公众的参与权。公众参与的前提是信息公开，只有信息公开了，公众才能行使自己的参与权，参与权的行使不仅要求每个公众都有参与的机会，更重要的是当自己的权利受到侵害时有相应的救济权。通过开放的农村金融管理模式以及广泛的公众参与会使农村金融软法更具合理性，得到人们的普遍认同与遵守。第二，加强民主协商机制，使软法更加符合民意。通过民主协商，防止某些人专断，使农村金融软法失去其价值。同时，民主协商机制更有利于农村金融软法制定的科学性、合理性，满足不同主体的利益需求，实现群体的权益目标。

4. 农村金融软法的监督机制强化

农村金融软法的特点在于其创制很少受到限制，更多地体现出任意性的特征。因此，为了更好地衔接与农村金融硬法的关系，强化农村金融软法的监督机制是发展必然，主要在两个方面进行完善。第一，加强内部监督，即建立农村金融软法的备案制度，进行相应的立法审查，从源头上防止农村金融软法与法律不符，有助于法律的整体化与体系化。与此同时，可以实行惩罚与问责机制追究相关人的责任。第二，软法的特点在于自律，很多农村金融主体遵守软法的原因在于道德、舆论等压力，但是光靠自律已经满足不了农村金融状况，因此要强化社会舆论监督等他律监督模式，通过自律和他律结合，完善农村金融软法的监督机制。

（三）小微金融法律制度的创新发展内容

1. 修改《中小企业促进法》，促进小微金融的自身活力

《中小企业促进法》是我国制定的扶持和促进中小企业发展的第一部专门、也是唯一一部为中小企业而制定的法律。对于微型企业而言，虽然也适用，但由于微型企业有其自身的特点，且颁布已 10 年之久的《中小企业促进法》本身也存在缺陷，已无法满足现在小微企业的需求。

2. 建立区域性产权交易市场化制度，支持小微企业与资本市场对接

通过完善相关的法规，开设以小微企业为融资主体的创业板市场、地区性产权交易市场和区域性债券市场，允许各地制定相应的地方性法规，通过法律手段规范和保障其健康发展以进一步降低创业板市场门槛，支持小微企业直接融资，通过创业板市场的作用，推动技术创新政策的有效实施。小微企业具有明显的地域特征，应当允许地方政府根据本地区实际情况制定相应的地方性法规，设定区域性产权交易市场和债券市场，推动该地区小微企业的发展。

3. 修改《公司法》，精简小微企业管理层级和纳税系统

应当允许小型有限责任公司采用简易公司治理结构，如不设监事和监事会，允许业主直接自行管理，为其设立简易纳税系统，在更大程度上减轻小微企业的管理成本。对于小微企业来说应当取消工商登记实缴注册资本制的规定。

三、农村金融法律制度创新发展的运行保障机制

（一）内部控制机制：组织管理与风险预警

对金融机构而言，内部控制是指为实现既定的经营目标和防范金融风险，对内部各职能部门、分支机构及其员工从事的业务活动进行风险控制、制度管理和相互制约的一系列方法、措施和程序的总称。

金融机构内部控制的目标在于确保国家法律法规和相关规章的贯彻执行、确保各种风险的合理控制和自身经营目标的实现等。为实现内部控制目标，金融机构需要构建完善的内部控制机制，主要包括以下要素和内容。

1. 明确的经营方针

应按照合法、合规、稳健的要求制定明确的经营方针。金融机构内部各部门都应围绕整体的经营方针来制定具体工作目标，以确保经济效益的实现。金融机构应建立“自主经营、自担风险、自负盈亏、自我实现”的经营机制。

2. 完善的岗位责任制度和管理制度

岗位责任制度和岗位管理制度是金融机构微观运营的基础，是调动和激发工作人员积极性、提高工作效率的重要保证。金融机构应按照部门的工作性质和经营目标，赋予各级人员合理的权限和职能。各级工作人员要在各自岗位上，按照被授予的权限和职能工作，并对各自职责范围内的工作负责。

3. 健全的风险预警系统

风险预警的目的在于及时发现金融机构在经营过程中产生的风险，降低因

风险失控而带来的损失，做到防患于未然。金融机构应建立业务活动的事前、事中、事后监督制度和对各种单据、账表的核算制度；健全内部评审和监督系统的反馈机制，做到快速反应、及时控制；还要建立定期的业务分析、风险防范、资金运用风险评估制度。

（二）外部治理机制：市场维护与风险监管

内部控制机制和外部治理机制有机结合形成金融机构完整的治理机制，两者之间存在协同共促的作用。金融机构的外部治理机制包括外部市场治理机制、外部监管治理机制和外部社会治理机制。

1. 外部市场治理机制

农村金融的发展离不开良好的外部市场环境，金融市场环境的好坏决定着金融机构运行的稳定度和效益度。首先，要建立良好的金融征信制度。在现代社会，信用往往对个人和组织有着重要的作用，金融机构的发展离不开良好的征信市场环境。应加快征信制度建设进程，促进金融机构外部治理机制的完善。其次，疏通产权资本市场。扩展农村抵押担保物范围，实现农村生产资料资本化和金融化。

2. 外部监管治理机制

防范金融风险是政府和金融组织非常注重的问题，因此我国构建了政府监管和金融机构行业自律的监管层次。在政府层面，银监会和中国人民银行分别对金融机构进行多方面的监管和调控，从机构的设立、变更到终止，从产品服务推行到退出，均须接受银监会和人民银行的统一监管和调控。在行业层面，通过金融机构纵向的监督管理和横向的行业自律，实现金融机构的全方位和系统监管，保证金融机构安全稳定运行。

3. 外部社会治理机制

农村金融机构的发展离不开法律服务机构、会计审计机构等第三方社会中间层组织，社会中间层组织在金融业务开展过程中担任极为重要的角色，弥补了社会发展中主体之间因信息不对称导致的种种发展困境。

（三）共享发展机制：资源配置与宏观调控

党的十八届三中全会明确指出要发挥市场在资源配置中的决定性作用，在金融资源配置领域也不例外，市场机制毫无疑问是配置的主体。在市场调节机制中，利益调节是市场机制的核心，这与信贷资金活动这一金融领域最基本的活动的本质、特征密不可分。除了利益调节，还要注重国家宏观调控，而政策调节又是宏观调控的最基本手段。例如，中国人民银行宏观调控最常用的手段之一——存款准备金率的调整，通过降低和提高存款准备金率，直接影响各金融机构存贷的比例，进而影响投放市场的货币量的多少，从而达到实现对国家经济的宏观调控作用。在构建金融调节机制的过程中，要把利益调节和政策调节结合起来，共同形成金融调节的长效机制。

（四）部门协同机制：金融组织体联动

部门协同机制的建立对于农村金融生态环境的改善具有重要意义，要注重发挥部门与农村市场主体的互动作用，其中农户作为一方重要主体，其金融意识的提升尤为重要。为了强化农户金融意识、扩充其金融知识，形成并促进农村金融生态的发展，需要动员多方力量，构建“政府、社区、金融机构、农户”四位一体的联动机制。第一，政府应发挥指导作用，加强对“三农”的政策优惠与政策支持，给予农户金融借贷信心上的支持，免去其后顾之忧；第二，社区作为与农民联系紧密的组织体，应更好地发挥其“自我服务”的功能，尝试开展“金融知识加油站”之类的小型补习班，扩充农户的金融知识；第三，金融机构应从自身发展考虑，在丰富金融产品的基础上加大宣传力度，可定期举行“金融知识进我村”之类的宣传方式，强化农户金融意识；第四，从农户角度看，农户也要适应农业现代化、金融化的趋势，积极开拓自身视野、增强自身金融意识，利用好金融机构“助农”的作用。农村金融生态的形成和发展能够为农村金融持续性发展增添动力，为农户金融需求的满足创建良好的环境。

第五节　完善农村金融法律制度的具体细则与体系化提升对策

一、农村金融组织化法律制度提升对策

（一）市场准入制度：适度宽松、适度包容

应适当调整相关金融机构的准入条件，提倡“多资本”的注入以及组织构

建的“多形式”，放宽相关组织的业务领域，坚持可持续发展的理念对相关组织进行监督与管理，从而构建出适合新农村建设与增强农村活力的金融体系。总之，要运用多种多样的法律法规手段，构筑结构和功能上呈现多样性的农村民间金融组织，化解农村金融市场在融资过程中的矛盾。

（二）组织发展制度：提升法律位阶，促进公平竞争

化解由于法律不健全产生的矛盾，是促进农村金融组织发展的关键。首先，系统改革现有法律规定，建立健全相应的法律法规，提升法律的位阶；其次，了解国际通行以及惯用做法，参照国外立法经验，改革相应的法律制度，建立科学、完善的法律原则，提升其为农民、农村、农业服务的能力。与此同时，促成相互融合与协作、层次分明的法律系统。此外，可以制定有针对性的管理与监管法，健全农村金融组织管理与监督体系，在善法与良法的治理下科学监督与管理农村金融市场，构筑公平、合理、有效的市场竞争环境。

（三）金融管制制度：差异化监管

金融管制制度制定的初衷以及其想达到的目的并不是一种遏制或者禁锢，其构建的意义在创造一个安全、合理、公平、竞争、有序的环境，指引金融组织更科学、更合理、低风险的经营，防止其受侵害。要根据农村具体情况、农村金融组织相应的特点，形成以安全与救济相结合原则为核心的科学的、合理的、法治化的管制体系。科学的管制模式有利于农村金融组织的健全与完善，更有利于农村经济水平的提升。农村金融组织管制制度的建构，要确立管制界限、程序、权利、义务，明晰管制主体，进行公正与公开的管制活动。

（四）金融法律发展：制定《农村合作金融组织法》

农村合作金融组织法律规则的建构，可参考《中国人民银行法》和《商业银行法》等构建的相关制度，同时结合农村实际对相应的市场准入、内部管理、金融管制等方面规范出针对性的、具体的规定并制度化的标准，对相关制度通过法律化方式确立。合作金融是一种特殊的金融类型，其应具有独立的、专门性的法律保障。

二、农村金融安全化法律制度提升对策

农村金融经营成本高，承受的风险多元化，农村金融的安全化法律制度供给与需求不均衡，在国家政策“宽准入”的导向之下，“严监管、防风险”自然成为重中之重。因此，应当在理清农村金融风险防范的科学基础之上，完善农村金融风险的动态管理，并使其实现控制风险的法治化提升与发展。完善农村金融风险防范法律制度体系，应当在国家顶层设计中进行法治化制度规范与协调，确立科学合理的农村金融风险调控法治理念及完善其风险调控的制度安排。

（一）风险监管主体制度：确定监管主体，明确监管职能

农村金融的结构特性决定其监管须采用差异化监管模式，我国现有的监管模式下法规政策多有重合或抵触，因而要从法制层面根据农村金融机构的不同设置不同的监管主体，使各个监管主体各司其职、协调配合，既相互制约，又保持自身的独立性，从而达到监管与监管对象的结构统一。一是正规农村金融。在监管过程中，政策性金融机构应当由人民银行、银监会共同监管，农业部则主要提供市场需求的制度供给，财政部配合农业部辅以政策支持；商业性金融机构按照国家法律规定由人民银行和银监会对其业务范围和风险把控进行差别化监管；新型农村金融机构中村镇银行与一般的商业银行较为相近，但是小额贷款公司及农村资金互助社则更多地强调相关的行业自律性，银监会主导监管，地方政府和社会公众辅助监管；农村信用社由于自身经营特点不能很好地进行风险防控，其是由人民银行主要监管，银监会主要是对其经营状况进行差异化监管。二是非正规农村金融。必须从非正规农村金融结构出发，制定一种相对适度的监管模式。我国非正规金融主要有民间借贷、集资行为、合会、私人钱庄、发放高利贷等，组织化程度不同，监管方式也不同。民间借贷可以采取柔性监管的方式，重点运用村规民约进行约束，结合刚性监管，鼓励农户间借贷合同化的规范以保障双方权益；集资行为和合会组织化程度有所提高，可由银监会和民间金融组织协会协同监管；合法的私人钱庄类似于银行，应当尽量纳入正规金融范畴；违反法律规定从事高利贷活动的，则应严格取缔。由此，便形成了以银监会为中心，辅以民间金融协会和地方监督部门的科学化、统一化管理。

（二）风险监管协调制度：综合治理、联动监管

规范与完善农村金融市场监管应当是各主体间相互配合，共同监管，采取差异化的监管模式需要通过协调机制来进行均衡，以便各监管部门的职能分工、有效监管，增加组织协调性，明确风险监管手段，遵循市场经济的发展规律，合理配置监管资源。一方面，各个风险监管部门应当定期召开联动会议，就风险监管实践中出现的监管交叉、监管空白等内容进行深度交流，并就出现的问题提出明确的解决方案，分清部门之间的职责边界；另一方面要成立一个综合协调机构，各个风险监管部门对于各自的职能执行情况进行定期汇总与提交材料，以便综合协调机构能够及时总结前期工作经验，有效改进后期工作。通过交流，监管者可以更好地认识自身职能所在，也能够全面地认识农村金融全貌。

另外，采取联动协调监管制度进行相应的风险防范。联动协调监管机制的核心在于交叉监管，前期的深度信息交流可以帮助监管者了解监管活动中的问题及盲点，在综合协调机构的分配之下，各个监管者能够主动地协调与配合监管，及时更新监管模式、清除监管盲点；不同地域、不同部门之间的协调机制能够避免农村金融的监管缺失，提高农村金融市场主体的违约成本，降低“道德风险”的发生，提高监管效率。

（三）制定专门的法律法规

安全、公平、高效的农村金融市场是以系统化、层次化的风险监控法律系统为根基的，应当制定更加健全的农村金融风险监管法律制度，全方位涵盖监管机构和监管对象，从而实现农村金融的有效、适度监管以及风险的及时化解与有效分散。

根据政策性、商业性和合作性金融的不同性质，制定政策性和商业性监管制度时，应在现有的法律范围导向之下，制定政策性银行、农村商业银行的专门实施细则，合理界定金融机构的具体业务范围、风险防范、监管模式等内容；将原有合作性金融的政策性规范文件上升至法律层面，制定具体的《农村合作金融法》以及相应的法律规章，将监管实施细则与风险防范条款落到实处。明确何种非正规金融是合法的，就其业务范围、组织架构、监管方式以及风险防范等内容予以明确规定，并将此类内容纳入《银行业监督管理法》中，

实行统一化风险化解模式。

三、农村金融市场化法律制度提升对策

（一）注册资本制度：适度保留、酌情降低

国家顶层设计农村金融机构在市场准入时所需注册资本的制度主要是源于保护债权人的考虑，注册资本的高低代表了农村金融机构初入市场时的资本实力。凭借此项资本，农村金融机构可以取得债权人的信任，保障债权人的基本权益。一旦农村金融机构经营不善，便可使用最初注册资本来清还债权人。随着农村金融市场与注册资本制度的发展，注册资本保护债权人的功能相对弱化，因为注册资本仅是农村金融机构进入市场的初次资产实力证明，在我国监管和审批机制不完善、企业资质信誉不易查询以及信息不对称的情况下，某些动机不纯的机构会利用手段提供虚假证明以骗取营业资质。农村金融机构在具体运营过程中，其管理人员的运营手段与经营能力因人而异，企业的偿债能力与注册资本的关联不大。因此，在有关注册资本的制度安排方面应考虑不同种类的农村金融机构的实际情况，有所取舍地保留及降低注册资本。

村镇银行区别于一般的商业性和政策性银行机构，主要的职能是在保证自身盈利的基础上服务“三农”、支持“三农”，《村镇银行管理暂行规定》就村镇银行注册资本的标准进行了明确规定，这一标准对于经济发达地区的村镇银行来说是完全有能力承受的，地方政府也可以根据其机构的资金实力来提高这一门槛。我国经济发展水平是有区域性特征的，对于经济不发达地区来说，设定这一标准能够保证机构的基本偿债能力，维持现状。因此，村镇银行的注册资本制度应当维持原有制度水平或根据地区具体经济实力相对应有所提升。同样，贷款公司多数是由农村合作银行与商业银行联合成立的，倘若降低注册资本，银行机构进入农村金融市场的意愿并不会因为制度改革而改变，其进入市场的动机取决于农村金融市场的整体环境效应。如果政策导向与盈利环境大幅度改善，银行机构自然乐意进入这一市场领域。因此，《贷款公司管理暂行规定》中规定贷款公司的注册资本最低限为50万元的标准可以不变。

就非银行机构进入农村金融市场的动机而言，非银行机构的资金实力虽不及银行机构，但其看到农村金融市场的广阔与服务的空白，出于对自身盈利追求及弥补服务空白的需要是乐意主动参与到农村金融市场中去的。投资主体资

格制度即要降低非银行机构进入农村金融市场的门槛，在《关于小额贷款公司试点的指导意见》中注册资本有限责任公司和股份有限公司的门槛分别为500万元和1 000万元。由于小额贷款公司主营业务是“只贷不存”，机构运营的主要资金均是由企业自己提供，企业运营人员“自负盈亏”，不需要顾及债权人的利益，可以根据地区间的差异进行调整，在经济发达地区保留现有标准，在经济落后地区根据实际情况减少注册资本金额。

农村资金互助社通过集中分散农户进行组织化架构，扶助农户改变弱势地位，形成联合互助，是国家政策倡导的一种组织形式。对于其注册资本规定如下：乡镇设立最低额为30万元，行政村设立最低额为10万元，因其不存在储户对象，降低注册资本不影响储户利益，因此建议对行政村及乡镇设立的农村资金互助社降低相应的最低额。

（二）治理结构制度：信息披露、利益救济

企业的法人治理结构是现代企业制度中的重要组织架构，其狭义上仅指公司内部董事、股东、经理各层级间的相互关系，广义上则扩大范围至相关利益者间关系，结构中的各层级间权责利形成制衡。我国农村金融机构治理结构中采用的是狭隘意义上的组织架构，缺乏利益相关者的参与度，因而在农村金融市场准入制度完善时应当扩充广义利益相关者至法人治理结构中去。

我国相关法律指出村镇银行和小额贷款公司的产权结构安排多半属于绝对控股或大股东控制的形式。在绝对控股的治理结构中，由于农村金融机构的经营管理人是控股股东利益的代表，机构利益就是控股股东的利益，经营者在机构运营过程中的目标在于提高公司经营绩效，追求机构利益最大化。在大股东控制的治理结构中也存在类似的情况，这两类治理结构的优势是克服了股权分散导致的“搭便车”及“内部人控制”的问题，但也存在不足，即大股东形成合力，压制忽略小股东的利益表达。为保护小股东的权益，可从《公司法》着手完善制度。一是建立信息披露制度，保障其知情权；二是建立救济制度，惩戒大股东的恶意侵害行为，弥补小股东的经济损失。与此同时，借鉴农村资金互助社的经验，扩充融资者进入村镇银行和小额贷款公司的治理结构中，使其以监事的身份参与机构治理。这不仅可以使其运用自身金融行业知识保护自身的权益，也可以实现市场环境的公正与公平。

《农村资金互助社暂行管理规定》中规定在农村资金互助社治理结构中，

经理和工作人员不能担任监事一职，这一规定过于严格，反观《村镇银行管理暂行规定》却未有此类条款。广义上来说，经理和工作人员是机构的利益相关者，他们有权利参与公司的治理，从机构的可持续发展来看，也应当将其纳入治理结构中。

（三）市场退出标准化制度：标准认定、风险判别

市场退出标准的评判有 3 类，第一类是“债务人到期无法支付债务”的流动性标准，此类标准虽客观易判，却不适用于银行业农村金融机构。因为银行业农村金融机构多数是依靠国家财政支持实现自身发展的企业种类，其自身持有的自有资产少之又少，企业运营资金链中的多数资金来自吸纳的农村公众资本，呈现出“高负债”的经营特征，倘若仅以“流动性标准”来判别其市场退出与否，出于银行业的敏感性，机构的危机会带来公众的恐慌、行业的波动甚至是经济的动荡。第二类是“负债数大于资产数”的资产负债标准，此类判别标准因只以资产负债表上的财产作为单一标准而饱受诟病。第三类是“银行资本充足率”的监管性标准，资本充足率是衡量银行经营稳健性和风险系数的重要指标，能够全面反应银行的经济实力，此类判别标准已成为通行惯例。

对于村镇银行来说，其市场退出的制度设计主要体现在《村镇银行管理暂行规定》的第六章中，内容方面则对村镇银行市场退出的相关标准与方式进行了明确规定，衡量依据主要是依照商业银行有关的市场退出标准。纵观我国法律法规，商业银行的市场退出制度也未形成完整统一的规范。从长远来看，这些规定不利于村镇银行的可持续发展，有必要在此法律框架内进一步矫正村镇银行的市场退出标准，参考美国 CAMEL 的经验，基于资本充足率的监管性标准，构筑广覆盖率、全方位的危机迅速鉴别与矫正体系，形成资产质量、管理、盈利能力、流动性以及市场风险“五位一体”的风险识别体系，进一步判别、监管村镇银行的市场退出活动。

对于小额贷款公司来说，虽然同村镇银行在业务上具有许多共性与相似性，但存款业务的缺失成为两者的重要区别，倘若使用与村镇银行相通的“资本充足率”监管性标准，则无可避免地需要考虑存款规模的内容，此类标准不适合小额贷款公司，须变通使用，考虑到其具有普通企业的基本特征。因此，要兼顾“流动性标准”和“监管性标准”，在实际运营过程中，由监管部门在两类标准中选择一个适用于小额贷款公司的最优组合标准。

对于资金互助社来说，我国《农村资金互助社管理暂行规定》第54条明确指出相应的市场退出标准，主要是以“监管性标准”为衡量依据，列举了资金互助社“不可为”的市场活动，基本符合资金互助社目前的服务和金融现状。结合机构支农惠农政策实施，现阶段可以考虑涉农资金比例的高低来提高或维持现有标准，以便减轻农村金融机构的经营压力，更好地发挥其服务功能。

四、农村金融现代化法律制度提升对策

以数据化、云计算、物联网等信息技术为代表的信息技术在金融领域的广泛普及，标志着“互联网＋”新时代的到来。“互联网＋”计划为传统农村金融的发展带来了新契机，现代化资源的运行与利用加剧了金融市场的竞争，这不仅推动了市场化的进程，同时也对农村金融法律制度发展的现代化有了进一步的要求。

（一）互联网金融组织制度：确立新型金融主体功能定位

互联网金融带来的是随身、随时、随地的快捷式金融，这种金融模式的运行依赖金融组织制度的完善、金融产品开发制度的创新以及金融发展模式的制度配套。在金融组织制度方面，应当确立新型金融主体的市场地位、业务范畴及功能定位，有效防止“脱农”现象和企图打制度“擦边球”的投机主义行为。其中，组织设立制度应当重点关注对法律约束方面的设立，以责任制度加强组织责任理念，管理者如果不遵循农村金融法定原则就应承担相应的责任，新型金融用户即使不履行义务也应当承担法律责任。

（二）互联网金融监管制度：建立现代金融征信法规

互联网金融是在市场化基础上建立的开放式金融，需要多层次的法律制度保障，才能使以用户为中心的互联网金融真正对农村生产经营发挥正向的推动作用。“互联网＋”模式的农村金融监管，主要以中期监管和后期监管为主，很多P2P企业和互联网公司已经试水农村互联网金融，并开发出宜农贷、农商贷、农机融资、小额信贷等金融产品，但互联网运营商所普遍采用的农村金融信贷模式是线下渠道，较难掌控金融风险。现代农村金融风险防控制度不仅要不断完善农村征信体系，而且要制定严格的风险控制方案，确保互联网金融

加盟商、农村线下渠道运营商、互联网金融用户的权利和义务都能有法可依，在发展金融的基础上有效防控风险。

（三）农村金融证券化制度：专门立法＋监管机制＋信托管理

第一，统一农村金融证券化的专门立法。我国尚未完成这一点，因此实践过程与现有法律相冲突，导致信息披露差异、多头监管等问题。在法律层次方面，可以制定《农村金融证券化法》，对矛盾部分做出特别的规定，以适应现代化发展的需要。从体制的发展来看，也需要指定单一机构专门负责监管工作。

第二，完善农村金融资产转移过程中的风险防范制度。确定拟证券化农村金融资产的种类，排除确立农村金融资产种类的法律冲突；确定拟金融资产的准入标准，明确其质量标准，确保是高质量的财产或财产权益的组合；完善资产转移相关法制；完善信用评级法律制度。

第三，完善农村金融证券化监管协调机制。在坚持分业监管的前提下，增加不同监管部门之间的配合。可考虑建立常设性质的监管委员会，负责合作事宜，制订工作章程、运作程序，明确各个部门的义务职责，加强配合。强化证券化交易中的信息披露机制，构建金融信息共享平台，形成金融信息披露的共享机制。明确规定关于农村金融资产的披露要求，即发起人义务之间的协调问题。除了从上述 3 个方面完善我国农村金融证券化的监管外，还需强化交易主体的内部控制和行业自律机制。

第四，完善信托制度。进一步完善信托制度是为了保护投资者的利益。信托监察人是保护信托受益人权益的人，建立信托监察人制度，建议借鉴日本和我国台湾地区的做法，扩大到农村金融证券化领域，以便更好地保护其利益。

（四）金融脱贫制度：降息、优化开发信贷政策

金融脱贫制度的攻坚目标是保障重点扶贫和引导行业发展，应主要从加大资金投入、实施金融网点广覆盖、创新金融服务等方面展开。具体而言，在资金投入方面，积极引导银行业金融机构对金融赤贫地区、人口的重点扶持；在金融网点的设立方面，鼓励金融机构网点下沉到金融匮乏区域，使农民能公平享受金融资源；在金融服务的创新方面，建立与金融脱贫攻坚目标一致的金融

制度，使农村合作金融、政策性金融、商业金融共同纳入该制度体系，有针对性地重点扶持赤贫地区。此外，金融脱贫制度需要与之相适应的信贷政策，不断优化扶贫开发尽职免责制度，降低农村小额信贷的申请门槛，并通过降息到户的策略将金融扶贫的制度末端延伸到农村金融市场内部，让农民切实享受到金融改善贫困、金融促进生产发展的实惠。金融脱贫制度的最终目标是改善农村基础设施和社会保障体系，通过相应的政策倾斜，改善易地扶贫搬迁制度和居民保障制度等。

五、农村金融社区化法律制度提升对策

社区是未来农村社会、经济和文化的承载主体，农村金融的长足发展依赖社区化法律制度的先行保障。

（一）金融发展权保障制度：社区载体、资源共享

金融法治不但要保障农民普惠金融权，还要保障农民金融发展权。设立产权与分配制度来保护金融发展权价值，防止农民的金融权益受到不合理的价值折损是法律制度的发展方向。此外，农民金融权益的实现不仅需要健全与完善金融市场，也需要以社区为单位对其进行全面保障。金融发展权是在农民权益保障朝着多元化发展的基础上演变而来的，社区载体下的农民金融发展权保障应当包含两方面内容：第一，完备的社区发展制度。完备的社区化制度为农村金融提供良好的金融基础设施，对社区发展有着重要的意义。第二，健全的金融资源共享制度。以社区为载体，合理地进行资源配置，使农民拥有共享金融资源的权利，有效地消除城乡之间、大小股东之间、大小农户之间的金融排斥。

（二）司法救济制度：基层组织参与

农村金融社区法律制度的提升，需要借助纠纷解决机制。农村金融纠纷的解决机制要从单一化向多元化转变，形成完备的司法救济制度。农村金融机构的金融纠纷解决不能仅依靠单一的途径，需要在将传统的纠纷解决方式进行融合的基础上形成一种复合型纠纷解决模式。另外，还可以利用村民委员会、农村经济合作组织等基层组织在农村中的威信与地位，使其参与到农村金融纠纷的解决中来，以便能形成一种新的农村金融纠纷解决机制。

六、农村金融开放化法律制度提升对策

无论是在传统的BOT模式还是PPP模式下，农村金融都面临着开放环境下的金融风险，法律制度的先行保障可为农村金融发展提供有效保障。

（一）开放环境下的金融资源准入制度：模式创新、税收优惠

开放环境下，降低金融资源的准入门槛，有利于吸引各种金融资源，从而有益于资源的整合和有效利用，最终有效保障公共产品和服务供给的数量和效率。同时，创新性金融资源准入模式也有利于降低项目周期的运行成本。关于金融供给主体的特许经营权问题，亟须政府出台相关法律制度予以规范和保障。

（二）融资回报率控制制度：利益平衡、纠纷仲裁

以PPP投资为例，金融资源进入投资回报率较低的农村公共产品投资项目中，通常考量的要件是融资回报率。如果融资回报率过低，则项目本身对各种农村金融资源的吸引力并不大；如果融资回报率过高，则违背了公共产品相关项目本身的公益属性。严格的融资回报率控制制度，不仅能够吸引多元化的金融资源进入农村金融市场，而且能够盘活农村金融市场，并将融资利益锁在农村市场内部。此外，融资回报率控制制度也能很好地调节金融利益。

第六章

完善农业保险制度

第一节 江苏省政策性农业保险“联办共保”运行机制分析①

一、组织运作模式介绍

2008年，江苏省政府办公厅下发《关于做好2008年农业保险试点工作的通知》，决定从该年起，在全省范围内全面推行“联办共保”的农业保险发展模式。“联办共保”模式是指政府与保险公司合作，按照“政府推动、商业运作、节余滚存、风险共担”的原则，实行“政策性农险、商业化运作”。政府与保险公司按照5∶5比例收取保费，同时承担相应的风险责任，组成责任共同体。政府发挥主导作用，负责组织推动、收缴保费和沟通协调，保险公司则发挥其精算、管理、网络、人才和服务等优势，按照商业保险的基本原理和运作规则，负责核保、精算、理赔等具体业务，并设立农业保险专用账户，同时接受上级和同级财政、审计和保险监管部门的检查和监督。具体流程如图6－1所示：

（一）政府与保险公司分担风险

江苏省把商业保险公司的经营与政府有关部门的工作有机结合，推进农业保险工作实现“联办共保”，探索出了一条发展农业保险的新路子。中国人保

① 本节的内容选自农业部软科学课题“政策性农业保险机制创新研究”（课题编号：201608-1），课题主持人：林乐芬。

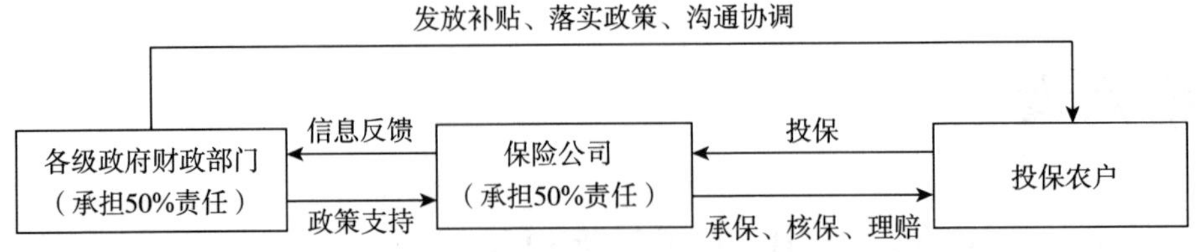

图 6-1　“联办共保”运作流程

财险江苏省分公司、中华联合财产保险江苏省分公司、太平洋保险江苏省分公司积极与江苏省各级政府部门配合，推进农业保险工作，实现了政府与商业保险公司的“联办共保”。在各级政府成立的推进农业保险工作领导小组的协调下，相关部门及时编制保费补贴预算方案、建立灾害评估体系、整合相关政策、发挥部门优势，形成了共同推进农业保险工作的合力。保险机构积极发挥其在基层的人才、精算、网络和管理优势，与地方政府签订联办共保协议，保费收入按照 5∶5 的比例分账管理，保险责任和赔付也按照 5∶5 的比例分摊，即保险公司承担 50%，政府部门承担 50%。地方政府在鼓励保险机构开展政策性农业保险业务的同时，支持保险机构开展其他商业性保险业务。这样，既确保了政府部门对农业保险发展的主导地位，又充分发挥了保险公司参与经营的积极性；既有利于控制风险，又有利于调动各方的积极性和主动性。

（二）政府与保险公司划分权责

“联办共保”把政府职责和保险公司利益结合起来，借助政府组织推动和财政补贴优势，发挥保险公司风险管理和经营组织的人才优势，实现二者优势互补和利益共赢，而且由于有政府参与，更容易得到农民的信赖。地方政府推动“联办共保”，参与农业保险经营，与保险公司按比例共同承担赔偿责任。根据要求，县级以上地方人民政府统一领导、组织、协调本行政区域内农业保险和涉农保险工作，并设立农业保险工作领导小组办公室（以下简称农险办）负责本行政区域内农业保险和涉农保险的综合管理工作，省农业保险工作领导小组成员单位为省金融办、财政厅、农委、海洋与渔业局、物价局、气象局、农机局和江苏保监局，办公室设在省金融办。相关部门按照各自职责，负责农业保险和涉农保险推进、管理相关工作。保险监管机构对农业保险和涉农保险业务依法实施监督管理。乡镇人民政府（街道办事处）负责组织引导农业生产经营组织、农民投保农业保险，支持农业保险和基层服务体系建设，配合上级部门和保险机构协调处理保险纠纷。

地方政府在农业保险中主要具有以下职责：①规划。即依据相关法律法规对农业保险险种、保障范围、开展区域、扶持方式等制定宏观政策。②审核。农业保险合同的条款、费率、险种开发等必须报政府审查核准，政府应按法律规定的程序和条件对农业保险经营机构的申请予以核准。③政策扶持。政府的支持成为农业保险发展中最关键的因素。政策扶持包括财政补贴、税收优惠、金融扶持、配套支持以及再保险等。④监督检查。政府有权对农业保险经营机构的费率厘定、偿付能力及业务开展等情况进行监督和检查。

保险公司负责经营农业保险业务，为遭受损失的农户提供赔偿，与政府按比例承担赔付责任。保险机构委托基层农业技术推广等机构协助办理农业保险业务。保险公司权利：①自主经营。在《农业保险条例》的范围内农业保险经营机构可自主决定其经营方针，开展业务活动。②承保。农业保险经营机构接受投保申请时，有权对标的进行检查，可以要求投保方提供保险标的情况报告，以决定是否承保。③收取保险费。向投保人收取保险费是保险公司法定的基本权利。基于农业保险的政策性，政府承担一定的保险费缴纳义务。

保险公司责任：①诚信守法经营。农业保险经营机构必须遵守相关法律、行政法规的规定，尊守社会公德，遵循诚实守信原则。②受理投保。农业保险经营机构在收到投保农业生产者的投保申请后，应当及时受理，依法做出核定，对于符合投保条件的，应当依法与之订立农业保险合同。③明确说明。订立农业保险合同时，农业保险机构有明确说明免责条款的法定义务；农业保险机构未明确说明要承担的法律责任，该免责条款不发生效力。④理赔。发生法定理赔事件时，农业保险经营机构应当依照合同条款规定及时履行赔偿或者给付保险金的义务。⑤管理农业保险基金。农业保险经营机构应当建立农业保险基金，并妥善管理，禁止其他任何组织和个人的非法占用。

（三）建立风险基金

江苏省的巨灾风险管理主要通过建立省、市、县三级巨灾风险准备金制度进行。政府巨灾风险准备金制度自 2008 年建立，用于政府承担赔付责任发生的超赔支出。其主要内容：市级政府按照全市农业保险保费收入的 10%提供补贴，建立农业风险准备基金，省级财政给予同比例的配套；经办机构按补贴险种当年经办机构保费收入25%的比例计提巨灾风险准备金，各级人民政府巨灾风险准备金使用范围包括主要种植业、养殖业险种和其他高效设施农业在内的所有农业保险险种。

（四）明确险种、条款与费率

截至2015年1月，江苏省政策性农业保险共涵盖56种险种，包括主要种植业险种、主要养殖业险种、其他种植业险种、其他养殖业险种、价格指数保险、渔业险种、农机（具）险种等7类，其中种植业包括水稻、小麦、玉米、油菜、棉花等5类主要险种，养殖业包括能繁母猪、奶牛、育肥猪等3类主要养殖业险种，其他种植业包括林木火灾、蔬菜大棚、附加蔬菜（瓜果）、莲（荷）藕、露地葡萄、露地旱生蔬菜、露地西瓜、苹果、露地水生蔬菜、梨、杂交水稻制种、桃、茶叶、甜叶菊、苗木、食用菌、菊花、丹参、瓜蒌、何首乌、条斑紫菜、花生、芋头等23类险种，其他养殖业包括肉鸡、种（蛋）鸡、山羊、肉用仔鹅、养鸭、养蚕、内塘螃蟹、肉牛、仔猪、池塘淡水鱼、池塘淡水小龙虾、罗氏沼虾、南美白对虾、鸽等14类险种。价格指数保险包括生猪价格指数保险、夏季保淡绿叶菜价格指数保险、苗鸡价格指数保险、内塘螃蟹水文指数保险、有机水稻产量保险，渔业险种包括渔船互助保险、渔业雇主责任互助保险、内陆渔民人身平安互助保险。农机具险种包括驾驶员人身意外险、兼用型拖拉机交强险、运输型拖拉机交强险、联合收割机第三者责任险。

二、江苏省相关农业保险支持政策

（一）保费补贴政策

2008年起，江苏省对于主要种植业参保品种，各级财政保费补贴原则上不低于70%，其中，中央财政补贴35%，省级财政补贴25%，中央、省级财政补贴与70%的差额部分由市、县级财政给予补贴。对于主要养殖业参保品种，省级财政补贴根据参保品种确定：其中，能繁母猪保险各级财政保费补贴比例原则上不低于80%，饲养者负担保费的20%；奶牛保险各级财政保费补贴比例原则上不低于60%，饲养者负担保费的40%。省级财政对保费的补贴分地区执行：苏南20%、苏中30%、苏北50%，省级财政补贴与应补贴的差额部分由市、县财政部门给予补贴。对于其他种植、养殖参保品种，省级财政保费补贴比照以上主要参保品种标准执行，对于农机具和渔船、渔民保险试点，财政保费补贴标准由省财政厅与有关部门另行商定，其余部分由农户自负。

（二）江苏省出台的相关政策文件

2007年以来，江苏省下发了一系列支持农业保险发展的政策文件，如《省政府办公厅关于开展全省农业保险试点的通知》（苏政传发〔2007〕84号）、《省政府办公厅关于做好2008年农业保险试点工作的通知》（苏政办发〔2008〕38号）、《省政府办公厅关于做好2009年农业保险试点工作的通知》（苏政办发〔2009〕37号）、《省政府办公厅关于做好2010年农业保险试点工作的通知》（苏政办发〔2010〕34号）、省政府办公厅关于进一步加大力度推进2011年全省农业保险工作发展的通知（苏政办发〔2011〕29号）、《省政府办公厅关于做好2012年全省农业保险工作的通知》（苏政办发〔2012〕101号）、《关于做好当前高温干旱天气养殖业农业保险理赔工作的通知》（苏金融办发〔2013〕71号）、省政府办公厅《关于贯彻落实〈农业保险条例〉的通知》（苏政办发〔2013〕75号）、《关于做好政策性农业保险新条款宣传工作的通知》（苏金融办发〔2013〕61号）、《关于完善江苏省政策性高效设施农业保险条款内容的通知》（苏金融办发〔2013〕47号）、《关于完善江苏省政策性农业保险条款费率的通知》（苏金融办发〔2013〕43号）、《关于做好家禽保险禽流感责任理赔工作的通知》（苏金融办发〔2013〕40号）、《关于开展〈农业保险条例〉宣传月活动的通知》（苏金融办发〔2013〕16号）、《关于规范全省农业保险市场准入和退出工作的通知》（苏金融办发〔2013〕63号）、《省政府办公厅关于贯彻落实〈农业保险条例〉的通知》（苏政办发〔2013〕75号）、《关于进一步优化主要种植业保险条款费率的通知》（苏农险办发〔2014〕2号）、《省政府办公厅关于做好2014年全省农业保险工作的通知》（苏政办发〔2014〕21号）、《省政府关于加快发展现代保险服务业的实施意见》（苏政发〔2014〕124号）、《省政府办公厅关于做好2015年全省农业保险工作的通知》（苏政办发〔2015〕51号）、《江苏省高效设施农业保险省级财政奖补险种目录管理暂行办法》（苏财金〔2016〕9号）、《江苏省农业保险承保理赔操作规范》、《关于江苏人保财险政策性农业保险六年来试点实践情况的报告》、《报省政府金融办2013年工作总结及2014年工作计划》等文件。

其中,《省政府办公厅关于做好2015年全省农业保险工作的通知》(苏政办发〔2015〕51号)中,强调进一步完善农业保险工作机制和发展模式,加强组织领导设立农险办;巩固运营模式开展特色农业保险试点;健全市场体系适时完善市场准入标准和退出机制,探索建立农业保险绩效评价优胜劣汰机制,有步骤、分批次地推进农村基层营销服务网点建设等;完善补贴政策,各地财政部门应将本级财政承担的保费补贴资金足额纳入年度预算;扩大覆盖广度;提升服务质量,营造消费环境,引导保险机构完善科学合理的定价机制;严格规范操作;加强防灾减损,健全信息共享机制;强化保险监管,完善外部合作机制。

三、建立大灾风险防范机制

(一)建立超赔风险分担机制

江苏省建立了县、市、省三级巨灾风险分散机制,地方各级政府运用财政资金和统筹部分政府的保费收入,建立了针对种植业保险的巨灾风险准备金制度。当县级政府保费收入发生超赔时,县级和市级巨灾风险承担的比例按照风险等级进行划分,超赔金额越多,则县级政府承担的超赔比例越低,市级政府承担的比例增加。当市级巨灾准备金出现超赔的,按下列情况处理:超赔额不超过省级政府巨灾准备金总额(即其他各市巨灾准备金余额20%部分的总和)的,其超赔部分由省财政按统一比例调用省级政府巨灾准备金支付;超赔额超过省级政府巨灾准备金总额的,各市以省级政府巨灾准备金全额为最高赔付额度,不再承担赔付责任,差额部分由省财政酌情补助。

(二)建立巨灾风险准备金

江苏省按照保费收入的一定比例和赔付节余资金建立县、市和省级政府三级风险准备金,增强了应对巨灾冲击的能力。

县级政府巨灾准备金来源:①本级财政预算安排,按照本地当年保费实际发生额(即统筹部分政府承担的种植业保费收入)的5%~10%的比例安排。②上级财政部门的保费奖励。③县级财政当年保费收入减当年赔付支出的结余。④可以用于县级财政巨灾风险准备的其他资金。

省辖市财政巨灾准备金的资金来源有:①各县按当年主要种植业保费收入

总额的10%上缴部分。②按各县上缴保费收入的50%，由省辖市本级预算安排。③在县级保费上缴和省辖市预算安排资金到位的前提下，由省财政按省辖市预算安排资金进行等额补助。④可以用于省辖市巨灾准备金的其他资金。省级政府巨灾准备金的来源是各市政府巨灾准备金余额的20%，由各省辖市财政部门负责管理，必要时由省财政调剂使用，用于其他超赔地区的赔付。

表6-1为市级和县级政府巨灾准备金使用情况。

表6-1 市级和县级政府巨灾准备金的使用

巨灾准备金的使用条件		县级政府承担的比例	市级政府承担的比例
县级政府当年政府保费收入发生超赔，但县级政府巨灾风险准备金未发生超赔（单超赔）		超赔部分的80%	超赔部分的20%
县级当年政府保费收入发生超赔，且县级政府巨灾准备金也发生超赔（双超赔）	巨灾超赔额＜保费收入的50%	双超赔部分×50%	双超赔部分×50%
	保费收入的50%＜巨灾超赔额＜保费收入的100%	超过50%的超赔部分×30%	超过50%的超赔部分×70%
	保费收入的100%＜巨灾超赔额＜保费收入的200%	超过100%的超赔部分×20%	超过100%的超赔部分×80%
	巨灾超赔额＞保费收入的200%	0	全部超过200%的部分

为了控制政府准备金的规模，江苏省实行市级和县级巨灾准备金封顶制度。县级准备金累计总额按照全县主要种植业保费收入总额的4倍进行封顶。达到该金额时，停止县级预算安排部分，如果低于该金额，则启动预算安排。对于市级风险准备金累计金额，按照主要种植业保费收入的2倍实行封顶。若累积总额达到全市（含所辖县、区）当年主要种植业保费收入总额的2倍时，省辖市政府巨灾准备金即停止累积，县级不再上缴保费，省辖市政府不再配套，省级财政也不再给予补助。

四、江苏“联办共保”农业保险模式遇到的问题

（一）农业保险产品难以满足经营主体的需求

虽然目前农业保险产品基本已经涵盖了农、林、牧、渔等产业，但依旧无

法满足多品种经营的需要。

1. 地方特色险种仍有开发空间，需要扩大补贴覆盖面和保障程度

高产值的经济作物、地方特色农业产品需要农业保险覆盖。如无锡市江阴地区农户期望转种猕猴桃，但由于没有相应保险产品提供风险保障，一直迟迟不敢种植。设施大棚保险只承保薄膜和框架结构，而其他附属设施诸如压膜线、卡簧、卡槽等均不属于承保范围。南京市溧水区的养猪大户希望考虑加入仔猪保险，将 15 千克以下仔猪纳入保障范围。部分特色农业保险并没有保费补贴，农户需要全额缴纳保费，负担较大，因此保险工作较难进行。如淮安市洪泽县水产养殖户众多，除内塘螃蟹水文指数保险外，其他政策性农业保险品种如池塘淡水鱼、池塘淡水小龙虾、罗氏沼虾、南美白对虾等险种，无配套的财政补贴导致无法开展。

2. 农业经营主体对价格保险、产量保险、收入保险有较大需求

农业经营主体对于市场风险极为敏感，尤其是养殖业，价格波动对于生猪养殖、家禽类养殖影响巨大。以南京生猪养殖为例，养猪成本占比最大的是饲料，其次是人工、疫苗药物、水电维修损耗等。2014 年一头生猪平均成本 1 210～1 275 元，出售一头猪的收入是 1 040～1 300 元，2015 年是 2 120～2 650 元，生猪价格波动剧烈，影响养殖积极性。由于农业生产一般呈现较强周期性，从种植到收获，落地到出栏有固定周期且一般较长，同时产量巨大，因此农户的从众性和盲目性导致的价格周期性波动无法及时预见，一旦价格下跌，将产生巨大损失。目前的保障水平无法覆盖农户的生产成本，因此价格保险、产量保险甚至收入保险的引入十分有必要。

（二）农业保险保障水平低

近年来，“保生产、保物化成本、保自然灾害”这种“低保障”的运行方式极大地扩大了农业保险的覆盖面积。但是，随着农业经营主体逐步由小农户转向家庭农场、种养大户、合作社、龙头企业等新型农业经营主体，这种“低保障、保成本”的方式已明显不太适合“高投入、高产出、高风险”的农业经营方式。以南京市某稻麦种植大户为例，每亩水稻种植成本大约 1 400 元，近几年国家粮食价格持续走低，除去自有农机具成本，实际一亩地所得利润很少甚至亏损，一旦碰到大灾，损失巨大，但保险赔偿金额却不足经济成本损失的 20%（不含地租人工成本）。实际上“低保障、保物化”的保障机制已不满足农户需求。

（三）勘察定损困难，理赔手续复杂

农业保险勘察定损环节较为复杂，虽在日常赔案勘察可以做到挨家挨户定损，但是一旦碰到规模性受灾尤其是在遭遇气象大灾或病害时，需要投入大量的人力进行勘察定损。理赔要经过农民申报、村组核报、乡镇初审、县级查勘、市级核查、张榜公示、理赔兑付 7 个流程，需要一定时间，有些农户的赔款甚至半年后才能拿到。在遭遇大灾情况下，勘察人员无法挨家挨户进行定损，传统的抽样定损方法也不适用大灾赔偿厘定（因为水稻种植品种，种植时间不同，即使相邻的相同的土地，损失差异也很大，因此不能用平均损失来计算），这样很容易造成多赔少赔问题，故定损理赔仍需改进。江苏省每村有1～2 名协保员，多是村里的会计、村主任等兼职，平时工作主要是收集农户报案信息等日常事务以及协助保险公司人员勘察定损等。但是较大的承保工作量与较少的工作人员数量仍然形成极大矛盾，而在受灾时尤其是大灾发生时，协保员需协助保险人员勘察定损，往往工作量剧增，且此时要求的专业技术性较强，协保员在短时期内较难接受如此巨大且复杂的工作。

（四）地方财政补贴压力较大

部分地方政府财政资金比较匮乏，承保负担较大，制约了当地农业保险的发展。对于一些二三产业发达的地区，地方财政资金足够支持地方险种补贴，农业保险推广相对容易。但是对于农业生产大县，地方财力匮乏，财政基础薄弱，无力承担保费补贴，而根据我国目前实施的各级财政保费补贴筹措机制，在下级财政保费补贴没有落实的前提下，省、市级财政也难以支付配套补贴资金。部分农户反映财政补贴到位缓慢，对于恢复农业生产的效果大打折扣。

（五）道德风险问题

农户在投保后对风险的敏感度降低，风险意识差，投保后疏于管理。以小麦赤霉病为例，若小麦在扬花期处置得当，那么损失会减小很多。但实际上在投保后，部分农户在灾前防损方面有所放松，并没有积极保产，尤其是在农药等成本投入较多时，在风险管理方面投入就偏少。因而这与政策性农业保险促进农业生产的初衷有所偏离。在大灾发生后，涉及农业经营主体数量众多，保

险公司不可能挨家挨户勘察定损，多采用抽样调查的方式。首先由农户自主上报，然后由村统一反馈给保险公司，保险公司根据信息，根据该村受灾严重程度分为轻、中、重 3 个等级，每一等级根据农户上报受损程度随机抽样（3 个左右），然后进行勘察定损，一旦出现虚报错报则重新抽样定损。故对于存在侥幸心理的农户而言，其倾向于多报损失，如果查出来则重新报损，如果没有查出来，则可多拿赔偿。

第二节　山东省小规模农户农业保险排斥现象①

一、山东省农业保险发展现状

山东省有耕地面积 1.14 亿亩，占全省土地总面积的 48.3%，2014 年全省农业总产值达到 9 198.26 亿元，位居全国第一，粮食总产量达到 459.66 亿千克，同时农业机械化水平继续位于全国前列，2014 年全省农机总动力达到 1.3 亿千瓦，农作物耕种收综合机械化水平达到 80%。山东省每年基本都会发生自然灾害，旱灾尤为严重。资料显示，山东省夏旱、秋旱平均每 5 年一次。2013 年山东省农作物受灾面积 146.17 万公顷，其中干旱受灾面积 20.67 万公顷，冰雹灾害受灾面积 11.16 万公顷，低温冷冻和雪灾受灾面积 24.29 万公顷，造成直接经济损失 89.7 亿元（表 6－2）。

表 6－2　山东省自然灾害受灾情况

年份	农作物受灾面积（万公顷）	造成的直接经济损失（亿元）
2008	67.23	28.20
2009	234.189	162.66
2010	258.23	205.40
2011	211.72	147.50
2012	182.26	244.80
2013	146.17	89.70

数据来源：《2015 中国统计年鉴》。

① 本节的内容选自农业部软科学课题“我国小规模农户农业保险排斥状况研究”（课题编号：D201503），课题主持人：卞靖。本部分以山东省小规模农户农业保险发展情况为例，运用排斥维度理论对农业保险排斥进行判定和量化。

为有效化解农业风险，保障农业生产，稳定农民收入，山东省积极发展农业保险业务。从 2006 年起，山东省在临清、章丘、寿光等地开展政策性农业保险试点工作，农业保险业务发展迅速，2006 年农业保险保费为 723 万元，到 2014 年农业保险保费收入已达到 9.63 亿元，险种也增加到 23 个，包括小麦、玉米、棉花、瓜菜、苹果、林木、母猪、奶牛等，主要作物保险实现全省覆盖。根据 2013 年《山东省政策性农业保险工作实施方案（试行）》，山东省政策性农业保险险种为小麦、玉米和棉花，其他险种由地方政府自行补贴；政策性农业保险保费按照 80%的比例给予补贴，农户自担 20%；保险责任范围包括火灾、冻灾、雹灾、风灾、旱灾、涝灾、重大流行性病虫害等无法抗拒的自然灾害；主要农作物保险标准规定小麦、玉米保险保险费 10 元/亩，保险金额分别为 320 元/亩、300 元/亩，棉花保险费用 18 元/亩，保险金额 450 元/亩。农险以村为单位集体投保，农业大户可以单独投保。农险承保公司主要有人保财险、安华农险、太平洋财险等 7 家保险公司，农险承保实行分区负责制，即一个县（市、区）由一家保险公司负责。2007 年山东省农业保险保费占财险保费比例为 8.8%，2013 年为 2.71%，2014 年该比例降为 2.14%。山东省近年来农业险种不断增加，主要集中在种植业和养殖业。2013 年山东省农业保险覆盖土地面积为 70%。巨灾损失平均补偿水平不足 10%，平均赔付率达到 120%。

图 6-2 为 2006—2014 年山东省农业保险收入与理赔情况。

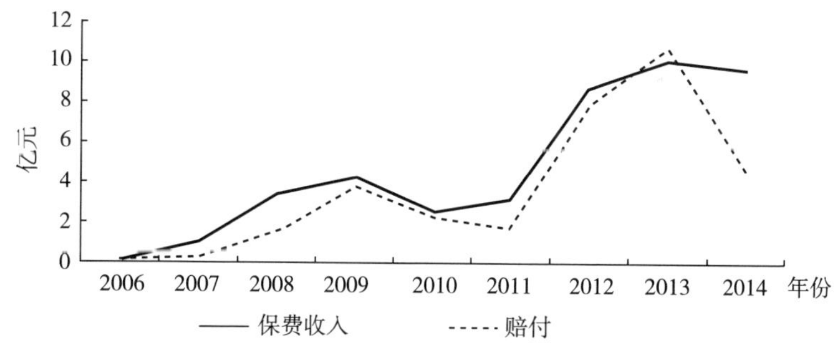

图 6-2　2006—2014 年山东省农业保险收入与理赔情况

数据来源：2007—2015 年《中国保险年鉴》。

二、农业保险需求与参与率差异分析

根据农业保险排斥内涵，农业保险排斥主要包括两种情况——“有需求但无购买”及“无需求且无购买”[①]。问卷统计基本分析见表6-3。

（一）农户对农业保险“有需求但无购买”分析

首先要理解需求意愿与参保行为并不是等价的，二者存在差异，即高参保率对应的必然是高需求，而高需求不一定导致高参保率。这里试图说明“有需求但无购买”现象，从而反映农业保险排斥现象。山东省政策性农业保险自2006年实施以来发展迅速，农业保费逐年增加，农业保险覆盖率逐步扩大，市场逐步稳定。在保费价格不断降低，保险险种不断增加，保障水平不断提高的前提下，农户参保积极性也有了很大改善，2010年山东省农业投保农户不足1 000万户，到2013年投保农户已经达到1 721.22万户，课题组2015年调研发现山东省小规模农户对农业保险的需求非常高，访谈农户共200户，对农业保险有需求的农户有187户，比例高达93.5%[②]。农户对农业保险的高需求并没有带动农户的高参保率，2013年山东省参保农户占比为79.5%，2014年该比例为76%，如果排除政府代保等情况，该比例或许不足60%，2015年调研发现187户对农业保险有需求的农户实际参保率只有89户，比例为47.5%，占总调查人口的44.5%。可见我国农业保险存在“有需求但不购买”这一事实。

表6-3　问卷统计基本分析

购买意向	数量（份）	是否受到排斥	比例（%）
有需求且购买	89	否	44.5
有需求无购买	98	是	49
无需求无购买	11	是	5.5

数据来源：课题组调研数据整理。

（二）农户对农业保险“无需求且无购买”分析

山东省兼业农民比重比较大，占调研农户的70%，尽管工资性收入逐年增加，但农业收入仍是大部分小规模农户的主要收入来源。调查发现，山东省

① 如前文所述，“无需求且无购买”主要指的是客观上农户应该需要农业保险服务，但农户因为各种原因认为自己不需要农业保险，并且也没有购买。

② 可能存在部分农户误答，但是比例不会太大。

小规模农户农业收入比重基本都在30%～60%，对于部分年龄大、学历低、能力有限的农户，该比重为90%以上。因此，从客观角度分析，山东省小规模农户对农业保险需求应该是非常高的。

三、从排斥维度视角分析

这里以山东省为例，研究农户农业保险受排斥现象。山东省调研地选取采用了随机原则，主要包括菏泽东明县、潍坊临朐县，每个县又随机选择了两个乡镇，调研数据共有200份。调研农户以小农户为主，农业经营为主要收入来源之一，调查农户主要涉及种植业保险。农业保险排斥维度指标选取见表6-4。

表6-4 农业保险排斥维度指标选取

分类	维度	指标选取
被动排斥	地理排斥	万人机构覆盖度 每平方千米保险公司网点数
	服务排斥	理赔额度 保险险种数量 投保亩数限额
	供给排斥	农业保险是否开展
	价格排斥	农业保险保费价格 农户承保价格
	营销排斥	机构人员数 万人拥有服务人员数
主动排斥	自我排斥	农业收入比重、风险意识等

通过调研和数据分析发现，主要存在以下问题：

（一）农业保险经营网点少

山东省政策性农业保险承保采取公司区域负责制，每个县（市、区）由一家公司负责，通过行政命令确认，同时按照“大稳定，小调整”的原则，承保区域内的保险公司每年都会发生一定变化，这在一定程度上导致了农业保险公司经营网点的不稳定性，限制了农险经营网点的建设。调研数据统计，2014年山东省（包括青岛）财产保险公司及分支机构共有1 567家，专业中介公司

216家，保险兼业代理机构13 151家，而农业保险经营网点只有1 498家（包括农业保险机构、乡镇营业网点及中介机构）①，同期山东农业人口大约为5 300万人，计算可得，2014年山东每万人农业保险机构仅为0.28家。菏泽、潍坊等地的农险机构多分布在市、县一级，农户距县城或市区平均距离10～30千米，网点建设滞后降低了农户获取农业保险服务的可能性，有82%的农户表示“不知道农业保险网点在哪儿”或者“农业保险网点距离太远”，其中45%的农户因此放弃购买农业保险。尽管当前我国政策性农业保险已经实现省级全覆盖，但在政策落实中，县、乡镇一级落实并不顺利，山东省尤其是其西部地区表现非常明显。调查发现，菏泽、济宁、德州、枣庄等地的许多县、乡镇存在农业保险“真空”，其中“政府没有推广农业保险政策”占比21%，而“保险公司没有开展农业保险项目”占比79%。

山东省小规模农户农业保险排斥调查见表6-5。

表6-5 山东省小规模农户农业保险排斥情况

单位:%

分类	距离排斥比重	服务排斥比重	供给排斥比重	价格排斥比重	营销排斥比重	自我排斥比重
被动排斥	45	77	6	7	47	—
主动排斥	—	—	—	—	—	40

数据来源：课题组调研数据整理。

（二）农户投保和理赔经常受到不公平服务待遇

1. 保险公司风险评估及理赔程序复杂

保险公司服务水平直接影响农户参保的持续性。山东省在发展农险过程中，保险公司经营及服务仍存在许多不足。一是农业保险风险估价过低。保障物化价成本时，农作物在全损条件下，保险赔偿也仅有300～400元，远低于实际生产成本，农户预期“收益”降低，投保积极性不足。二是保险公司查勘定损理赔程序复杂。保险公司按照理赔标准、程序定损和赔付，但受限于知识水平等因素，双方存在信息不对称，容易产生投保理赔过低或者农户不信任的

① 数据来源于山东省保监会、各保险公司以及调研数据收集。农村的“三农”保险服务点（主要是村级政府）对保险勘损、保费收取有协助作用，但对于农业保险宣传、营销、服务等没有实质影响，因此本报告没有将其统计在内，该数据可能与实际数据略有差距。

现象。调查中，山东省有过理赔经验的农户占比仅为32%，理赔时间普遍在90天以上。受理赔农户小麦每亩平均赔付仅为26元，玉米为21元，这严重降低了农户投保的积极性，有超过88%的农户表示“农业保险赔付过低”，有60%的农户因为理赔少从而拒绝购买农业保险。

2. 保险条款过于苛刻阻碍了农户获取农业保险服务

一是为减少农户道德风险，保险公司在条款中设立了严格的免赔率和免赔条款，而条款的解释权又归保险公司所有，使部分农户被排斥在农业保险服务之外。调查发现，5%的农户因“附加条款苛刻”没有购买农业保险。二是在投保过程中，保险公司更倾向于选择风险灾害较少的地区，对于风险灾害频繁地区，保险公司设定土地最高投保额度，这不仅限制了农业保险覆盖面积，也降低了农业保险保障作用。菏泽等地这种现象存在较多，部分农村最高投保额度仅有100～200亩，11%的农户不能正常投保。三是保险公司经营的险种有限，农户选择范围较小。山东省2014年险种有23个，但政策性险种只有3个，其他险种由地方自行开展并根据财政情况决定是否补贴，这就使得山东省农业保险发展不均衡，农户选择面临地域差异，山东西部发展落后地区险种更少，农户选择也更少，17%的农户因此无法获得相应的保险服务。

（三）农户获取农业保险信息不充分

当前农业保险业务并不是保险公司的主营业务，其收入比例远低于人身险、财产保险等方面，农业保险营销投入和体系建设都存在诸多不足。第一，农业保险宣传欠缺，宣传主体错位，农户认识不充分。山东省农业投保是以村为单位开展的，购买流程主要包括3个阶段：一是保险公司制订工作计划，联络乡镇、村。二是派出工作人员进驻乡镇、村，协助村开展宣传、保费收取等工作。三是与代表农户的村、乡镇协商处理理赔等事宜。可见，农户在整个流程中参与并不多，在自身知识、家庭经营、网络通信建设等方面的限制下，农业保险了解方式主要是村级宣传，保险公司没有承担相应的宣传责任。2015年山东省调研发现，只有25%的农户“对农业保险基本了解”或“了解”，其中通过政府宣传手段了解农险的农户占比65%，而保险公司宣传不足10%，有47%的农户因为“不了解农业保险”而没有选择农险服务。第二，保险公司营销服务水平有待提高。2014年山东省农业保险网点1 498家，共有农险工作人员约 5 000 人①，每万人拥有服务人员数为 0.94 人，农业保险宣传和服务水平受到制约。第三，保险公司将农业大户、合作社作为宣传重点，这也阻碍了小农户对农业保险的认识和需求。

通过分析可以发现，山东省存在农业保险排斥，主动排斥和被动排斥都比较严重，被动排斥较农户自身排斥而言影响更大，其中保险机构的服务排斥表现最为严重，因此在推广农业保险服务过程中，不仅要提高农户自身投保意识，更应该优化保险服务，提高保险服务质量。

四、山东省小规模农户农业保险排斥程度测算

本部分借鉴 Sarma 等人的测度指标，采用 *IFE* 指数（普惠性金融指数）方法尝试量化山东省农业保险排斥度。

（一）指标选取

从地理渗透性、使用效用性、产品接触性 3 个维度来选取指标，考虑到农业保险调研及统计资料的可得性，选取指标见表 6-6：

表 6-6　农业保险排斥的测度指标

选取维度	排斥的产品	衡量指标	计算方法
地理渗透性	农业保险服务	人口维度的机构渗透性	农业保险机构数量/地区人数（每万人）
		地理维度的机构渗透性	农业保险机构数量/面积（每百千米^2）
使用效用性	农业保险效用	农业保险深度	农业保费/农业 GDP
		农业保险密度	农业保费/农业人口
产品接触性	农业保险理赔	享受服务的人数	农业保险投保户数/每千人
			农业保险理赔额/农户收入

（二）研究方法说明

IFI 指数和 *HDI*、*HPI*、*GDI* 等计算方法相似。在计算这些指标的时候，首先计算每个维度的指数。维度 d_i 计算见式（6-1）：

① 通过山东农险经营公司调查统计得到，本报告没有统计农业保险服务点（主要是村）工作人员数，统计结果与实际可能略有差距。

$$d_i = \frac{A_i - m_i}{M_i - m_i} \qquad (6-1)$$

式中，$A_i = i$ 维度的实际值；$m_i = i$ 维度的最小值；$M_i = i$ 维度的最大值。

然后，对于加总后的普惠性金融指数，可得出式（6-2）：

$$\begin{aligned} IFI &= I^r[A^r(x_1, m_1, M_1), \cdots, A^r(x_k, m_k, M_k)] \\ &= \frac{1}{k}\sum_{i=1}^{k}\left(\frac{x_i - m_i}{M_i - m_i}\right)^r \end{aligned} \qquad (6-2)$$

式中，r=0.25，0.5 或 1；IFI 是一个递减函数。

与普惠性金融发展指数相对应，IFE（金融排斥指数）用式（6-3）表达：

$$IFE = 1 - \frac{1}{k}\sum_{i=1}^{k}\left(\frac{x_i - m_i}{M_i - m_i}\right)^r \qquad (6-3)$$

对于金融包容指数敏感常数 r，可以取值为 0.25，0.5 或 1，随着指数 r 的取值增加，IFI 是减少的，对应的 IFE 是增加的。考虑到我国是发展中国家，因此，这里取 r 为 0.5。

（三）主要结论

本报告通过山东调研及统计数据，运用 IFE 方法对山东省农业保险排斥进行了测度，结果见表 6-7。

表 6-7　2009—2013 年山东省农业保险排斥指数的测度结果

地区	2009 年（IFE）	2010 年（IFE）	2011 年（IFE）	2012 年（IFE）	2013 年（IFE）	排斥程度
济南市	0.71	0.75	0.77	0.81	0.84	低
淄博市	0.68	0.70	0.73	0.77	0.78	较低
枣庄市	0.46	0.51	0.56	0.58	0.62	严重
东营市	0.59	0.61	0.65	0.69	0.76	较低
烟台市	0.68	0.73	0.74	0.78	0.81	低
潍坊市	0.71	0.76	0.79	0.81	0.82	低
济宁市	0.49	0.54	0.59	0.68	0.67	严重
泰安市	0.55	0.58	0.54	0.56	0.53	严重
威海市	0.64	0.72	0.78	0.81	0.85	低

（续）

地区	2009 年 (*IFE*)	2010 年 (*IFE*)	2011 年 (*IFE*)	2012 年 (*IFE*)	2013 年 (*IFE*)	排斥程度
日照市	0.70	0.73	0.77	0.83	0.86	低
莱芜市	0.68	0.75	0.79	0.82	0.81	低
临沂市	0.52	0.55	0.57	0.54	0.58	严重
德州市	0.44	0.48	0.53	0.57	0.64	严重
聊城市	0.57	0.64	0.66	0.62	0.64	严重
滨州市	0.58	0.69	0.73	0.75	0.74	较低
菏泽市	0.37	0.46	0.51	0.55	0.57	严重

数据来源：主要保险公司财务数据，2010—2014 年《中国统计年鉴》《中国保险年鉴》，山东省保监会提供的数据。

从表 6－7 可以看出，当前山东省农业保险排斥存在明显的地区差异，东部地区农业保险排斥程度较低，而中西部地区尤其是西部和西南布地区的农业保险排斥程度严重，这可能与经济发展、地理条件等有关。从总体来看，山东省小规模农户存在的农业保险排斥是比较严重的。

五、造成小规模农户农业保险排斥的主要原因

（一）年龄与农业保险排斥的关系

年龄对农业保险排斥有显著影响，在其他条件不变的情况下，农户年龄越大，越受农业保险排斥，农户每增加 1 个单位，农业保险排斥会增加 0.04 个单位左右。随着农户年龄的增加，风险意识逐渐降低，农业保险排斥会更加明显。

（二）受教育程度与农业保险排斥的关系

受教育程度是显著影响农业保险排斥的主要因素，并且影响是负向的。农户每增加 1 年的教育年限，农业保险排斥就会相应减少 0.13 个单位左右，即农户受教育程度越高，农户农业保险排斥发生就会越低。因为从知识和获取信息渠道等方面来说，就会了解农业保险政策更多内容，从而比一般人更容易获取农业保险服务。调查发现，农户教育程度 10 年以上比例为 30.1%，其中有

近80%的农户购买了农业保险，而近70%的低学历中农户只有不到40%的人购买了农业保险，这其中还包括部分农户被强制购买农业保险。

（三）农业收入与农业保险排斥的关系

农业收入的多少、农业收入在总收入中的比例直接影响农户是否有必要获取农业保险服务。农业收入越高、在总收入中比例越高，农户就越有资金基础和动力去获取农业保险服务，以保障农业收入。此处农业收入主要包括种植业收入，调查发现，农业大户①在购买农业保险方面比例更高，投保险种更多，投保保费更高，调查中农业大户购买农业保险比例为30%，相反，小农户在购买农业保险方面则显得比较消极。

（四）对政府的信任程度与农业保险排斥的关系

政府获取农户的信任主要是要真正落实国家的相关农业政策，处理问题要公平公正，以农户利益为主。一些政府人员在处理事情上可能会损害农民利益，这将极大地削弱政府的公信力，从而导致政策在基层推广难度大。调查中发现村干部与农户之间存在不信任和信息不对称，山东没有购买农业保险的农户中，有近80%的农户对政府不信任，认为政府农业保险政策不可能为农户考虑。

（五）对保险公司的信任程度与农业保险排斥关系

对保险公司的信任主要表现在投保过程和理赔过程，这里侧重于理赔过程。如果理赔程序简单合理，那么发生农业风险时，农户收入就更有保障，农户会更乐于购买农业保险，反之，农户对农业保险需求下降。调查发现没有购买农业保险的农户有接近92%的人表示保险公司理赔程序过于复杂，理赔标准高，这是农户农业保险排斥的主要原因之一。

（六）农业保险险种是否适合与农业保险排斥的关系

农业保险险种是否适合对农户购买农业保险有较大影响，同农业保险理赔程序是否简单合理一样，这关系到农业保险公司的信誉和农户的信任度，农业保险险种如果不适合农户，那么农业保险排斥就会显著增加。

---

① 一般将农业大户定义为拥有20亩地以上者。

第三节　我国蔬菜价格保险制度研究[①]

自2011年上海市探索实施绿叶菜价格保险制度以来，蔬菜价格保险受到越来越多地方政府的重视，已有山东、内蒙古、海南等10多个省（自治区、直辖市）先后出台了适合蔬菜价格保险支持政策。各地蔬菜价格保险在稳定蔬菜价格和保护菜农收益等方面取得了明显成效。

一、上海市蔬菜价格保险实践

（一）上海市蔬菜成本价格保险的发展历程

为稳定绿叶菜的淡季供应，防止市场价格波动造成"菜贱伤农"的现象，上海市农业部门采取多项措施引导菜农在淡季增加绿叶菜种植面积，农业保险是重要措施之一。2006年，上海安信农业保险公司推出了蔬菜批发价格保险。经过两年的实践，安信农业保险公司于2008年推出了蔬菜成本价格保险。2008年南方冰冻雨雪天气使得蔬菜生产遭受重大损失，安信农业保险公司推出的成本价格保险，为4万亩抢种的蔬菜提供保险。从实施效果看，蔬菜价格保险方案使菜农在受到雪灾损失时得到生产风险保障，在灾后价格波动时得到市场风险保障。在上海市农委的指导下，上海安信农险在2010年底至2011年初推出"冬淡"青菜成本价格保险（以下简称"冬淡"价格保险），即以冬天较难种植、产量小，但是市场需求量大的蔬菜品种作为保险标的的蔬菜成本价格保险；2011年夏季，安信保险公司又成功推出了"夏淡"蔬菜成本价格保险（以下简称"夏淡"价格保险）并提出了"均衡承保、均衡生产、均衡上市"的理念，即保险公司根据蔬菜种植特性针对夏天需求量大、价格易产生波动的几种蔬菜种植户提供成本价格保障。

（二）上海市蔬菜价格保险制度框架

1. 保险标的

上海市蔬菜价格保险主要选取种植面积较大、市民消费量较大的地产地销

---

① 本节的内容选自农业部软科学课题"蔬菜价格保险对菜价波动影响及制度创新实证研究"（课题编号：K201715-2），课题主持人：李辉尚、曲春红。

的绿叶菜作为保险品种，全年分为两个“保淡”期。其中“冬淡”保险为青菜、杭白菜两个品种，“夏淡”保险为青菜、鸡毛菜、苋菜、生菜、杭白菜5个品种。

2. 保险期限

保险期限视具体情况而定，从2012年起，“冬淡”为自上年12月15日至本年3月15日止，“夏淡”为自同年6月15日起至9月15日止。在“保淡”期间，不同保险品种的保险期限按照保险清单所载明田块从开始采收至采收结束确定。

3. 投保对象

以蔬菜生产龙头企业、专业合作社和种植大户为优先投保对象，2亩以上的绿叶菜种植散户由所在镇、村统一组织投保。

4. 保险金额和保险费率

保险金额按照保险产量（约亩均产量的70%）与单位生产成本乘积计算。保险费率根据历年的菜价波动情况计算确定为10%，其中，市级财政补贴50%，区级财政补贴为30%～40%，菜农自交不低于10%。蔬菜生产龙头企业、农民专业合作社、集体合作农场可以按基本费率优惠10%。以2016年上海市绿叶菜成本价格指数保险为例，其保险金额及基本保费见表6-8。

表6-8 2016年上海市绿叶菜成本价格指数保险的保险金额及基本保费

保险品种		保险产量（千克/亩次）	生产成本（元/千克）	保险金额（元/亩次）	基本保费（元/亩次）
夏淡	青菜	700	1.91	1 338.90	133.89
	鸡毛菜	280	3.04	850.10	85.01
	苋菜	490	1.77	867.80	86.78
	生菜	420	2.68	1 126.40	112.64
	杭白菜	770	1.60	1 231.20	123.12
冬淡	青菜	1 600	1.16	1 862.10	186.21
	杭白菜	1 400	1.06	1 487.60	148.76

5. 投保面积和时段

“夏淡”期间上述绿叶菜最高保险面积为13万亩次，“冬淡”期间上述绿叶菜最高保险面积为8万亩次，超过此面积的，市级财政不予保费补贴。如有特殊情况，经商议一致后可酌情增加面积。各区县按照“均衡播种、均衡生产、均衡上市”的工作要求，分 3 个时段按计划组织投保。以 2016 年上海市绿叶菜成本价格指数保险为例，其投保面积和时段见表 6－9。

表 6－9　2016 年上海市绿叶菜成本价格指数保险投保面积和时段

时间段			保险面积（万亩次）	投保截止日期
夏淡	第一时段	2016-6-16—2016-7-15	3.5	2016-6-30
	第二时段	2016-7-16—2016-8-15	6.0	2016-7-31
	第三时段	2016-8-16—2016-9-15	3.5	2016-8-31
冬淡	第一时段	2016-12-16—2017-1-15	2.0	2016-12-31
	第二时段	2017-1-16—2017-2-15	3.5	2017-1-31
	第三时段	2017-2-16—2017-3-15	2.5	2017-2-28

6. 理赔标准

根据国家统计局上海调查总队采集全市 26 家标准化菜市场前 3 年同期的零售价格数据作为基础，再加上 5%绿叶菜综合成本指数作为理赔标准。若在保险期间市场平均零售价低于保单约定价，则按其跌幅同比例进行相应赔付；高于保单约定价的则不发生赔付。赔偿金额的计算方法见式（6－4）：

赔偿金额＝保险金额×（保单约定价－保险期间市场平均零售价）/（保单约定价×保险亩数）　　（6－4）

保单约定价计算方法见式（6－5）：

保单约定价＝[保险三年前同期市场价格×（$1+r_1$）×（$1+r_2$）×（$1+r_3$）＋保险两年前同期市场价格×（$1+r_2$）×（$1+r_3$）＋保险一年前同期市场价格×（$1+r_3$）] /3×105%　　（6－5）

式中，保单约定价是指纳入前三年各年蔬菜价格涨幅和当年度绿叶菜综合成本指数考虑后，保险前三年实际价格的平均值。以 2016 年夏淡为例，其中 r_1 指 2013 年 6～9 月各月蔬菜价格涨幅，r_2 指 2014 年 6～9 月各月蔬菜价格涨幅，r_3 指 2015 年 6～9 月各月蔬菜价格涨幅。

（三）上海市蔬菜价格保险成效

近年来，上海市“见菜承保、上市理赔”、“一品、一户、一期、一单”分开投保清单到户的制度创新逐步完善，“均衡播种、均衡生产、均衡上市”的蔬菜市场供给保障模式愈加明确，为上海市蔬菜市场供给和农民收入增长保驾护航发挥了积极作用。一方面，蔬菜价格保险较好地保护了农户利益。据上海市农委反映，在保险制度的实施第一年，全市“夏淡”保险面积达 14.4 万亩，总计保险赔款达 800 万元；5.8 万亩青菜参加了“冬淡”期间的价格保险，总计保险赔款 424 万元。2016 年全市“夏淡”参保面积 12.71 万亩，保费收入 1 416.40万元，赔付 935.18 万元，赔付率 66.0%；“冬淡”参保面积 7.87 万亩，保费收入 1 417.79 万元，赔付金额高达 3 484.51 万元，赔付率 245.8%。蔬菜价格保险让农户种菜更有底气。上海浦东朝意蔬果合作社理事长沈学国说，淡季绿叶菜成本价格保险可以使合作社获得保险赔付，保障了下一季的再生产，再加上露地绿叶菜气象指数保险，风险保障提高很多，心里也更加踏实。蔬菜价格保险的实施能够为农户生产发挥托底效果，为农民收入的增长保驾护航。另一方面，蔬菜价格保险使价格稳定作用进一步显现。绿叶菜价格保险为绿叶菜淡季供应、保障菜农基本利益和完善价格调控保障体系发挥了积极作用，价格保险实施以来，上海市场的绿叶菜价格波动明显趋缓。据监测，2012 年上海市青菜月均零售价格最高达每千克 6.92 元、最低为每千克 3.04 元，价差为每千克 3.88 元；而 2014 年最高价格为每千克 5.96 元，最低价格为 2.20 元，价差为 3.76 元，价格波峰和波谷均明显低于 2012 年水平，价差也比 2012 年缩小了 3.09%。据监测，上海市青菜田头交易年均价格从 2012 年的每千克 1.72 元上涨至 2016 年的每千克 2.07 元，年均涨幅仅为 3.72%，2014 年年均价格仅为每千克 1.49 元（图 6 - 3）。

由“夏淡”和“冬淡”承保的保险品种具有一个共同点，即这些蔬菜都是在寒冷或炎热天气不易保存，但却是上海市民非常钟爱的蔬菜。由此可见，成本价格保险既能保障菜农的收益，又能满足广大市民的吃菜需求，可谓互惠互利的双赢模式。

二、山东省蔬菜价格保险实践

（一）山东省蔬菜价格保险的发展历程

山东省是蔬菜生产大省，全省蔬菜总产量约占全国的 14%，蔬菜商品量占全国的 20%以上，其中 70%以上销往省外，出口量约占全国蔬菜出口总量

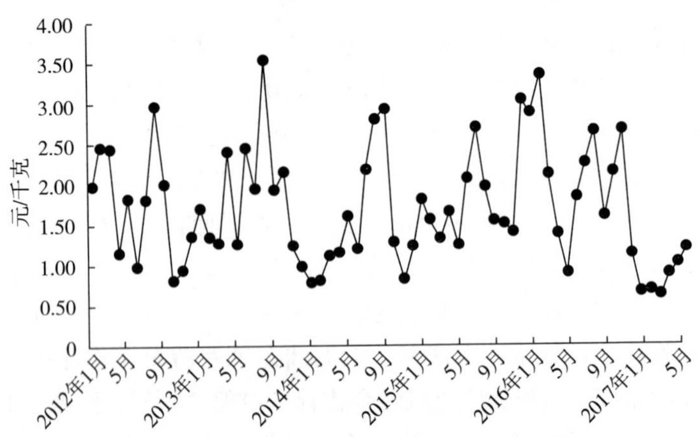

图 6-3　上海市蔬菜价格保险实施以来青菜田头交易价格

数据来源：上海市农委。

的 1/3。从某种意义上说，山东省蔬菜的生产供给、价格波动能够影响到华东、华北等区域市场价格的变化，进而影响全国的市场运行。从山东省内部来看，蔬菜价格也受到种植面积、季节变化等多种因素的影响，尤其是大蒜、生姜、大白菜、马铃薯等家常蔬菜的田头价格近年来波动较大，对当地农民生产、生活带来较大影响。据山东省物价部门统计，2014 年，山东省大白菜 12 月的价格比 9 月底下跌 50%，同比下降约 20%。价格风险和种植收益的不确定性给本地蔬菜生产发展和农民收入稳定增长带来一定风险。

大白菜、马铃薯等都属于百姓餐桌上的家常菜，需求量大，这些蔬菜价格保持基本稳定，既有利于保障普通群众的基本生活，又有利于农民保持合理收益。山东省蔬菜目标价格保险试点工作自 2014 年 11 月开始，试点品种涵盖大蒜、马铃薯、大白菜、大葱、蒜薹 5 个品种，试点地区覆盖 7 个市 9 个县（市、区）。据统计，2016 年上半年山东全省承保面积共计 118 万亩，其中大蒜 58 万亩，春季马铃薯 37 万亩，大葱 4 万亩，蒜薹 19 万亩，保险金额达 27 亿元。

（二）山东省蔬菜价格保险制度框架

1. 保费补贴品种

2014 年，山东省确定首批纳入财政补贴的试点品种包括大白菜、大蒜、马铃薯 3 个生产量大、居民生活需求较多、价格波动明显的蔬菜品种，在全省优先选择蔬菜产业基础较好、农民参保意愿和风险意识较强且有价格监测能力的县市开展试点。2015 年将大葱纳入试点范围，2016 年将蒜薹纳入试点范围。

2. 保险理赔标准

保险期限为参保蔬菜品种收获后的自然集中上市时间，分批种植和上市的，分别规定保险期限。以保险条款约定的目标价格作为起赔标准，当保险期限内参保蔬菜平均生产价格低于目标价格时，视为保险事故发生，保险人对跌幅部分给予相应赔付，高于目标价格时不赔付。参保蔬菜生产价格由价格主管部门监测发布。目标价格参照参保蔬菜品种在保险期限内前 3 年平均生产价格（地头收购价）确定，平均生产价格参照参保蔬菜品种生长期内所发生的直接物化成本和人工成本确定。目标价格的计算方法见式（6 - 6）：

保险目标价格＝每亩生产成本（元/亩）/每亩总产量（斤/亩）（6 - 6）

3. 基本保障水平

各品种蔬菜的具体保险条款由保险合同约定，基本保障情况见表 6 - 10。

表 6 - 10　山东省蔬菜价格保险基本保障水平

蔬菜品种	保险费率（%）	保险费（元/每亩）	保险金额（元/每亩）
大白菜	10	110	1 100
大　蒜	10	250	2 500
马铃薯	8	64	800
大　葱	8	440	5 500
蒜　薹	8	120	1 500

4. 保费分担比例

保费由投保农户自行承担 20%，各级政府补贴 80%。省级根据价格调节基金征收情况，按照“以收定支”原则对各级保费补贴进行补助。

5. 保险经办机构

蔬菜目标价格保险经办机构必须具备农业保险资质，并自愿承办相关保险试点业务。目前，山东省具有农业保险资质的经办机构有：中国人民财产保险股份有限公司山东省分公司、中国平安财产保险股份有限公司山东分公司、中国太平洋财产保险有限公司山东分公司、中华联合财产保险股份有限公司山东分公司、安华农业保险股份有限公司山东分公司、泰山财产保险股份有限公司、太平财产保险有限公司山东分公司。各试点县市可根据服务质量、基层网点建设情况、赔付情况等因素，自主确定当地的保险经办机构，并报省物价局备案。尚未建立县级分支机构的保险公司暂时不得承办试点业务。

6. 巨灾风险分散机制

蔬菜目标价格保险经办机构要按照市场化原则承担蔬菜目标价格保险业务，按照保险合同履行赔付责任，自主经营，自负盈亏。同时，要积极利用再保险等市场化运作，分散经营风险，提高抗风险能力。

（三）山东省蔬菜价格保险成效

山东省蔬菜等重要农产品目标价格保险工作在稳定生产价格、稳定农民收入、稳定种植面积的“三稳”效应进一步显现，目标价格保险工作既发挥了保供稳价作用，又促进了农业品牌建设和精准扶贫。从实践情况看，山东省蔬菜目标价格起到价格“风向标”的作用，促进市场形成合理价格预期，试点蔬菜的地头收购价格一般围绕目标价格上下波动。除大白菜保险期限价格高于目标价未获赔付外，马铃薯、大蒜等其他参保品种均达到保险触发条件并给予了理赔，基本抵消了价格下跌造成的生产成本损失，有效保障了菜农的再生产能力，增强了农民抵抗市场风险的能力，使得试点地区蔬菜种植面积保持了基本稳定或略有增长。2016 年，保险期间大蒜每斤地头收购均价 1.66 元，低于目标价格 0.07 元，保险公司共赔付 2 074 万元；马铃薯 0.82 元，低于目标价格 0.03 元，赔付 2 062 万元；大白菜 0.153 元，低于目标价格 0.07 元，赔付 1 108万元；大葱 1.02 元，低于目标价格 0.07 元，赔付 814 万元。山东蔬菜目标价格保险试点发挥了农民收益“稳定器”作用、应对市场冲击的“缓冲器”作用、促进蔬菜产业发展的“助推器”和现代农业保险市场“孵化器”作用，在促进区域蔬菜产业稳定可持续发展方面发挥了积极作用。

三、四川省成都市蔬菜价格保险实践

为加强本地蔬菜供给和促进农户收入稳定增长，成都市自 2013 年起开始探索实施蔬菜价格保险试点，取得了积极进展。据锦泰财产保险股份有限公司统计，2016 年该公司蔬菜价格保险投保总户数 4 441 户次，保费规模5 118.8

万元。从投保土地面积看，多数农户投保面积相对较小，50 亩以下的 4 225 户次，占投保户次的 95%，保费规模 2 404.8 万元，占总保费的 47%；其中 10 亩以下的 3 082 户次，占总户次的 69%，保费仅 973.7 万元，占总保费的 19%。值得关注的是，300 亩以上的虽然只有 82 户次，仅占总户次的 2%，但保费收入高达 2 186.9 万元，占总保费的 43%。表 6－11 为 2016 年成都市蔬菜价格指数保险承保情况：

表 6－11　2016 年成都市蔬菜价格指数保险承保情况

投保土地面积	户次	户次占比（%）	保费规模（万元）	保费规模占比（%）
0～50 亩	4 225	95	2 404.8	47
其中，10 亩以下	3 082	69	973.7	19
50～300 亩	134	3	527.0	10
300 亩以上	82	2	2 186.9	43
总　计	4 441		5 118.8	

（一）成都市蔬菜价格保险制度框架

1. 蔬菜价格保险覆盖区域和品种

2013 年，成都市在彭州、双流、崇州、都江堰、龙泉、金堂、青白江、邛崃、新津等 9 个县（市、区）开展了蔬菜价格保险试点；2015 年新增了大邑县、浦江县、天府新区及新都区等 4 个试点。试点保险品种包括 5 大类 11 个品种，其中叶类菜包括莴笋、空心菜、芹菜（西芹除外）、莲花白、大白菜；茄果类包括大番茄、茄子、青椒；瓜类为黄瓜；根茎类为白萝卜；甘蓝类为花菜。保淡期蔬菜种类有：莴笋、花菜、芹菜（西芹除外）、白萝卜、莲花白、大白菜；保收期蔬菜种类则包含以上 11 个品种。

2. 价格保险参保时段和期限

成都市蔬菜价格保险时段，根据市场价格走势，结合蔬菜生产特点等情况，分为保淡期和保收期。保淡期是指蔬菜供应短缺时期，时间节点主要有两个，分别为 4 月 20 日至 5 月 19 日、9 月 10 日至 10 月 9 日。保收期是指蔬菜供应集中时期，时间节点按蔬菜种类生产时间分，主要有从当年 10 月 10 日至次年 1 月 31 日、次年 4 月 19 日、次年 4 月 30 日及次年 6 月 30 日，2 月 1 日至 3 月 31 日、

4月19日，以及4月1日至10月31日、11月30日。保险期限是保险人实际承担保险责任的时间，成都市蔬菜保险期限主要有30天、90天和200天3个批次，农户在蔬菜价格保险一年的实施时间里，最多可投保3个批次。

3. 价格结算周期

在蔬菜价格保险中，价格结算周期是确定在保险期限内蔬菜平均离地价的时间长短。成都市将蔬菜价格结算周期分为两个类型：叶类菜、甘蓝类及根茎类价格计算周期为10天；茄果类及瓜类价格计算周期为15天。叶类菜、甘蓝类、根茎类多属于一次采收（空心菜可以一次采收，也可以循环采收）。

4. 保险金额和保险费率

保险金额是由保险价格和保险产量共同决定的，计算见式（6-7）：

$$A_i = P_i \times Q_i \tag{6-7}$$

式中：A_i为保险金额，单位为元/亩；P_i为保险价格，单位为元/斤；Q_i为保险产量，单位为斤/亩。

保险价格主要用于判断事故是否发生。成都市对保淡期与保收期设置了不同的保险价格及保险产量。如，将莴笋保淡期的保险价格分别设为0.45元/斤、0.60元/斤，保险产量为2 000斤/亩，保险金额分别为900元/亩、1 200元/亩；保淡期保险金额在900～2 000元/亩，保收期为750～6 000元/亩；而保淡期和保收期保险费率分别为7%和15%。

5. 指导性参保面积

为实现蔬菜科学播种、适时上市目标，成都市保淡期和保收期对不同蔬菜品种在不同试点区域设置了不同的指导性保险面积，2013年保淡期指导面积为4.08万亩，保收期为9.22万亩，全年合计13.30万亩。指导保险面积在各县（市、区）间也有所差异，以莴笋为例，2013年的保淡期，莴笋在彭州、崇州、都江堰、金堂、青白江、邛崃、新津等7个区域制定指导性面积分别为0.19万亩、0.11万亩、0.13万亩、0.19万亩、0.14万亩、0.16万亩、0.12万亩，合计1.04万亩；保收期内，莴笋在上述7个区域制定指导性面积分别为0.19万亩、0.10万亩、0.13万亩、0.18万亩、0.13万亩、0.16万亩、0.11万亩，合计0.99万亩。

6. 保险免赔率及赔偿机制

成都市蔬菜价格保险中保淡期每个价格结算周期的绝对免赔率为10%，

保收期为25%。当蔬菜离地价格低于保险价格时，保险责任发生，保险人需要按照特定方式计算赔偿金额。

保淡期赔偿金额计算见式（6-8）：

$$赔偿金额=保险金额\times跌幅\times（1-绝对免赔率）\times 阶段周期内所对应的产量占比 \quad (6-8)$$

$$跌幅=（保险价格-平均离地价格）/保险价格\times100\%$$

保收期赔偿金额计算见式（6-9）：

$$赔偿金额=保险金额\times（1-绝对免赔率）\times 结算周期内所对应的产量占比 \quad (6-9)$$

其中，投保人实际种植蔬菜种类若与保险单承保种类不一致，保险人将不承担赔偿责任，投保人需要在保险期限起始前提前15天与保险人解除合同。

（二）成都市蔬菜价格保险成效

1. 创新了保险产品，丰富风险防控工具

成都市蔬菜价格保险以平均离地价格为标的，这一创新做法将参考价格从市场环节前推到生产端，更加注重对农户生产的保护，最大限度地稳定了蔬菜生产供给；同时，探索了不同蔬菜类型、不同采收时期的保险补贴方法及理赔措施等。这些做法在农产品价格保险探索中起到了较好的示范带动作用，不仅丰富了农业风险管理的工具，更为其他地区制定价格保险制度提供了参考和借鉴。

2. “托底”农户收入，增加增收保障措施

成都市蔬菜价格保险以蔬菜生产的综合成本为基础，保淡期由生产综合成本加上一定比例预期收益确定，保收期则按生产综合成本的一定比例进行确定，进而给菜农收入系上保险绳。据了解，仅2013年度成都市蔬菜签单保费1 453万元，虽然农户实际支付保费仅为290.6万元，但是为菜农提供了约10 947万元的风险保障；根据当年市场情况，共实现理赔774万元，确保了受损菜农的基本收益。从试点情况上看，成都市蔬菜价格保险按照“托底线、保基本”的总体原则和目标，对农户预期收益进行了合理评估，能够有效减小价格波动等市场风险带来的冲击，增强了农户的再生产能力，避免了因市场价格大幅波动引起的“菜贱伤农”。

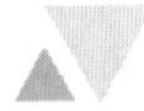

3. 引导蔬菜种植，增强市场供给能力

蔬菜价格保险以菜价为标的，对种植品种及面积等进行了明确界定，通过市场化机制来引导农户的种植行为，进而形成符合市场需求的生产结构。自蔬菜价格保险实施以来，成都市在保淡期、保收期蔬菜参保面积逐步增加到2015年的11.41万亩，比2013年增长了47.4%；同时，参保蔬菜品种共计5大类11个品种，基本覆盖了当地居民消费的主要蔬菜品种，增强了蔬菜供给淡季的市场保障能力。

4. 简化理赔程序，提高金融支农效率

保险理赔是事关保险效果的关键环节。成都市蔬菜价格保险以县（市、区）为单位，针对每一个蔬菜品种，选择保险时间段内的平均离地价格作为理赔触发点，不需要实地了解农户实际损失情况即可启动理赔程序，改变了传统农业保险实地勘察农户的实际损失的局限。同时，蔬菜平均离地价格由权威国家统计局成都调查队负责收集、公布等工作，种植户自己就能清楚知道自己所受损失是否理赔以及将获得多少赔偿金额。更重要的是，当保险责任事件发生后，菜农无需向保险人报案，成都市保险理赔系统会自动根据价格跌幅计算，然后会直接将赔偿金汇到农户银行账户（卡）或者“一卡通”财政补贴账户，减少传统理赔流程，有效提升了金融支农的效率和效果。

四、我国蔬菜价格保险总体特征

实践表明，蔬菜价格保险在保障蔬菜供给、稳定市场预期的同时，也保障了农户种菜收入。蔬菜价格保险制度逐步完善，总体具有以下特点：

（一）创新保险标的

我国蔬菜价格波动主要受到自然风险和市场风险的双重影响，且市场风险对生产供给的影响也越来越明显。蔬菜价格保险弥补了传统政策性农业保险只针对自然风险的局限，将市场价格作为重要的标的，尤其是以田头价为参照，能够较大程度上真实、有效、直观地反映菜价波动给菜农带来的经济损失，进而实现为菜农提供市场风险分散的保障，减少因市场价格波动造成的损失。

（二）简化理赔程序

蔬菜价格保险以市场价格作为保险触发和理赔的依据，且参保蔬菜市场价格由农业、物价、统计等权威部门以合理调查频率监测统计并及时、客观发布，保险公司按照合同条款的约定，自动适时启动理赔程序。在理赔过程中，引入权威、中立的第三方收集、发布数据，免去保险公司现场勘查等环节，大幅提高了赔付效率，也实现农户在公开公正的情况下，获得理赔，减少或避免因标准不统一、价格不公开等引发的争议，进而实现清清楚楚参保、投保和赔付。

（三）稳定种植规模

蔬菜价格保险以保险条款、政策设置等方式对种植面积、品种进行界定，引导农户的种植行为。成都市 2013 年蔬菜价格保险针对 11 个参保品种制定详细规定，明确规划参保品种在不同区域承保面积，如白萝卜承保情况设定：金堂 213.33 公顷、彭州 193.33 公顷，邛崃 193.33 公顷等。山东省 2015 年大蒜承保 15 333.33 公顷，马铃薯 14 400 公顷，大白菜 8 533.33 公顷，大葱 800 公顷。蔬菜价格保险以价格为标的，通过地方财政补贴，分散市场风险，保障农户种植行为稳定，同时，保险在品种及种植面积等限制与引导，确保农户理性种植，形成符合市场要求的种植结构。

（四）兼顾菜农和市民利益

从实践情况看，各地蔬菜价格保险政策制定过程中，尤其是品种选择、参考价格确定等统筹考虑了“菜贱伤农、菜贵伤民”等问题，遵循了“托底线、保基本”的原则，在品种选择上优先选择本地生产量大、居民生活需求较多、价格波动幅度明显和生产调节可控的蔬菜品种。这样既能托住农民简单再生产能力的底线，又能让菜农根据市场需要及时做出均衡上市和调整生产的决策，确保种菜有收成、价低有收益，而不至于在面对市场冲击时束手无策；同时，也可满足广大市民的基本生活需求，释放良性市场预期，促进理性消费和均衡购买，实现供给与需求的相对平衡，促使市场价格趋稳。

五、我国蔬菜价格保险发展存在的问题

（一）财政补贴负担重

从试点情况看（表 6 - 12），目前各地蔬菜价格保险所需保费的 10%～

20%由农户承担，而地方财政则承担80%左右，也有极个别地方如上海市的补贴比例高达90%。山东省2015年省级及市县财政仅为4种蔬菜提供80%的保费补贴就高达8 273.8万元，其中省级补贴7 285.7万元，市、县补贴988.1万元。随着参保蔬菜品种的增加，保费补贴所需财政资金总量不断增加。从长远发展看，地方财政的压力将会随着试点范围扩大、品种增加而越来越大，必然会对这一政策的实施带来影响。

表6-12　2015年典型地区蔬菜价格保险保费分担比例

单位：%

地区	省级财政	市、县级财政	农民自缴
上海	50	40	10
四川成都	50	25	25
山东	70.4	9.6	20
江苏	50	40	10
宁夏	50	30	20

（二）区域联动难度大

我国蔬菜产业具有典型的大市场、大流通特征，其“买全国、卖全国”特点尤为明显；市场风险具有较强的系统性、联动性，致使某一区域的菜价不仅受到当地供求关系的影响，也受到全国供求态势的影响，导致菜价波动此起彼伏、热点纷呈成为一种常态。但与此同时，现有的蔬菜价格保险试点呈区域性强、分散布局广、集中连片少等特点，而主产区与主销区、农村和城市间的利益补偿机制尚未建立，其作用的范围、覆盖的品种往往有限；尤其是对保障全国蔬菜供给的蔬菜主产区而言，其价格形成机制和市场调控形势更为复杂，价格保险的可保性、可操作性有待进一步提高，同时保险的效果也难以有效评估和测算。

（三）结构与季节协调性差

目前，试点地区蔬菜价格保险所选蔬菜品种基本覆盖当地的主要品种，但与居民日常消费的蔬菜种类相比仍相对较少；同时，价格保险的时间一般只针对蔬菜生长和上市的特定时期，如上海保的是“夏淡”和“冬淡”、成都则明确了“保淡期”和“保收期”。这些虽然抓住了保持菜价基本稳定的主要矛盾，但同时也可能会产生部分品种种植积极性过高和季节性生产旺盛等现象，给市场价格稳定带来一定风险。以成都为例，自 2013 年以来莴笋就是重要参保品种之一，但从其价格变化情况看，受生产供给的季节性影响，其在参保期与非参保期仍有明显的波动。

（四）保险制度的科学性有待提高

蔬菜价格保险属于新型农业保险产品，保险价格是判断保险责任是否发生的重要标准，也是农户损益赔偿的重要参照。从各地的蔬菜价格保险政策实际情况看，其价格主要依据农产品批发市场，或者是对种植大户及合作社生产性调研基础上进行统计测算，并由国家统计局成都调查队进行监测发布相关价格信息。这种制度设计测算方法较为单一，缺乏发改、农业、商务等部门的参与。值得关注的是，山东省试点地区和四川省成都市蔬菜外调量相对较大，价格保险如何适应蔬菜大市场大流通，兼顾“托底”菜农收入、保障本地供给，是今后保险政策需要进一步完善的重要方向。

六、蔬菜价格保险制度创新的策略选择

（一）健全完善价格保险长效投入机制

蔬菜价格保险是一种新型的政策性农业保险。因此，应进一步落实中央惠农政策，从健全完善保费补贴长效投入机制，加大中央财政投入力度，强化地方财政支持，鼓励社会资本参与，逐步形成政府搭台、企业唱戏、农户参与的互补、互助、互动的可持续发展模式，不断减轻基层财政和农民保费负担。加快推进将蔬菜价格保险纳入《农业保险条例》等法律法规，明确财政补贴水平和标准。

（二）探索建立区域联动的价格保险体系

为实现我国整个蔬菜市场稳定，可以结合当前正在建设的京津冀、长株潭等城市群战略和区域发展战略，探索建立蔬菜等农产品价格稳定协同机制，加强主产区与主销区间的政策匹配，健全完善产销区利益补偿机制，使不同农业功能区的价格保险政策协调、产品一致、补贴趋同，增强地区间与区域内的政策协同性、一致性和有效性，促进区域市场供求形势的局部均衡，进而实现全国市场运行的总体平稳。

（三）研究扩大蔬菜价格保险覆盖范围

系统总结各地蔬菜价格保险实践经验，研究建立蔬菜价格保险政策评估评价体系，创新蔬菜价格保险产品，综合考虑蔬菜生产、天气条件、农户收入等多种因素，结合地方蔬菜生产形势、居民消费特点、市场运行情况和保费支付意愿等，因地制宜、因时制宜，不断扩大蔬菜价格保险的覆盖范围，适当延长蔬菜价格保险的保险周期，并强化与自然灾害保险的无缝衔接，加快推进蔬菜保险从价格保险向收入保险转变，更好保护菜农生产积极性，持续增强蔬菜供给能力，进而有效缓解蔬菜价格波动中的区域性、结构性和季节性等矛盾，促进市场平稳运行。

（四）健全完善蔬菜价格信息监测机制

进一步加强农业、统计、商务、发改等部门和保险公司的协作，加快在条件成熟的区域建立健全田头交易价采集制度和体系，不断完善价格保险的判断标准，逐步将蔬菜价格保险标的从批发市场价格向农户田头交易价格转变，切实增强保险触发的指向性、及时性，充分发挥好保险对农户再生产的“兜底”作用。

（五）加快推进蔬菜保险产品开发创新

应综合考虑蔬菜生产、天气条件、农户收入等多种因素，加快推进蔬菜保险产品开发创新，加快推进天气指数保险、收入保险等多种产品，并针对不同规模、不同产品、不同区域，探索开发差异化、精准化、组合化的保险产品和套餐，持续扩大农户保险产品选择范围，从而切实保护好参保农户生产发展有底气、收入稳定有依靠，安心种好菜、卖好价，不断增强蔬菜供给能力，有效减缓菜价波动，促进市场平稳运行。

第四节　我国农业巨灾风险分散机制研究[①]

我国是农业大国，也是自然灾害发生频繁且灾情严重的国家之一。近年

---

① 本节的内容选自农业部软科学课题“农业巨灾风险分散机制建设研究”（课题编号：Z201306），课题主持人：龙文军。

来，我国农业巨灾呈现出灾害频率不断上升、受灾面积和成灾面积不断增长、灾害损失日益加剧等特点，农业巨灾风险分散机制的建立显得十分重要。

一、我国农业保险风险分散存在的问题

（一）农业保险再保险有效供给不足

目前，我国专业性再保险公司只有中国再保险集团一家，完善的农业再保险机制也未建立，保险公司的经营风险无法有效分散。一方面，国内再保险市场承保能力不足，农业保险再保险接受能力有限；另一方面，国际再保险市场对我国农业保险业务难以提供持续稳定的再保险支持。尽管来自瑞士、法国等国际知名的再保险公司纷纷进入中国市场，希望为中国的农业保险经营提供再保险服务，但是，由于数据系统不健全，要价高，农业保险再保险推进速度缓慢。

（二）地方财政压力较大

发生巨灾时，各级政府一般会积极救助，由此形成社会对政府的极大依赖，成为巨灾损失的主要责任主体。政府分担农业巨灾风险，会给地方财政带来较大的支出困难。同时，农业保险经办机构对政府支持政策的较大依赖性导致其业务经营会因政策变动而体现出较大的波动性。

（三）地方农业巨灾基金难以化解较大风险

目前我国各试点地区主要采用的风险分散手段局限于设立最高赔付限额，利用各级政府的保费补贴，建立巨灾基金，以及少数地区建立的再保险分散方式。而现有的地方农业巨灾基金规模有限，限制了农业风险的分散渠道和范围，往往仅由经办机构的经营盈余累积而建立，缺乏原始启动资金，且不能实现灾害风险在全国范围内的分散，限制了巨灾风险的分散渠道和范围。

（四）缺少国家层面的农业巨灾风险分散机制

我国尚未在国家层面建立农业巨灾风险分散机制，保险业抵御农业巨灾风险的能力非常有限。地方政府在制定相关配套政策方面力度不足，保险公司不

敢在长效机制建立前贸然投入过多的资源改善基础性工作和引进农业相关人才。一旦遇到大范围的自然灾害，不仅影响农业保险经办机构的经营稳定，也会影响对投保农户的及时足额赔付。

二、现有农业巨灾保险风险分散政策变迁

2006 年，《国务院关于保险业改革发展的若干意见》（国发〔2006〕23 号）指出，要“完善多层次的农业巨灾风险转移分担机制，探索建立中央、地方财政支持的农业再保险体系”。近年来的中央 1 号文件均提出了建立农业再保险体系和财政支持的巨灾风险分散机制的要求。

2008 年，财政部在中央财政种植业保险保费补贴管理办法中规定，经办机构应按补贴险种当年保费收入 25%的比例计提巨灾风险准备金，逐年滚存。2009 年，财政部与国家税务总局联合发文，对保险公司提取农业巨灾风险准备金企业所得税税前扣除问题做了进一步明确，准予在企业所得税税前据实扣除。

2008 年 10 月，胡锦涛总书记明确指出，“健全符合国情的巨灾保险和再保险体系”。近年来，我国出台的一些法规和政策对建立巨灾保险提出了明确要求。《中华人民共和国突发事件应对法》提出，“国家发展保险事业，建立国家财政支持的巨灾风险保险体系，并鼓励单位和公民参加保险”。《国家综合减灾“十一五”规划》提出，“探索建立适合我国国情的巨灾保险和再保险体系”。

2013 年 12 月，针对《农业保险条例》建立农业保险大灾风险准备金的要求，以及《国务院办公厅关于金融支持经济结构调整和转型升级的指导意见》（国办发〔2013〕67 号），财政部以财金〔2013〕129 号文件的形式专门下发了《农业保险大灾风险准备金管理办法》，进一步完善了农业保险大灾风险分散机制，规范农业保险大灾风险准备金管理，为促进农业保险持续健康发展奠定了制度基础。

从《农业保险大灾风险准备金管理办法》看，其大灾准备金是指农业保险经办机构（以下简称保险机构）根据有关法律法规和规定，在经营农业保险过程中，为增强风险抵御能力、应对农业大灾风险专门计提的准备金。采取独立运作、因地制宜、分级管理、统筹使用的原则进行管理。实际上这部分准备金的提取和使用全部是由保险机构完成。

三、建立我国农业巨灾风险分散机制的必要性

（一）农业巨灾风险分散机制是我国农业综合风险管理的重要组成部分

通过建立农业巨灾风险分散机制，调动各相关责任主体的积极性，有利于实现主要由政府承担巨灾损失向全社会共担损失模式的转变，有利于实现由单一灾后补偿救助向全过程风险管理的转变。建立农业巨灾风险分散机制是我国现有农业灾害救助体系的有益补充，可以有效发挥并提高我国农业综合风险管理体系防灾减灾功能与作用。

（二）农业巨灾风险分散机制是解决农险保障不充分、经营不稳定难题的重要手段

建立多主体参与的风险分级分担机制，通过发挥每个层级分散农业风险的功能，可以在全国乃至更大范围内提高对农业保险巨灾风险的承受能力与防范化解水平，即使出现巨灾损失，不仅可以保证对投保人的及时足额赔付，保障农户利益，大幅度降低“因灾返贫、因灾致贫”的风险；同时，也可以大幅度降低农业巨灾风险对农业保险经办机构主体经营波动的影响。

（三）农业巨灾风险分散机制通过资金积累可有效降低大灾之年财政支出压力

与其他可保风险相比，农业风险使得农业风险单位在灾害损失中常常表现出时间与空间上的高度相关性。如果没有农业巨灾风险分散机制，一旦发生巨灾，将吞噬农险经营者的风险准备金和公积金甚至资本金。因此，建立农业巨灾风险分散机制，可集合多方力量积累一定规模的巨灾基金，并通过巨灾基金的统筹协调和高效利用，减轻巨灾发生以后财政可能面对的重大压力，从而提升财政资源的配置效能。

四、建立我国农业巨灾风险分散机制的可行性

（一）我国农业巨灾风险保障的需求日益增加

由于农业生产面临较高的灾害风险，在推进现代农业建设中，对农业巨灾

风险保障的需求日益增加。同时，在推动我国农村金融体制改革过程中，农业巨灾风险分散机制将发挥重要的基础和促进作用。无论是对农民、地方政府还是农业保险机构来说，农业巨灾风险分散机制都是“定心丸”。

（二）我国具备建立巨灾风险分散机制的财政基础

改革开放以来，我国经济快速发展，国家综合实力不断增强，中央和地方各级财政状况明显改观，随着我国综合国力和财政实力的显著提升，未来我国经济回升向好趋势将进一步巩固，经济总量、财政收入以及人均可支配收入的增加，将为农业巨灾风险分散机制的建立奠定坚实的经济基础。

（三）近年的实践探索为建立农业巨灾风险分散机制打下基础

巨灾风险的应对是一个世界性难题。我国农业保险经过近几年的实践和积累，在数据积累、产品服务和技术支持等方面都具备了良好的基础。同时，部分地区开展农业保险再保险试验，在分散和管理农业巨灾风险方面取得了初步成效，这些都为建立巨灾风险分散机制奠定了基础。

（四）国际上农业巨灾风险分散的成功经验可提供参考和借鉴

发达国家都高度重视农业巨灾风险分散机制在巨灾风险管理中的作用，已经形成比较完善的体系，提供了大量的借鉴与启示。如美国、日本、加拿大等国家通过政策支持、立法保障等方式深度参与农业巨灾风险体系建设，充分发挥政府和市场的作用，建立了多主体参与的多层次风险分担机制，并通过包括再保险、农业巨灾风险基金及巨灾风险证券化等多种方式提供巨灾风险分散保障。

五、国内农业巨灾风险分散方式的实践

（一）江苏分散农业巨灾风险的做法——江苏模式

江苏省建立农业巨灾风险基金主要模式可以概括为“政策性保险＋商业化联办共保”。从 2008 年起，江苏省财政实行农业保险基金部分统筹、省级财政实行补贴的办法，在全国率先建立起商业再保险和政府巨灾保险准备金相结合

的大灾风险防范机制。江苏省研究制定了《江苏省农业保险试点政府巨灾风险准备金管理办法（试行）》（苏财外金〔2008〕49 号）和《江苏省农业保险试点省级政府巨灾风险准备金管理办法（试行）》（苏财规〔2010〕5 号），对政府巨灾风险准备金的筹集、使用、管理和监督等方面做了明确的规定。

在“联办共保”的模式下，江苏省各级财政和保险公司按比例承担最终超赔风险。对保险公司承担的超赔部分，通过商业再保险安排化解；对政府承担赔付责任的保费收入发生的超赔支出，由政府巨灾准备金支付，各级政府之间建立起一种再保险制度安排。江苏省巨灾准备金由县、市、省级三级巨灾准备金组成。巨灾风险准备金的来源为省、市、县三级财政预算安排、部分保费收入、省级财政补助等。县级巨灾准备金由县财政部门负责管理，市级巨灾准备金由市财政部门负责管理，省级巨灾准备金由省财政部门负责管理，实行专户存储、专项核算、滚动积累、定向使用。省级巨灾准备金纳入全省政府巨灾风险准备金管理范围；县级巨灾准备金全部赔完时，启动市级巨灾风险准备金；市级巨灾风险准备金发生赔付不足时，省级巨灾风险准备金得以启动。江苏省建立政府巨灾风险准备金是在江苏省范围内分散农业巨灾风险的一种尝试，体现了政府在建立巨灾风险准备金方面的作用。为农业保险持续经营提供了强有力的支持，也为建立国家农业巨灾风险基金积累了经验。

（二）北京分散农业巨灾风险的做法——北京模式

北京农业保险经营采取以“政府主导下的商业保险公司经营”的模式，财政出资购买再保险分散农业巨灾风险，通过再保险方式转移由政府承担的政策性农业保险超赔风险。2007 年，北京市开始建立政策性农业保险制度，采取政府推动、政策支持、市场运作、农民参与的方式运作。该制度架构包含四个层面：第一层面，农民自行承担部分风险和保费（最高 50%）；第二层面，商业保险公司按照保险合同约定承担有限农业风险损失（全年赔付率不超过 160%）；第三层面，商业再保险公司按照再保险合同约定承担农业风险损失，由商业保险公司购买再保险，财政统一支持；第四层面，财政建立大灾风险保障准备金承担超出保险公司和再保险公司合同约定的保险损失（超过赔付率 160%以上的部分由大灾风险保障基金赔付）。

北京市财政每年按照上年的农业增加值的 0.1%预提巨灾风险准备金，北京市对赔付率在 160%以下的风险，由经办保险公司承担损失补偿责任，赔付率超过 160%的风险由政府承担，其中赔付率 160%～300%的巨灾风险通过政府出资购买再保险的方式向再保险公司转移，300%以上的风险，由政府按照农业增加值 1%的标准，每年提取巨灾风险准备金。北京市分散农业巨灾风险的模式覆盖面积大，有较好的监督机制，有利于巨灾基金的积累。

（三）浙江分散农业巨灾风险的做法——浙江模式

浙江农业保险采用“政府推动，共保经营”的模式，即由在浙江的 10 家商业保险公司组建“浙江省政策性农业保险共保体”，由人保浙江分公司作为首席承保人具体承担运作。2006 年 3 月，浙江省政府、试点县（市、区）政府及共保体三方签订了政策性农业保险试点项目协议书。2006 年，全省 11 个试点县（市、区）共有 17 030 户农户参保，累计保额 5.1 亿元，保费收入 1 103万元。共保试点参保农产品产值达到试点所在县（市、区）农业总产值的 15%左右。浙江省当年农业保险累计赔付在 2～3 倍部分的责任，由政府与共保体按 1∶1 承担；在 3～5 倍部分的责任，由政府与共保体按 2∶1 承担；特殊情况需要赔付时由政府另行承担。另外，浙江省政府建立了种植险巨灾风险准备金，每年按照当年种植业保险保费 25%提取。当种植业保险参保品种全年赔款总额在种植业保险保费 1.3 倍以下，由共保体全额赔付；当种植业保险参保品种全年赔款总额超过种植业保险保费 1.3 倍时，巨灾风险准备金负责承担 1.3～2 倍部分，超过 2 倍以上部分，按政府超赔方案进行分摊。浙江的这种省级统筹基金有利于互助、分层次理赔和多家公司联保。但是，浙江的这种“共保”模式试点区域小、首席承包人（县级）管理与监督手段不完善。该模式较适用于经济发展快、财政实力强、保险业发达的地区。

六、发达国家分散农业巨灾风险的做法

（一）美国分散农业巨灾风险的主要做法

1. 建立再保险制度

联邦政府通过在农业部内部设立的联邦农作物保险公司（FCIC）向私营保险公司提供比例再保险和超额损失再保险保障。同时，保险公司也可以选择其他私营再保险公司将剩余自留风险进行分保。美国农业部通过 FCIC 和私营保险公司签订标准再保险协议用于明确政府财政补贴额度以及风险分担。

2. 农业巨灾风险证券化

巨灾风险证券化的出现，吸引了外部资本，降低了交易成本，将保险业面临的风险在全球资本市场进行分散，将保险与资本市场相结合。允许运用紧急贷款、农业巨灾风险证券化等手段，分散和转移农业巨灾风险，为农业巨灾提供进一步的风险保障。美国农业巨灾风险分散机制框架如图 6－4：

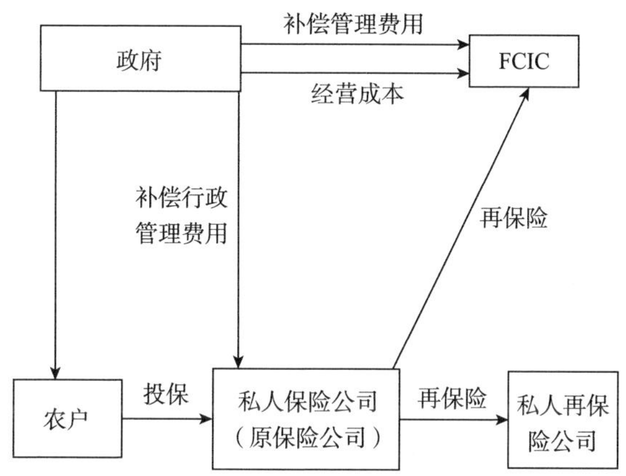

图 6－4　美国农业巨灾风险分散机制的基本框架

（二）日本分散农业巨灾风险的做法

日本的农险制度比较健全，在长期的农业保险实践中，日本形成了独树一帜的巨灾风险分散模式，这是在政府支持下的农业共济组织和联合会进行投保、理赔，并实行法定保险和自愿保险相结合的投保方式，又称之为政府支持下的互助共济模式。日本巨灾风险分散机制由共济、保险和再保险等三个层次组成。在风险分散过程中，中央政府的职责主要体现在为农业共济组合联合会提供再保险以及给农业保险进行保费补贴和管理费用补贴。日本模式具有其独特的优势：第一，易于建立地域性的农业巨灾数据库，形成比较完善的农险统计系统；第二，农业共济组合是保险人和投保人的组合体，比一般商业保险组织熟悉风险，利于风险的管理，保障农户利益；第三，农户与农村共济组合的共济关系，有利于形成共同监督，防止道德风险和逆向选择，降低成本。同时该模式中保险关系以及再保险关系这种类似的双层再保险模式增强了机制的抗风险能力。

（三）国外做法的启示

综观有关国家和地区的农业巨灾风险分散制度，由于社会制度、经济发展水平、保险市场发育程度、灾害救助体制、国家或地区的地理环境等不同，各国巨灾风险分散制度不尽相同。有些做法带有普遍性，一些经验值得借鉴。

1. 注重发挥政府和市场两方面的作用

大多数国家和地区的农业巨灾风险分散制度都将政府和市场的作用结合起来，只是结合点侧重有所不同。政府的作用主要是通过政策支持、资金支持以及防灾防损设施建设等，解决巨灾风险分散的“市场失灵”问题。市场机制的作用主要是发挥商业保险在专业技术、风险分散以及机构网点等方面的优势，提高巨灾保险制度的保障水平和运作效率。

2. 注重建立比较完善的法律保障制度

各国都制定了各自的农业保险法律来规范相关主体的行为，界定农业保险的目标、保障范围及水平、组织机构、运作方式等实施的细则。农业巨灾风险分散制度涉及主体很多，利益关系复杂，其稳定运行需要完善的法律作保障。如美国的《国家洪水保险法》、日本的《地震保险法》、法国的《自然灾害保险补偿制度》等，都是通过立法确定了建立国家巨灾保险制度的基本内容和要求。

3. 注重巨灾风险基金的运作和管理

巨灾风险基金对促进政府与商业保险公司之间的合作，推动巨灾保险市场发展有重要作用。建立了巨灾保险制度的国家和地区，大多设立了巨灾风险基金，其来源主要有保费收入、财政收入、投资收益、社会捐助等。通过建立巨灾风险基金这一平台，可以统筹安排分保，充分利用再保险机制和资本市场的作用分散风险。同时汇聚部分保险资金，实现基金的滚动积累，提高巨灾基金的风险补偿能力。

4. 注重构建多层次的风险共担机制

多层次的风险共担机制有利于调动各方面的积极性，有利于提高巨灾保险制度的稳定性和风险应对能力。通过建立多层次的风险共担机制来减小巨灾损失造成的冲击，通常情况下，风险共担机制由投保人、保险机构、再保险人、资本市场和政府等共同分担巨灾损失，不至于因其中个别主体的压力过大而无法承担风险。

5. 注重运用政策手段鼓励参与巨灾保险

为扩大巨灾保险制度的覆盖面，世界各国和有关地区在实践中进行了多种形式的探索。有的国家和地区将地震等巨灾风险强制附加在住宅火灾等险种之上，有的对地震保险实行强制投保，有的运用经济杠杆鼓励投保，有的把投保作为享受政府救济的先决条件等。其共同特点是运用政策手段鼓励投保，以扩大巨灾保险制度的覆盖面和渗透度。

七、中国农业巨灾风险分散机制的构建

各级政府及相关部门认识到，需要充分发挥政策的调控作用，调动更多的社会资源参与巨灾风险管理，使巨灾风险能够在更广更大的范围内分散和承担，从而使得建立巨灾风险分散机制在政策方面更容易沟通与协调。随着我国市场化改革的不断深化，保险机构和农民的风险意识逐渐提高，转移巨灾风险的需求将日益扩大，这为建立和完善巨灾风险分散机制奠定了基础。党的十八届三中全会审议通过的《中共中央关于全面深化改革若干重大问题的决定》提出了“完善农业保险制度”，这是功在当代、利在千秋的重要举措。在完善农业保险制度的要求下，构建农业巨灾风险分散机制尤其重要。

（一）基本思路

综合运用政府和市场化手段，调动一切积极因素，以制度建设为基础、以农业巨灾基金为平台、以多层次分级分担风险为保障、以服务农业生产为目标，逐步建立符合我国国情的农业巨灾风险分散机制，不断提高我国应对农业巨灾风险的能力。

（二）基本原则

1. 政府引导，市场运作

考虑到农业巨灾风险损失较大，农业巨灾风险分散必须有政府强有力的支持与推动，政府在立法保障、组织推动、财政补贴、税收优惠等方面对农业巨灾风险分散机制给予支持，推进我国农业巨灾风险分散机制的顺利建立和有效实施。在政府的大力推动和支持下，以农业保险经办机构的市场化经营为依托，充分发挥保险、再保险市场等手段分散风险的功能和作用，积极运用其他市场化手段，实现农业巨灾风险的有效分散。全方位开放再保险市场，引进资

金实力雄厚、业务技术精湛、经营经验丰富的国际知名再保险公司和组织，进一步增强国内再保险市场的服务能力。

2. 多方参与、风险共担

充分调动相关利益主体的积极性，多方参与、形成合力，通过风险分层管理和分担，建立全方位、多层次的风险防范体系和反应及时、协调有效的风险化解机制。在全国统一的巨灾风险分散制度框架下，在国家巨灾风险基金平台上，建立中央和省级农业巨灾保障基金账户，坚持多渠道筹集原则，促进基金快速积累，同时，在全国范围内进行适度统筹，充分发挥巨灾基金的规模效益，提供强有力的巨灾风险保障。

3. 因地制宜，分省分策

在我国，各省（自治区、直辖市）的农业灾害种类及风险水平区域差异明显，分省建立农业巨灾基金，可以先实现省内风险较大程度的平衡与分散，在此基础上再通过中央农业巨灾基金实现全国范围内的风险转移与分散。近年来，随着农业保险的快速发展，各省已有的农业保险模式和实施方案各有特色，建立中央和省级巨灾基金，充分发挥省级基金作为中间层风险承担者的缓冲作用，可以较好地规避因各省农业保险发展模式和实施方案的差异所造成的利益冲突问题。

（三）体系框架

中国特色的农业巨灾风险分散机制是：政府补贴保费、建立中央与省级农业巨灾风险基金、四层风险分散、多渠道筹集资金，多手段分散风险的体系。

1. 设立两级农业巨灾保障基金

（1）基金的职责与作用。农业巨灾保障基金的主要职责是负责进行农业巨灾风险的评价、资金分配、识别与划分，进行农业巨灾风险基金筹资；安排农业巨灾保障责任等。

农业巨灾风险基金是集政府支持与市场参与等多方资源，为应对农业巨灾发生而积累的专项基金，可用于大额的巨灾保险赔付，实行单独建账、长期积累、专款专用，保证农业保险的可持续性经营。

（2）基金的来源。保险经办机构的巨灾风险基金、中央农业巨灾风险基金、省级农业巨灾风险基金采用多渠道方式筹集资金，资金来源主要有以下几个方面：①保险经办机构的巨灾风险基金提取。按财政部下发的《农业保险大灾风险准备金管理办法》，根据农业保险保费收入和超额承保利润的一定比例，计提大灾准备金，并逐年滚存。②财政支持。当年保险赔付超过一定比率及相应绝对额时，可由中央财政做出赔付承诺；在省级基金积累到一定规模前，每年可提取各省当年农业生产增加值的一定比例纳入省级农业巨灾风险基金。③其他筹集渠道。主要包括：基金投资收益滚存、巨灾债券、紧急融资渠道等。

（3）基金的管理。中央和省级农业巨灾风险基金由国家设立专门机构或委托指定机构管理，并接受国家的监督管理。中央农业巨灾风险基金由国家巨灾管理机构进行管理。省级农业巨灾风险基金可考虑由省财政厅或者省政府指定的机构进行管理。农业巨灾风险基金在国家巨灾基金管理机构的统一管理下，和地震等其他巨灾保险基金实行单独立账、分账管理。基金管理机构对基金进行专业、相对封闭的管理运作。职责包括：统筹规划和组织实施农业巨灾风险分散机制，指导、协调各地方建立农业巨灾风险分散机制，进行基金的运作与管理，负责数据库建设与分析管理，开展巨灾风险宣传与教育，提出相关政策建议等工作。

2. 农业巨灾风险分散机制保障范围

（1）现阶段以对中央财政保费补贴种植业的保障为主。一是种植业保险的风险与自然地理环境密切相关，而养殖业保险风险受人为管理因素制约更为明显，所以，自然灾害风险对种植业保险的威胁更大，同时，种植业保险的风险分散事关国家农业生产稳定与粮食供给安全，因此，现阶段，农业巨灾风险分散机制主要针对种植业保险。随着我国农业巨灾风险分散机制的不断推进与完善，养殖业特别是牲畜重大疫病保险也将纳入保障范围。二是考虑建立农业巨灾风险分散机制必须以政府推动、政策支持为基础，所以，农业巨灾风险分散机制主要保障中央财政保费补贴的种植业保险业务（地方财政补贴的种植业保险业务可以参照执行）。现阶段，中央财政补贴的种植业保险主要包括水稻、小麦、玉米、棉花、油料作物保险等。

（2）保障范围涵盖多种灾因。考虑到农作物生长同时遭受包括洪涝、干旱、台风、冰雹、冻害、火灾等在内的多种自然灾害的综合影响，同时，目前我国农业保险以多灾因为综合保险责任，因此，现阶段，我国农业巨灾风险分散机制保障应涵盖多种自然灾害灾因。

3. 农业巨灾风险分散机制实行四层风险分担

农业巨灾风险分散机制实行四层风险分担，主要由投保人、农业保险经办机构与国内外再保险市场、省级农业巨灾风险基金、中央农业巨灾风险基金四个层次组成。具体包括：

（1）投保人（农户）。投保人（农户）是我国农业巨灾风险分散机制的第一层级风险承担者。投保人通过与农业保险经办机构签订保险合同将自身的风险转移给农业保险经办机构。为提高投保人的风险防范意识，鼓励其开展防灾防损，投保人也需要自担一定比例的灾害损失。

（2）农业保险经办机构与国内外再保险市场。农业保险经办机构与国内外再保险市场是我国农业巨灾风险分散机制的第二层级风险承担者。该层主要是通过发挥保险、再保险市场的作用分散省级农业保险经办机构种植业保险赔付率一定比例（如140%）以下的风险。各农业保险经办机构向国内外再保险市场寻求再保险支持，通过比例再保险或赔付率超赔再保险等方式部分转移其承担的种植业保险赔付率一定比例（如140%）以下的损失。

（3）省级农业巨灾风险基金。省级农业巨灾风险基金是我国农业巨灾风险分散机制的第三层级风险承担者。该层主要承担辖区内各省级农业保险经办机构种植业保险赔付率一定比例（如140%～200%）之间的农业巨灾风险。当省级农业保险经办机构的种植业保险赔付率在一定比例（如140%～200%）时，或种植业保险赔付率在一定比例（如200%）以上，但其赔款支出没有超过一定巨灾赔付标准时，省级农业巨灾风险基金启动使用。省级农业巨灾风险基金可通过以下两种方式进行风险分散：一是根据自身风险承受能力，在国内外再保险市场进行再保险安排，进一步分散巨灾风险；二是当省级农业巨灾风险基金不能足额赔付时，由中央农业巨灾风险基金向其提供有偿资金调剂。

（4）中央农业巨灾风险基金。中央农业巨灾风险基金是我国农业巨灾风险分散机制的第四层级风险承担者。该层主要承担省级农业保险经办机构农业保险赔付率一定比例（如200%）以上，且其赔款支出超过一定巨灾赔付标准的农业巨灾风险。当中央农业巨灾风险基金资金不足时，可向有资金结余的省级农业巨灾风险基金要求有偿资金调剂。当省级农业保险经办机构的农业保险赔付率在一定比例（如200%）以上且其赔款支出超过一定巨灾赔付标准时，中央农业巨灾风险基金即可启动使用。中央农业巨灾风险基金的来源是中央财政的预算，中央财政连续5年按照当年农业增加值的1%提取，由中央财政设立专户管理。

中央农业巨灾风险基金可通过以下几种方式进行风险分散：一是根据自身

风险承受能力，在国内外再保险市场进行再保险安排，进一步分散巨灾风险；二是通过发挥巨灾债券等方式将巨灾风险分散到资本市场；三是当中央农业巨灾风险基金不能足额赔付时，可由中央政府安排紧急融资等，必要时可发行特别国债。

上述赔付率启动标准可视农业巨灾风险分散机制推进的实际情况，由巨灾保险基金管理机制及相关职能部门确定。在农业巨灾风险分散机制运行初期，可设定由中央基金赔付上限，待机制运行一段时间以后，根据具体情况做进一步完善。

此外，为使省级农业巨灾风险基金、中央农业巨灾风险基金充分发挥风险分散与分担的作用，体现“风险共担、利益共享”的原则，在省级农业巨灾风险基金、中央农业巨灾风险基金启动使用时，赔付责任分别由省级农业巨灾风险基金和省级农业保险经办机构按一定比例（如 9∶1）分担、中央农业巨灾风险基金和省级农业巨灾风险基金按一定比例（如 9∶1）分担。

八、建立农业巨灾风险分散体系的政策建议

农业保险在“政府引导、市场运作、自主自愿、协同推进”的原则下，得到顺利发展。结合中国当前经济社会发展实际，中国应当建立以政府主导、商业化运作为基础、完善的法律法规体系为保障的农业巨灾风险分散体系，即通过自有资本、外来资金、再保险和农业巨灾基金等建立“四位一体”的农业巨灾风险分散管理体系。

（一）明确巨灾风险管理机构

农业巨灾风险分散机制是一项系统工程，涉及多个领域，建议国务院加强对这项工作的领导，在国家减灾委员会的统一领导下，成立国家农业巨灾风险分散领导小组，建立农业巨灾基金管理机制，由专门机构对农业巨灾基金进行专业管理与运作，研究制定我国巨灾风险分散制度的长远规划，确保农业巨灾风险分散机制得以有效运行。

（二）加强相关的政策支持

加快出台与巨灾分散制度配套的金融、财政和税收支持政策，选择重点地区开展农业巨灾风险分散制度建设的试点。在农业巨灾风险分散机制建立之

初，当年保险赔付超过一定比率及相应绝对额时，可由中央财政做出赔付承诺。同时，为农业巨灾基金提供财政担保，在基金出现支付缺口时，可以用发行国债、紧急融资等方式补充。

（三）整合管理和减灾资源

农业风险监测是农业保险经营管理的重要环节，更是其基础。科学有效的监测农业风险不仅利于减少风险所带来的损失，降低保险公司的经营成本，也是农业保险其他技术运用的基础，如产品的定价、损失的确定等。农业风险的监测包括农业风险的预测、识别、损失的度量、预警及信息的统计与管理等技术。农业保险的开发应利用现代发达的科学技术，例如气象卫星、发达的网络平台，建立相关的风险监测系统，统计数据进行分析处理，灾害的预警预报系统。提高风险监测水平，有利于农业保险的持续发展，这个风险监测系统单靠保险公司不可能实现，需要国家有关部门的大力配合。一方面，建议将巨灾保险制度与国家综合减灾体系建设有机结合起来，通过建立巨灾保险制度进一步完善国家综合减灾体系；另一方面要整合资源，加强灾害风险区划的研究工作，完善自然灾害数据库，不断提高对灾害评估、灾害预警和巨灾风险管理的研究水平，为巨灾保险制度的可持续发展提供技术支持。

（四）培育壮大农业再保险

在引进国外再保险公司和组织时，积极培育发展国内再保险公司。通过全方位开放再保险市场，引进资金实力雄厚、业务技术精湛、经营经验丰富的国际知名再保险公司和组织，进一步增强国内再保险市场的竞争力度，增强国内保险市场的风险承担能力。争取使中国财产再保险公司上市，以扩大其资本规模和承保能力。同时可由众多保险公司成立保险联合体来承接再保险业务；发展专业再保险中介，借鉴发达国家再保险发展的经验，大力培育专业再保险经纪公司等再保险市场中介，活跃再保险市场，便利再保险交易，同时培养和引进高素质的再保险人才。

（五）加快设立巨灾风险基金

加快在中央和省级层面设立农业巨灾风险管理基金。在中央层面，要加快建立农业巨灾基金，根据当年农业增加值的1%提取农业巨灾风险基金，放入财政指定的专户，连续提取 5 年以后，指定专门机构进行稳健地运作。在省级层面建立省级农业巨灾基金，按照当年农业增加值不低于 1%的标准提取农业巨灾风险基金，放入财政指定的专户，连续提取 5 年以后，仍然可以指定专门机构进行稳健地运作，实现基金的保值增值。

第七章

引导工商资本进入农业

第一节　政府投资鼓励和引导社会资本投入的模式[①]

PPP 模式，又称为公私合营模式，即 Public-Private-Partnership，起源于英国的“公共私营合作”的融资机制，是指政府与私人组织为了合作建设基础设施项目，或为了提供某种公共物品和服务，以特许权协议为基础，彼此之间形成一种伙伴式的合作关系，并通过签署合同来明确双方的权利和义务，最终使合作各方达到比单独行动更为有利的结果。PPP 在本质上是一种互惠互利、共赢的关系。PPP 模式兴起以后，在各国基础设施等项目的建设中发挥了重要作用。社会资本采取独资、合资、合作、联营、项目融资等方式，参与经营性的公益事业、基础设施项目建设，特别是近年来 PPP（BOT、BT、BTO、BOO、TOT、TBT、LBO 等）新型投融资模式的广泛应用更是有效地拓宽了项目融资渠道，解决了资金匮乏的难题，同时也将市场竞争机制引入公共事业建设中，提高了公共产品或服务的供给效率。

一、政府投资鼓励和引导社会资本投入行业发展的主要模式

（一）BOT 模式

BOT 是 Build-Operate-Transfer 的缩写，即“建设—经营—转让”，是私人企业参与基础设施建设，向社会提供公共服务的一种方式。政府就某个基础

① 本节的内容选自农业部软科学课题“农业 PPP 投资问题研究”（课题编号：Z201601），课题主持人：郭永田、龙文军。

设施项目与私人企业之间达成协议，特许私人企业在一定时期内筹集资金建设该项目并负责管理、经营和维护该设施，提供公共产品与服务。政府则负责对该项目的监督和调控，限制该机构提供公用产品或服务的数量和价格，并保证私人企业能够获得合理的利润。待特许经营期满后，私人企业按照协议约定，将该项目无偿转交给政府或政府指定部门。在 BOT 模式下，投资者一般会需要政府保证其最低收益率，一旦在特许期内无法达到该标准，政府应给予特别补偿。

从 BOT 模式投资方式的内涵来看，BOT 具有市场机制和政府干预相结合的混合经济特色。其最大的特点是政府无须花钱，只是将基础设施经营权做一定期限抵押来获得项目融资，也就是基础设施国有项目民营化。该模式主要涉及的参与主体包括政府（项目的控制主体）、BOT 项目公司（项目的执行主体）、投资人（项目的风险承担主体）、银行或财团（项目的主要出资人）、承担设计、建设和经营的相关公司。

（二）BT 模式

BT 是 Build-Transfer 缩写形式，即“建设—转让”，是政府利用非政府资金来进行基础非经营性设施建设项目的一种融资模式。政府通过特许协议，将项目的融资和建设特许权转让给项目公司，项目公司负责项目的投融资和建设管理，项目竣工验收后，按照既定协议，将项目移交给政府。政府按照约定的总价分期偿还投资方的融资、建设费用。

BT 模式是 BOT 模式的一种变换形式，与 BOT 相比主要有以下几个特点：一是 BT 模式仅适用于政府基础设施非经营性项目建设；二是资金非政府资金，而是通过投资方融资而来，融资渠道广泛，可以是银行、外资等多种渠道；三是投资方在建成以后移交时，不存在投资方经营、获取经营收入的行为；四是政府需要按比例分期向投资方支付合同的约定总价。

（三）BTO 模式

BTO 模式是 Build-Transfer-Operate 的缩写，即“建设—转让—运营”，是指私人企业投资兴建新的基础设施项目，项目建成后将设施的所有权移交给政府，政府再通过签订合同的方式授予该私人企业 20～40 年经营该设施的权利，合同期内允许私人企业通过向用户收取费用的方式收回投资并获得合理回报。

BTO 模式适合于有收费权的新建设施，例如水厂、污水处理厂等终端处理设施，政府希望在运营期内保持对设施的所有权控制。BTO 与 BOT 的大部分内容是相同的，两者的最大区别在于政府在特许经营期内是否对基础设施项目拥有所有权，与 BOT 不同，BTO 是政府先取得项目所有权，后授予特许经营权，即政府在特许经营期内拥有项目的所有权。

（四）BOO 模式

BOO 模式是 Build-Own-Operate 的缩写，即"建设—拥有—经营"，是指政府授予私人企业待建项目的永久特许权，私人企业负责投资兴建、拥有并经营基础设施项目，而不需要将项目转让给政府。

BOO 与 BOT 模式最大的不同之处在于私人企业对建成的基础设施项目不仅具有经营权，还具有所有权，即 BOO 模式不需要在特许期满后将基础设施项目无偿转让给政府，项目公司有权不受任何时间限制地拥有并经营项目设施。

（五）TOT 模式

TOT 模式是 Transfer-Operate-Transfer 的缩写，即"转让—经营—转让"，是一种通过转让现有资产来获得增量资金进行新建项目融资的融资方式。政府通过将现有项目一定期限的经营权，有偿转让给私人企业，由其负责运营管理；私人企业通过收费方式来收回投资，获得合理回报，在特许经营期过后，将所获得的项目经营权再无偿转让给政府。

TOT 模式适合于有收费补偿机制的存量设施，主要优势：一是政府可以通过经营权转让来盘活存量资产，获得增量资金，引导更多社会资金投入基础设施建设；二是省去 BOT 模式建设环节，使私人企业项目经营权接收后就能够产生收益，降低投资风险；三是现有资产项目能快速正常运转，使得私人企业更容易将项目经营收益权用来向金融机构提供质押担保方式再融资。

（六）TBT 模式

TBT 模式是 Transfer-Build-Transfer 的缩写，即"转让—建设—转让"，是将 TOT 模式和 BOT 模式两种融资方式组合形成的新模式，该模式主要以 BOT 模式为主，TOT 模式为辅，以 TOT 模式促成 BOT 模式，其本质是政府将一个已建项目和待建项目打包处理，来获得一个逐年增加的协议收入（来自待建项目），并最终收回待建项目的所有收益。通常，政府通过招标将已建的项目和项目未来特定期限内的经营权转让给私人企业，并由私人企业负责组建项目公司建设和经营待建项目，项目建成经营后，政府从 BOT 项目公司获得与项目经营权等值的收益；私人企业根据 TOT 和 BOT 协议规定相继将项目经营权归还政府。

TBT 模式主要有两个特点：一是政府通过 TOT 模式盘活现有存量资产，以存量换增量，将未来收入现在一次性提取，此外政府可以 TOT 所融部分或全部资金入股 BOT 项目，增加政府项目控制权，并带动大量民间投资；二是 TOT 模式使得项目公司能够从 BOT 特许经营期伊始获得稳定的现金流，增强项目公司的融资能力。

（七）LBO 模式

LBO 模式是 Lease-Build-Operate 的缩写，即“租赁—建设—经营”，是指私人企业从政府手中租用基础设施，并在特许经营权下改造、扩建和经营基础设施，并向用户收入一定费用，同时向政府缴纳一定的特许费。

不同的 PPP 模式具有不同的特点和应用范围，对于已建的基础设施项目，可以通过 TOT 模式、租赁等形式来与社会资本进行合作，通过特许经营，让私人企业来对项目进行管理经营；对于扩建或改造现有基础设施项目，可以通过 LBO、BT 等模式与社会资本经营合作；对于新建的基础设施项目，可以采取 BOT、BT、BTO、BOO、TBT 等多种 PPP 模式来建设，通过政府授予特许经营权，来鼓励和引导社会资本投入。

二、PPP 项目的一般特征

（一）适用于可以市场化经营的基础设施和公共服务领域

PPP 项目最适用于准公益项目，这些项目是政府部门需要提供的产品。国家发展改革委 2014 年 12 月下发的《关于开展政府和资本合作的指导意见》（发改投资〔2014〕2724 号）指出，“PPP 模式主要适用于政府负有提供责任又适宜市场化运作的公共服务、基础设施类项目”，同时列举了可以推行 PPP 模式的领域，包括燃气、供电、供水、供热、污水及垃圾处理等市政设施，公路、铁路、机场、城市轨道交通等交通设施，医疗、旅游、教育培训、健康养老等公共服务领域项目，以及水利、资源环境和生态保护等项目。财政部发布的财金〔2014〕76号文件明确规定，PPP项目重点关注城市基础设施及公共服务领域，如城市供水、供暖、供气、污水和垃圾处理、保障性安居工程、地下综合管廊、轨道交通、医疗和养老服务设施等。

（二）政府和社会资本是合作伙伴关系

公共部门之所以和私营部门合作并形成伙伴关系，核心问题是两者都有一个共同的目标：在某个具体项目的运作上，尽可能以最少的资源，实现最多最好的产品或服务供给。私营部门以此为目标来实现自身的利益追求，而公共部门则是以此为目标实现公共福利的追求。在中国特色的PPP模式下，社会资本不仅包括私人资本，国有控股、参股、混合所有制企业也被纳入其中，还囊括了地方政府融资平台。2014年底财政部下发的文件明确指出，本级政府所属融资平台公司和其他控股国有企业不属于PPP模式中的社会资本。2015年5月出台的国办发〔2015〕42号文件对这一条件有所放宽，即符合相应条件的融资平台公司可以作为社会资本参与当地的PPP项目。

（三）项目合作需要订立长期合同

PPP中公共部门与私营部门的合作需要用合同这样的具体文本加以明确。PPP项目合同是一份长期契约，贯穿项目的整个生命周期，体现了社会资本对公共设施或服务的运营维护，明确作为参与者的私人部门、民营企业或机构如何取得相对平稳、长期的投资回报。财政部对入选第二批PPP示范项目的基本条件之一，就是合作期限原则上不低于10年。长期合约背后的原因是PPP项目需要整合实现项目全生命周期管理最优化，从而使得公共产品提供的效率最大化。

（四）建立利益共享、风险共担的联结机制

在公私伙伴关系中，需要建立利益共享、风险共担的利益联结机制，既需要控制私营部门可能有的高额利润，又不能让私营部门在执行过程中形成巨大的亏空。公共部门尽可能大地承担自己有优势方面的伴生风险，而让对方承担的风险尽可能小。例如，在隧道、桥梁、干道建设项目的运营中，如果因一段

时间内车流量不够而导致私营部门达不到基本的预期收益，公共部门可以对其提供现金流量补贴，这种做法可以在“分担”框架下，有效控制私营部门因车流量不足而引起的经营风险。与此同时，私营部门会按其相对优势承担较多的、甚至全部的经营职责，规避政府低效经营风险。如果每种风险都能由最善于应对该风险的合作方承担，整个基础设施建设项目的成本就能实现最小化。

三、引导社会资本投入行业发展的国际经验

20 世纪 90 年代，PPP 模式取得了很大进展，广泛适用于世界各地的公共管理领域。在大多数国家，PPP 模式主要适用基础设施建设领域，包括收费公路、铁路、桥梁、地铁、轻轨系统、机场设施、隧道、电厂、电信设施、学校建筑、医院、监狱、污水和垃圾处理等。从区域看，欧洲的 PPP 市场最为发达；从国别看，英国、法国、美国、澳大利亚、日本等发达国家 PPP 项目的规模和管理水平较高。

（一）政府强有力的支持

在 PPP 模式下，政府既是特许权协议的当事方，又为项目运作提供政治和法律环境。因此，政府采用 PPP 模式应转变管理和调整职能，以适应 PPP 模式管理的需要。一是公共部门必须严格审核项目，建立一个适合项目发展的程序，确立 PPP 的法律地位，通过市场选择合作伙伴，全面评估合作伙伴的建设及运营实力，择优选择合作方。公共部门要明确标准，拓展生产与提供方式。私人部门根据需求，编制合适的建议书进行投标，公共部门择优选取。公共部门要尽量为私人部门预留创新空间，这样既能满足公共部门的需求，又能精确计算成本，以便保证合理的方案在竞标中获胜。二是公共部门在做出承诺时一定要审慎，保护资产安全，降低融资成本，保证项目的可持续性，使私方获得合理并可以接受的收益。公共部门一定要信守承诺，否则难以保证 PPP 项目的可持续。三是公共部门要确定清晰的边界（包括资产和监管边界），如市场准入、价格和普遍服务等监管，以效率监管为前提和保证。要实现这些目标，需要公共部门具备较高的公共管理能力。

（二）有效的激励机制

PPP 模式下，如果在合同中能确定激励机制，就能较好地避免传统公共

项目建设的不足。一是要确定支付机制，促使私方按时完工并且不超支。一方面，在PPP模式下，特别是公共部门直接购买服务的项目，私方唯有提供符合要求的产品或服务，公共部门才会支付。在项目建成和提供服务前，公共部门不会支付。私方必须按期完工，以尽早获得支付。另一方面，公共部门支付的只是私方已提供的服务费用，并不支付项目超支费用。私方在投标时，必须精打细算，将整个合同期费用控制在合理的范围内。二是明确奖惩机制，促使私方提供产品或服务符合标准。假如私方提供的产品或服务不符合合同要求，公共部门将惩罚私方，比如削减支付额。例如，在通信业的PPP项目中，如果信息技术运行体系发生中断的次数，超过了合同规定的标准，公共部门可以削减支付以示惩罚。

如果私方提供的产品或服务持续低于合同规定的标准，那么公共部门可终止PPP合同，或直接接管项目，或再进行招标。如果私方提供的产品或服务达到或者超过合同规定的标准，公共部门可以追加一定比例的支付，以示奖励。必要的奖惩机制能刺激私方提供符合要求的产品或服务。英国财政部曾对运行的500多个PPP项目进行调查，数据显示，当项目提供的服务不能满足合同要求的标准而受到支付削减的惩罚后，几乎所有受惩罚的项目随后提供的服务都达到了合同要求，72%的受惩罚项目甚至在受罚后，提供比合同要求更好的服务。三是安排合理的资本结构，尽量保证各参与方利益一致。长期困扰传统公共项目建设的一个问题是，承包商的工期和质量控制和设备供应商的产品质量控制。这个问题在PPP模式下，可以通过合理安排资本结构予以解决。比如在PPP模式里，相关各方可组成一个特殊目标载体（SPV），承包商、设备供应商和运营商各持一定的股份。这样，在合同期内，公共项目的收入与承包商、设备供应商和运营商就组成了一个紧密的利益共同体。公共项目的建设质量和设备质量将直接影响项目的运营收入，促使承包商、设备供应商和运营商利益一致，自始至终密切关注项目在整个合同期的表现，尽量节约成本，并及时纠正各种缺陷。

（三）合理分担项目风险

PPP项目投资工期长、金额大、不确定因素多，需要面对很大的风险，无论由公共部门还是私方单独承担，都对项目实施不利。为保证PPP项目的成功实施，必须由公共部门和私方合理分担风险。

用好 PPP 这把利器，需遵循大型项目建设的一般规律，将项目风险在参与方之间进行合理、公平地分担，这是保证 PPP 项目运营成功的基础。一是要充分发挥各方的禀赋优势。由于 PPP 项目的参与者掌握的资源不同，应对各种风险的能力明显不同。参与方对哪种风险控制力最强，就应发挥其优势控制哪种风险。例如互联互通涉及多个国家间的合作，其政治、政策、法律等风险，私营机构承担不了或不愿承担，而政府最有能力承担，就应由政府承担。建设风险产生于项目建设过程中，承包商最有能力控制，就应由承包商承担。经营管理风险应分配给运营企业。二是各方风险和收益要匹配。高风险高收益，低风险低收益，要体现公平。唯有公平，才能将各个项目参与者持续地联结在一起，在项目寿命期内保持理性和谨慎的行为，这是构成紧密利益共同体的前提。三是各方要量力而行。承担的风险要和参与方的能力相适应，要有上限。如果投资者承担了其无法承担的风险，就会缺乏控制能力。尤其是在 PPP 项目实施阶段中，如果项目的某些风险比之前估计的高很多，就不能让某一方单独承担那些放大的风险，否则将影响风险承担者的积极性。

在 PPP 项目中，香港迪斯尼主题公园项目是合理分担风险的典型案例。在该项目中，香港特别行政区政府负责工程征地和前期的基础设施建设，华特·迪斯尼承担公园的建造和运营。在这个案例中，风险分担机制充分体现了“由最能控制该风险发生的一方承担的原则”，有效地保障了项目如期竣工开放，也保障了项目的持续良好运营。如果风险过多地集中于某一方，风险一旦发生，承担过重方困难较大无力承担风险，从而会导致整个项目的失败。

（四）专业化机构与人才作支撑

PPP 模式的运作广泛采用项目特许经营的方式进行结构融资，这需要比较复杂的法律、金融和财务等方面的知识。采用 PPP 模式，需要长时间评估，进行复杂的合同谈判，实现合理的风险分担，并实行有效监管来防微杜渐。这是一项系统且复杂的工作，需要政府成立专业机构推进 PPP 模式。2000 年，英国政府成立了合作伙伴关系组织（Partnerships UK，简称 PUK），推广 PPP/PFI 理念，为 PPP 交易提供程序和管理的技术援助。英国政府还把 PUK 与财政部的 PPP 政策小组合并，创立了英国基础设施建设局（Infras tructure UK，简称 IUK）。IUK 是作为英国财政部的基础设施融资机构，为中央政府部门以及其他公共实体提供各领域 PPP 的技术援助，负责执行全国的基础设施发展战略，为私方投资于基础设施部门，提供各种便利。在地方政府，2009年英财政部与地方政府协会联合成立了一个 PPP 单位，即“地方合作伙伴关系”，主要为地方政府提供 PPP 项目技术援助和评估服务。2000 年，澳大利亚维多利亚州建立了地方性的 PPP 单位。2008 年，澳创立全国层次的 PPP 单位，即澳基础设施（Infrastructure Australia，简称 IAU）。IAU 面向基础设施领域，负责全国各级政府基础设施建设需求和政策。IAU 核心职能是推广 PPP，同时承担一些其他工作。2008 年，IAU 与澳全国 PPP 论坛创造了一个全国性的 PPP 政策框架和标准，要求各级政府所有成本超过 5 000 万澳元的项目，必须把 PPP 作为备选模式。2003 年以来，美国已有 7 个州建立了 PPP 单位，主要功能是制定政策和业务咨询，促进美国 PPP 的发展。2009 年，欧盟整合欧洲投资银行、欧盟委员会以及欧盟成员国和候选国的力量，成立了欧洲 PPP 专家中心（European PPP Expertise Centre，简称 EPEC）。EPEC 拥有 37 个成员，汇集了欧洲 PPP 领域的高级专家，致力于分享 PPP 领域的经验，应对新挑战，为欧盟公共部门运用 PPP 提供技术援助。EPEC 的国际影响力将不断扩大。

（五）建立完善的法律、政策体系

PPP 模式有效运作需要清晰、完整和一致性的政策法规，这是发挥 PPP 优势的必要保证。美国、日本、韩国、英国、澳大利亚等不少国家对 PPP 模式进行专门立法或政策指导。如美国，2005 年美国联邦财政法修改，当时全美 50 个州中的 23 个已经完成了 PPP 法的制定。日本政府通过立法手段推动公共服务向社会开放，1999 年通过了《民间融资社会资本整备（PFI）法》（以下简称 PFI 法）；通过政府文件形式明确了“民间能做的事交给民间去做”的改革指导原则；相继发布公共服务改革的政策框架与推进 PPP 实施的 5 个指南等。这些举措为 PPP 模式在日本的推进与展开创造了良好的法律、行政和政策实施的保障和环境。2009 年，日本政府进一步修订、完善了 PFI 法，将原来法案中规定的 PFI 活动只针对道路、医院、国家及地方自治体的办公楼等实施，扩大到人造卫星领域，即将社会力量引入宇宙开发领域。韩国于 1994 年 8 月制定了《促进民间资本参与社会间接资本设施投资法》，2005 年 1 月修订了《社会基础设施民间投资法》，用来增强投资者信心、降低项目风险。

虽然英国并未出台专门针对 PPP 模式的法律，但有指导 PPP 模式实施的相关政策和指南，而且比较细致。例如，在项目模式决策方面，英国采用公共部门比较基准（Public Sector Comparators，简称 PSC）和物有所值（Value for Money，简称 VFM）的原则选择和评估 PPP 项目。澳大利亚也没有专门的 PPP 法律，但各州对 PPP 项目进行详细指导。以维多利亚州为例，其对 PPP 的指导主要分为 4 个方面：政策、指南、建议注释（Advisory Notes）和技术注释（Technical Notes）。其中最主要的是 2001 年的《维多利亚合作伙伴政策》，为政府参与 PPP 项目提供了一个大的理论框架；2003 年的《合同管理政策》（Contract Management Policy）是在认识到合同管理在保证长期物有所值重要作用时，颁布的框架性政策措施建议；2007 年的《政府公示政策》（Public Disclosure Policy）则要求政府相关部门及时告示各个 PPP 项目，包括项目的概况、组织方式和风险分担等商业属性，以满足社会大众的监督需求。

（六）诚信是根本

在 PPP 模式下，利益攸关方的合作应建立在平等诚信的基础上。私方不能以牺牲服务质量为代价，进行恶性价格竞争。公共部门也不能利用管理者的优势，获取强势谈判地位，更不能人为挤压私方的合理收益。当合同中没有明确的事项，尤其是难以预测的事件发生时，双方应以坚持诚信为本，谋求共同解决。这样做既能够减少对抗情绪，又能保证项目的顺利进行，还能维护公私双方的共同利益。

四、政府投资鼓励和引导社会资本投入农业的政策

我国正处于“工业反哺农业、城市支持农村发展”的关键时期。尽管国家的综合经济实力和产业结构特征已经具备了“工业反哺农业”和“以城带乡”的能力，但是社会主义初级阶段的基本国情决定了大规模依靠政府投资来反哺农业和支持农村是不现实的。积极运用 PPP 模式引导社会资本投入到农业和农村，是现阶段“反哺农业、支持农村发展”的重要手段之一。

（一）国家政策

2014 年 11 月 26 日，国务院下发了《关于创新重点领域投融资机制鼓励社会投资的指导意见》（国发〔2014〕60 号），部署激发市场主体活力和发展

潜力，稳定有效投资，加强薄弱环节建设，增加公共产品有效供给，促进调结构、补短板、惠民生。全文包括11个部分、39条内容，特别提出要鼓励社会资本投资运营农业和水利工程、推进市政基础设施投资运营市场化、改革完善交通投融资机制、鼓励社会资本加强能源设施投资、推进信息和民用空间基础设施投资主体多元化、鼓励社会资本加大社会事业投资力度、建立健全政府和社会资本合作（PPP）机制、充分发挥政府投资的引导带动作用、创新融资方式拓宽融资渠道。这是继党的十八届三中全会确定“允许社会资本通过特许经营等方式参与城市基础设施投资和运营”的改革方向以来，中国政府首次以国务院发文的形式，大力倡导在若干重点发展领域（不限于城市基础设施）创新投融资体制，吸引和鼓励社会资本（特别是民间资本）参与投资。该意见强调，社会资本投资运营农业和水利工程应重点抓好培育多元化投资主体、保障工程投资合理收益、通过水权制度改革吸引社会资本参与水资源开发利用和保护、完善水利工程水价形成机制等四方面的工作。

国务院文件下发以后，国家发展改革委、财政部、水利部等部委先后下发文件，出台具体落实方案，国家发展改革委下发了《关于开展政府和社会资本合作的指导意见》（发改投资〔2014〕2724号），明确了政府和社会资本合作的重要意义，指出了政府和社会资本合作应把握的主要原则，合理确定政府和社会资本合作的项目范围及模式，建立健全政府和社会资本合作的工作机制，加强政府和社会资本合作项目的规范管理，强化政府和社会资本合作的政策保障，扎实有序开展政府和社会资本合作。为贯彻落实党的十八届三中全会关于“允许社会资本通过特许经营等方式参与城市基础设施投资和运营”精神，拓宽城镇化建设融资渠道，促进政府职能加快转变，完善财政投入及管理方式，尽快形成有利于促进PPP模式发展的制度体系，财政部还专门下发了《关于推广运用政府和社会资本合作模式有关问题的通知》（财金〔2014〕76号），国家发展改革委、财政部、水利部联合下发了《关于鼓励和引导社会资本参与重大水利工程建设运营的实施意见》（发改农经〔2015〕488号），就参与范围和方式、完善优惠和扶持政策、落实投资经营主体责任、加强政府服务和监管、做好组织实施等做出了明确的规定。为加快推进调整政府投资的方向，制定社会投资项目的方案，采取股权投资和PPP等方式运用政府投资支持社会投资项目，国家发展改革委、财政部加急下发了《关于运用政府投资支持社会投资项目的通知》（发改投资〔2015〕823号），要求政府投资逐步退出竞争性领域，主要用于基础性和公益性建设，对鼓励社会资本参与的农林水利、生态环境、公共服务、基础设施、区域开发、战略性新兴产业、先进制造业等重点领域，同等条件下优先安排引入社会资本的项目。为深入贯彻落实2015年中央1号文件、《国务院办公厅关于加快转变农业发展方式的意见》（国办发〔2015〕59号）、《国务院办公厅关于进一步促进旅游投资和消费的若干意见》（国办发〔2015〕62号）等文件精神，进一步优化政策措施，开发农业多种功能，大力促进休闲农业发展，着力推进农村一二三产业融合，2015年8月，农业部出台了《关于积极开发农业多种功能大力促进休闲农业发展的通知》，指出要探索新型融资模式，鼓励利用PPP模式、众筹模式、“互联网+”模式、发行私募债券等方式，加大对休闲农业的金融支持。

（二）地方政策

2014年10月，湖南省人民政府下发了《关于鼓励和引导社会资本投资农业农村的若干意见》（湘政发〔2014〕34号）；河南省人民政府专门出台了《关于创新重点领域投融资机制鼓励社会投资的实施意见》（豫政〔2015〕14号）；甘肃省人民政府印发了《关于创新重点领域投融资机制鼓励社会投资的实施意见》。部分市也出台了相关意见，支持PPP模式发展。安徽省合肥市于2015年4月出台了《关于鼓励和引导社会资本投资发展现代农业的意见》（合政办〔2015〕12号），提出“到2020年，力争全市新增农业投资超过500亿元，培育一批农业领军企业和农产品知名品牌。”

第二节　政府引导社会资本投入农业领域

一、政府投资鼓励和引导社会资本投入农业的典型做法[①]

近年来，随着国家强农惠农富农政策体系的完善，政府对农业投入力度不断加大，与此同时，财政资金的示范和引导作用在不断增强，撬动了农户、企业、金融等社会资本对农业领域的投入。

---

① 本节的内容选自农业部软科学课题“农业PPP投资问题研究”（课题编号：Z201601），课题主持人：郭永田、龙文军。

（一）以奖代补

完成项目之后，财政会根据其实施情况，对其进行补助，以促进行业发展，通常有既定的标准，和实际发生费用不挂钩。2014 年，农业部产业化项目探索“以奖代补”的形式，对农业产业化国家重点龙头企业为农户提供贷款担保和签订订单合同带动农户的先进典型，以及发展基础比较好的国家农业产业化示范基地建设公共服务平台给予奖励。以奖励代替补贴政策能减轻政府对农业投入的财政压力，提高基层组织和农民参与的积极性，并能有效提高公共财政资金使用效率。

（二）政府购买服务

目前，各地围绕统防统治，农机深耕深松，水稻集中育秧和机插秧，油菜、棉花、甘蔗机械化收获，秸秆、尾菜等农业废弃物回收和处置，农膜回收与利用，粮食烘干等农业领域，向经营性服务组织购买农业公益性服务。

（三）贷款贴息

贷款贴息实质是用少量财政资金来分担部分农业项目借款人的贷款利息，降低资金成本，来鼓励和引导社会资本投资农业领域。目前，贷款贴息方式主要用于支持农业产业化经营方面，对实力较强、规模较大、示范带动作用显著的农业产业化龙头企业进行农产品加工项目、种植养殖基地项目、流通设施项目所需的固定资产贷款和部分项目配套流动资金的贷款分别给予 3～5 年、1 年以内的贴息。2010—2012 年，中央财政安排农业综合开发产业化项目贴息资金逐年增加，累计投入 53.67 亿元。

（四）金融机构贷款增量奖励和费用奖补

对县域金融机构涉农贷款增量给予奖励是利用有限的财政资金来鼓励和引导金融机构将更多的信贷资金投放到农业领域。目前，对涉农贷款平均余额增长超过 15%的县域金融机构，按照增量部分的 2%给予奖励，目前该政策已经覆盖了全国 25 个省（自治区、直辖市），并且对符合条件的小额贷款公司给予增加涉农贷款发放的政策支持。费用奖补主要是通过财税政策弥补金融机构发放一定条件农业信贷的业务成本和给予一定的风险补偿，来解决金融机构“不愿贷”问题，增加金融资金对农业领域的投放额度。目前，主要是对符合条件的村镇银行、贷款公司、农村资金互助社等 3 类新型农村金融机构，以及基础金融服务薄弱地区的金融机构网点，按照贷款平均余额的 2%给予补贴，有效地增加了金融机构对农业领域的贷款投放额度。

（五）设立产业投资基金

产业投资基金是由财政参与出资设立基金，采取股权投资的方式，引导社会资本投向符合现代农业发展方向的企业。2012 年财政部联合中国农业发展银行等 3 家国有金融机构发起设立中国农业产业发展基金，实现利益共享、风险共担。基金首期注册资本 40 亿元，通过市场化运作模式，综合运用多种金融工具，充分发挥财政资金的杠杆作用，引导社会资金进入农业领域，重点投资不同农业子行业的龙头企业和农村发展项目。2013 年，财政部、农业部、中化集团等单位共同组建现代种业发展基金。现代种业发展基金充分发挥财政资金的政策导向作用，广泛吸引社会资本和行业团队参与种业企业的投资。

二、农业 PPP 项目的一般特征

在国家相关政策的支持下，农业 PPP 投资已经初现端倪。社会资本加快“进军”农业，投资规模逐年增长，越来越多的社会资本选择以市场为导向、专业化分工、标准化生产、社会化协作的经营策略投入农业，将基地开发、产品加工、市场拓展有机融合。虽然有的规模不大，还不能称得上是真正的 PPP 模式，但是已经有 PPP 模式的运营雏形。社会资本投资农业的主体呈现多元化态势，既有本地的能人投资，又有外地的资本，甚至还有外国资本；既有来自第二产业工业、建筑业的，也有来自第三产业的。例如“千企带千村”“百企建新农村”，有的开展扶贫、慈善、捐助，有的是建学校、修路，也有的企业落户农村从事农业生产了，例如联想集团、中信证券等也涉足农业。联想集团在国内已经有几千亩生产基地。从区域发展来看，社会资本投资农业存在明显的区域差异，东部沿海地区农业生产基础和投资环境优越，投资农业起步较早，投资规模大，效益明显，而社会资本在中西部地区尚处于起步阶段，可选择的经营范围与盈利空间相对有限。从 PPP 模式自身的性质来看，PPP 项目具有投资额度大，周期长，项目风险高的特点，成功的 PPP 项目要求参与方有承担这三大特性所要求的能力，一些农业 PPP 项目具备如下特征：

(1) 准公益性。农业领域里一些项目的效用不可分割，成本和效益有外部性，其社会效益高于直接经济效益。需要政府部门与社会资本以特许权协议为基础进行全程合作，双方对整个项目周期负责。

(2) 有持续的收入。农业项目一般有比较稳定的效益，但不会有暴利，项目收益一般是通过 10 年、20 年甚至更长时间的合作来获得。

(3) 资金投入量大。社会资本投资现代农业项目有一定的技术含量，需要的资金投入量非常大，政府投入一部分，社会资本融资一部分，共同注资开展经营。

三、政府投资鼓励和引导社会资本投入农业的主要问题

(一) 农业 PPP 项目少

在国家相关部委的推动下，政府和社会资本合作（PPP）项目已经成为本年度最热的词汇之一，各地对 PPP 的应用项目也相继落地。从目前实践来看，真正以 PPP 模式进入农业领域的还非常少。2015 年 11 月 5 日，新疆维吾尔自治区农业厅、沙湾县柳毛湾镇鑫业农机服务专业合作社、约翰・迪尔融资租赁有限公司联合签订新疆首个农业 PPP 模式合作项目，将通过 PPP 模式为区内农机合作社购置的 200 台大型采棉机进行贴息补贴。此项目成为我国农机行业开展 PPP 合作模式的先行者。

(二) 农业 PPP 项目还不规范

农业 PPP 项目合同的长期性和复杂性使得高效、规范的操作流程设计非常困难。由于缺少统一的 PPP 项目合同文本、操作流程，在 PPP 模式应用过程中政府部门有时会设置繁多的名目来寻租，使得社会公共设施建设低效，同时也存在社会资本侵吞国有资产，存在国有资产流失的风险。由于对社会资本的审批缺乏规范、透明、可操作性的法律依据，使得社会资本投资需要较长的审批时间和复杂的审批手续。尽管政府已经明确表示放宽市场准入，允许非公有资本进入一些基础设施、公用事业及其他行业和领域，但对具体准入制度还不完善，造成了社会资本参与农业项目时面临较多的困惑。

(三) 农业 PPP 项目的盈利能力较差

农业 PPP 项目的收益能力弱，社会资本不愿意介入。一是农业生产周期

长影响投资回报周期，社会资本必须要有足够的耐心和承受力等待未来的资金回报。二是农业基础设施薄弱。农业基础设施建设投入较大，首先会把一部分社会资本挡在外面，即使部分资本勉强进入，也容易导致采取“短期行为”。三是农业生产总体水平较为低下、政府对部分农产品采取价格调控措施，农业生产环节的利润水平整体较低，投资收益有限。同时，农业生产受自然条件影响较大，不确定因素较多，常常可能让农业企业陷入“一朝富一朝穷”的周期性波动中。

（四）农业PPP项目中政府与市场的职能界定不清

作为公共利益的代表，政府部门既是项目的发起者和参与者，又是项目的监管者。在项目发起和参与方面，政府贯穿于确定项目、招标、特许权协议签订等项目的整个过程；在监管方面，政府既要负责PPP项目法律法规的制定、税收、外汇政策的调整、政治风险的避免等方面，又要负责确保私营机构提供公共服务的质量不会下降。在PPP实践中，政府部门往往把PPP项目的责任过多地推给了私营部门，合同实施过程中出现的腐败、低效、合同质量缩水等现象主要是由于政府责任缺失造成的，有些地方政府容易忽略社会资本投资农业的经营范围、经营模式，以及是否符合本地区农业发展方向，能否带动农业发展、促进农民增收等根本性问题，引入社会资本后的效果并不理想。

（五）农业PPP项目的政策支持力度还不够

目前，开展农业PPP项目还存在一些政策支撑不足的问题。一是用地政策紧。随着国家土地政策的调整，“用地难”问题十分突出，特别是农业设施用地紧张，制约了设施农业或其他需要较大规模设施用地的农业项目的发展。二是人才政策少。随着农村青壮年劳动力的大量转移，社会资本投入农村劳动密集型产业后面临的高素质劳动者不足和“用工难”的问题十分突出，日益上涨的劳动力成本也影响到社会资本的利润空间。三是金融政策滞后。社会资本投资农业，缺少抵押物或者抵押物不符合金融机构的要求，难以通过贷款审批；农业保险的品种少、覆盖面窄，社会资本经营风险较大。四是土地流转政策不明。没有签订规范合同的流转行为较多，有的流转合同标的不明，没有违约补偿和争议解决办法；更有政府力量主导农村土地流转的情况，从而使“自愿流转农地”的行为转变成“强制流转”，容易引发各利益主体之间的矛盾，出现“后遗症”。五是评估体系不健全。现有的PPP绩效评估体系存在诸多问题，如绩效评估标准不统一、评估方法不科学，再加上评估机构缺乏权威性，导致绩效评估结果缺乏约束力。

四、政府投资鼓励和引导社会资本投入农业的思路和原则

（一）总体思路

根据国家有关文件要求，以增强农业领域公共产品（服务）供给能力、提高供给效率为目标，加强顶层设计和规范引导，深化农业投资管理体制改革，通过特许经营、委托经营、投资补助、政府购买服务、股权合作等多种方式，鼓励和引导社会资本投入农业重点基础性、公益性领域，与社会资本建立利益共享、风险共担的长期合作伙伴关系，建立健全制度化、规范化、程序化的监控机制，为农业现代化和工业化、信息化、城镇化同步发展打下坚实基础。

（二）基本原则

一是坚持顶层设计。出台更加明晰、可操作的PPP投资农业项目政策体系。按照全国主体功能区划和农业优势产业布局，把社会资本投入农业同农业产业发展规划和各类现代农业园区建设结合起来，以便社会资本在进入农业领域时找准产业定位，避免投资的盲目性和趋同性。

二是坚持试点示范。要首先选择一些条件成熟、基础较好且有过探索实践的地区，作为社会资本投资农业试验区（示范区），探索总结具体做法和经验后再推广，有序推进。

三是坚持严格准入。建立社会资本投资农业准入制度，对社会资本从事农业生产要求具备的生产经营能力和履约能力进行审核，把好“准入关”；建立健全制度化、规范化、程序化的监控机制，避免弄虚作假或在中途变更经营范围。

四是坚持多方共赢。在确保政府的资金起到杠杆作用的同时，要让社会资本有利可图。既要考虑各利益相关者的资源投入情况，也要充分考虑对承担风险的合作伙伴给予一定的风险补偿，以增强合作积极性，即合作各方的利益分配必须与资源投入的大小和其所承担的风险相匹配。建立企业与农民之间紧密的利益联结机制，使农民能够分享企业发展壮大的“红利”，增加农民收入。

（三）运营机制

PPP项目作为一种契约模式，应充分考虑投入比例、风险分担、合同执行度、贡献度等多方面因素的综合作用，建立健全的运营机制，由农业主管部门确定农业PPP投资项目，制定农业PPP投资项目的年度和中期开发计划，然后通过招标方式引入社会资本，社会资本与农业部门或其授权机构签订PPP合作协议，独自承担或合作共建新的项目公司承担PPP建设项目的设计、建设、运营和维护的大部分工作，通过使用者付费和必要的政府投资获得合理投资回报，同时，农业部门负责做好公共产品和服务的价格和质量监督。

在利益分配时，必须确定合理的利益分配的最优比例，促使PPP利益相关者共同努力、协调发展。因此，需要建立激励机制和相互信任机制，保障各利益相关者积极合作。

五、政府投资鼓励和引导社会资本投入农业的重点领域选择与模式设计

未来，应重点围绕农业基地与园区建设、农业基础设施建设、农业资源环境保护与利用、农业公共服务等四大重点领域，创新投融资模式，通过PPP模式来鼓励和引导社会资本投入。

（一）农业基地与园区建设领域

1. 现代农业示范区建设

（1）建设目的与主要内容。早在2010年中央1号文件就明确提出创建国家现代农业示范区，“立标杆、作示范、激活力”，以此带动全国现代农业建设。运用PPP模式参与建设现代农业示范区主要目的是转变原有的财政补助模式，在解决“融资难”的同时，提高财政资金的使用效率，提升示范区内基础设施服务水平和运营能力。建设的主要内容主要集中在基础设施建设和配套生产设施装备，具体包括示范区内水、电、路等基础条件配套设施，以及具备标准化、规模化、机械化、无害化安全生产条件的设施装备。

（2）模式选择与项目收益。现代农业示范区建设可以采取BOT（建设—经营—移交）或者BTO（建设—移交—经营）的模式来进行建设。具体来说，政府以国有资产股权入股，引入社会资本合作成立项目公司，由政府授权，通

过项目公司来筹集资金对现代农业示范园区进行设计、建设和日常管理维护。融资来源包括：一是政府和企业成立项目公司初期投入的资本金；二是银行贷款。收益主要来源于以下几个方面：一是现代农业示范园区的设施项目运营收益，例如园区土地出租收益；二是为园区提供农药化肥等农资经营收入；三是线上、线下物流和销售等服务性收入。

（3）项目主体及职责。项目主体包括政府部门和企业。其中，政府部门作为投资者、监管者和服务者，发挥其在现代农业示范园区建设中的规划、招商和管理优势，提供相关服务。企业作为园区的投资者、建设者、运营者和维护者，按照规划进行融资建设，并且在特许经营期内，发挥经营管理优势，负责园区的平台化经营和维护。

2. 种业生产基地建设

（1）建设目的与主要内容。我国是农业生产用种大国，农作物种业是国家战略性、基础性核心产业，是促进农业长期稳定发展、保障国家粮食安全的根本。种业生产基地建设主要为国内育种企业提供稳定的可靠种子生产基地和高水平的育种服务，提升我国种业科技创新和良种供应保障能力。种业生产基地建设包括育种创新基地建设、新品种测试中心建设、品种区域试验站、种子质检设施、现代化种子加工中心和配送体系建设等项目。

（2）模式选择与项目收益。种业生产基地建设具有投资周期长、投资大、育繁基地稀缺等特点。因此，可以采用BTO（建设—经营—转让）融资模式，通过招投标选择实力较强的项目公司，在种子生产大县（场）或生产优势县（场）开展种业基地建设，配套建成一批大型现代化种子加工中心，形成相对集中稳定的标准化、规模化、集约化、机械化种子生产基地。融资来源包括两个方面：一是项目公司股东的注册资本金（政府和社会资本出资比例为40∶60）；二是项目的非资本金融资——主要是银行贷款。收益主要包括以下几个方面：一是基地为种业企业提供相关育种服务收费；二是基地内商业空间租赁费（如办公、餐饮、超市、旅馆及停车场等）；三是种子企业育种占地租金和政府补贴。

（3）项目主体及职责。地方政府作为项目的法定招标管理机关，通过授权代理公司或者农业主管部门具体负责招标文件的准备。公共部门合伙人可以是经授权的当地国有农业贷款担保公司或国有资产管理公司；社会资本合作伙伴则可以选择有实力的育种企业、工程建设公司或者由银行、种子企业等多方组成的联合体。

地方政府职责：一是授权项目公司对种业生产基地进行投资、融资、设计、建设，并在特许经营期内，按照特许权协议条款种业生产基地进行运营、维护和管理；二是统一规划基地建设用地和育繁土地，无偿提供给项目公司使用，但是项目公司得承担场地的土地一级开发费用。

项目公司职责：一是负责对种业生产基地进行投资、融资、设计、建设，并在特许经营期内，按照特许经营条款和条件对种业基地进行运营、维护、修理，特许经营期满后，将移交政府或者政府指定部门；二是通过市场化方式经营，为种子企业提供服务，收取服务费用，收回建设成本，并向政府缴纳一定的特许经营费用。

3. 休闲农业基地建设

（1）建设目的与主要内容。休闲农业作为农村一二三产业发展的融合体，近年来发展迅猛，在促进农业提质增效、带动农民就业增收、传承中华农耕文明、建设美丽乡村、推动城乡一体化发展方面发挥了重要作用。运用 PPP 模式建设休闲农业基地主要是为扩宽休闲农业基地建设的融资渠道，提供优质的休闲农业基础设施和服务，丰富群众生活，同时引进先进的休闲农业领域管理团队和管理经验，提高运营效率。建设的主要内容包括：休闲农业观光娱乐设施、道路、停车场、超市、旅店、餐饮等基础设施。

（2）模式选择与项目收益。休闲农业具有基础设施建设投入大、运营管理要求高、项目综合性强等特点，同时也具有较强的、可持续的潜在盈利能力。因此，可以采用 PPP 模式来进行融资建设，具体操作如下：政府通过政府采购或招投标等方式与企业形成契约关系，并签订特许经营合同，成立项目公司，由项目公司负责休闲农业项目的资金筹集、建设、经营和维护。政府和项目公司签订特许经营协议保障双方利益。收益主要来自：一是休闲农业基地观光门票收入；二是商业空间（如办公、餐饮、超市、旅馆及停车场等）的租赁收入。

（3）项目主体及职责。项目主体主要包括政府、社会资本以及共同成立的项目运营公司。其中，政府职责包括：一是规划休闲农业基地用地；二是为休闲农业基地提供电力、水和其他公用设施；三是投资入股项目公司，或者提供政府补贴；四是帮助项目公司获得信贷资金。项目运营公司主要负责综合实施休闲农业基地计划，具体包括：一是筹资、建设和管理休闲农业基础设施；二是特许经营期内，负责具体运营休闲农业基地。

4. 标准化养殖小区建设

（1）建设目的与主要内容。建设标准化养殖小区主要是为了转变畜牧业生产方式，解决畜禽养殖污染问题，做好疫病统一防治，从源头上保障畜禽产品质量安全。主要建设内容包括：标准化养殖圈舍、管理用房、养殖小区的水电路等基础设施、通风设施、饲料加工仓库、兽医室及常规防疫检测设备、消毒池（室）等消毒设施、粪污设施（包括新建排污管道、改造发酵池、沉淀池、污泥池及其附属）、病死畜禽无害化处理设施等。

（2）模式选择与项目收益。标准化养殖小区建设可以采用BLOT（建设—租赁—经营—移交）模式参与建设。由政府通过公开招投标选择社会资本进行合作成立项目公司，由项目公司负责标准化养殖小区的设计和建设。标准化养殖小区建成后，政府授予项目公司20年的特许经营权，项目公司在特许经营权期限内，通过租赁的方式将标准化养殖圈舍租赁给畜禽养殖主体（养殖大户、合作社、家庭农场、农业龙头企业）使用，并提供相应服务，负责标准化养殖小区的运营和维护，特许经营期满后，将标准小区无偿移交给政府或者政府指定机构。

项目融资：一是政府负责标准化养殖小区建设用地的无偿划拨，并以土地入股项目合作公司；二是政府和社会资本入股项目公司的注册资本投入；三是银行信贷资金。

项目公司收入来源：一是标准化养殖圈舍租赁收入；二是政府的补贴资金；三是动物防疫等服务、粪污处理、病死畜禽无害化处理等服务性收费。

（3）项目主体及职责。本项目共涉及三大主体，包括政府等部门、项目公司、畜禽养殖主体。其中，政府部门的主要职责：一是负责标准化养殖小区建设用地规划，并无偿划拨；二是为标准化养殖小区提供电力、水等公用设施；三是给予标准化养殖小区相关的补助。项目公司负责标准化养殖小区的融资、设计、建设、运营和维护，并为养殖主体提供相应的服务；养殖主体负责标准化养殖圈舍的维护，并根据协议按时缴纳圈舍租赁费。

5. 设施农业生产基地

（1）建设目的与主要内容。PPP模式参与设施农业基地建设主要是为了扩大融资渠道，解决设施农业生产基地融资难问题，建立高效、节能、环保的现代化农业生产基地，并逐步延长和扩展产业链。主要建设内容包括以下三部分：一是设施农业生产核心区建设，包括综合管理中心、农产品交易物流中心、现代设施农业科技示范区（现代化育苗工厂区，引种、扩繁种植区；万吨蔬菜水果加工厂；现代农业生产成果展示功能区）。二是设施农业示范区建设，包括蔬菜、水果等温室大棚，以及配套水利设施。三是为基地内水、电、路、气等各方面提供完善的基础设施保障。

（2）模式选择与项目收益。考虑到设施农业投资量较大、基地设施使用寿命有限和调动社会资本积极性难等原因，建议设施农业基地建设采用 BOO（建设—拥有—经营）模式。由政府和农业产业化企业签订协议，共同出资成立项目公司，由政府根据项目规划集中流转成片土地，较长期限内租赁给项目公司进行设施农业基地建设、运营和维护。项目公司拥有设施农业基地内的土地经营权和地面资产（土地除外）。资金来源：一是财政资金投入；二是社会资本对项目公司的投入；三是银行信贷资金。收益来源于设施农业基地的经营性收入以及设施大棚的出租收益。

（3）项目主体及职责。本项目涉及主体包括政府部门、项目公司。其中，政府的主要职责：一是负责设施农业基地建设用地规划；二是为设施农业基地提供电力、水等公用设施；三是给予一定的财政补助等。项目公司负责设施农业基地的设计、建设、运营和维护，并缴纳相应的土地流转费用。

（二）农业基础设施建设领域

1. 高标准农田建设

（1）建设目的与主要内容。为保障国家粮食安全，围绕主要农产品产能提升，按照“旱能灌、涝能排、田成方、路成行、土肥沃、功能全”的要求建设现代化生产基地。建设的主要内容包括土地平整、农田水利设施配套和田间道路等。

（2）模式选择与项目收益。高标准农田建设具有投资大、投资回收期长、有潜在的盈利能力等特点，并且考虑到农地用途和权属关系不变等因素，因此，可以采用 BOT（建设—经营—转让）融资模式来进行筹资建设。政府和社会资本按照 20∶80 的出资比例共同成立项目公司，其中政府出资部分来自高标准农田项目建设资金。项目收益主要来源于以下三个部分：一是土地平整完成后新增耕地所置换出的建设用地指标出让收益（该收益按 20∶80 在政府和社会资本之间分配）；二是特许经营期内，经平整后新增耕地所产生的绝对地租收益（该收益归项目公司所有）；三是特许经营期内高标准农田建成后所产生的级差地租收益（该收益归项目公司所有）。

（3）项目伙伴选择与职责。由农业主管部门代表政府作为项目的发起方，负责项目特许经营权的招标事宜，选择有实力的社会资本作为项目合伙人。由地方国有资产经营管理有限公司或者国有农业投资担保公司代表政府作为公共部门与社会资本共同成立项目公司，并授予20年的特许经营权。项目合伙人可以是技术公司（如土地整理公司），也可以是股份合作企业。其中，项目公司负责筹集安排项目建设所需的资金，按照高标准农田建设标准进行建设以及后续运营和维护。同时，在农地整理中，项目公司应当保证一定数量的农村劳动力就业，且有权将土地整理过程中通过填平沟壑、清楚地界等方式多出来的耕地指标出让和经营收入作为项目公司的盈利来源；政府部门负责安排集中连片的耕地，为项目提供一定金额的从属性贷款担保，并规定利率、还款年限等，作为对土地整理项目融资的信用支持。

2. 农产品仓储物流设施建设

（1）建设目的与主要内容。历年中央1号文件中曾多次提出要发展现代流通方式和新型流通业态，积极发展以鲜活农产品冷藏和低温仓储、运输为主的冷链物流系统。同时，食品冷链的发展直接关系到人们的生活健康，为确保食品安全，必须加强食品冷链物流的建设及管理。运用PPP模式进行农产品仓储物流设施建设的目的是通过建设集现代农产品冷链仓储、物流、配送服务为一体的服务体系，来提高当地农产品仓储物流能力，保障当地菜篮子安全，同时降低产后减损，增强农产品对周边地区的辐射能力。项目建设的内容主要包括：农产品冷藏（冻）库、调度配送中心、农产品检测中心、办公楼、宿舍楼、车库和车辆维修中心以及排水供电等其他公用工程。

（2）模式选择与项目收益。农产品仓储设施建设的模式可以采用BOT（建设—经营—转让）模式，由政府以招标方式确定项目建设和运营企业，然后由企业投资建设仓储物流设施，政府授予企业特许经营权向仓储设施使用者收费，运营一定年限后，将仓储设施交由政府。融资来源包括三个方面：一是初期政府投资，二是企业自有资金，三是银行贷款。收益来源包括仓储、配送服务收费，农产品质量监测服务收费以及经营性物业租赁收入。

（3）项目伙伴选择与职责。项目涉及政府为代表的公共部门和以农产品加工企业、农业投资公司为代表的社会资本。其中，政府的主要职责：统一规划建设用地，并无偿划拨给农产品仓储物流设施建设运营主体使用；为农产品仓储物流设施提供电力、水和其他公共设施；投资入股项目公司或者给予补贴、用水用电等优惠政策。社会资本主要负责农产品仓储物流设施的融资、设计、建设和运营维护，并有权通过提供服务来收取费用，待项目经营期满后，无偿移交给政府。

3. 渔港设施建设

（1）建设目的与主要内容。渔港设施建设主要是为了改善渔港基础设施条件，提高渔业防灾减灾能力，增强公共服务效率。渔港建设的主要内容包括码头、防波堤、护岸，以及港池疏浚、陆域形成、执法办证中心等配套工程，还有通信、环保、浮标等相关设施设备，同时还有水产品深加工、冷冻贮藏、物流配送、水产品交易等经营性设施场所。

（2）模式选择与项目收益。渔港建设具有投资大，建设周期和资金回收周期较长、准公共性且建成后可以通过服务收费形成稳定持续的现金流等特点，符合运用 PPP 运用条件。具体模式选择需要根据具体情况来判断。如果是新建渔港，则可以采用 BOT（建设—经营—移交）模式；若是在原有基础上翻建或者扩建，则可以采用 TBT（转让—建设—转让）、TBT（转让—建设—转让）和 TOT（转让—经营—转让）相结合的模式。由政府和社会资本共同出资成立项目公司，负责建设或扩建渔港设施，并授权特许经营，通过收费和物业出租收回成本。主要融资来源：一是政府的资本投入；二是社会资本的注册资本投入；三是银行信贷资金。主要收益来源包括服务收费，水产品深加工、冷冻贮藏、物流配送、水产品交易等经营性设施场所的租赁收入。

（3）项目伙伴与职责。项目主要合作伙伴包括政府、渔港建设企业和银行组成的联合体。其中，政府职责主要是渔港项目的规划和审批，建设用地的无偿划拨（土地一级开发费用由项目公司承担），资本金的投入，并授权项目公司对渔港设施进行投资、融资、设计、建设等。联合体主要负责渔港项目的项目投资、融资、设计、建设，并在特许经营期内，按照特许经营协议条款对渔港进行运营、维护和修理，提供相应的公共服务。

4. 农村网络通信设施建设

（1）建设目的与主要内容。农村网络通信设施主要包含农村区域固定电话、移动通信、网络通信等基本设施。与城市不同，农村没有高密度的居住人群，同时由于收入水平较低，特别是广大西部地区，农村网络通信设施基础薄弱，农民享受到的信息化服务供给还不够。运用 PPP 模式建设农村网络通信设施，主要是为了解决农村网络通信服务投入资金缺乏，降低运营成本，增加信息化公共服务供给范围和内容，提高公共产品供给效率。建设主要内容包括：物联网促进生产智能化、电子商务、信息化为农服务系统。

(2) 模式选择与项目收益。可以选择 BOO（建设—拥有—经营）模式，由政府授权信息服务公司进行筹资建设，并且通过政府购买公益性信息和经营性信息服务收费等方式来回收成本，并获得一定合理利润。融资来源：一是政府的资本投入；二是社会资本的注册资本投入；三是银行信贷资金。

项目主要收益来源：一是政府购买农业公益性服务所支付的费用；二是经营性信息服务收费；三是广告收入；四是政府的可行性缺口补贴。

(3) 项目伙伴与职责。公共部门主要负责授权信息服务公司进行特许经营，并且提供一定的政策优惠，通过政府购买公益性信息服务的形式来支持项目建设。社会资本主要负责信息化基础设施建设、运营和维护，并且根据协议要求提供相应的信息服务。

（三）农业资源环境保护与利用领域

1. 农村沼气建设

(1) 建设目的与主要内容。发展农村沼气是一项公益性事业，具有量大面广、涉及多学科多行业、对建设技术要求高、投资大等特点，普通农户建设由于资金和技术难以承受。以市场为导向，以效益为目标，在原料规模化收集有保障、天然气气源短缺、用户需求量大的农村地区开展沼气建设，有利于促进农村环境改善、农民增收节支和农业可持续发展。沼气建设可以分为两个层次组织，大型沼气建设可以与畜牧业规模化养殖相配套，在养殖业发达和污染严重的地区开展，供养殖场使用或发电上网；中小型沼气建设在人口集中、原料丰富的地区开展，主要用于村组居民和新农村集中供气，推进美丽乡村建设。

(2) 模式选择与项目收益。具体模式可以根据实际情况，采用 BOT、BOO、BT、BTO 等方式，与沼气专业运营机构合作，鼓励其进入农村沼气建设领域。政府通过招投标，选择专业沼气建设运营机构，成立项目公司，授予特许经营权负责辖区内沼气建设运行。项目公司根据特许经营权和合同规定，筹集资金建设并运营沼气池，获得利润，收回成本。政府设置财政性缺口补贴，保障项目的收益。待特许经营期满后，项目公司将沼气等设施移交给政府或政府指定机构。融资来源：一是政府的资金投入；二是沼气专业运营机构的资金投入；三是银行贷款。收入来源：一是政府的项目补贴；二是处理农村秸秆、畜禽粪便等废弃物的收费；三是沼气发电收入和供气收入。

（3）项目伙伴选择与职责。农村沼气建设具有较强的专业性，因此，在选择项目合作伙伴时候应选择专业技术过硬、资金实力雄厚的专业机构进行合作建设。其中，政府主要职责包括：一是协调沼气建设用地安排；二是给予项目初期一定资金投入和其他支持；三是安排可行性缺口补贴，保障项目具有一定的营利性。社会资本主要负责沼气建设规划、选址、筹资、建设、运营和维护。

2. 农村环境治理工程（垃圾、污水）

（1）建设目的与主要内容。中国要美，农村必须美。农村环境的主要污染源是农村污水和农业生产、生活垃圾。而农村污水处理、生活生产垃圾处理焚烧发电均可采用 BOT 模式，引入社会资本，提高公共服务水平，解决农村公共服务提供不足和运营效率较低的问题。建设的内容包括：农村生活污水处理工程（含污水管网、污水处理设施）和农村生产生活垃圾焚烧发电工程。

（2）模式选择与项目收益。农村环境治理工程项目可以采用 BOT（建设—经营—转让）融资模式进行建设。以农场污水处理为例，可以将整县制的农村污水处理打包成一个大项目，以满足最低经营门槛要求。政府可以授权县级城市建设投资公司，通过公开招标、邀请招标、竞争性磋商等方式来引入有资质、有实力的污水处理公司，共同组建农村污水处理项目公司，来负责农村生活污水收集管网建设和农村生活污水处理厂站和终端处理设施建设，并通过服务收费、政府补助等形式来取得合理利润。资金来源：一是政府的前期投入；二是社会资本在项目公司的注册资本投入；三是银行贷款。收益来源主要包括项目公司污水治理收费和政府项目补贴。

（3）项目伙伴与职责。注重选择具有污水处理经验的水务公司。政府部门负责统筹协调和设施用地规划，并提供初期注册资本。项目公司负责对设施进行筹资建设、管理、运营和维护。

（四）农业公共服务领域

1. 植物保护服务

（1）建设目的与主要内容。现代植保体系事关粮食安全、农产品质量安全、生态环境安全和农民增收。运用PPP开展植物保护服务建设，主要目的是加强植物保护基础设施建设，提高植物保护服务能力和水平，提高植物保护服务的供给效率。建设内容包括植物保护办公用房、农作物病虫害监测预警信息系统、病虫诊断和防控指挥系统、检疫审批和疫情追溯系统，以及配备病虫调查监测、信息传输、检验检疫、防控处置等相关仪器设备。

（2）模式选择与项目收益。政府可以采用BTO（建设—移交—经营）模式或者TOT（转让—经营—转让）模式来进行建设。政府通过筹资、投资进行植物保护设施建设，并根据协议将设施转让给农民专业合作社或者专业植保公司等社会资本进行运营和维护，并且提供公益性植物保护服务。融资来源：项目基础设施建设资金主要靠政府财政投入；项目运营资金主要来自社会资本。收益来源：一是政府购买公益性植物保护服务的收入；二是市场化经营性植物保护的收入。

（3）项目伙伴选择与职责。政府在植物保护合作对象的选择上应优先将有专业知识和服务能力的农民专业合作社纳入考虑范围，以此来增强其在提供植物保护服务中的作用。其中，政府作为公共部门的主要职责：一是负责植物保护设施建设的选址、用地划拨和基础设施建设；二是采用购买公益性服务的方式来支持项目建设；三是给予一定的用水用电等政策优惠。社会资本主要负责植物保护服务设施的运营和维护，并且根据协议条款提供相应的公益性植物保护服务，按时向政府缴纳设施租赁费用，待特许经营期满后，无偿移交给政府或者政府指定机构。

2. 动物防疫设施建设

（1）建设目的与主要内容。运用PPP模式开展动物防疫设施建设，主要是为了加强基层动物防疫体系基础设施建设，提高动物检疫水平和公共服务供给效率。主要建设包括动物防疫室、冷链体系、医疗器械设备、配备疫苗贮存、畜产品质量安全速测、病死畜禽无公害处理及畜牧良种技术推广设备等。

（2）模式选择与项目收益。政府可以采用BTO（建设—移交—经营）模式或者TOT（转让—经营—转让）模式来进行建设。政府通过筹资、投资进行动物防疫设施建设，根据协议将设施转让给社会资本进行运营，由社会资本进行提供相应的公益性动物防疫服务，以此提高公共服务的供给效率。融资来源：项目建设资金主要靠政府财政投入；项目运营资金主要来自社会资本。收益来源：一是政府购买公益性动物防疫服务的收入；二是市场化经营性动物防疫服务收入。

（3）项目伙伴选择与职责。政府作为公共部门的主要职责是：一是负责动物防疫设施选址、用地划拨和基础设施建设；二是采用购买公益性服务的方式来支持项目建设；三是给予一定的用水用电等政策优惠。社会资本主要负责动物防疫设施的运营和维护，并且根据协议条款和条件提供相应的动物防疫公共服务，并且按时向政府缴纳设施租赁费用，待特许经营期满后，无偿移交给政府或者政府指定机构。

3. 农机作业服务

（1）建设目的与主要内容。农机作业服务领域中农机仓储设施建设一直是新型农业经营主体机械化水平提高的障碍。农机仓储设施最大的难题在于设施用地的缺乏和建设资金短缺，但是通过政府和社会资本合作（PPP 模式）可以很好化解以上难题。PPP 模式参与农机作业服务主要是农机仓储等基础设施建设和农机设备购置。

（2）模式选择与项目收益。农机作业服务可以采用 LBO（租赁—建设—经营）模式来开展政府和社会资本合作。政府将在规模化经营集中地区、粮食主产区统一规划、统一建设农机仓储设施，并且与农机企业合作购置相关农机具，通过竞价招标将建设好的农机仓储设施和农机设备租赁给农机专业合作社，并向使用者收取一定的费用。租赁期满并收回建设成本后，政府可以将农机仓储设施继续竞价招标对外承包或者移交给当地村集体或者农民合作社负责管护。融资来源：一是农机仓储设施建设资金主要来自政府投资，少部分来自农机专业合作社投入；二是农机购置资金主要来自农机合作社资金和农机购置补贴资金。收益来源：一是农机仓储服务收益；二是农机作业服务收益。

（3）项目伙伴选择与职责。本项目合作主体伙伴涉及政府、农机企业、农机专业合作社。其中，政府的主要职责是规划农机仓储选址及用地审批，提供建设资金和农机购置补贴资金。农机企业主要负责提供优质的农机，并且负责农机维护和修理。农机专业合作社负责农机仓储设施的运营和维护，并且提供农机服务。

第三节　规范工商资本进入农业的行为[①]

一、建立工商资本转入土地的准入制度

早在2001年中央文件就提出，不提倡工商企业长时间、大面积租赁和经营农户承包地。《农村土地承包法》（2009年修正）第三十三条规定，土地流转“受让方须有农业经营能力”；第四十八条规定，“由本集体经济组织以外的单位或者个人承包的，应对承包方的资信情况和经营能力进行审查后，再签订承包合同。[②]”这些规定，为建立工商资本转入土地的准入制度提供了法律依据。2013年中央1号文件也提出明确要求，“建立严格的工商企业租赁农户承包耕地准入和监管制度”。一般而言，准入至少包括准入主体和准入行业两个方面。

（一）准入主体监管

设定工商资本进入农业领域的准入资格条件，既是维护良好土地流转市场秩序的需要，也是对工商企业负责、控制企业经营风险的需要。准入资格制度应包括以下几个方面：一是对企业资质进行审核，查验拟转入土地的企业是否具备相应的农业经营能力、资金实力、技术力量和管理团队等。二是对经营项目进行审核，查验项目是否符合产业政策、符合当地产业规划、达到生态环境保护的基本要求[③]。三是确定流转规模上限。要求各省直接规定、或授权市、县规定本行政区域内转入土地规模的最高限额，一般以达到当地农业机械化的合理标准为宜，防止土地流转过程中出现过度兼并土地等危害社会安全的行为。农村土地承包经营权流转给工商企业等农业经营实体，在流转合同签订前，出让方可申请所在地农村经管部门组织有关单位对受让方的农业经营能力情况进行审查，审查未通过的，原则上应不予以准入，并以书面形式告知申报

---

① 本节的内容选自农业部软科学课题“工商资本进入农业问题研究”（课题编号：Z201304），课题主持人：曹利群。

② 李永生、程鸿飞，工商企业租赁农户承包耕地要监管，农民日报，2013年2月2日。

③ 贺军伟、王忠海、张锦林，工商资本进入农业要“引”更要“导”——关于工商资本进农业的思考和建议，农村经营管理，2013年第7期。

主体。

（二）准入行业监管

严格限定工商企业进入农业的产业类别、农地类型和生产环节。鼓励工商企业进入产前的制种、育秧，产中的植保、防疫、机械化服务和产后的收割、加工、运输、销售等环节，发展现代农业服务业。允许工商企业利用荒山、荒地、荒坡、荒滩或非基本农田发展林果等农业特色产业。限制工商企业大规模流转基本农田从事粮油、蔬菜等大宗农产品生产，禁止粮油生产大县、核心粮油生产基地工商企业转入土地后变更作物种植结构，严禁非粮化非农化。各地都要划定基本农田和粮食播种面积底线，每年进行动态掌控，在底线之上时，对工商企业转入土地管理可以相对宽松；一旦靠近底线，对转入基本农田及其改变用途进行严格限制。

二、建立土地用途分类和监管制度

从一些农业发达国家的经验来看，为体现市场经济的公平竞争原则，对农业经营主体的直接分类监管往往借助于土地用途分类和监管来实现。只要把土地的用途划分清楚了、严格监管住了，就能够达到引导主体合理分工的目的，就能够实现对土地流转正确方向的把控。无论在哪个国家，土地的经济价值都是和其用途密切相关的。因此，各国都将用途管制作为土地管理的一项基础性制度，对农业用地的流转管理也不例外。用途分类越是科学详细，用途变更规则越是完备细致，就越没有必要担心农村土地流转可能带来的社会问题，也就没有必要设置过多的流转程序和手续来限制流转。同时，也只有借助于完善的土地用途管制制度，才能从根本上杜绝工商企业下乡开展“圈地运动”。

（一）健全土地规划控制体系

土地规划是按照用途分类，控制各类用地规模、合理配置土地资源、实现社会公共利益的主要手段。要抓紧制定乡镇和村级的土地利用总体规划，对各类用地需求作出合理安排，正确处理好农用地与建设用地之间的关系，划定永久性基本农田保护区。严格落实法律规定，基本农田流转后不得改变基本农田性质，不得从事种树、挖鱼塘、建造永久性固定设施等破坏耕作层的活动。对乡镇土地利用规划整个实施过程进行计划、组织、协调和控制，如发现某种行为可能导致不同程度地偏离目标时，应及时采取措施纠正偏差，最终实现保障规划目标。各级财政可拿出一定的资金，对土地利用规划成功实施的乡镇给予必要的奖励。

（二）加大用途转移的监管力度

严格禁止和严厉查处借土地流转之机，将农业用地转变为建设用地或事实上的建设用地，将农业用地转变为旅游用地、公园用地、房地产开发配套用地等行为。加强对土地流转的“全程监管”，探索建立农业用地流转后土地质量评估制度与用途质量督查制度，重点监管流转土地用途、流转土地租金支付、工商企业进入农业的进度等情况。比照工商登记中把企业主营项目、兼营项目以文字形式载于营业执照的做法，把农业用地的具体用途（包括是种粮食还是经济作物等）明确记载于土地承包经营权证。无论是否参与土地流转，无论转入土地的主体是谁，凡是超出经营权证所记载用途范围的，必须通过有关部门审批。加强对规模以上土地流转项目的年度检查，由农业行政主管部门按“分级审查”的原则，分级进行跟踪审查和评估，重点加强对规模经营主体的用途监管，原则上100亩以上的全部按要求进行备案，500亩以上的全部按要求进行用途督查。

三、建立工商资本转入土地风险防范机制

（一）对流转过程进行登记备案

登记备案是处理土地流转纠纷、防范流转风险的基础性工作。一旦出现违规行为，备案后可以进行清晰的责任认定。要以实施土地流转合同制和备案制为重点，大力推行流转合同规范文本，建立流转合同签证和备案登记制度。乡镇农经管理部门应对较大规模流转土地的业主的资质和资信状况进行审查，并督促和指导土地流转双方签订流转合同并进行备案，检查土地流转是否依法有偿自愿、合同签订是否规范，土地流转费用是否双方认可[①]。委托流转的，要求必须有承包方的书面委托书；以转包、互换、出租、入股等形式流转的，要

① 贺军伟、王忠海、张锦林，工商资本进入农业要“引”更要“导”——关于工商资本进农业的思考和建议，农村经营管理，2013年第7期。

求必须向发包方备案；以转让方式流转的，要求必须向发包方提出转让申请；以转让、互换方式流转的，要求必须及时注销、变更土地经营权证书；受让方将土地实行再流转的，要求必须取得原农户的同意。

（二）建立健全风险防范机制

率先在土地流转面积较大地区，采取政府补助、流入方缴纳等方式，探索设置土地流转风险保障基金，有效开展土地流转风险的预防、控制和处置工作，及时协调和化解土地流转中出现的纠纷，保障农民流转后的土地权益和农村社会稳定。风险保障金可由县市和乡镇两级财政土地流转风险补助资金、村土地流转风险准备金和业主土地流转保证金组成，其中县市、乡镇两级财政按可按上年新增土地流转面积、以一定的标准提取①。土地流转面积超过 500 亩以上的工商企业，原则上按不低于本年度土地流转租金的数额缴纳风险保障金，并且，实行缴纳企业专户存储管理，待土地流转合同到期后返还本息。探索土地升值部分在工商企业和农民之间合理分享的有效办法，完善土地流转价格递增机制，引导流转双方按照综合物价指数、约定递增年限及比例等方式，测算并确定合同期内每年土地流转价格递增的幅度。同时，强化被租地农民优先雇工权利，要求工商业在转入土地后，必须优先雇佣被租地农民从事相关农业生产②。对单位土地产出效益高、解决本地就业数量多、生态功能显著的工商企业，实行税费减免或以奖代补。对超过一定面积的规模经营主体，制定专门的农业保险补贴政策，设计专门的保险产品，降低经营规模扩大后可能增大的自然风险和市场风险。

（三）建立风险预警机制

采取相应措施，对工商企业进入农业领域建立风险预警机制，及时预警当地农业各产业的风险情况，努力减少工商企业盲目跟风进入可能带来的投资风险，防止部分工商企业投机行为可能给农业带来的负面影响，同时也可促进工商企业在农业领域健康发展。要探索建立农业投资环境综合评价制度及信息发布制度，用完备的评价指标体系和科学的研究方式对投资者关注的因素进行全

---

① 涂圣伟，青涩之果：工商资本进入现代农业，上海证券报，2013 年 12 月 3 日。

② 邵科，如何看待社会资本进入农业与家庭农场，农产品市场周刊，2013 年第 19 期。

面评估并定期发布[①]。跟踪分析当地工商企业转入土地规模、农业经营项目投资进度等信息，对可能出现的风险进行预警。逐步实行租金预付制，工商企业自土地流转合同签订生效后的一段时间内按要求预付全年土地流转租金，自第二年起在每年年初预付全年土地流转租金。

四、完善土地承包经营权入股的配套制度

（一）推动土地入股与社会保障衔接

引导工商企业在把土地承包经营权入股后，与农户参与的新型农村养老保险和新型农村合作医疗年度缴费制度挂钩。鼓励工商企业将应付给入股农民的红利、租金等款项的一定比例，直接转入到为农户建立的社会保障与医疗保障账户，并逐步把社会保障与医疗保障账户管理和户籍管理联系起来。

（二）鼓励以合作社为主体入股

实现土地入股，最好不要以单个的农户分别入股工商企业，而应引导农户组建合作社、再由合作社代表农民集体入股工商企业。因为农民的利益最终需要农民自己保护，农民也只有提高组织化程度才能更好地保护自己。与单个农户相比，合作社的规模更大，能够更好地与工商企业进行谈判，也能够更好地节省工商企业的谈判成本。

（三）细化完善相关入股条款

在现有法律框架下，为防止因股份转让与承包法之间可能出现的冲突，应明确规定土地股份流转的受让对象限定为同一集体经济组织成员或集体经济组织本身。在集体经济组织及其成员均不愿意受让的情况下，应允许入股农户以现金或其他实物赎回股份、换回土地承包经营权。在工商企业破产清算后偿还债务前，要求其他出资人必须将入股的土地承包经营权收回，当出资人不愿意或无力收回时，可由集体经济组织或其成员出资赎回，禁止直接以入股的土地承包经营权股份用来清偿公司债务或分配给其他非集体组织成员。允许工商企

---

① 浙江省发展和改革委员会课题组，掀起工商企业投资农业高潮——浙江省工商企业投资农业研究，浙江经济 2006 年第 4 期。

业就对入股的承包经营权保底分红做出特别约定，入股农户保底分红应优先于其他非农股东，并应规定工商业必须在税后利润分配之前另外提取保底分红公益金。当公司有盈利时，入股农户除获得保底分红外，还有权和其他股东平等参与公司利润分配。

第四节　社会资本进入农业领域行为规范机制研究[①]

一、社会资本进入农业领域的企业投资行为规范

社会资本的主要拥有者是企业家。企业家是经济活动的重要主体。改革开放以来，一大批优秀企业家在市场竞争中迅速成长，一大批具有核心竞争力的企业不断涌现，为积累社会财富、创造就业岗位、促进经济社会发展、增强综合国力作出了重要贡献。社会资本进入农业领域，对于在农业领域弘扬优秀企业家精神，更好发挥企业家作用，激发农村和农产品交易市场活力、实现经济社会持续健康发展具有重要意义。

（一）明确自身的社会责任

企业是靠社会资源生存发展的，一个企业发展越快、规模越大，对社会资源的占有就越多，承担的社会责任就越大。企业家反哺社会，既是对社会的一种奉献，也是实现持续发展的一种经营理念，更是企业的社会责任。进入农业领域的社会资本，必须深刻认识到，构建和谐劳动关系，实现经济效益与社会效益共赢，并逐步形成自己的社会责任价值体系，既是资本生存发展的基础，也应该作为资本投资农业的目标。

“民以食为天，食以安为先”，农业是国民经济的基础，农业农村农民问题是关系国民经济的根本性问题，我们党始终把解决好“三农”问题作为全党工作重中之重。在建设美丽中国、共筑中国梦的宏伟蓝图下，绿色低碳、生态文明、幸福和谐等成为社会责任领域的关键词。“十三五”时期是全面建成小康社会的关键阶段，其中最繁重、最艰巨的任务在农村。习近平总书记强调，没

① 本节的内容选自农业部软科学课题“社会资本进入农业领域行为规范机制研究”（课题编号：D201719），课题主持人：杨良山、龙文军。

有农村的小康，特别是没有贫困地区的小康，就没有全面建成小康社会。以工业反哺农业，为农村稳定、农业发展、农民增收做实事，是企业的社会责任，必须不断深化责任理念，完善责任管理措施和行动。

（二）把握国家的政策导向

高度的经营智慧和政治敏感是社会资本成功进入农业领域的前提之一。党的十九大报告提出实施乡村振兴战略，是今后解决“三农”问题、全面激活农村发展新活力的重大行动。报告同时提出，要坚持农业农村优先发展，按照产业兴旺、生态宜居、乡风文明、治理有效、生活富裕的总要求，加快推进农业农村现代化。这向社会释放了一个信号：资源要素配置要继续向“三农”倾斜，补短板，强弱项，“三农”事业大有可为。

在国家层面来看，政府希望以资本为纽带，实现农业资源整合，发挥协同效应；在大企业的层面来看，多元化经营，多条腿走路，是降低风险的不二选择；从投资者层面来看，加入了有机、绿色环保、新农机等概念的现代农业正在成为风投圈的时尚……这似乎是三全其美的好事，但由于传统农业投资周期长、回报率低，在资本的逐利本能的驱使下，许多社会资本并非真“投身”农业，而只是“投机”农业。

（三）理解农民的现实需求

打工顾不上种地、种地耽误挣钱，请亲朋邻居帮忙欠情分、花钱种地成本高、土地撂荒心有不甘，留守老人和儿童又无法承担繁重的田间劳动。事实证明社会资本进入农业领域，是有效解决农民上述问题的有效途径。社会资本进入农业领域，强化高新技术产业在现代农业生产、经营体系中的引领、带动和示范作用，促进农业产业链逐步向中高端延伸，推进农业由产量导向向质量导向转变，由要素驱动向创新驱动转变。

近年来，粮价下跌、果贱伤农的问题时有发生，对大多数农民而言，把特色农产品卖出去要远比买进来迫切得多，也只有把更多的农产品卖出去，他们才有能力去消费，充分享受电商等新手段带来的便利和好处。主动对接农民需求，不论是对于社会资本，还是对于农民，意义十分重大。农民对电商不熟悉，社会资本就要升级用户体验，踏实做好服务，吸引他们走进体验店去感受电商；农民对电商不信任，社会资本就要让农民尝到网上交易的“甜头”，知道并非不靠谱、不安全；农民与市场存在信息不对称问题，社会资本就要通过大数据告诉农民该种什么、不该种什么；农民卖东西难，社会资本就要把农民组织起来，集中采购农产品，或者积极开展公益性推广和众筹活动，广泛动员和组织社会资源帮助农民。总之，社会资本必须切实把农民的需求放在首位，高度重视线下的服务体系建设，为农民提供快捷的物流配送、融资、科技等方面的服务。

二、社会资本进入农业领域的政府管理行为规范

社会资本进入农业领域，特别是有些资金实力雄厚的社会资本进入农业领域，其对政府的吸引力、感召力和影响力是不言而喻的。规范政府的行为，对于建立科学有序的社会资本进入农业领域的政策体系，充分发挥社会资本在我国农业现代化进程中的积极作用，意义重大。

（一）明确政府对社会资本的支持政策

规范政府对社会资本的支持政策，对社会资本一视同仁，不能搞特殊化。投入农业的社会资本，不管其规模有多大，除部分国有资本控股或主要参股的社会资本外，其实质都是私人资本。即或是国有资本控股或参股的社会资本，由于当前多种所有制形式共同存在的所有制度，进入农业领域的社会资本，也不完全是国有资本，甚至国有资本在总量上并不占主导地位。而对于小规模的社会资本或者是当地农民扩大生产经营规模，一般则严格执行有关政策规定，特别是在设施农业用地及配套设施用地方面，从严控制，在资金扶持上，除少数能得到当地的项目扶持外，多数均得不到真正的扶持。

（二）以维护当地农民合法利益为己任

社会资本进入农业领域，农民是直接的利害关系者。社会资本进入农业领域后，所带来的积极影响或消极影响，都将直接影响到进入地农民的生产、生活甚至是生存。进入农业领域的社会资本，特别是大规模的社会资本，往往投资规模大，土地需求量大，涉及的范围广，对农民的影响程度千差万别。农民的诉求也各不相同，有对土地依赖程度高的，有对土地依赖程度低的，有渴望出租的，有希望自己经营的。特别是在对有关宏观规划、政策的知晓和理解上，由于信息不对称、分析判断能力有限等因素的影响，农民往往处于十分不

利的地位。在有关土地转包等重大事项上，农民特别需要当地政府和政府部门有关专业人员提供全方位的指导和服务，才能清楚地知道其自身的权利以及该采取何种措施更好地维护其自身的利益和未来的土地增值收益。实际工作中，存在地方政府部门或有关工作人员往往采取一边倒，偏向于加快完成土地流转和有关前期工作的考虑，迫使农民不得不或者不经意间放弃自身的权利，一方面给农民带来直接的经济上、精神上或其他方面的损失，另一方面也影响了地区干群关系，甚至也为项目后期的正常执行埋下隐患。在单个弱小的小农和雄厚的社会资本之间，政府应该以维护小农的合法利益为己任，不仅不能以手中的权力协助社会资本侵害农民的权益，而且要充分发挥自身各方面的优势，主动做农民利益的捍卫者和维护者。

（三）对投资农业的社会资本分类施策

社会资本的本质是私有资本。政府对待同一性质的社会资本，应该分类施策，保持政策的公平、稳定。我国经济社会发展的实际情况，是中小规模的社会资本队伍越来越庞大，其进入农业领域的社会基础更加广泛，积极性也更高。政府在给予社会资本支持和鼓励政策时，不仅需要根据投入的规模采取相应的政策，而且也需要对进入农业领域的社会资本所从事的行业进行适当的引导和控制。特别是对从事粮食生产、食物生产等关系国计民生的社会资本，应该加大扶持力度，对于大规模的社会资本，主要从土地政策、贷款等非资金政策方面，给予优惠和支持，而不是锦上添花似的把有限的财力也转移给资金实力本来就比较雄厚的社会资本。对于中小规模的社会资本，特别是农民扩大生产规模的社会资本，则更多的是应该从财力上给予支持，除必要的项目扶持外，贷款贴息、低息贷款等项目，应该向这一类项目倾斜。

（四）加强对社会资本的投资绩效监督

各地在引导和鼓励社会资本进入农业领域的过程中，通过一系列的政策、资金等切实有效的措施，吸引了一大批社会资本投资低效土地资源开发、新兴产业培育、新品种新技术推广、新模式创新、新市场开拓，取得了十分明显的成效。近几年来，有关部门也加强了对投入农业的财政资金的使用监管，有的也加强了财政资金使用绩效的考评，逐步建立了相应的考评办法，推动了财政资金的规范化使用，更好地发挥了财政资金的作用。同时，对于没有财政资金参与的社会资本投资项目，监督管理的力度不够大，手段不够强，有的甚至根本就无法实施正常监督和检查，项目前期规划、项目建设过程中的管理、项目建成后的管理和生产经营，都没有列入政府部门的日常工作而得不到有效监督。有些项目，往往在前期夸大投资额，以获得更多的政府支持，在项目建设中，又往往压缩投资，尽最大努力减少资本沉淀，以实现轻资产运营。加强对社会资本投资绩效的监管，一是要加强对社会资本到位率的监管，通过规范化的合同、押金等形式，约束社会资本及时足额到位；二是要加强对项目规划的指导和有效监管，确保项目立足当地实际，具有可操作性和可行性，为项目的永续经营和持续赢利，提供前提条件；三是加强项目建设过程中的监管，主要监督项目建设过程中有没有严格遵循有关规划设计方案，有没有发生严重破坏生态环境的行为和事件，确保项目对当地生态的不利影响能控制在最低水平。

（五）加强对有关政策的调整优化创新

我国对社会资本进入农业领域，整体上是积极引导、大力支持。国家有关部门先后出台了有关政策文件，一方面支持和鼓励社会资本进入农业领域，从事农业资源开发和发展现代农业，另一方面也约束社会资本大规模圈占农用地，妨碍正常的农业生产经营。特别是为了确保 18 亿亩耕地红线，我国采取了十分严格的土地用途管制政策，为了保障必要的粮食生产能力，严格禁止农用地非农化，禁止基本农田转向粮食以外的其他产业发展。我国现行的土地管理政策，强制性地约束了投入农业的社会资本对土地利用的自主决策权。这在某种程度上是必要的，毕竟社会资本的社会责任意识，至少对于大多数社会资本来说，其社会责任意识还无法取代获得高额利润而居首位。对于租用土地面积较大的社会资本，必须把完成一定面积的粮食产量作为考核其是否合理利用土地的重要目标之一。对于能够保证或者经过连续的考核以后能够完成粮食生产任务的，应该允许其在土地利用上有所调整，对于投资者必需的员工生活用房，必要的生产管理用房以及一二三产业融合发展的其他必需的建筑，应该允许其在不占用优质农田、不超标准占用、高效节约利用的基础上，开展一定量的建筑物建设，同时要鼓励其充分利用土地资源，鼓励投资者开发地下空间，鼓励建筑往地下和天空发展。以尽可能少的占地，获得尽可能多的建筑体量。而对于那些大规模租用农地，却基本上不从事粮食生产，甚至是不从事水果、蔬菜、水产、畜禽等食物生产的社会资本，则要严格纠正其项目规划设计和建设思路，加强督促。

三、社会资本进入农业领域的农民参与行为规范

农民是社会资本进入农业领域的直接利害关系人。不论是土地流转、租金收入、就业增收，还是基础设施影响、生态环境破坏、经营成本上升、产品竞争恶化等，农民都是直接的受影响者。农民也必须遵循一定的行为规范，帮助和支持社会资本规范化进入农业领域，充分发挥社会资本的优势，促进当地农业、农村经济的发展，带动增收致富。

（一）必须充分了解社会资本进入对农业的积极影响

我国是农业大国，长期以来，农业基础设施欠账多，在许多地区，特别是在某些山区，基础设施还十分落后。社会资本进入以后，由于其有雄厚的资金支持，加上积聚在资金周边的其他要素的支撑，其改造和建设能力，特别是持续改造和建设能力，不仅大大超过农民，在许多领域和地区，甚至会超过当地政府。加上社会资本本身的逐利属性，其对基础设施的维护、管理，一般情况下也超过当地农民或者是当地的村集体经济组织，甚至在某些方面会超过当地的乡镇政府。在许多地区，特别是偏远山区，社会资本不论以何种形式进入，一般情况下都会对当地的基础设施带来积极的正面的影响。各地的实践证明，社会资本进入农业领域，特别是以直接投资形式进入，由于项目经营期长，一般投入都比较大，持续投入的时间也比较长，对当地基础设施、人文环境、科学技术等方面的影响，持续而且深入。即或是部分前期工作不充分、后期经营管理不善的项目，也会在一定程度上带来了当地基础设施、人文环境、市场知名度等多方面的改善。所以一般情况下，只要不是很明显污染环境、破坏生态的投资项目，农民应当以积极认真的态度来接纳。

（二）必须抛弃消极落后的小市民思想

农民积极参与对进入当地的社会资本建设、经营、管理的监督是必要的。社会资本逐利的本性，特别是某些投机性的社会资本进入农业领域以后，一般会不顾一切地追求自身利益的最大化，有的社会资本不顾自身的社会责任，不顾对生态环境的破坏性影响，千方百计地推行利益最大化的建设方案、管理措施等，由于农业项目的特殊性，当地有关职能部门很难在第一时间获得有关项

目建设的实际情况，这需要当地农民，特别是留守农民，以主人翁的责任感参与项目建设过程中的生态环境监督，一旦发现有破坏生态环境迹象的，应当及时向有关职能部门报告，防止造成生态环境破坏的既成事实，减少当地的生态损失。同时，农民也必须抛弃消极落后的小农思想，不能因为自身不合理的利益诉求得不到满足而故意刁难、阻碍社会资本项目的进入，特别是不得以任何形式阻碍项目的正常实施，破坏项目正常的生产经营。

（三）必须全面了解和认识自身权力并充分合理使用

社会资本进入农业领域，在给某些农民带来利益的同时，也必然与某些农民的利益发生矛盾和冲突。正确处理好这些矛盾和冲突，一方面需要进入农业领域的社会资本充分承担自身的社会责任，另一方面，也需要农民全面了解和充分认识自身的权力，在前期谈判中尽可能地维护自身正当的利益。防止因自身认识等方面的原因，让自身利益遭受社会资本的损害。在项目前期工作中，农民要有意识地参与项目的前期论证工作，对社会资本的来源、投产能力、投资目的、土地用途、主要负责人的社会责任感等多方面进行了解和掌握，特别是积极主动地参与项目的规划建设方案编制，对其中明显有可能损害自身利益的内容，要坚决向有关部门反映。要积极加强同当地政府部门的联系和沟通，全面了解当地的产业政策和项目扶持政策，根据自身的实际情况做出科学合理选择。特别是选择流转土地的农民，要严格要求社会资本项目的土地利用方向，不得改变土地的性质，降低土地的生产能力等。

第八章

国外农业支持保护政策经验与借鉴

第一节　美国农业政策的演进[①]

一、高价支持、限产增收阶段：20 世纪 30 年代到 70 年代初

20 世纪 30 年代爆发的世界性经济危机，促使美国农业政策发生了根本性调整。以这次大危机为契机，美国在罗斯福新政下，农业政策由以促进农业生产力发展为目标转向以促进农民增收和农产品价格支持为中心的高价支持、限产增收的时期。这一时期从 1933 年罗斯福总统新政开始，经历第二次世界大战（以下简称“二战”），并一直持续到 20 世纪 70 年代末。

（一）20 世纪 30 年代到“二战”期间

1. 罗斯福新政在农业方面的体现

1933 年，美国开始了罗斯福新政，这些政策在农业上 主要表现为两个方面：

（1）以农产品价格支持为中心、控制农产品产量。1933 年 5 月，美国国会通过《农业调整法》授权联邦政府成立农业调整管理局，负责该法的具体实施。该法规定，农业部长有权同农场主签订自愿减少耕地或者生产的合同，同农产品加工商签署销售协议，以维持农产品价格，使农场主手中的美元购买力维持在 1909—1914 年的水平。农场主或者农产品加工商因此而遭受的损失由

① 第一节、第二节的内容选自农业部软科学课题“美国农业政策法律演变规律及启示研究”（课题编号：201314），课题主持人：彭超。

联邦政府补偿。

(2) 实行贸易自由化，扩大农产品出口。美国南北战争以后，保守主义占据了美国社会的主导地位，这导致美国长期实行贸易保护主义，即采取高关税的政策限制外国产品进入本土市场，以维持和促进美国工商业的发展。美国农产品出口大规模减少，为降低关税、实行贸易自由化，1934 年美国通过贸易协定法，授权联邦政府同贸易伙伴签订贸易协定，降低彼此关税，来达到增加农产品出口和避免他国报复的目的。

2. 1938 年《农业调整法案》

1935 年，农业调整法案修正案出台，于 1938 年起开始实施。该法案允许政府向农民支付补贴以减少生产量，试图减少作物和牲畜供给，达到保护土壤、防止水土流失的目的。这正是今天 WTO 规则中所谓“蓝箱补贴”的雏形。

3. “二战”期间

市场的巨大需求和供给不足要求对农业生产采取更为积极的支持政策，以调动广大农场主的种植积极性。1941 年的《租借法案》为更高水平和更大范围的农业支持提供了法律依据。根据这个法律，政府鼓励农场主增加农业生产，并提高农产品的价格支持水平。同年，美国国会在斯蒂格尔修正案中要求在战时对非主要农产品也实行价格支持。这些政策大大促进了农产品产量的增加。

(二)“二战”后到 20 世纪 70 年代初

1. 1948 年、1949 年以及 1954 年《农业法案》

1948 年《农业法案》通过，它规定采取灵活价格支持政策，即把平价计算方法由固定基数改为计算期前 10 年的平均数，在基期的确定上更为灵活。同时，鉴于市场长期供过于求，1949 年《农业法案》以修正案的形式出台，指定羊毛、坚果、蜂蜜、马铃薯和牛奶、乳脂及其副产品，作为实施价格支持的产品。1954 年《农业法案》规定，基本农产品实行灵活的价格支持，支持率在平价的 82.5%～90%的，进一步授权农产品信贷公司储备以供国内外救济。

2. 1956 年《农业法案》、1965 年《食物与农业法案》以及 1970 年《农业法案》

1956 年《农业法案》最突出的特点是，包括了一个《土壤银行法案》，规定对小麦、玉米、水稻、棉花、花生和几种烟草实行土壤面积储备计划；该法还颁布了一个10年期的休耕计划。1965年《食物与农业法案》指定小麦、饲料谷物和陆地棉实行为期4年的收入支持计划；该法案还颁布了针对75个联邦牛奶市场的Ⅰ类牛奶基本补贴项目和长期农地休耕计划，对饲料谷物和棉花继续实行补贴和休耕计划，对小麦实行市场营销许可和休耕计划。1970年《农业法案》规定，1971—1973年实行农田搁置计划并规定单位生产者的补贴限额（每种作物55 000美元）；还修正并扩展了有关牛奶市场的Ⅰ类基本计划的权限。

二、减少价格支持、提升营销能力阶段：20世纪70年代到90年代末

（一）20世纪70年代

1. 1973年《农业与消费者保护法案》

美国国会于1973年通过了新的农业法案，并将其命名为《农业和消费者保护法案》。这个法律大体上有四个内容：第一，首次采用“目标价格”，改变以前平价的计算方法，以生产成本来决定支持价格水平。这样就在不改变对农业支持的同时，避免农产品价格过高而损害消费者利益。同时规定，每个农场主从政府那里领取的补贴降低到2万美元。第二，兼顾农场主和消费者的利益，特别是避免“米贵伤民”局面的出现。第三，对农村资源和环境进行保护，主要方式是补贴和规定性管制。规定农场主将部分农地转为保护土壤、水资源、森林或者野生动物等用途，同时授权农业部长同农场主签署25年期的合同，以实现农村环境保护和水银行计划。第四，实施灾害风险补助项目。农场主可以在干旱、洪水等自然灾害而导致耕种面积减少或者减产时从政府那里领取灾害补助。

2. 1977年《农业与消费者保护法案》

该法提高了价格和收入补贴的限额。在该计划下，农民实行农田播种面积配额制，农民可超出播种面积生产，但需接受更高支持水平的限额量。

（二）20世纪80年代初到90年代末

1. 1981年《农业与食物法案》

该法案设定了为期4年的具体目标价格，消除大米配额和营销配额并降低

了奶制品的价格支持。

2. 1985 年《粮食安全法案》

1985 年《粮食安全法案》主要内容可以归结为四点：继续支持农业经济、逐步放松政府对农业经济的干预、扩大农产品出口、土壤保护计划。

扩大美国农产品出口是 1985 年《农业法案》的一个重要内容，其中提出了两个重要的扩大出口计划：目标援助计划和出口扩大计划。目标援助计划规定，农业部长每年必须拨出 3.25 亿美元（根据 1986 年的“粮食安全法案修正案”，这一金额修改为“在 1986—1988 财政年度少提供 1.1 亿美元”）。或者相当于此金额的农产品信贷公司的库存，用于缓冲或抵消别国的出口补贴、进口限额或其他不公平贸易措施的影响。出口扩大计划规定，到 1988 年 9 月底至少拨出 20 亿美元（根据“粮食安全法案修正案”的规定，这一金额修改为“至少 10 亿美元，但不多于 15 亿美元”）的农产品信贷公司的库存农产品，无偿提供给出口商、加工商或国外买主，鼓励他们开发、维持和扩大美国农产品出口市场。

3. 1990 年《食物、农业、资源保护及贸易法案》

1990 年《食物、资源保护及贸易农业法案》沿着 1985 年《粮食安全法案》确定的方向又前进了一步。该法案以削减政府开支、扩大农业出口和加强资源保护为目标，主要包括四部分内容：

（1）放松对农业生产的控制，以减少联邦政府计划开支。该法案首次采用“三基数计划”，将作物播种面积基数分为三类：计划作物播种面积基数、灵活耕作面积基数、休耕的面积基数。计划作物播种面积基数可以从政府那里获得计划补贴；灵活耕作面积基数可以种植除计划作物、油料作物或者水果、蔬菜以外的任何作物，并获得一般的无追索权贷款和销售贷款。为了削减政府开支，法律规定，每年每个农场主获得的差额补贴和转更补贴不得超过 5 万美元，所得到的销售贷款获利和销售差额补贴等不得超过 7.5 万美元。另外，还有一项农场主自有储备计划，当小麦期末库存与消费量之比超过 37％或玉米超过 22.5％；或小麦或玉米的市场价格低于贷款率的 120％，农业部长有权建立农场主自有储备。当上述两个条件同时满足时，必须建立农场主储备计划。当市场价格达到目标价格的 95％时，政府停止支付储备补贴；当市场价格达到目标价格的 105％时，政府可以收取利息。

（2）兼顾计划和市场，促使计划向市场需求靠拢。1990 年法案把耕作面积削减计划和农场主储备计划与农产品期末库存与当年消费量之比联系起来，以此确立耕作面积消减比率和农场主储备执行。耕种面积消减方面，以小麦和玉米为例，法律规定，1991 年的小麦停耕面积不少于 15%，但是当库存与消费之比超过 40%，停耕面积增加 10%～20%，低于 40%时，停耕比例增加 0%～15%；1991 年的玉米停耕面积不少于 7.5%，但是当库存与消费之比超过 25%，停耕面积增加 10%～20%，低于 25%时，停耕比例增加0～12.5%。

（3）实施农产品出口计划，强化农业对外援助。这主要表现在两个方面：第一，1990 年法案对《480 号公法》进行了重大修改，增加了国家对优惠销售、紧急援助赠与和私人援助赠与；同时，增设“粮食为发展”计划，指定国际开发署负责执行对最不发达政府的赠予计划。第二，该法案重新授权执行出口扩大计划，要求联邦政府为此计划提供不少于 5 亿美元的款项。同时，将目标出口援助计划更名为市场促进计划，扩大出口供给，该计划由政府每年提供不少于 2 亿美元的资金，应对针对执行不公平贸易的国家和地区。

（4）重视资源环境保护，促进农村可持续发展。这部分内容主要包括环境和资源保护计划和农村发展计划。前者针对土壤和耕地保护、水资源保护、减少农业化学品对农业和环境的破坏、有机食用农产品标准的制定与执行等。土壤和耕地保护方面，延长 1985 年法案的湿地保护计划，规定到 1995 年参加土地储备计划的面积达到 4 000 万～5 000 万英亩①，同时，农场主也可以参加 100 万英亩的土地储备计划，将这些土地的保护性使用权出售给联邦政府，为期 30 年或更长。水资源保护方面，新设一个鼓励性计划，帮助农场主保护 1 000 万英亩土地上的地面和地下水资源不受污染。减少农业化学品对农业和环境的破坏方面，法律授权在 1990—1995 年内增加 4 亿美元的费用帮助农场主减少化学品的使用量，培训推广人员和提供新技术指导。

4. 1996 年《联邦农业提升与改革法案》

该法案的基本宗旨：彻底放弃 60 余年来政府为农场主提供的价格和收入支持的政策，经过 7 年的过渡时期，取消一切补贴，将其全部推向世界市场，使政府彻底摆脱越来越沉重的农业补贴负担。1996 年法案的主要内容有四点：

（1）取消对农场主补贴和“商品计划”，利用 7 年时间促使美国农业经济

---

① 英亩为非法定计量单位，1 英亩=4 046.798 米^2。

完全过渡到市场经济。国会制定了《农业市场过渡法案》，提出 7 年后废除对农场主的价格和收入支持政策，即政府取消过去实行的“商品计划”，废除目标价格及差额补贴。

（2）提出“农业市场过渡阶段”，向农场主提供为期 7 年的“生产灵活性合同补贴”以取代价格支持补贴政策，最终于 2002 年彻底放弃对农场主的补贴政策。法案规定，凡是在 1991—1995 年，至少以 1 英亩耕地参加了一个生产调整计划的农场，或在过去 5 年内没有参加政府计划，但持有被证明是根据政府计划耕种土地的农场，都有资格与政府签订“生产灵活性合同”，获得“生产灵活性合同补贴”。此合同的签订要求以农场主承诺继续执行现有农业资源保护计划和沼泽地保护条款为前提。针对“生产灵活性合同补贴”联邦政府计划于 1996—2002 年投入 356.26 亿美元。

（3）取消生产控制，农场主可以完全根据市场需求决定自己土地上种植农作物的种类和数量。新法案放弃了以前将补贴与停耕面积挂钩的做法。在过渡时期，签订生产灵活性合同的农场主可以用 100%合同面积土地和其他土地种植任何农作物（水果和蔬菜另有规定）而不会减少补贴。

（4）保留无追索权贷款，利率比过去上升 1 个百分点。无追索权贷款允许农场主储存农产品以待良时，必须保证用其中的一部分作为贷款抵押。1996 年农业法规定，大豆贷款率限制在每蒲式耳[①] 4.92～5.26 美元，高地棉为每磅 0.50～0.519 2 美元，大米为每蒲式耳 6.5 美元。1990 年法案规定的有关贷款条例仍予以保留。无追索权贷款虽然保留了，但其利率在原来的基础上增加一个百分点。

三、补贴“脱钩”和“安全网”形成阶段：21 世纪初至今

（一）2002 年《农场安全与农村投资法案》

2002 年《农场安全与农村投资法案》被认为是贸易保护主义的抬头，它逆转了自 1985 年以来的市场化做法，重新回到高补贴、高支持政策上来，并逐渐建构起美国农业生产的安全网。同 1996 年法案相比，2002 年法案有四个显著特点：第一，构建农产品安全网，保障农业生产和农场主收入稳定；第

① 蒲式耳为非法定计量单位，1 蒲式耳＝［（英）36.368 72 升；（美）35.239 02 升］。

二，在WTO贸易规则框架下，加大对农民收入支持力度；第三，加大对农村投资力度，促进农村就业和农场主收入增加；第四，高度重视农产品贸易，加大开拓海外市场支持力度。

（二）2008年《食物、资源保护与能源法案》

2008年《食物、资源保护与能源法案》在坚持对农业生产的高补贴和高支持的基础上有所改变，主要体现在对2002年法案逆市场化政策的修正。

1. 继续加强对农业的支持保护

同2002年法案总预算的1 185亿美元相比，2008年法案的预算大幅增加，达到2 880亿美元。第一，在维持对玉米、小麦、大麦、大豆、棉花等农作物补贴的基础上，将水果、蔬菜等专业农作物纳入补贴范围。第二，继续对乳制品和糖等重点产品给予价格支持。2008年法案规定了对奶制品更高水平的价格支持政策，奶制品价格支持增加7.93亿美元。此外，还增加了生产者能够获得直接支付的牛奶数量。在2002年法案中，生产者能够获得直接支付的牛奶数量每年不超过240万磅①。而在新法案把这一数额扩大到298.5万磅。进一步提高了糖制品的贷款率，对糖实行进口配额限制。第三，增加对新从业农民的直接支付。主要地区土地租金显著提高，各种机器设备的成本上涨增加了新从业农民进入农业的障碍，2008年法案建议给农民更多直接支付。新从业农户直接支付率等于所支持的商品直接支付率的1.2倍。第四，增加用于贸易的支出。为了保持国内农产品供给平衡，保护国内农产品价格，2008年法案增加了对贸易的支出，希望通过各种国家补助促进美国农产品出口。

2. 减少对市场的扭曲调整政策措施

为应对国外指责和修正2002年法案面临的问题，2008年法案对一些补贴政策进行了调整，减少了一部分市场扭曲。第一，取消生产灵活性限制。2002年法限制了基期面积中水果、蔬菜和大米的灵活性种植，这被WTO成员国质疑违背了“绿箱”政策，2008法案取消了该规定，允许农户在基期面积上灵活性种植。第二，建立一个平均作物收入选择计划。为了最小化市场扭曲和不确定性影响，2008法案要求建立一个以市场为基础的贷款率，即以“5年奥林匹克平均”（除去最高年份和最低年份）的85%作为贷款率的确定标准，确定

---

① 磅为非法定计量单位，1磅=0.453 592 37千克。

一个最大的贷款率作为限制条件。同时，对营销援助贷款和贷款差价支付偿还率的参考价格进行了重要调整。第三，建立基于收益的反周期支付。建立“基于收益的反周期支付”，以替代 2002 年法案确定的“基于价格的反周期支付”。由于 2002 年法案中反周期补贴是基于固定的产量和面积，当市场价格下降至触发反周期补贴时，补贴将不会考虑实际的产量水平，由此导致在产量下降时补偿偏低，而在产量增加时补偿偏高等问题。根据 2008 年法案，当某种产品每单位实际国民收益低于全国目标收益时，“基于收益的反周期支付”将被触发。

3. 增强政策公平性支持中小农场发展

为了避免农场主之间收入差距拉大，2008 年法案强化了补贴和资格限制。

第一，强化补贴和资格限制。主要包括：一是对所有商品项目，降低调整后的总收入资格限制，从每年 250 万美元的上限降到 20 万美元。但是，当前资源保护支付项下对调整后总收入的要求保持不变。二是如果调整后总收入的 75%或更多来自农业、牧业或林业活动，则取消当前法律条款中放弃调整后总收入上限。三是直接对从事农业生产的自然人进行补贴，而不再依据三个实体原则进行分配。四是在维持所有补贴 36 万美元限制的有效性的同时，调整分项下降补贴限制。直接支付补贴从 8 万美元增加到 11 万美元，反周期补贴从 13 万美元下降到 11 万美元，市场营销贷款收益从 15 万美元下降到 14 万美元。五是取消蜂蜜、花生、羊毛和马海毛计划的具体支付限制。六是公布新资格认定办法，强化了对生产管理者的资格认定，投入土地用于农业生产，收取租金的土地所有者也被视为参与了农业生产而有资格获得项目补贴。七是制定新程序来确保生产者调整后总收入和补贴资格的合法性，以避免补贴发放错误。八是建立直接支付和反周期支付发放的最低标准，对于 10 美元以及不足 10 美元以下的补贴不再发放。九是取消通过交换土地享受农产品计划补贴的权利。2008 法案规定，通过交换购买的土地将被取消获得直接补贴、反周期支付和市场营销贷款补贴的资格，以缓解土地价值不断攀高造成农民特别是新进入农民经营困境的局面。

4. 强化对生物质能源的支持力度

为了发挥美国农业资源和生产的优势，减少对国际石油的依赖，在 2008 法案中增强了对生物质能源的支持力度。2008—2017 年美国对能源的支持力度为 9.78 亿美元。主要支持生物市场计划、生物提炼补助、为提供先进生物燃料的生物能源计划、生物柴油燃料教育计划、农村能源计划、生物研究与开发、可再生动力补助、农村能源自给促进计划和生物质能作物援助计划等。

5. 加强环境保护和农业土地保护

为保持农业长期生产能力，2008 年法案中大大增强了环境和农地质量保护计划的资助力度，5 年共增加 79 亿美元补贴用于农场环境和土壤改良。包括环境质量激励计划（EQIP）、保护管理计划（CSP，替代保护安全计划）。进一步加强和扩展湿地保护计划（WRP）、农地保护计划（FPP）及草地保护计划（GRP）。此外，在 2008 年法案中还提供了环境保护补贴的选择权。

第二节　美国农业政策基本框架

一、农业补贴政策

农业补贴政策是美国政府应对农业危机、解决农业问题、保障农场主利益而采取的主要措施，是美国农业支持政策的主要方面。

（一）价格支持

价格支持政策始于 1933 年的罗斯福新政时期，经过历次修订延续至今。它最初规定由农业部长同农场主签订自愿减少耕地或生产的合同，与农产品加工商签署销售协议以维持农产品价格，保障农场主手里的美元购买力维持在 1909—1914 年的水平，即固定期计算的平价政策。

价格支持政策在二战后表现为灵活的支持政策，即以市场供求为导向，把原来的固定基数计算转变为以计算前 10 年的平均价格为基数的平价政策。1948 年农业法有所修改，将平价计算方法由固定基期改为计算期前 10 年的平均数。

20 世纪 70 年代以后，支持政策转变为目标价格和差额补贴。目标价格是以生产成本确定的价格来补偿农场主因市场价格低而遭受的损失，包括生产成本和合理利润两部分。目标价格同市场价格之间的差额就是差额补贴，由政府向农场主支付。目前，价格支持政策只在部分鲜活农产品上有所保留。例如，当养猪户遭遇财务困难的时候，农产品营销服务局（Agricultural Marketing Service，简称 AMS）出面购买部分猪肉，用于全国学校午餐计划和食品援助计划。再如，按照 1949 年之后的农业法案，商品信贷集团（Commodity Credit Corporation，简称 CCC）负责以一定的价格购买规定数量的牛奶制成品，从而支持牛奶的价格。而该集团出售奶制品的时候，一般高于收购价格的 10%。

（二）直接补贴

2002 年农业法案中，政府追求脱钩的农业补贴，对固定面积的耕地进行直接支付，不与农产品生产、价格挂钩。农民可以自愿参加，政府以预先确定的补贴面积和产量为基础为具体商品提供一个固定的补贴。计算公式为：

直接补贴＝补贴面积×补贴产量×补贴率

补贴面积是农作物在农业法案中规定的基础面积乘以一个比率，该比率在 2008 年和 2012 年为 85%，2009—2011 年为 83.3%，法案中规定的基础面积是基于生产灵活性合同约定的面积，根据 1998—2001 作物年度播种情况适当调整。补贴产量为该作物某一固定单产，例如大豆的单产是基于 1996—2001 作物年度的单产，并根据 1981—1985 作物年度的单产进行了调整。补贴率则是由决策者初步确定后提交国会辩论，以政治过程确定的。

（三）目标价格与目标收入补贴

1973 年的农业法案首次引入“目标价格”概念，目的是保证农场主在市场价格过低时能获得合理利润。目标价格同市场价格之间的差额就是差额补贴，由政府向农场主支付。据此确定对农场主的目标收入补贴和补贴率。涉及目标价格的农业补贴政策包括营销贷款差额补贴、反周期补贴和平均作物收入选择补贴三部分。

营销贷款差额补贴是保证农民顺利出售农产品重要手段，即政府预定一个农产品销售价格，并以此价格贷款给农民。农民销售农产品的价格如果高于这个价格，农民就可以以此贷款比率偿还贷款。如农民出售价格低于预定价格，那么预定价格与市场价格之差就是政府给予农民的补贴。

平均作物收入选择补贴可以因全国平均价格下降，或者一州的平均产量下降而启动。补贴标准和金额因商品不同而不同。该补贴产量依据播种面积计算得出，而不是根据收获面积。

（四）农业保费补贴

该政策在20世纪80年代以前由联邦作物保险公司以作物保险计划的形式实施，80年代以后改良和扩大。农业部为所保险的作物提供保费补贴，向提供作物保险产品的公司支付管理费用。

二、对生产与销售的控制政策

生产与销售控制就是通过有效减少农产品的生产和对农产品销售进行控制来促进农产品供给平衡，达到减少生产和库存、维持市场高价格的目的。

（一）生产控制

生产控制作为农产品支持政策的配合措施始于1933年的罗斯福新政时期。生产控制计划包括两个方面：播种面积削减计划和土壤保护计划。20世纪60年代以前主要表现为播种面积消减计划，在60年代以后主要表现为以土壤保护计划为中心。

1. 播种面积削减计划

1933年采用播种面积配额制度，即政府根据某种农产品上一年度的期末库存及对下一年度国内外市场需求和单产的预测，估计出下一年度的总产量和播种面积总数，然后将这个总产量和播种面积总数分别下达到各个地区，并根据各个农场历史上的播种面积比例落实到每个农场。20世纪50年代中期，政府开始采取新的播种面积削减计划——自愿休耕项目，即通过补贴的方式引导农场主把部分耕地退出生产用于水土保持。

2. 土壤保护计划

20世纪50年代中期，土壤保护逐渐受到广泛重视，1961年的紧急饲料谷物计划提出了一种新的生产控制计划，即用于休耕的土地必须出于土壤保护目的。如果农场主满足保护耕地目的条件，那么他可以从政府那里获得休耕土地正常产量50%的现金或者实物补偿；如果其停耕的面积超过20%，这个补偿比例提高到60%。该计划包括无偿转耕和有偿转耕两种。前者是指农场主以无偿停耕一定比例土地以换取上述计划的补偿；后者则是农场主停耕额外的部分土地以获得额外补贴。

土壤保护方面另一个内容是1985年的“保护性储备计划”，这是一个自愿性的退耕计划，目的是退耕水土流失严重的土地。参加该计划的农场主可以从政府那里获得相当于全部地租及用于绿化和保护土壤成本的一半。

（二）销售控制

销售控制包括销售协议和销售规程两个方面，是政府针对特定年份和特定农产品采取的农产品计划。该政策针对牛奶、蔬菜、水果以及其他易于腐烂变质的农产品，建立某一地理范围内的生产者、加工商和处理商之间的协议，控制农产品的上市时间、数量以及质量，实现有秩序的销售和促成供需平衡。销售协议和规程计划最早提出于1926年的迪金斯提案及后来的第三个麦克纳利—豪根提案，在1933年作为生产控制的补充手段规定与农业调整法中。该政策几经修订一直延续至今。目前，销售协议和章程主要覆盖奶制品、蔬菜以及水果。

三、剩余农产品收储

将剩余农产品储备起来以调节农产品市场供给和稳定市场价格，是美国政府应对农产品产能严重过剩和农产品价格过低局面的重要措施，也是其农产品调解计划的重要组成部分。农产品储备计划始于20世纪20年代中期，并在1933年罗斯福新政时期逐渐完善和发展起来，它包括联邦农产品储备计划和农场主农产品储备计划两种。

（一）联邦政府农产品储备

1933年联邦政府在建立农业调整管理局以调节主要农产品的播种面积和产量的同时，根据总统命令建立了农产品信贷公司，由其负责向农场主发放贷款，进行联邦农产品储备。其储备农产品一方面来源于农场主上交部分，另一方面来源于其直接收购的剩余农产品。商品信贷集团的农产品储备逐步市场化。根据统计数据，2005—2006财政年度，商品信贷集团储备的小麦仅有116万吨，玉米仅有3.8万吨。

（二）农场主农产品储备

农场主农产品储备计划是在政府帮助下进行的，1929年以后，政府开始向农场主提供无追索权贷款和其他类似贷款，帮助农场主将过剩农产品储备起来。该计划的一个显著特点是参与者附带一定的强行性义务，不能随便出售参与储备的谷物，不然否则会受到一定的处罚。这在1977年的农场主拥有的储备计划中得到显著体现。参加储备计划的农场主与商品信贷集团在各地的分支机构签订合同，商品信贷集团向农场主支付储存费用，并提供低息贷款。当市场粮价高于政府规定的投放价时，农场主才可以把合同规定的储备粮食卖出，如果不卖，那么商品信贷集团就不再支付储粮费用，但仍可享受低息贷款。

除这两种储备计划以外，农产品储备还有自由储备，并不在政府管辖之内。

四、农业保险政策

（一）真实产量历史保险方案

该方案主要针对干旱、涝灾、冰雹、风灾、霜冻以及病虫害。政府确定好平均单产的某一比例，一般为50%～75%，有些地区甚至到85%。如果收获产量低于投保产量水平，那么生产者会得到赔付。

（二）真实收入历史保险方案

与真实产量历史保险方案相似，该方案以历史收入作为保险的标准。收入减少可能是由于单产降低、价格降低，也可能是由于流动性降低，还可能是以上三个因素综合作用的结果。

（三）调整后毛收入保险方案

该方案是按照整个农场毛收入比例进行保险，保障整个农场的收入而不是某种单一作物的收入，还包括一小部分牲畜收入。保单收入保障依据信息是生产者填写的纳税申报表。

（四）收入保护

如果由于自然原因引起单产损失，例如干旱、涝灾、冰雹、风灾、霜冻以及病虫害，或者由于收获价格与基础价格变化有所偏离。生产者选择他希望投保的比例，一般为50%～75%（有些地区能够达到85%）。

（五）不考虑收获价格的收入保护

不考虑收获价格的收入保护与收入保护的计算方法相同，只是保险保障金额仅仅依据基础价格（就算收获价格高于基础价格，保险保障金额也不会增加）。收获量加上一个估计的产量之后，再乘以收获价格，如果该乘积少于保险保障金额，那么生产者就会得到赔付。

（六）美元计划

该计划保障由于单产减少造成的损失，保险金额计算的依据是某一特定地区的种植成本。当年度农作物价值低于保险保障金额时，损失发生，在精算文件中声明了美元计价的保险最大金额。被保险人可以选择美元计价的最大保障金额的一个百分比，最大保障金额可能等于巨灾风险保障金额，或者购买附加保险条款。

（七）团体风险计划

该保险计划是针对一个县域内的保险作物，使用县级单产指数作为定损依据。单产指数由全国农业统计服务局确定，当该单产指数低于触发单产水平的时候，就支付赔偿。如果某一特定的生产者遭受了单产损失，但是整个县没有遭受相似损失的话，那就不会启动赔付。总体而言，在生产者作物单产与县平均单产水平一致时，这种保险能够起到保障作用。

（八）团体风险收入保护

该保险计划是针对一个县域范围的收入保险，使用县级收入指数作为定损依据。收入指数由全国农业统计服务局确定，当该收入指数低于触发单产水平的时候，就支付赔偿。与团体风险计划不同，这里是要保障收入水平在县平均收入的90%以上。如果某一特定的生产者遭受了收入损失，但是整个县没有遭受相似损失，那就不会启动赔付。

（九）农业植被指数

依据美国地理调查系统中的土地资源观察与科学数据库中的农业植被指数，通过卫星拍摄观测获得植被覆盖的长期变化，根据不同的天气特征把全国的县划分为六个区域，并在部分选定的县里面派驻气象飞行员。

（十）牲畜保险

针对畜产品市场价格下跌和其他风险，相关价格主要参考芝加哥商品交易所期货或期权价格。可投保价格保险的产品包括生猪、肉牛、肉羊和牛奶。保险计划有两种：一是牲畜风险保护，在保险期结束时，如果市场价格下跌到低于保险期期初水平时，农民可以获得赔付；二是牲畜毛利润，计算商品价格与饲料成本之间的差别，如果实际差别小于预期差别，那么牧场主可以获得保险赔付。

五、灾害援助政策

该计划始于20世纪初期，在不同的历史时期表现出不同的内容。农业部农场服务局是美国农业灾害援助管理机构，提供因干旱、洪水、水灾、冰冻、龙卷风、有害生物入侵和其他灾害导致的农业自然灾害损失救助。根据2008年农业法案，这些救济计划包括：

（一）无保险农作物灾害援助计划（Non-Insured Crop Disaster Assistance Program，简称NAP）

当生产者未参与保险的农作物出现减产、存货损失或者无法播种时，至少造成50%损失时启动援助。生产者必须购买无保险农作物灾害援助计划。但是，那些资源匮乏的生产者可以获得一定的减免。在申请之后援助很快就可到位，全国的援助预算金额不设上限。

（二）补充收入援助支付项目（Supplemental Revenue Assistance Payment Program，简称SURE)）

当农民因自然灾害产量损失超过10%时，由农业部部长指定部分受灾县，向部分受灾的农民支付现金补贴。生产者必须购买农作物保险或者无保险农作物灾害援助计划，那些生活困难、资源匮乏、新从业的农民或牧民无须购买这些产品。援助金额为补充收入援助项目保障标准与实际农场总收入之间差额的60%。

（三）牲畜饲料灾害项目（Livestock Forage Disaster Program，简称 LFP）

因干旱或者草原火灾导致牧草损失，向部分牧民支付现金补贴。生产者获得援助的前提是购买农作物保险或者无保险农作物灾害援助计划。援助标准：如果损失因干旱导致，支付额为每月饲料成本的 60%，依据干旱的不同程度，可以持续支付 1～3 个月。如果损失因草原火灾导致，支付额为每月饲料成本的 50%，依据禁止放牧的时间，最长持续不能超过 180 天。

（四）牲畜、蜜蜂及养殖鱼紧急援助项目（Emergency Assistance for Livestock，Honeybees，and Farm-Raised Fish Program，简称 ELAP））

因疫病、恶劣天气或者其他情况出现了牲畜、蜜蜂及养殖鱼死亡或者饲料损失，以及牲畜饲料损失，提供紧急援助。生产者获得援助的前提是，购买农作物保险或者无保险农作物灾害援助计划。但是，那些社会生活困难、资源匮乏、新从业的农民或牧民无须购买这些产品。援助资金在发生损失年度的下一个日历年度支付。

（五）牲畜赔偿项目（Livestock Indemnity Program，简称 LIP）

为遭受恶劣天气影响重大损失的畜牧业生产者提供现金援助。生产者无须购买农业保险或者无保险农作物灾害援助计划，援助金额标准：低于饲养牲畜的市场价值的 75%即启动赔偿。

（六）林业援助项目（Tree Assistance Program，简称 TAP）

果园或者苗圃种植者提供灾害现金援助。援助的条件：由于自然灾害导致林木损失超过正常死亡率的 15%。援助的前提：必须购买能够获得农作物保险或为保险农作物灾害援助计划。援助金额标准：如果需要补种林木，则援助实际成本的 70%；如果需要抢救林木，则援助实际成本的 50%。

（七）紧急资源保护项目（Emergency Conservation Program，简称 ECP）

因自然灾害造成严重损失，需要改造耕地，为农牧民提供紧急援助，援助标准：为清理碎片、修理篱笆、为牲畜提供饮用水等资源保护措施所耗费的成本的 75%。援助金额在资源保护完成后就可以到位。农业部还设立部分贷款项目，包括：紧急贷款项目（Emergency Loan Program，简称 EM 贷款）和灾害贷款搁置（Disaster Set-Aside，简称 DSA），都是由总统、农业部部长或者农场服务局局长向受灾县发放长期贷款，或者延长贷款偿付期。此外，还有休耕项目土地恢复放牧项目（Haying and Grazing of Conservation Reserve Program Acres，简称 CRP），当草场损失超过 40%的时候，才可以将部分休耕土地恢复放牧，休耕年度租金将会降低 25%。

六、信贷保障政策

信贷体系建立于 20 世纪初期，在 20 世纪 30 年代以前进行了两次试验，为后来建立和完善农业信贷体系提供了借鉴。美国农业信贷体系的健全和完善开始于罗斯福新政时期，由三部分组成：第一，建立 12 家联邦土地银行及地方联邦土地银行协会，专门向农场主提供长期不动产抵押贷款。第二，建立 12 家联邦中介信贷银行，提供生产和销售的中、短期贷款。第三，建立 12 家生产信贷公司，由它们组成若干地方生产信贷协会向农场主提供生产贷款，并由联邦中间信贷银行提供贴现。自 1933 年以来，农业信贷体系对美国农业的发展做出了重要贡献，并随着 1985 年的改革继续发挥作用。目前为止，这个农业信贷计划可以划分为三类，即由政府赞助的信贷机构提供的信贷计划、由政府提供保证的信贷计划、由政府机构提供的直接贷款。

从期限上看，美国农民的短期信贷期限 3～8 个月，中期信贷一般为1.5～10 年，长期信贷甚至会超过 10 年。从抵押物上看，一般抵押物是农民的房产。中期贷款也可以用固定资产作为担保抵押物，如拖拉机、联合收割机以及饲养的牲畜等。短期经营性贷款通常由流动性资产或半成品资产作担保，甚至可以用农作物、牲畜、政府补贴以及存款等作为抵押担保物。例如，营销差额贷款可以用未收获的农作物作为抵押担保物。对于信用记录良好的农场主或牧场主，部分中期贷款或经营性贷款甚至不要求抵押担保物。从利率上看，贷款有固定、可调整或者变动利率。

七、农业技术推广

（一）农业研究与技术推广体系

美国农业研究与技术推广体系由三个联系紧密的部分构成，即农学院、农业试验站和合作推广站。农学院系统的建立始于1857年莫里尔提案，即在1862年被通过的莫里尔法，这个法案规定，凡接受本法条文的各州可以按它们在国会中的议员人数（每人3万英亩土地）的比例从联邦政府获得公有土地，各州可以出售这些土地，将所得款项用来创办或维持至少一所农业和机械技术学院。1890年通过的第二个莫里尔法则在原来支持政策的基础上，竭力支持为黑人创办赠地学院。

农业试验站系统的建立是配合农学院而建立的。19世纪70年代，赠地学院的一些领导人认识到需在农业地区建立研究和试验机构，以便建立一系列农业科学、指导教学和农业生产。1875年康涅狄州建立了美国第一个独立的农业试验站。到1886年，美国共有12州成立了试验站。1887年的哈奇法，即农业试验站法及后来的亚当斯法与伯纳尔法带来的大量拨款促进了农业试验站系统的建设和发展。此外，农业部农业研究局领导的四个地区研究中心也为农业基础理论的研究做出了重要贡献。

合作推广站系统始建于19世纪70年代，早期主要是在大学设置专门课程、建立社区学院、康奈尔大学的成人教育计划及20世纪初农学院联合会设立的推广工作常设委员会。1914年，史密斯—利弗农业推广法的通过将县级推广工作纳入州推广体系之中。1917年的史密斯—休斯法则进一步将农业推广教育推向完善。这个推广体系包括农业推广、家政和4-H三部分，分别针对农村成年男子、农村妇女和10周岁以上的未成年人。目前，全国各级机构专职职员15 000～16 000人，其中，县一级占2/3以上，25%具备博士学位；州一级占1/4以上，全部是具有博士学位的教授；还有6%在联邦。

（二）农业研究经费支持

农业研究分为公共研究机构和私人研究机构两个部分。公共研究机构的经费来源于联邦和州政府。一战以来，政府用于农业研究经费的开支迅速增加，由1915年的350万美元增长到1970年的29 070万美元，即使扣除通货膨胀因素，也增长了5倍以上。根据农业部预算，1970—1989财政年度用于农业推广和农业合作研究的总开支从4.86亿美元增加到14.15亿美元。20世纪80年代中期，公共研究机构的研究费用维持在大约21亿美元。私人研究机构的经费主要来自各种农机制造企业和农产品加工企业及一些基金会，经费维持在21亿美元左右。

八、食品券与食物援助项目

美国食品券项目诞生于20世纪30年代，主要完善于20世纪60～70年代，80年代以后趋于稳定。该计划的主要目标是缓解农产品过剩、减少饥饿与营养不良、促进低收入家庭的营养与健康。联邦政府在救济弱势群体方面采取了联邦儿童营养计划和食物分配计划。前者包括在校学生午餐计划、在校学生早餐计划、特别牛奶计划、儿童照料食品计划、夏季食物供应计划、妇女儿童特别食物补充计划和农产食品补充计划7个方面；后者主要包括对慈善机构的馈赠，以及老年人营养计划和紧急食品援助计划等方面。

九、对外贸易

对外贸易可以分为商业性出口贸易和对外援助两种形式。出口贸易政策始于1933年罗斯福新政，是为解决国内产品生产相对过剩和反思过往贸易保护主义的教训而提出的。1934年通过的贸易协定法授权总统同外国签署贸易协定和修改关税税率，这措施扭转了贸易保护主义并为粮食出口和对外援助提供了先例。美国农业部实施了市场进入项目（Market Access Program，简称MAP)，由美国农业部海外服务局协同各个农产品贸易协会、州农产品贸易组织、小经营者共同开展农产品出口促进工作。

十、资源保护政策

美国资源保护政策的主体是土地休耕。该政策缘起于20世纪20～30年代严重的洪水袭击、长期干旱及影响深远的“黑风暴”。土地休耕的意义并不限于水土保持，而在于带动整个农业资源的休养生息，对实现可持续发展具有重要的意义。

资源保护政策在20世纪50年代以后主要体现为土壤银行项目，这是一个控制粮食供给的项目，在休耕的农地上种植保护性植被，农田休耕的期限为3～10年。最后一个土壤银行项目合同在20世纪70年代初到期，但每年用于土地用途改变和减少播种面积计划的资金一直持续到1995年。1985年以后，资源保护项目延续了土地休耕项目。项目实施以来，逐渐扩展到生态与环境保护。资源保护计划由联邦、州和土地所有者三方共同参与实施，由商品信贷集团提供资金，支付每年的土地租金和农民营建植被保护层50%的成本。农田服务局负责制定实施计划的全部政策，管理招投标，选择补偿农场主的租金和保护措施的成本及其支付。自然资源保护服务所负责提供技术支持和申请土地的审查工作。

十一、生物能源政策

1978 年，美国通过了《能源税收法案》（Energy Tax Act），对混合了生物乙醇的汽油降低燃料消费税。之后美国通过《乙醇汽油竞争法案》（Gasohol Competition Act）、《原油暴利所得税法案》（Crude Oil Windfall Profits Tax）等一系列法案形成了对生物燃料的扶持，同时通过综合调整法案（Omnibus Reconciliation Act）对进口乙醇征收进口关税。1988 年，美国又通过了《替代汽车燃料法案》（Alternative Motor Fuels Act），对汽车制造商适应生物燃料的车型提供信贷优惠，乙醇作为替代运输燃料的地位与《1992 年能源政策法案》（Energy Policy Act of 1992）中正式确立。1994 年美国修正了《清洁空气法案》（Clean Air Act），适应这一修正案，美国环境保护署（Environment Protection Agency，简称 EPA）颁布了《可再生氧化剂条例》（Renewable Oxygenate Rule），直接规定汽油中使用的氧化剂至少要有 30%来自可再生能源。到 2000 年，美国生物燃料产量达到 16 亿加仑[①]。2002 年农业法案进一步对生物燃料实施优惠。《2005 年能源政策法案》（Energy Policy Act of 2005）制定了纤维素燃料乙醇发展规划，确定了 2012 年生物燃料 75 亿加仑的市场占有量目标。2007 年，能源独立与安全法案（Energy Independence and Security Act，简称 EISA）出台，支持生物燃料使用，提出了将生物燃料用量从 2008 年的 90 亿加仑增加到 2022 年的 360 亿加仑的目标。这在一定程度上导致了 2007 年以来的全球粮食价格上涨。2008 年美国农业法案鼓励加快开发新型生物燃料，对燃料乙醇生产商进一步减免税收，允许向单个项目提供最高 2.50 亿美元的贷款担保，用于开发、建造或者改造生物质燃料工厂。

第三节　美国农业保险政策新动向展望[②]

以 1938 年颁布《联邦农作物保险法》与成立联邦农作物保险公司为标志，

① 加仑为非法定计量单位，1 加仑＝［（英）4.546 092 升；（美）3.785 412 升］。

② 本节的内容选自农业部软科学课题“美国农业保险政策新动向跟踪研究”（课题编号：D201717），课题主持人：吴建寨。

美国农业保险拉开了百年发展大幕，它作为典型的政府主导政策性农业保险模式，时至今日农作物投保面积近 3 亿英亩，是美国最大的对农支持计划与全球有史以来最大的保险项目，成为全球农业保险的典范。美国农业保险制度是在不断调整中走向完善的，尤其是近年来面对全球农业形势的变化和美国农业产业发展的新特征，美国农业部风险管理局（RMA，USDA）每年都会对保险内容进行调整，最大限度地降低农场主们受自然灾害和市场不确定性所带来的风险。

一、美国农业保险政策新动向

（一）保险品种与标准得到丰富，重视对可持续性农业引导

美国政府意识到可持续是农业发展的必然要求，保险政策十分注重对此的引导，加大了对有机农业的支持。美国 2008 年正式确立了有机作物保险项目，到 2011 年参与有机价格赔付的农作物品种有 4 种（玉米、大豆、棉花、加工番茄），2014 年农场法案进一步推动了这项工作，2017 年将增至 56 种，有机农产品相关政策题目达到 6 833 项。另外，联邦作物保险法早就明确了参保农作物生产必须遵循“良好耕作方式”作为获得赔付的先决条件，“良好耕作方式”是指用正确的生产方式保证被投保农作物能够收获，并至少生产用于确定生产保证或保险金额的收益率，可以对种植后期面积做出调整：要采取当地专家认可的普遍的、可持续的、有弹性的、或土地建设的农业耕作方式；有机专家普遍认可的有机农业方式。

（二）收入保险迅速发展，保险结构不断优化

美国农作物保险分为产量保险、收入保险、团体保险以及其他类型的保险，近年以收入为标的保险产品得到了农场主的普遍认可，正逐步占据主导地位，成为美国农业风险管理的主要工具。从保额上看，产量保险保额基本稳定，在总保额中的比重逐渐降低，由 1996 年的绝对优势逐渐减弱，从 2010 年开始下降到 20%以下；收入保险的保额成指数型增加，2010 年就超过 500 亿美元，2014 年收入保险占总保额的 80%以上；团体保险一直占有极小的份额，2008 年最多曾达 28 亿美元；其他类型的保险近年来基本稳定在 60 亿美元左右。从承保面积上看，产量保险逐渐减少，1995 年前几乎所有承保土地都应

用的产量保险，最高为1995年的2.15亿英亩，但到2014年仅剩0.4亿英亩，比重下降到约1/6；收入保险迅速扩张，覆盖范围迅速增至约2亿英亩，到2014年已经占2/3；团体保险近年来发展良好，稳定在1.1亿英亩左右；其他保险承保面积极少。

（三）市场需求为引导，经济作物保险得到强化

美国农业保险改革始终重视来自日益变化的消费需求和饮食习惯，近年来社会对经济作物包括水果、蔬菜、坚果、果脯、园艺作物、苗圃作物、花卉等需求旺盛，美国农业保险同样强化了经济作物的覆盖。首先，作物保险计划涵盖经济作物不断扩大。2015年保险政策覆盖了38个品种，投保面积扩大到770万英亩，占所有经济作物的72%左右；从2016年起，原来实行的调后国内收入（AGR）保险计划将被全农场收入保护（WFRP）计划替代，该项计划也因为其保险范围和保险额度的多样性被视为为经济作物量身定做的保险项目之一，它将给那些经济作物生产者提供更多的保险选择。其次，还针对加利福尼亚州、佛罗里达州和华盛顿州制定了差异化的精细保险政策。另外，美国农业部一直追踪新出现的经济作物，比如在过去的几年里，私人机构研发了6种新经济作物，美国农业部已围绕其中5种开展了保险试点工作。

二、美国农险政策存在的问题

（一）庞大的预算开支引起社会的质疑

作物保险计划的总成本在2014年就超过86亿美元。2008—2013年，每年费用平均为80亿美元，是2003—2007年的2.5倍。鉴于对联邦赤字日益增长的重视，作物保险庞大计划支出的增长受到更多的关注。政府投入到农业保险中的资金能否用于其他领域以获得更大的回报成为讨论的话题，尤其是当产量保险逐步被收入保险替代，农业保险的支持者需要证明保险可以给社会带来什么效益，而非单纯强调其给投保者带来的收入保障。

（二）受益人群被指发生偏离

联邦作物保险是联邦最大的财产保险计划，名义上是一种典型的私人财产保险形式。然而，其运行体系大大偏离了在私人保险市场中使用的常规保险原

则和做法。当前一些专家对联邦作物保险计划的庞大的成本和费用提出了质疑，认为这是一个非常有缺陷和大量补贴的财富转移计划，保险计划应更多针对小农利益的保护，但实际中大农场主获得政府补贴的绝大部分。

（三）引导农业持续发展实际效果不佳

作物保险是一种风险管理工具，除了在生产条件不良时保护农场主利益之外，还尝试对农业发展的持续性模式进行引导。虽然联邦作物保险在2008年就提出了“良好耕作方式”，但实际效果不佳。有学者以1994年联邦作物保险改革法案为节点进行统计分析，发现作物保险可能会对环境，尤其是水资源的可持续性利用造成意想不到的后果，认为作物保险导致更多的灌溉用水行为。

（四）规模扩大需求与边际成本升高需要权衡

美国农业保险的购买率如此之高，与政府高额的保费补贴投入是分不开的。近年来，保费补贴额不断上涨，但其边际成本也在逐渐升高。1981—1994年每英亩的边际成本为3.31美元，1995—1998年升高至10.51美元，1999—2005年为25.99美元，目前高达30美元，是每亩保费补贴的2倍。虽然美国审计署（GAO，USA）认为作物保险需求价格缺乏弹性，但这个观点在实践中找不到支持。因此，边际成本的大幅提升与规模扩大之间权衡受到关注。

三、美国农业保险政策的未来展望

根据North Star Opinion Research 2016年5月发布报告称，在最新一次民意调查中显示，92%的受访者赞成联邦政府应该对农业生产者提供资金支持，接近80%的受访者认为目前的保险补贴比例和免赔额是合理的。可以看出，美国民众对农业保险普遍持支持态度。实践中，在取代直接支付政策后，美国农业保险项目已经成为了保障美国农业持续稳定发展的基石，预计未来将继续与时俱进，不断调整，向着更细、更全、更广的方向继续繁荣发展。

（一）收入保险比重将继续提高

收入类保险属于附加性保险，经历了从仅对单一作物承保的作物收入保险发展到应用范围更为广泛的收入保护保险计划，以收入为基础的保险险种将会在未来农业保险政策发展过程中占据主导地位，比重还会继续提高。国会预算办公室（CBO）2016年预测，美国农产品价格的持续走低将会让更多农民放弃农业风险保险项目（ARC）而选择参与到价格损失保险项目（PLC）当中来，2019—2023年美国政府的年均农业保险投入和年均PLC投入将分别达到89.2亿美元和14.2亿美元，占政府所有商品计划和农业保险计划投入比例的87%。与此同时，收入类保险将进行更加综合化的创新升级，比如，与降雨指数保险和植被指数保险等指数类保险产品实现融合推进建立新的保险产品等。

（二）特种作物保险规模将会适度扩大

美国农业保险将会覆盖更多作物品种，特种作物领域更是重点。当然，增加对特种作物的保险覆盖面引起一些种植者担忧，担心引入作物保险可能会为特定作物种植面积的迅速扩大提供动力，从而可能扰乱市场并降低价格；也有人则认为发展新型特种作物保险产品存在一定的技术与分配日益稀缺的预算资源等难题。但是美国居民食物消费中越来越体现对增加水果、蔬菜和坚果等的比重，市场消费端产生的强大需求动力，将使得保险计划将继续扩大特种作物保险。

（三）将加强与气候变化关联性难题的解决

未来气候变化将是农业持续发展面临的重要挑战，且难以用先进的农业技术弥补。研究表明，目前的气候变化风险可能对农业产生有害影响，更频繁和更长的干旱条件以及温度升高，都会影响特种作物生产与作物产量相关的风险。美国审计署（USA，GAO）报告也明确指出到2040年，气候变化可能大大增加作物保险损失，到2100年气候变化更可能使农业生产活动风险加倍。必须改革联邦作物保险计划，解决与增加的天气变化和全球变暖等有关的难题，以应对气候变化的风险是必然趋势。

（四）通过制度创新降低政府支出成本

由于决策者试图削减支出并减少联邦赤字，纳税人高昂的作物保险成本已成为批评和潜在改革的对象。保费补贴比例在2010—2014年平均占87%，调整补贴将是降低政府支出成本的重头戏。而2014年农场法案辩论的证据表明，直接降低保费补贴水平的改革只能通过制度创新来实现。目前，提到的方案中减少流向作物保险公司的公共资金，存在减少高价补贴和通过降低整体保费援助两个方式，后者相对简单易行，但对农民造成负面影响的改革建议更难通过国会。前者方案里政府可以向所有农民免费提供一定程度的保险，然后允许私人市场为有兴趣购买更高保险的农民提供额外的政策。

第四节　日本农业现状和国内支持水平分析①

一、日本农业国内支持水平分析

日本农业支持政策主要是建立在以“消费者负担”为基础的政策框架上，基于农产品内外价格差，通过征收关税建立调节基金用于支持国内农业，该部分比重占日本农业支持总额的50%以上。在财政支持政策上又过于集中在与大米有关的补贴，占日本财政支持的70%以上。

（一）日本整体农业支持水平分析

从长期看，日本农业支持水平大体呈现下降趋势，而生产者支持百分比则表现出较大的波动性，2006年以来表现出上扬趋势。日本农业生产总值呈现下降的趋势，按产地价格计算，日本农业生产总值由1990年的约11.34万亿日元下降到2013年的约8.3万亿日元，年均降幅达到了1.37%。

从日本生产者支持估计量（PSE）的构成进行分析，可以看出在生产者支持估计量中市场价格支持（MPS）占主导地位，但农产品价格保护程度呈下降趋势，同时与产出无关的支出越来越多。2013年，市场价格支持占生产者支持估计量的比例为74.25%，与此同时，直接支付的比例很小（仅为5.47%）。这说明，日本农业的发展长期依赖于财政补贴，庞大的财政补贴集中用于农业生产的预算补助与农产品的价格补贴。

从总支持估计的角度看，农业支持正逐渐从消费者负担向纳税人负担转变。当消费者支持估计（CES）为负值时，表示存在隐性税收，该值近年来呈缩减趋势。市场价格支持的减少是消费者支持估计值的下降的重要原因之一

---

① 本节内容选自农业部软科学课题“日本农业政策跟踪研究”（课题编号：D201411），课题主持人：陈永福。

（表 8-1）。

表 8-1　日本总支持估计值构成

单位：亿日元

项　目	1986 年	1990 年	1995 年	2000 年	2005 年	2010 年	2013 年
生产者支持估计量（PSE）	77 642	61 793	68 468	58 325	48 876	49 732	52 651
一般服务支持估计（GSSE）	11 644	13 611	23 145	14 510	10 187	7 384	9 198
1. 研究开发	409	453	826	784	872	831	689
2. 农业教育	311	292	294	262	109	345	415
3. 农产品质量检验	77	84	100	77	96	105	119
4. 基础设施建设	10 239	11 810	21 052	12 656	8 848	5 892	7 754
5. 流通和市场促销	235	187	274	293	25	19	52
6. 公共储备	374	784	599	438	237	191	169
7. 杂项	0	0	0	0	0	0	0
消费者支持估计（CSE）	−90 285	−77 127	−87 810	−67 242	−56 640	−54 088	−54 298
总支持估计值（TSE）	89 147	75 678	91 874	72 886	59 085	57 129	61 859

资料来源：OECD PSE database 2014。

农业支持更倾向于“软件”支持。在一般服务支持中，基础设施建设所占资金份额逐年下降，而研究开发支持力度呈上涨趋势。1986 年研究开发支出仅为 409 亿日元，2005 年为 872 亿日元，之后略有下降，2013 年研究开发支出为 689 亿日元，在一般服务支持中的比例为 7.49%。基础设施建设费用在 1986—1995 年呈快速上涨趋势，1995 年为 21 051 亿元，之后迅速下降，2013 年仅为 7 754 亿日元，在一般服务支持中占比 84.3%。

（二）日本主要农产品支持水平分析

从支持的农产品品种来看，日本对大米的支持量所占比重最高（40%～50%），占大米产值约 80%。其中，对大米的价格支持占主导地位，为 90%以上。从 2010 年开始，日本取消直接支付和大米价格变动直接补贴。除了大米外，猪肉、精制糖、牛奶等产品的市场价格支持也较大。

1. 大米

大米是日本农业支持的最大品种。2013 年日本大米生产总值为 1.88 万亿日元，而对大米生产者的转移支付为 1.59 万亿日元，其中市场价格支持高达 1.34 万亿日元，在对大米生产者总支持中的比重为 85%左右。从市场价格支持和直接支付两种支持类型金额变动趋势上看，二者均呈下降的趋势，其中在2010年以后就未对大米进行直接支付。

2. 小麦

1986年以来，在小麦生产过程中，市场价格支持和直接支付两种支持形式大体呈现此消彼长的态势。对小麦来说，市场价格支持政策重要性越来越低，而直接支付则在2010年后呈上涨趋势。市场价格支持金额在2007年降为0。直接支付则从1999年的0日元上涨到2003年的峰值超过1 000亿日元，但在2007年迅速下降，之后大体保持平稳。

3. 精制糖

精制糖生产者支持金额大体呈现波动下降的趋势，2006年来，直接支付快速上涨，而市场价格支持金额则迅速下降。

4. 牛奶

牛奶市场价格支持和直接支付大体均呈震荡下行的态势，但自2008年以来，牛奶的生产者支持金额呈现出上涨的趋势，从2008年的3 293亿日元上涨到2012年的4 248亿日元。

5. 牛肉

2000年以来，牛肉市场价格支持金额稳定在1 500亿日元左右，而直接支付金额则波动较大，2009年后迅速上升，2013年直接支付金额约为1 200亿日元。

6. 猪肉

猪肉是农产品中生产者支持仅次于大米的产品，市场价格支持和直接支付金额表现出不同的变化趋势。2009年之前直接支付形式的支持金额为0日元，但之后迅速增加，2012年支持额约为100亿日元。近年来，猪肉的价格保护支持程度也在逐年下降。

从主要农产品支持水平的分析来看，2009年以来，除牛奶外的其余农产品市场价格支持力度在逐年下降，更多的资金被投入到直接支付当中。

二、日本农业制度与补贴政策的演变特征

（一）农业法律的制定从无约束力向有约束力转变

1961年制定的《农业基本法》（以下简称旧基本法）只是对农业的发展进

行长期展望，在实施过程中并没有实际约束力，不利于农业的持续发展。1999年7月，日本国会通过了新的《食物·农业·农村基本法》（以下简称新基本法），同时废止了1961年制定的《农业基本法》。与旧基本法相比，新基本法的内容更为详细，定位更加准确。将确保稳定的食物供给、农业多功能性、可持续发展和推动农村发展作为主要内容，提出了具体的实施措施，并规定了未来每5年重新修订一次新基本法，保证新基本法与时俱进，目前新一轮修订已经开始。此外，政府在具体实施过程中有法可依、有据可依，更有约束力。

（二）从小农经营向大农经营的转变

2010年和2011年日本政府分别制定了《粮食、农业、农村基本计划》和《重构日本食物及农林渔业的基本方针与行动计划》，重点是不断扩大农户的经营规模，提高农业劳动生产率，增强农业竞争力。该措施的目标是未来10年内，核心农业经营主体［认定农业经营者（类似于中国种粮大户）、农业公司和村落营农组织］所使用的农地面积从50%提升到80%，农业公司经营数量从1.25万个增加到5万个，40岁以下农业就业人员从20万人扩大到40万人，80%以上核心农业经营主体的经营规模在平原地区达到20～30公顷，丘陵和山区达到10～20公顷，全国平均生产成本下降40%。此外，政府对农业的直接支持水平开始不断提高，正在从补贴政策上诱导土地流转到核心农业经营主体。2013年日本通过立法开始在都道府县一级设立农地中介管理机构（或称土地流转银行），该机构集土地流转、土地集中连片整理（园区化）和基础设施建设、发放扩大经营规模补贴和建立数字化土地台账等功能为一体的农地中介管理机构，属公共政府机构性质，归各都道府县农地政策课管辖，这可以打消出租土地农户一旦租出到征用时收不回来的顾虑。

（三）农业制度改革从“震荡潜行”进入“深水区”

2009年以后日本政权更迭导致日本农业制度改革频繁，政策上反复性较大，但均未从农地制度入手，属于“震荡潜行”状态。安倍晋三自2012年年底上台之后，其推出其有“安倍经济学”之称的“三支箭”，即大胆的货币宽松政策、机动灵活的财政政策和日本复兴战略。在其“第三支箭”中，作为唤起民间投资的经济增长战略和作为现有“岩石式”坚硬的制度约束的突破口，借鉴中国经济特区和英国特区的成功经验，在2014年3月28日公布设立6个国家战略特区，即东京圈、关西圈、新潟县新潟市、兵库县养父市、福冈县福冈市、冲绳县。其中，新潟市是成为开展大规模农业改革的据点，养父市是形成开展丘陵和山地农业改革的据点。农业特区设立的核心目的是改革现有农业制度，创新农业经营模式。此外，安倍政府明确表明要取消日本中央农协。可见，日本农业制度改革已经进入“深水区”。

（四）国内农业补贴从“消费者负担”向“纳税人负担”转变

日本农业补贴政策主要是建立在“消费者负担”基础上的政策体系，即主要基于农产品内外价格差，通过征收关税支持国内农业，该部分比重占日本农业支持补贴总额的50％以上。在财政支持政策上又过于集中在与大米有关的补贴上，占日本财政支持的70％以上。随着日本不断推进贸易自由化，国内主要农业支持政策逐步从“消费者负担”的农业支持政策框架向“纳税人负担”的财政支持政策框架转变，逐步减少过度集中于大米有关的补贴项目，增加日本式直接补贴和农产品加工流通和服务领域补贴。

（五）出口补贴和出口重视力度从保守向积极转变

日本出口总体增长的趋势表明，日本农产品贸易政策正逐步由国内被动防御战略（保守型）向积极的贸易政策转变。这与日本加入乌拉圭回合农业协议、推进综合性国际经济合作及贸易自由化的努力密不可分。受日本贸易政策的影响，日本国内补贴的政策也正发生着变化，与出口有关的补贴正在增加，而且日本首相安倍提出要针对不同农产品品种设立出口促进的组织。

三、日本农业补贴政策体系与补贴方式

（一）农业补贴总体分类

从表8-2可以看出，2014年农业基础设施建设和技术研发推广示范补贴占农林水产预算总额的30.12％；收入补贴比重为28.9％；农地流转和确保以及新农业人员补贴比重为18.6％；市场价格支持比重为9.11％；林业、水产业和其他补贴比重为3.93％；与品种不挂钩的日本型直接补贴比重为3.41％；出口促进补贴为1.2％；农村建设与食物安全补贴为0.96％；六次产业补贴为0.13％；不明出处的比重为3.65％。

表 8-2　2014 年农业补贴分类

单位：亿日元、%

序号	类别	金额	比重
1	农地流转和确保以及新农业就业人员补贴	4 326.65	18.60
2	收入补贴（粮食作物直接补贴和收入保险等）	6 723.07	28.90
3	市场价格支持	2 119.25	9.11
4	出口促进补贴	278.13	1.20
5	与品种不挂钩的日本型直接补贴	793.71	3.41
6	农林基础设施建设和技术研发推广示范	7 008.15	30.12
7	六次产业补贴（与农业关联第二和第三产业补贴）	31.16	0.13
8	农村建设与食物安全补贴	222.55	0.96
9	林业、水产业和其他补贴	914.81	3.93
10	不明出处部分	849.52	3.65
合计		23 267	100.00

资料来源：根据日本农林水产省网站预算资料整理加工的结果。

（二）主要农业补贴种类的具体类型和补贴方式

1. 农地流转和农业就业有关的补贴类型和补贴方式

农地流转和农业就业有关的补贴类型主要包括对农地中介管理机构的业务补贴、再生撂荒地补贴、土地流转和农业就业人员补贴和金融支持等（表 8-3）。农地中介管理机构的运营方式主要是对流转出土地的对象进行机构集中合作补贴，对机构运营进行补贴（如事物费、土地租赁费、土地整理费等）和对机构的基础业务进行补贴（如建立土地电子台账系统和确认耕作意向）。再生利用撂荒地紧急措施的补贴是对再生撂荒耕地每 0.1 公顷补贴 5 万日元。其他涉及农业就业和土地流转的具体直接支付补贴主要有：一是支援青年农业就业人员稳定经营的开始型直接补贴。每人每年可获得 150 万日元，最多可享受 5 年；二是扩大农业经营规模的集中连片合作补贴。包括户别直接收入补贴，扩大规模直接补贴和提供土地人员的直接补贴。扩大规模补贴是每 0.1 公顷 10 万日元，对提供租赁土地的农户，0.5公顷以下补贴30万日元，0.5～2公顷补贴50万日元，2公顷以上补贴70万日元，条件是不能对租赁对象附加条件；三是长期大型借贷资金利息补贴。最初5年的利息全部补贴；四是支援青年农业就业人员研修的准备型直接补贴。每年150万日元，最多可享受2年；五是农业公司雇佣人员研修的直接补贴和支援培育农业经营者教育机关的补贴，每年每人120万日元，最多补贴2年。

对核心经营主体开展金融支持（对减低SuperL资金贷款利息的补助）的补贴主要是对认定农业人员实施的，个人最高可贷3亿日元，公司可贷10亿日元，贷款期限可达25年，前5年无利息。

表8-3　日本农地流转和确保以及新农业就业人员补贴

单位：亿日元、%

序号	项目	所管单位	金额	比重
1	通过农地中介管理机构（农地集中银行）实施土地集中和整合汇集	经营局	304.50	1.31
	推动农地大规模区划等	农村振兴局	1 064.25	4.57
2	再生利用撂荒地紧急措施的补贴	农村振兴局	19.40	0.08
3	加速支援解决人和农地问题	经营局	11.88	0.05
4	综合支援农业就业新人和继承农业经营	经营局	217.84	0.94
5	支援培育经营体	经营局	45.25	0.19
6	对核心经营主体开展金融支持（对减低SuperL资金贷款利息的补助）	经营局	77.34	0.33
7	农业保险关联事项（农业灾害补偿制度）	经营局	894.56	3.84
8	积极活用女性能力	经营局	485.79	2.09
9	农业人员退休金	经营局	1 205.84	5.18
合计	农地流转和确保以及新农业就业人员补贴	农村振兴局、经营局	4 326.65	18.60

资料来源：根据日本农林水产省网站预算资料整理加工的结果。

2. 收入补贴的类型和补贴方式

收入补贴的类型主要可以分为稳定土地利用型农业经营收入措施（大米、麦类和大豆等）补贴和活用水田的直接补贴（表8-4）。该补贴主要通过经营局、农林水产技术会议事务局进行管理和运作。

表 8-4　日本收入补贴

单位：亿日元、%

序号	项目	所管单位	金额	比重
1	稳定土地利用型农业经营收入措施（大米、麦类和大豆等），其中：	经营局	3 952.81	16.99
	旱作作物直接补贴	经营局	2 092.68	8.99
	缓和所受收入下降影响的措施	经营局	751.36	3.23
	大米直接补贴 * 截至 2015 年	经营局	806.25	3.47
	大米价格变动补偿金 * 截至 2015 年	经营局	200.00	0.86
2	活用水田的直接补贴	农林水产技术会议事务局	2 770.26	11.91
合计	收入补贴	农林水产技术会议事务局、经营局	6 723.07	28.90

资料来源：根据日本农林水产省网站预算资料整理加工的结果。

稳定土地利用型农业经营收入措施。该补贴的政策目标是确保水稻、小麦和大豆等土地利用型农业经营主体的稳定经营收入，主要包括四个方面的补贴内容，即旱作作物直接补贴、减缓水稻和旱作作物收入下降幅度的补贴（相当于收入保险）、过渡措施补贴（截至 2017 年）和对地方政府（都道府县和市町村）直接补贴实施经费的补贴。下面主要对前两项进行说明。

旱作作物直接补贴。该补贴的对象人员是经营面积在 0.3 公顷以上或年销售额 50 万日元以上的销售农户和村落营农组织（2015 年开始对象人员改为认定农业者、村落营农组织和认定农业就业人员），补贴的对象作物为麦类、大豆、甜菜、淀粉用马铃薯、荞麦和油菜。补贴方式由面积直补和产量直补两部分组成，面积直补是每 0.1 公顷补贴 2 万日元（荞麦补贴 1.3 万日元），产量直补是依据统一规定的不同品质产品的销售价格减去统一规定的生产成本的差额和实际销售量之积。具体支付过程是首先按面积进行支付，再对销售后按销售数量计算出的产量补贴减去面积支付后的部分进行补贴。

具体统一规定的直补单价是每 60 千克小麦、青稞麦和大豆分别直补 6 320 日元、7 380 日元和 11 660 日元，每 50 千克两条大麦、六条大麦分别直补 5 130 日元、5 490 日元，每吨甜菜和淀粉用马铃薯分别直补 7 260 日元和 12 840日元，每 45 千克荞麦补贴 13 030 日元，每 60 千克油菜籽直补 9 640 日元，在直补过程中直补额根据品质增减。

收入保险补贴。该补贴是针对加入收入保险的4公顷以上（北海道10公顷以上）的认定农业者和20公顷以上的村落营农组织，加入方式是国家与加入者的比例为3∶1，根据加入者过去年份的年均经营收入额，当本年度收入低于该收入额时，对其差额进行90%的补贴。

活用水田的直接补贴。该补贴是针对把水田转为用于麦类、大豆、饲料用水稻、米粉用水稻种植的农业人员，进行直接补贴。该补贴的目标在于截至2020年饲料用大米、米粉用大米的产量达到120万吨，麦类和大豆等种植面积达到65万公顷，饲料自给率达到38%。该补贴由直接对种植战略作物的农业者进行的作物直接补贴和通过推行活用水田的地方政府对农业者进行补贴的产地直接补贴两部分组成。前种补贴包括三种补贴方式，即对种植作物的补贴，种两季的补贴和与畜牧业联合种植的补贴（表8-5）。

表8-5　活用水田的直接补贴方式

补贴方式	作物种类或耕种方式	每0.1公顷补贴额度（日元）	支付方式
战略作物直补	麦类、大豆、饲料作物	35 000	与旱作作物支付方式相同，包括面积支付和产量支付
	用于青贮的水稻	80 000	
	加工用水稻	20 000	
	饲料用水稻和米粉用水稻	55 000～105 000，产量越高支付越多	
种两季直补	水稻+战略作物	15 000	面积支付
与畜牧业联合种植的补贴	饲料用水稻的秸秆利用 水田放牧 资源循环	13 000	面积支付
产地直接补贴	饲料用水稻和米粉用水稻	12 000	面积支付
	加工用水稻	12 000	
	储备用大米的水稻	7 500	
	荞麦和油菜	作为主要作物：20 000 种两季：15 000	

资料来源：根据日本农林水产省网站预算资料整理的结果。

不同地区在打造饲料用水稻产地上，补贴方式还存在一定差别，如茨城县除上述直补外，对于活用水田的农业经营还分别从县和村一级分别增加 1 万日元的补贴，从而使得种植饲料用水稻比种植食用水稻更划算。

3. 市场价格支持的具体类型和运作方式

市场价格支持的内容主要包括稳定畜产和奶农生产的措施，饲料谷物储备措施，提高饲料产量的综合措施，稳定蔬菜价格的对策措施，鱼、果树和茶相关联的支援措施，以及稳定糖料资源作物支援对策措施。该类补贴主要通过生产局进行管理和运作。

稳定畜产和奶农生产的措施主要包括确保奶业生产者、肉牛繁殖经营者、肉牛育肥者、养猪者和蛋鸡生产者的稳定经营进行收入保险补贴。

奶业生产者补贴。该补贴由对奶农、收购商、生产商和制造商这一全产业链补贴构成。奶农补贴是对其饲料作物面积按照每公顷 1.5 万日元进行补贴；对用原料奶加工生产牛奶和奶油的生产商的原料奶收购补贴是按照每千克 1 280日元进行补贴，对用原料奶加工生产奶酪的生产商的原料奶收购补贴按照每千克 1 541 日元进行补贴，同时，生产商和政府（独立法人农畜产业振兴机构）按照 1∶3 的比例出资建立稳定收入保险基金，当其产品价格低于过去三年全国平均交易价格时，从收入保险基金中补贴该差额的 80%；日本本国的乳制品生产商的补贴是对过剩时期和适时投放的乳制品的制造商按照其制造成本的一半进行补贴。

肉牛繁殖补贴。由两阶段的保证价和触发价格的补贴构成，前者低于后者。首先是根据过去三个月的平均销售价格确立基本保证价格，当生产者的子牛销售价格低于该价格时，通过肉用子牛生产者补贴制度，按照固定金额进行补贴；其次是根据过去肉用子牛平均销售价格设立触发价格水准，当销售价格低于该触发价格时按照差额的 75%进行补贴。

肉牛育肥补贴和养猪补贴。这两种补贴均是生产者和政府按照 1∶3 的比例设立收入保险基金，当收入低于按照各地区示范性生产成本时，按照损失差额的 80%进行补贴。

蛋鸡补贴。为了维护养鸡户收入稳定，当标准销售价格下降，奖励参与出售蛋鸡的生产者，对其稳定基准价格和补贴基准价格差额的 90%进行补贴。

4. 饲料谷物储备措施和提高饲料产量的综合措施补贴运作方式

饲料谷物储备措施和提高饲料产量的综合措施补贴基本上是采用定额或补贴成本的 1/2/或 1/3。

5. 稳定蔬菜价格的对策措施的具体类型和运作方式

稳定蔬菜价格的对策措施补贴是根据日本蔬菜稳定基金制度进行运作的。日本设立蔬菜稳定基金制度是为了稳定蔬菜生产，保证蔬菜供应，确保蔬菜价格稳定，减少蔬菜价格涨落对经济社会的影响。日本的蔬菜稳定基金制度依据《蔬菜生产销售稳定法》设立，具体包括三个方面：一是稳定指定蔬菜价格的措施；二是稳定合同订购蔬菜供应的措施；三是培育特定蔬菜等的供应产地的价格差补贴措施。

（1）稳定指定蔬菜价格的措施。是通过对指定产地、指定消费地、指定蔬菜品种，以及注册的销售团体和大规模农业生产者的管理来运作的。在日本，指定蔬菜包括卷心菜、黄瓜、芋头、萝卜、番茄、茄子、胡萝卜、葱、白菜、青椒、莴苣、洋葱、马铃薯和菠菜等 14 个品种。2006 年，这 14 种指定蔬菜的销售总量达 966 万吨，占日本蔬菜市场销售总量的 74%，其中参与该措施计划的销售量为 274.5 万吨，占日本指定蔬菜的市场销售总量的 28.4%，占日本蔬菜市场销售总量的 23.4%，占日本蔬菜总产量的 22%。可见，列入该措施计划的蔬菜产品覆盖面较广，该措施成为日本稳定蔬菜价格的基石。

稳定指定蔬菜价格措施的具体方式是在指定蔬菜的价格急剧下跌时，农畜产业振兴机构直接对登记在册的生产者，或通过已注册的生产者所属销售团体对生产者提供补偿，以缓解价格下滑对农户从事蔬菜经营的影响，确保农户继续进行蔬菜生产。补偿对象必须满足以下条件，即农林水产省指定的蔬菜产地生产的蔬菜、已注册的销售团体受生产者委托销售的蔬菜或已注册的生产者销售的蔬菜、在既定的销售期内向农畜产业振兴机构规定的批发市场销售的蔬菜、达到农畜产业振兴机构规定标准的蔬菜。该措施的运营资金来自设立在农畜产业振兴机构内的蔬菜稳定基金，由中央政府、都道府县（地方）政府和生产者分别按照 60%、20%和 20%的比例出资。

该措施的实施过程包括四个步骤：一是政府制定未来 5 年的蔬菜供求平衡预测表，根据预测结果确定未来的生产计划。二是生产者或销售团体向农畜产业振兴机构提出加入计划的申请，并提交生产计划（每年两次）和计划销售的指定消费地所属批发市场。三是生产者或销售团体按计划销售指定蔬菜到指定消费地批发市场，当市场上的平均销售价格低于保证基准价格（按照过去 6 年的平均销售价格的 90%设定）时，生产者或销售团体（该团体再支付给生产者）将获得补偿，即按照销售量（Q）乘以保证基准价格（A）和平均销售价格（B）之差计算的补偿金额［Q×（A－B)］。需要说明的是，当市场上的平均销售价格低于最低基准价格（按照过去六年的平均销售价格的60%计算）时，补偿金额将按照保证基准价格和最低基准价格（C）之差计算［Q×(A－C)］。从2011年开始，该项措施又增加了当蔬菜生产投入费用高涨时将提供安全保护网的补偿措施，即把计算保证基准价格和最低基准价格的百分比提高5个点。四是农畜产业振兴机构向生产者或销售团体（该团体再支付给生产者）按照销售计划和实际应得的补偿支付相应金额。

在这项措施中，指定产地是指由农林水产大臣依据各都道府县知事的申请批准设立的蔬菜生产地区；销售团体主要指农协，农户的申请计划通过农协向农畜产业振兴机构申报，其计划的蔬菜也委托农协向指定市场销售；大规模农业生产者是指种植指定蔬菜的面积超过2公顷的生产者（以农业公司为主)，其种植的指定蔬菜可以直接申请成为该措施的补偿对象。

（2）稳定合同订购蔬菜供应的措施。随着消费者越来越重视食品安全，加之大型零售商引入了蔬菜生产销售一体的追溯系统，在日本，加工企业和零售商与生产者直接签订合同定购蔬菜的现象越来越普遍。该项措施涉及的蔬菜包括指定蔬菜（14种）和特定蔬菜（34种)，其中特定蔬菜包括芦笋、草莓、枝豆、芜菁、南瓜、白菜花、甘薯、青豆、牛蒡、小松菜、荷兰豆、豌豆、春菊、生姜、西瓜、甜玉米、芹菜、蚕豆、小白菜、香菇、韭菜、大蒜、蜂斗叶、绿菜花、赤车、鸭儿芹、甜瓜、长山药、莲藕、辣椒、冬葱、苦瓜和黄秋葵等。其运营资金来源根据合同涉及蔬菜的品种不同而有所区别，涉及指定蔬菜的合同订购中，中央政府、都道府县政府和销售团体（或生产者）分别按照50%、25%和25%的比例出资，当合同涉及蔬菜为特定蔬菜时，三者按各1/3的比例出资。

稳定合同订购蔬菜供应措施的运营，主要包括以下3种具体措施：一是确保合同数量的措施。即当生产者受气候因素的影响不能确保合同供给数量时，对生产者将原本计划供给市场销售的蔬菜用于供给合同订购的费用进行补偿。补偿办法是：当市场上的平均销售价格高于基准价格30%（也称“指示性价格”）时，针对把本应在市场上销售但用于合同订购的蔬菜供给，按照市场平均销售价格与合同订购价格之差的70%对生产者进行补偿；如果是生产者从市场购入蔬菜并用于满足合同订购的情况，则按照购入价格与合同购价之差的90%进行补偿。需要说明的是，补偿数量不超过合同订购数量的50%。二是防止价格下滑的措施。如果合同订购价格与市场价格联动，当市场上的平均销售价格低于保证基准价并急剧下降时，按照保证基准价格与平均销售价格之差的 90%对生产者进行补偿；当市场上的平均销售价格低于最低基准价格时，按保证基准价格和最低基准价格之差的 90%进行补偿。从 2011 年开始，保证基准价格是按照过去 6 年市场平均销售价格的 90%进行测算，最低基准价格则按照过去 6 年市场平均销售价格的 55%进行测算。三是调整销售的措施。这一措施针对的是签订合同的生产者在确保合同订购数量和面积之外种植的一部分供合同外销售的蔬菜的情况。当市场上的平均销售价格低于基准价格的 70%（也称“发动补偿基准价格”）时，针对不同供合同外销售的蔬菜销售到市场上的生产者，按照基准价格和合同订购价格二者中较低水平的 40%进行补偿。

据统计，2010 年，日本纳入稳定合同订购蔬菜供给补偿方式的蔬菜的销售量为 11.1 万吨。该项措施的优点在于，不仅有利于保证生产者获得较为稳定的收益、提高其签订合同的积极性，也有利于食品加工商、餐饮业者和流通业者等蔬菜的实施需求者按照预定价格和预定数量获得稳定的蔬菜供应，进而稳定消费者物价水平。

（3）培育特定蔬菜等的供应产地的价格差补贴的措施。培育特定蔬菜等的供应产地的价格差补贴措施的实施对象，是特定的 34 种蔬菜及地方政府选定的目标产地所生产的 14 种指定蔬菜，而且这些蔬菜必须销售到批发市场。需要说明的是，当特定蔬菜的销售者生产规模较大时，还要求其种植面积大于 1.5 公顷。该措施是中央政府、都道府县政府和销售团体（或生产者）各按 1/3的比例出资，主要目的是当特定蔬菜价格急剧下降时，对生产者支付价格差的补偿金，以确保生产者继续经营蔬菜生产。

培育特定蔬菜等的供应产地的价格差补贴措施的运营机制：当市场上平均销售价格低于保证基准价格（按照过去 6 年市场平均销售价格的 80%测算）时，按照保证基准价格和平均销售价格之差的 80%对生产者进行补偿；当平均销售价格低于最低基准价格（按照过去 6 年市场平均销售价格的 55%测算）时，按照保证基准价格和最低基准价格之差的 80%对生产者进行补偿。同时，该措施也涉及稳定指定蔬菜价格业务的收入安全网等相关措施，即当蔬菜生产投入费用高涨时，把计算标准的百分比提高 5 个点。

6. 稳定糖料资源作物支援对策措施补贴

（1）糖料作物补贴。该补贴是依据白糖价格调整制度开展的。日本国内白糖的原料是甘蔗和甜菜等糖料作物。甜菜是北海道的主要旱作作物；在西南群岛的冲绳县和鹿儿岛县台风、干旱等自然灾害频发，甘蔗成为不可替代的主要作物。甜菜和甘蔗成为区域发展的重要作物，国内白糖生产商对当地农业和区域经济具有重要作用。但国产原料糖和进口粗糖为原料生产的白糖存在巨大的价格差，其中甜菜糖的价格约为进口粗糖价格的 2 倍，甘蔗糖的价格约为进口粗糖价格的 6 倍。因此，对价格低廉的进口粗糖收取调整金作为资金来源，对甘蔗的生产者和甜菜糖、甘蔗糖的生产商进行支援，消除国内外价格差。

日本白糖价格调整制度的具体运营机制：精制糖公司通过从国内和国外进口采购原料糖，农畜产业振兴机构对制糖公司进口的原料糖征收调整金，平衡国内外价格差；农畜产业振兴机构将征收的调整金以交付金的形式提供给甘蔗生产者和国内食糖生产商，并从国库中支出部分资金以交付金的形式提供给甜菜生产者，以维持农户水田旱作经营收入的稳定。

（2）淀粉用薯类补贴。该补贴是通过设立淀粉价格调整制度来维持国内淀粉市场价格的稳定。日本国内淀粉原料主要是马铃薯和红薯。马铃薯主要在北海道进行旱作轮作，红薯主要生长在南部九州（宫崎县和鹿儿岛县）的火山灰土壤地带，这里是台风多发区。马铃薯和红薯作为主要作物，与淀粉制造商对当地农业和区域经济发展具有重要作用。国内外淀粉和玉米淀粉存在明显的价格差，其中国内红薯淀粉价格为进口价格的 3 倍左右，国内马铃薯淀粉价格为进口价格的 2.5 倍左右。因此，对价格低廉的进口玉米收取调整金，并将此作为对淀粉原料生产者和国内淀粉制造商的支援，来消除价格差异。

日本淀粉价格调整制度的具体运营机制：玉米淀粉公司通过从国内和国外进口采购淀粉原料，农畜产业振兴机构对玉米淀粉公司进口的淀粉原料征收调整金，来平衡国内外价格差；农畜产业振兴机构将征收的调整金以交付金的形式提供给淀粉原料生产者和国内马铃薯淀粉制造商，并从国库中支出部分资金以交付金的形式提供给淀粉原料生产者，以维持农户水田旱作经营收入的稳定。

7. 出口促进补贴

该补贴主要包括日本的食物和食文化魅力宣传、通过出口扩大等措施赢取全球食物市场、构建发展中国家有效率的农产品和食品的供给体制、扩大需求前沿的研究开发组成。该补贴主要由食物产业局、农林水产技术会议事务局、水产厅、林业厅等管理和开展。

8. 环保型直接补贴

该补贴主要由面向多功能性的直接补贴、针对丘陵和山地地区的直接补贴和环境保全型农业直接支援措施构成，管理主体是农村振兴局和生产局。

面向多功能性的直接补贴主要细分为维护农地的直接补贴、共同参加提高资源利用活动的直接补贴和提高设施寿命活动的直接补贴三种类型，可以累计获得，都道府县每 0.1 公顷草地、旱地和水田的累计补贴总金额可达 890～9 800日元，北海道可达 650～7 620 日元。

针对丘陵和山地地区的直接补贴是由各都道府县和市町村政府进行管理，根据土地倾斜度进行补贴，水田倾斜在 1/20 以上的每 0.1 公顷补贴 21 000 日元，在此以下补贴 8 000 日元；旱地倾斜度 15 度以上每 0.1 公顷补贴 11 500 日元，在此以下补贴 3 500 日元。

环境保全型农业直接支援措施主要包括全国通用类型和地区特殊类型两种。全国通用的类型包括绿肥种植、利用堆肥和有机农业，每 0.1 公顷分别补贴 8 000 日元、4 400 日元和 8 000 日元；地区特殊类型主要包括冬季灌水管理、间作麦类秸秆还田和水田内设沟保持生物多样性，每 0.1 公顷分别补贴 8 000日元，8 000日元和 4 000 日元。

9. 农业和农村的基础设施建设的补贴内容

该补贴包括种类广泛，占日本农业补贴的 1/3。主要包括的补贴内容有森林的基础设施建设和治理山地、水产业的基础设施建设、农业山村和渔村地区的基础设施建设补助、打造强大农业补贴等（表 8－6）。该补贴主要由农村振兴局和生产局管辖。

表 8－6 日本农林基础设施和技术研发推广示范预算情况

单位：亿日元、%

序号	项目	所管单位	金额	比例
1	农业和农村的基础设施建设	—	2 689.28	11.56
2	森林的基础设施建设和治理山地	林业厅	1 812.93	7.79
3	水产业的基础设施建设	水产厅	721.49	3.10
4	农业山村和渔村地区的基础设施建设补助	农村振兴局	1 122.11	4.82
5	打造强大农业补贴	生产局	233.85	1.01

（续）

序号	项目	所管单位	金额	比例
6	重新打造森林和林业的基础设施补贴	林业厅	22.00	0.09
7	打造强大水产业补助	水产厅	45.00	0.19
8	针对特殊自然灾害应急的基础设施建设	农村振兴局	1.00	0.00
9	加速支援引入新一代园艺设施	生产局	20.08	0.09
10	增强加工和业务用生产基础设施	生产局	10.00	0.04
11	创新推进国产花卉	生产局	5.00	0.02
12	综合提高产地活力的措施	生产局	28.82	0.12
13	建立农业界和经济界合作的前沿示范性农业的试验	经营局	2.50	0.01
14	强化生产实践的研究开发	农林水产技术会议事务局	18.77	0.08
15	对援农队对接的支援	生产局	1.00	0.00
16	防止野鸟野兽对农业损害的综合措施	生产局	95.00	0.41
17	针对规避野鸟野兽损害森林高级技术措施的试验	林业局	1.50	0.01
18	构建高收益型畜牧生产体制	生产局	0.69	0.00
19	对新品种和新技术的开发、推广和保护	生产局、食物产业局和农林水产技术会议事务局等	71.49	0.31
20	支援药用作物等地区性特殊产品作物的产地构建	生产局	4.00	0.02
21	构建具有成长潜力产业的政策支援	食物产业局	4.68	0.02
22	提升食品产业	食物产业局	3.75	0.02
23	促进有效利用民间活力的研究	农林水产技术会议事务局	11.13	0.05
24	促进农林水产业和食品产业的科学技术研究	农林水产技术会议事务局	52.17	0.22
25	以技术为纽带构建价值链的研究开发	农林水产技术会议事务局	29.91	0.13
合计	农林基础设施和技术研发推广示范预算	林业厅等	7 008.15	30.12

资料来源：根据日本农林水产省网站预算资料整理加工的结果。

10. 六次产业补贴的分类和运作方式

该补贴主要包括农林渔业成长产业化基金的设立和运作、支援六次产业化的措施，以及推动医疗、福利机关、食物和农业的合作（表 8－7）。该补贴由食物产业局管辖，目标是把六次产业（加工流通和服务业）规模从 2010 年的 1 兆日元扩大到 2015 年的 3 兆日元，2020 年达到 10 兆日元规模。

表 8－7　六次产业化补贴

单位：亿日元、%

序号	项目	所管单位	金额	比重
1	农林渔业成长产业化基金的全面启动	食物产业局	—	—
2	支援六次产业化的措施	食物产业局	—	—
3	推动医疗、福利机关、食物和农业的合作	食物产业局	—	—
合计	六次产业化补贴	食物产业局	31.16	0.13

资料来源：根据日本农林水产省网站预算资料整理加工的结果。

11. 农村建设与食物安全补贴的分类

该补贴主要由城市和农村共生对流措施的综合补贴，打造与农有关的生活补贴，提升农村、山村和渔村活力的补贴，美丽农村再生的支援，推动引入可再生能源的农村、山村和渔村活力的措施，推动地区生物能源产业化的措施，推动木材生物能源产业化的措施，确保消费安全的补贴，家畜卫生综合防治措施，有害化学物质和微生物风险管理的基础调查，确保食物生产资料安全的综合措施，在农林水产品的生产和流通实践中推动食物方面的教育，以及减少食品损耗的综合对策措施构成。管理主体是农村振兴局、食物产业局和林业厅及消费安全局。

从上面的分析可以看出，虽然日本农业和农村是浸泡在补贴资金的缸里潜行，但补贴政策的诱导效果也有所显现，政府主导的土地流转和大规模经营路线已经深入基层，农业新就业人数有增加的迹象，农产品出口的引擎正在点燃，饲料自给率正在上升，这些迹象表明日本农业补贴政策对农业和农村的发展有着重要的作用。

第五节　欧盟共同农业政策及启示[①]

二战以后，为了实现欧洲重建，1949 年成立的欧洲委员会着手尝试西欧国家政治一体化，而其实现基础和途径是经济一体化。1957 年 3 月，法国、德意志联邦共和国、意大利、比利时、荷兰和卢森堡六国签订了《罗马条约》，欧洲经济共同体就此诞生。经济一体化引发了农业一体化要求，以便通过广泛合作，达到各成员国之间的利益平衡，实现共同的经济福利目标。因此，在向工业品关税同盟过渡的第一阶段结束后，经法国提议，欧共体六国于 1962 年 1 月通过了《建立农产品统一市场折衷协议》，这个协议就是欧共体欧盟共同农业政策的最初框架。

一、欧盟共同农业发展现状

当前的欧盟农业政策以 2013 年共同农业政策（Common Agricultural Policy，简称 CAP）改革制定的政策为主，涉及欧盟农业、农村发展的各个方面。具体政策如下：

（一）公共干预和私人存储支持措施

为了应对农产品价格波动，保障市场稳定，欧盟继续通过公共干预体系，辅以私人存储措施支持农产品市场。

1. 公共干预

支持品种上，欧盟对普通小麦、硬麦、大麦、玉米、水稻、牛肉（包括小牛肉）、黄油和脱脂奶粉等产品提供支持。参考价格上，取消允许谷物产品的参考价格可在不同月份上涨的空间，而统一定为 101.31 欧元/吨。干预类型上，将硬麦、大麦、玉米和水稻转为适时干预，而将黄油转为强制干预，为此目前欧盟将普通小麦、黄油和脱脂奶粉列为强制干预，牛肉、大麦、玉米、硬麦和水稻列为适时干预。启动条件上，取消黄油市场价格低于参考价的 92% 启动干预的规定，将牛肉的启动条件从代表期间内市场平均价格低于 1 560 欧

---

① 本节内容选自农业部软科学课题《基于国际农业补贴发展动态的我国农业补贴制度改革方向研究》（课题编号：201515-1），课题主持人：彭超。

元/吨提高至低于 1 890.6 欧元/吨（即参考价的 85%），其他产品则视市场情况而定。

2. 私人存储支持

私人存储援助主要针对白糖、橄榄油、亚麻纤维、牛肉、黄油、奶酪、脱脂奶粉、猪肉和羊肉产品，其中亚麻纤维为新增项目。在私人存储支持的类型上，取消对奶油、黄油和奶酪的强制私人存储补贴规定，而将其统一设置为可选择的私人存储支持；取消了牛肉、猪肉市场价低于参考价的 103%可启动私人存储支持的规定。根据市场价格、参考价格以及生产成本，同时考虑特殊的市场条件而决定是否启动私人存储支持。

（二）扩大组织认定，完善合同系统

为了解决农民在食品链中谈判权利长期低下及权益受到侵害等问题，欧盟扩大了对生产者组织和跨领域组织的认定，并完善了农民与其他市场力量之间的购销合同。

1. 制定促进组织形成的措施

目前，欧盟除现有的水果和蔬菜生产者组织外，对生产者组织和跨领域组织的认可将扩大到所有部门，以期加强农民在食品链中的地位。此外，为了促进相关组织调整生产以应对市场需求（除市场退出之外），委员会支持以下活动：提高产品质量；促进生产、加工和营销等相关措施；有利于记录价格趋势的措施以及基于已有生产情况建立的短期和长期预测。

与此同时，欧盟根据生产者组织、跨领域组织或经营组织的要求，各成员国可针对具有原产地名称保护或地理标志保护的产品进行有期限的、有绑定规则的调控，但是不得超出相应的限制条款。值得注意的是，各成员国在制定规则过程中需要考虑产品需求情况，相关绑定规则不得超过 3 年，3 年后可以重新制定。

2. 制定严密的合同系统

由于非加工品特别是易腐产品的生产者和购买者之间地位悬殊，为了保护生产者权益、减少交易成本和打击食品链中的不公平做法，欧盟法律规定除牛奶、奶制品和糖外，其他产品的购销必须签订书面合同。由于不同农产品的差异性较大，一刀切的做法不可取，但是合同应包含基本要素：合同签订时间，产品交付价格、数量、质量、地点、时间，合同有效期限，付款和程序的细节

及关于不可抗力等规定。同时，对于作物、牛肉和橄榄油的生产者组织有权代表其成员与供应链其他利益主体进行谈判，谈判的内容包括价格、数量、代表权限等。但是为了避免不正当竞争，生产者组织不得超越特定的限制。对于牛奶及其制品来说，谈判的生产者组织所控制的原奶产量不得超过欧盟总产量的3.3%，也不得超过成员国产量的33%，且通过谈判达成的交易量不得超过成员国产量的33%。对于原奶产量低于50万吨的成员国且谈判的数量不超过产量的45%，则相应的生产者组织可对其数量进行谈判。而牛肉和部分作物不得超过全国产量的15%，橄榄油不得超过相应市场份额的20%。

（三）新建危机储备基金

为了应对突发事件，欧盟新建了危机储备基金。当突然事件限制了欧盟内部市场或与第三国贸易，以及由突发事件所导致的消费信心损失、生产者损失和市场扭曲时，欧盟委员会可采取特殊的市场支持措施。涉及产品主要包括牛肉、牛奶及其制品、猪肉、羊肉、鸡蛋和家禽肉。具体执行条件是，有关成员国采取一定措施应对突然事件，有关产品的价格支持政策仅限于在一定时间内。根据成员国的申请，欧盟将提供相关支出50%的支持，而针对牛肉、牛奶及其制品、猪肉和羊肉部门的口蹄疫防治，可提供相关支出60%的支持。危机储备基金将独立于多年财务框架（Multi-annual Financial Framework，简称MAFF），其年度预算达4亿欧元。对于未使用的危机储备将通过直接支付返还给农民。

（四）取消部分农产品的生产限制

为了促使农民根据市场信号调整生产，提高综合竞争力，促进供应链以市场为导向进行运作，委员会决定自2015年4月1号起取消牛奶生产配额管制，自2017年9月30号起取消糖的生产配额限制，自2030年起取消葡萄种植限制。在糖配额限制到期后，白糖将纳入私人存储支持体系。同时，2013年法案取消了对干饲料、亚麻纤维、蚕、牛奶和奶制品、社区烟草基金和生产退还的援助计划。

（五）食物援助计划

食物援助计划是为应对儿童对水果、蔬菜消费日趋下降等问题而提出的，目的在于有效地解决儿童营养不良的问题，提高儿童健康饮食习惯的意识以及防止肥胖问题。为了更有效推进学校水果和蔬菜及牛奶计划并减少管理成本，根据预算，援助计划的每年支出达2.3亿欧元（其中水果和蔬菜计划的预算从0.9亿欧元增至1.5亿欧元，牛奶计划为0.8亿欧元）。2013—2014年共有25个成员国参与水果和蔬菜计划，所有成员国均参与学校牛奶计划，受益的儿童达3 000万人（其中牛奶计划超过2 000万人，水果和蔬菜计划约900万人）。这两个计划主要针对6～10岁在教育机构的儿童，具体包括托儿所、其他学前教育和中小学的学生。涵盖的产品包括水果和蔬菜产品、加工的水果和蔬菜产品、香蕉以及特定的牛奶和奶制品。

2015年8月1日，学校牛奶援助计划正式开启，各成员国若要加入学校牛奶计划则应有具体执行的优先方案，且应配套相应措施，如健康饮食习惯、当地食物链及反对食物浪费等宣传教育措施。其他相关规定与学校水果和蔬菜援助计划一样。

（六）继续执行与第三国贸易的基本措施

为了监控及控制进出口贸易（进出口许可证）、防止部分农产品进口对欧盟市场的不利影响、保护欧盟市场的稳定，CAP2013改革后，欧盟将继续执行与第三国贸易的基本措施，具体包括进出口许可证、进口关税、关税配额管理和第三国进口特殊待遇、某些产品的特殊进口规定、保障措施和内向加工、出口返还和外向加工。

1. 进出口许可证

2013年法案对谷物、稻米、糖、种子、橄榄油和食用橄榄、亚麻、水果和蔬菜、加工的水果和蔬菜、香蕉、葡萄酒、活植物、牛肉、牛奶和奶制品、猪肉、羊肉、鸡蛋、家禽肉以及以农产品为原料的乙醇实行进出口许可证管理制度。其中，水果和蔬菜、加工的水果和蔬菜和葡萄酒为执行进口许可证管理的新增产品；种子、亚麻、水果和蔬菜、加工的水果和蔬菜、香蕉、葡萄酒和活植物为执行出口许可证管理的新增产品。

2. 进口关税

为了防止或抵消由于进口带来的市场影响，当进口价格低于指定触发价格或是进口量超过触发量时，欧盟可对谷物、大米、糖、水果和蔬菜、加工的水果和蔬菜、牛肉、牛奶和奶制品、猪肉、羊肉、鸡蛋、家禽肉、香蕉、葡萄汁及未发酵葡萄汁等产品实行额外进口关税政策。其中，水果和蔬菜、加工的水果和蔬菜、葡萄汁及未发酵葡萄汁为新增进入额外进口关税管理的产品。

3. 特殊进口规定

2013 年法案对亚麻、啤酒花、葡萄酒和糖的品种、质量等方面做了特别的进口规定。其中，新增了葡萄酒，废除了谷物和大米产品的特殊进口规定。

二、欧盟特色农业政策①

（一）市场价格支持政策

欧盟农产品价格支持政策始于 20 世纪 60 年代。2007 年欧盟 CAP 评估后，改革农产品价格体系，包括参考价格、干预价格和边境价格，采用公共干预、鼓励私人储存、进出口干预等调控手段，形成严密灵活的价格支持机制。每 6 年确定并公布一次，2013 年欧盟公布 2014—2020 年公共干预农产品的参考价格和干预价格。

参考价格居于价格体系的中心，大于或等于干预价格。对实施公共干预的谷物、肉类和乳制品等，依据欧盟最供不应求地区的市场价格确定。与原目标价格不同，参考价格生产指导性较弱，非价格上限，仅是计算农产品干预价格的依据。

干预价格主要针对农产品最低下浮价格。形成方式有三种：一是等于参考价格，二为参考价格的一定比例，三是通过招标形成。与之前根据最大产粮区法国奥尔姆生产成本与市场制定，且低于目标价格 6%～9%，区别非常明显。当市场价低于干预价格时，政府将以该价收购，或给予农户差价补贴，保障最低收入。

边境价格主要针对非欧盟国家谷物、肉禽蛋、奶制品和糖类等，运达欧盟边境的到岸价，再加上进口税而成。由于实施关税高峰，通常大于参考价格和干预价格。实质建立一种保护性“闸门制度”，避免外部低价农产品倾销。与

① 本部分较多参考了李先德、宗义湘，农业补贴政策的国际比较，中国农业科学技术出版社，2012.

原门槛价格区别，进口税由欧盟在多双边谈判中确定，而差价税则用门槛价格减去到岸价。

共同市场组织覆盖了欧盟约90%的农产品，其主要职能：一是设定农产品价格。在每个正常年，欧盟理事会对各种农产品制定不同的控制价格：目标价格（由官方机构制定）、门槛价格（对进口产品设定较低保证价格）、干预价格（干预机构购买和储存农产品时的最低保证价格）。二是准予对生产的补贴。2003年CAP改革后，欧盟引入单一支付，取代了以往普遍运用于各种共同市场组织内的多种支付方案。三是对产量的控制。通过生产配额体系和国家保证数量控制农产品产量，配额是分配给农民的最大生产数量，过量生产将被罚款，国家保证数量是分配给成员国的最大生产数量。

（二）使用单一支付方式对农民进行收入支持

直接收入补贴政策始于1992年欧盟农业补贴政策改革。初衷是因农产品价格支持减少而给予农户的一种补偿，目前已成欧盟农民收入的主要来源，大约40%来自于直接补贴。欧盟计划以一种渐进的方式，最终实现将与生产挂钩的直接补贴政策，转变为不挂钩的单一直接支付制度。由"蓝箱"而转变为"绿箱"，特点是直接支付不再与生产挂钩，但与环境、食品安全、动植物健康和福利、农业条件等挂钩。

每个农民获得的补贴额根据2000—2002年历史基期情况，由地区的农业局对农场的耕地面积和休耕面积进行测量，从而确定补贴数额。补贴金额一经确定，随后每年的补贴便与当年种植的作物种类和面积多少无关。这一补贴制度与"蓝箱"政策相比，最大特点是没有贸易扭曲作用，不违背市场原则，且操作简便，无需每年统计、计算和核查。

（三）直接支付的限制政策

CAP政策中所有直接支付受到交叉达标、调节（削减直接支付的数量转入农村发展措施）、财政纪律等因素的限制。

欧盟实行单一直接支付后，农民能够得到大量的补贴。欧盟为了向纳税人以及消费者说明直接支付补贴的正当性，对农民提出了环境保护等方面的要求，即强制性交叉达标。强制性交叉达标的要求是良好的农业和环境条件以及法定管理要求（欧盟有关规章对公共卫生、动植物健康、动物福利等方面的要求）。

当农民达到欧盟所规定的交叉目标时，欧盟把补贴给予农民；反之，欧盟将会按照达标的比例给予农民相对应的补贴。如果农民未达成目标的行为是故意的，该限制政策规定减少支付量的20%，或者取消农民的直接支付，所取消的费用的25%可由各成员国自行保留。

欧盟经过不断的改革，用于干预市场的费用大幅度降低，但在农业方面的投入却不断增加。为了保持CAP的花费能够在最高预算约束下，欧盟理事会制定了财政纪律。该财政纪律将约束市场措施和直接支付，而不对农村发展措施进行约束。当市场措施和直接支付的花费突破年度预算，财政纪律将起到强制减少直接支付数量的作用。调节的作用在于给予农民的直接支付可转入农村发展措施，将所节约的费用投入农村发展中。2005年削减比例达到3%，2006年为4%，2007年之后削减比例为5%。

（四）农村发展政策的支持方式

随着欧盟政策的不断演变以及东扩，欧盟各个国家出现了不同形式的金融支持政策。在欧盟新的财政框架内，农村发展计划从欧洲农业农村发展基金中获得固定的资金，对各成员国也规定了资金预算的上限。此外，欧盟理事会也制定了“自愿性协调”机制，将削减的直接支付的资金转移到农村发展措施中。

欧洲农村发展计划主要致力于以下三个目标：改善农业和林业的竞争力；通过土地管理的支持改善农村环境；提高农村地区基本生存条件。具体措施可分为以下几类：

（1）通过鼓励农民使用现代生产方式并进行生产结构调整，提高产品质量，以求达到农场经营、环境保护、农村社会的均衡发展。

（2）合理利用土地，保护环境，保持农村可持续发展，也包括为了预防农业用地的弃耕，而给予的补偿支付（考虑到欧盟共同农业政策的强制性“交叉”要求）。

（3）通过改善社会经济结构，尤其是偏远农村地区的社会经济结构，增加农业收入及提高农村地区居民生活质量。

（4）技术支持。对属于欧盟范围或个体的创新给予资金支持；对属于成员国在创新过程中筹备、管理、检测、评价等活动给予资金支持。

（五）农资补贴政策

在 20 世纪 80～90 年代，科技迅速发展，农民在生产的过程中使用了大量的农业机械。由于欧洲居民和农民在使用汽油或柴油时会缴纳较高的消费税。CAP 为提高欧洲共同体农产品在国际市场的竞争力，刺激农民的生产积极性，制定了特定的柴油补贴政策。CAP 对生产使用柴油补贴后，用于生产的柴油价格会比市场价格低 40%左右，为农民节约了大量的生产成本。

CAP 在对用于农业生产的柴油进行补贴前，首先对农业局所搜集的数据进行处理，即评价各个农场往年所使用的柴油数量，从而确定每个农场可以享受柴油补贴的具体数字；其次，政府对农业专用的柴油进行特殊处理，大多数情况下是在补贴的柴油中加入红色的染色剂。欧洲农场的经营规模平均在60～100 公顷，农场主为节约农机加油成本，通常会在自己的农场中建设一个容量在 14 吨左右柴油储罐，通过合作社与油企进行交易，进一步降低自身的生产成本。

（六）农业与农村的可持续发展

20 世纪 80 年代，欧盟开始关注农村和农业共同发展。2005 年设立农村农业发展基金，有三个“主题”：提升农业和林业部门的竞争力；改善生态和农村地区环境；改善农村地区生活质量和农村经济多元化发展。

具体措施如下：一是优化劳动力结构。鼓励老年农民提前退休，对 40 岁以下年轻农民从事农业生产，提供创业和投资补贴。二是促进区域农业协调发展，对边远山区等恶劣条件下从事农业生产，补贴所需投资的 25%，最高可达 65%。三是鼓励生产高质安全的农产品，农场年补贴额 3 000 欧元，期限 5 年，相关产品宣传促销费用可按 70%予以补贴。四是按欧盟环境、动植物健康和职业安全等标准生产，给予 1 万欧元临时性补贴；若采取更高畜牧饲养标准，连续 5 年以上的，最高每头牲畜可补贴 500 欧元。五是对农民提供相关咨询服务者，最高补贴 1 500 欧元。此外还有农林新产品、工艺技术、农村网络信息服务等补贴。

除此之外，欧盟对农业污染制定了相应的制度，欧盟基于“污染者付费”的理念，要求所有农民在从事农业生产的过程中，各项环节和活动均应当控制在污染者付费的这个要求范围内，一旦超过就必须自己承担相应损失。在

图书在版编目（CIP）数据

农业支持保护与农村金融保险 / 张天佐主编 . —北京：中国农业出版社，2020. 3
（农业软科学研究丛书 . 2013—2017）
ISBN 978 - 7 - 109 - 26643 - 8

Ⅰ. ①农… Ⅱ. ①张… Ⅲ. ①农业经济—政策支持—研究—中国 ②农村金融—研究—中国 ③农业保险—研究—中国 Ⅳ. ①F32 ②F832. 35 ③F842. 66

中国版本图书馆 CIP 数据核字（2020）第 040005 号

中国农业出版社出版
地址：北京市朝阳区麦子店街 18 号楼
邮编：100125
策划编辑：徐 晖　　责任编辑：杜 婧 吴洪钟
版式设计：杜 然　　责任校对：沙凯霖
印刷：北京中兴印刷有限公司
版次：2020 年 8 月第 1 版
印次：2020 年 8 月北京第 1 次印刷
发行：新华书店北京发行所
开本：720mm×960mm 1/16
印张：25. 5
字数：500 千字
定价：80. 00 元

2000年的CAP政策改革中，制定了“合乎要求的农场生产”规定。同时为了确保这一规定的实施，欧盟还制定了严格的法律以应对未达标的农业活动。

（七）有机农业发展的促进政策

欧盟在1991年便开始对有机农业的发展作出了规定。1991年实施的第No. 2092/91号规章中对有机农业、有机农产品和食品标签进行了规定。经过欧盟不断完善，有机农业的发展得到了有效保障。其中欧盟规定了有机产品中不得含有转基因物质，同时，从第三国进口有机产品时，要求第三国的相关标准与控制体系必须被欧盟认可。

欧盟所鼓励的有机农场是通过使用内部资源实现内部循环，不再依赖外部提供的农资，或者使用外部资源仅限于其他有机资源。当部分农资比较缺乏时，可以使用少量的化学合成的农资，但这些农资必须经过欧盟委员会审核通过。当食品中有机成分的含量高于95%时，即可在标签上标注“有机”字样。当食品按照有机标准生产时，非有机食品中的有机成分也可以标注于该食品的成分列表中。欧盟目前强制农产品提供方严格使用有机标志，从而增加消费者对有机食品消费的信任。